ANGELES CASO

Sissi – Tagebuch einer Kaiserin

Buch

Elisabeth, Kaiserin von Österreich: Sie ist eine Legende, nicht erst seit ihrem tragischen Tode im Jahre 1898. Schon zu Lebzeiten galt sie als eine unnahbare, von ihrer Umgebung nicht verstandene Frau, die sich gegen die damaligen Konventionen auflehnte. Die auf ihre Art rebellierte gegen das Frauenbild des 19. Jahrhunderts, gegen die starren Regeln der aristokratischen Welt, der sie entstammte. Die sich in Schwermut flüchtete, die (nach heutigen Maßstäben) wohl an Magersucht litt und so versuchte, mit dem auf ihr lastenden Erwartungsdruck fertig zu werden. Die unruhig durch Europa reiste, auf der Flucht vor der alles erstickenden Etikette am Hofe der Habsburger. Die immer auf der Suche nach ganz persönlichem Frieden war und diesen teilweise dann auch in Griechenland fand. Angeles Caso hat ein sehr persönliches Sissi-Buch geschrieben, hat die (fiktive) Tagebuchform gewählt, um sich dieser schillernden Persönlichkeit zu nähern. Zum 100. Todestag der Kaiserin von Österreich legt sie ein sehr sensibles Porträt vor, das versucht, dieser einzigartigen Frau gerecht zu werden.

Autorin

Die Spanierin Ángeles Caso, 1959 in Gijón geboren, arbeitete nach ihrem Studium der Kunstgeschichte als Journalistin beim Rundfunk und Fernsehen. Sie schrieb bisher drei Bücher und gewann im Jahre 1994 den bedeutenden spanischen Literaturpreis Premio Planeta.

ANGELES
CASO

Sissi

Tagebuch einer Kaiserin

Deutsch von Astrid Kail

BLANVALET

Die spanische Originalausgabe erschien 1995 unter dem Titel
»Elisabeth, emperatriz de Austria-Hungría«
bei Editorial Planeta, Barcelona

Umwelthinweis:
Alle bedruckten Materialien dieses Taschenbuches
sind chlorfrei und umweltschonend.
Das Papier enthält Recycling-Anteile.

Blanvalet Taschenbücher erscheinen im Goldmann Verlag,
einem Unternehmen der Verlagsgruppe Bertelsmann

Deutsche Erstveröffentlichung Mai 1998

Umschlaggestaltung: Design Team München
Umschlagmotiv: AKG, Berlin
Satz: DTP Service Apel, Hannover
Druck: Elsnerdruck, Berlin
CV · Herstellung: Heidrun Nawrot
Made in Germany
ISBN 3-442-35014-X
1 3 5 7 9 10 8 6 4 2

Meinen Eltern gewidmet und Celia,
die mir die Kraft gab,
dieses Buch zu schreiben.

Was will die einsame Träne?
Sie trübt mir ja den Blick.
Sie blieb aus alten Zeiten
In meinem Auge zurück.
Du alte, einsame Träne,
Zerfließe jetzunder auch!

Heinrich Heine

Wir suchen überall das Unbedingte,
und finden immer nur Dinge.

Novalis

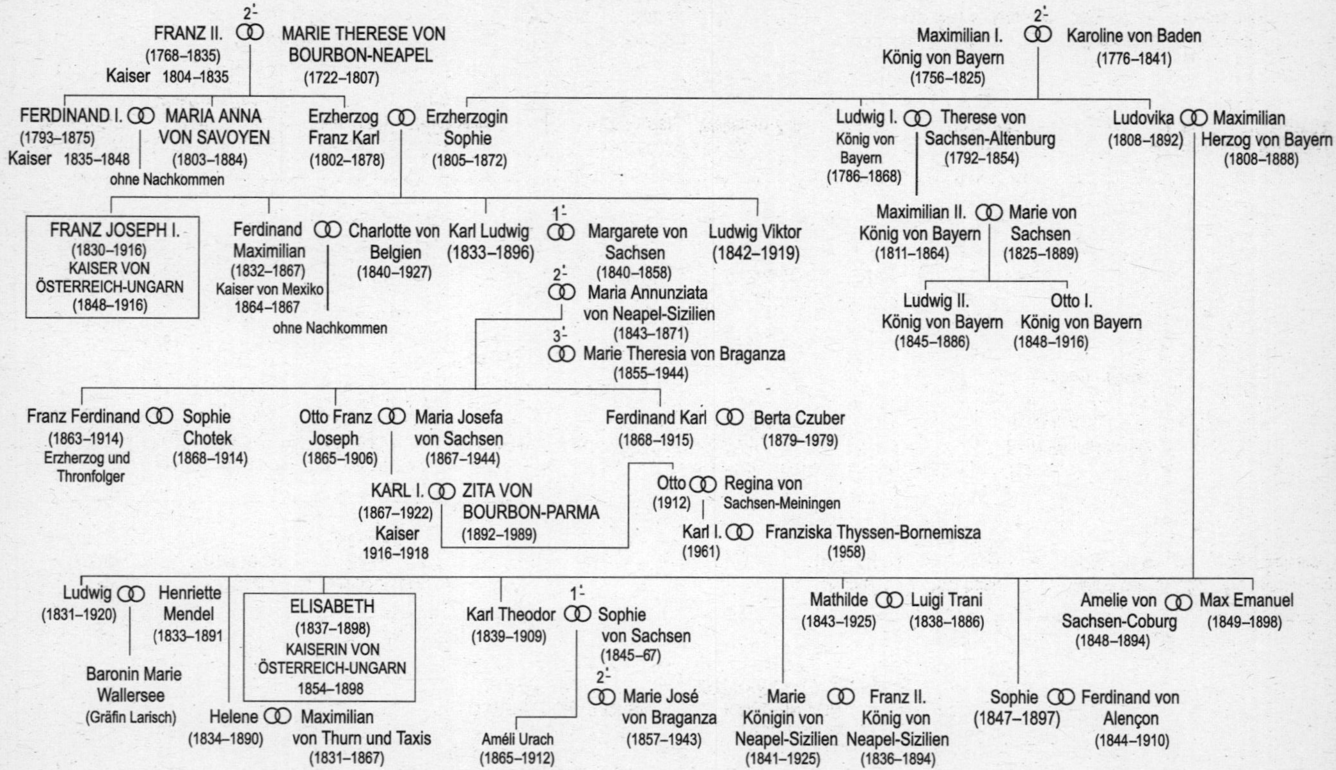

FRANZ II. (1768–1835) Kaiser 1804–1835
2. ∞ MARIE THERESE VON BOURBON-NEAPEL (1722–1807)
Maximilian I. König von Bayern (1756–1825)
2. ∞ Karoline von Baden (1776–1841)
FERDINAND I. (1793–1875) Kaiser 1835–1848 ∞ MARIA ANNA VON SAVOYEN (1803–1884)
ohne Nachkommen
Erzherzog Franz Karl (1802–1878) ∞ Erzherzogin Sophie (1805–1872)
Ludwig I. König von Bayern (1786–1868) ∞ Therese von Sachsen-Altenburg (1792–1854)
Ludovika (1808–1892) ∞ Maximilian Herzog von Bayern (1808–1888)
FRANZ JOSEPH I. (1830–1916) KAISER VON ÖSTERREICH-UNGARN (1848–1916)
Ferdinand Maximilian (1832–1867) Kaiser von Mexiko 1864–1867 ∞ Charlotte von Belgien (1840–1927)
ohne Nachkommen
Karl Ludwig (1833–1896)
1. ∞ Margarete von Sachsen (1840–1858)
2. ∞ Maria Annunziata von Neapel-Sizilien (1843–1871)
3. ∞ Marie Theresia von Braganza (1855–1944)
Ludwig Viktor (1842–1919)
Maximilian II. König von Bayern (1811–1864) ∞ Marie von Sachsen (1825–1889)
Ludwig II. König von Bayern (1845–1886)
Otto I. König von Bayern (1848–1916)
Franz Ferdinand (1863–1914) Erzherzog und Thronfolger ∞ Sophie Chotek (1868–1914)
Otto Franz Joseph (1865–1906) ∞ Maria Josefa von Sachsen (1867–1944)
Ferdinand Karl (1868–1915) ∞ Berta Czuber (1879–1979)
KARL I. (1867–1922) Kaiser 1916–1918 ∞ ZITA VON BOURBON-PARMA (1892–1989)
Otto (1912) ∞ Regina von Sachsen-Meiningen
Karl I. (1961) ∞ Franziska Thyssen-Bornemisza (1958)
Ludwig (1831–1920) ∞ Henriette Mendel (1833–1891
Baronin Marie Wallersee (Gräfin Larisch)
ELISABETH (1837–1898) KAISERIN VON ÖSTERREICH-UNGARN 1854–1898
Helene (1834–1890) ∞ Maximilian von Thurn und Taxis (1831–1867)
Karl Theodor (1839–1909)
1. ∞ Sophie von Sachsen (1845–67)
2. ∞ Marie José von Braganza (1857–1943)
Améli Urach (1865–1912)
Mathilde (1843–1925) ∞ Luigi Trani (1838–1886)
Marie Königin von Neapel-Sizilien (1841–1925) ∞ Franz II. König von Neapel-Sizilien (1836–1894)
Sophie (1847–1897) ∞ Ferdinand von Alençon (1844–1910)
Amelie von Sachsen-Coburg (1848–1894) ∞ Max Emanuel (1849–1898)

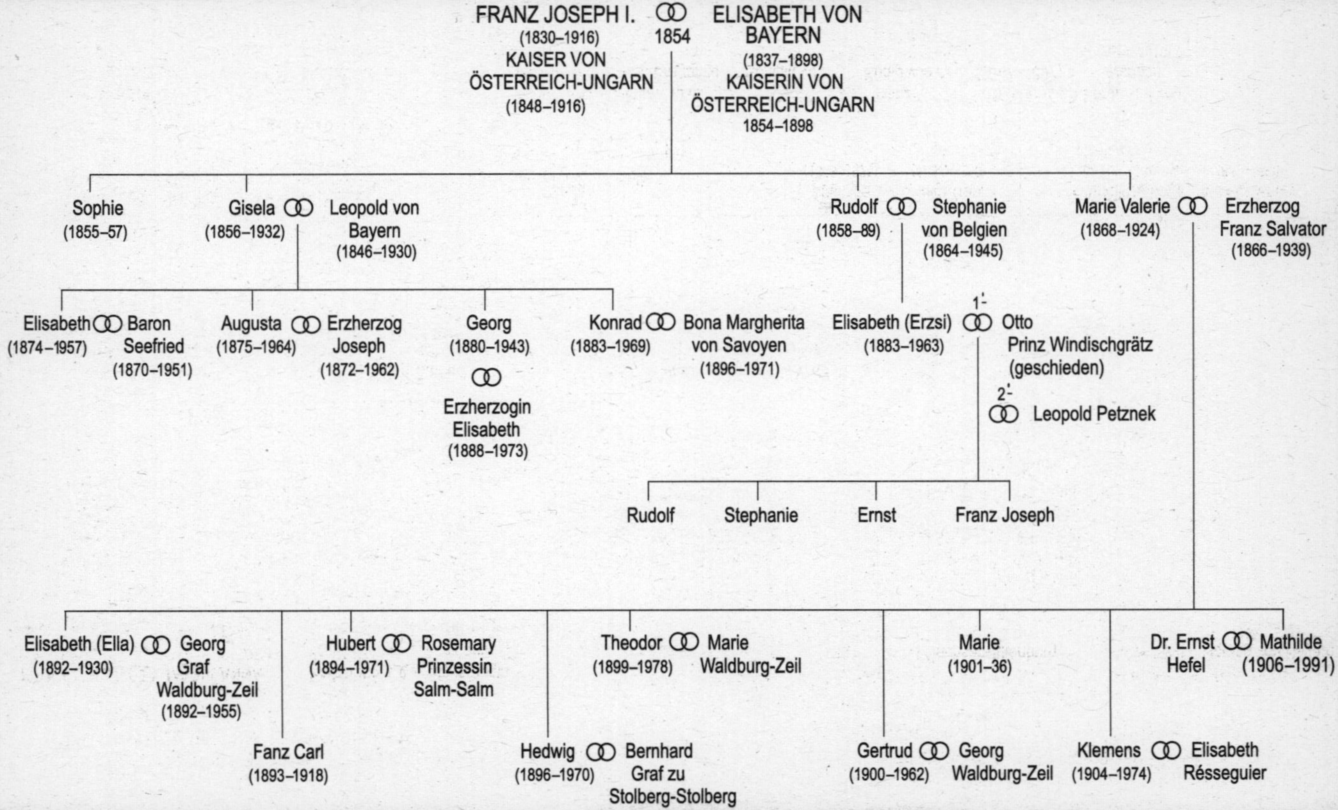

FRANZ JOSEPH I. (1830–1916) KAISER VON ÖSTERREICH-UNGARN (1848–1916)
1854
ELISABETH VON BAYERN (1837–1898) KAISERIN VON ÖSTERREICH-UNGARN 1854–1898
Sophie (1855–57)
Gisela (1856–1932)
Leopold von Bayern (1846–1930)
Rudolf (1858–89)
Stephanie von Belgien (1864–1945)
Marie Valerie (1868–1924)
Erzherzog Franz Salvator (1866–1939)
Elisabeth (1874–1957)
Baron Seefried (1870–1951)
Augusta (1875–1964)
Erzherzog Joseph (1872–1962)
Georg (1880–1943)
Erzherzogin Elisabeth (1888–1973)
Konrad (1883–1969)
Bona Margherita von Savoyen (1896–1971)
Elisabeth (Erzsi) (1883–1963)
1.
Otto Prinz Windischgrätz (geschieden)
2.
Leopold Petznek
Rudolf
Stephanie
Ernst
Franz Joseph
Elisabeth (Ella) (1892–1930)
Georg Graf Waldburg-Zeil (1892–1955)
Fanz Carl (1893–1918)
Hubert (1894–1971)
Rosemary Prinzessin Salm-Salm
Hedwig (1896–1970)
Bernhard Graf zu Stolberg-Stolberg
Theodor (1899–1978)
Marie Waldburg-Zeil
Gertrud (1900–1962)
Georg Waldburg-Zeil
Marie (1901–36)
Klemens (1904–1974)
Elisabeth Résseguier
Dr. Ernst Hefel
Mathilde (1906–1991)

Vorwort

Wie viele Menschen des 19. Jahrhunderts führte auch die Kaiserin Elisabeth von Österreich zu ihren Lebzeiten Tagebuch. Nach ihrem Tode wurde es auf ihren Wunsch hin von ihrer Freundin Ida Ferenczy verbrannt. Mein Wunsch war es, ihre Seele aus dem ewigen Schweigen zurückzuholen. So habe ich vielleicht ihr Schweigen gebrochen, das sie so sehr gewünscht hatte. Ich möchte sie dafür um Verzeihung bitten, wo immer sie auch sein möge.

Dieses Buch verdankt vieles einigen anderen Werken, die in den vergangenen Jahrzehnten über die Kaiserin geschrieben wurden, vor allem den Biografien von Egon Cäsar Conte Corti und Brigitte Hamann sowie dem Tagebuch ihres Griechischlehrers, Konstantin Christomanos, das auf liebenswerte Weise die Worte und Gesten jener Frau wiedergibt, die mit beiden Füßen auf der Erde zu stehen schien und dabei mit einem Fuß bereits im Himmel war.

Madrid, Oktober 1993

I

Eine Welt bricht zusammen

Vielleicht liegt es daran, daß ich an einem Sonntag geboren wurde und somit ein Kind der Sonne bin, daß sich in meinem Leben so viele Wunder ereignen. Ich habe beispielsweise das Rauschen der Bäume im Wald gehört, wenn ich an ihnen vorüberging, Kraniche trugen mich mit sich auf ihrem Flug in die erdfarbenen Länder des Südens, und Feen habe ich bei ihren Tänzen zugesehen ...

Genauso wie diese Feen möchte ich sein, schön, stark und strahlend, und ich möchte die Kraft besitzen, den Staub der Armen in Brot zu verwandeln, die Pein der Unglückseligen in Freude und Krankheit in Gesundheit.

Aber ich bin nur Elisabeth, Herzogin in Bayern. Ich trage Zöpfe, die sich sofort wieder lösen, kaum daß ich sie gekämmt habe. Und jedesmal, wenn mein Herz leidet, schreibe ich Gedichte, um die Angst zu vertreiben, die mich ergreift, sobald es dunkel wird, und meinem Körper Linderung zu verschaffen, der nicht leben kann, wo kein Licht hinfällt ...

Möge der allmächtige Gott mich in den Jahren, die noch kommen werden, vor der Angst und dem Unglück beschützen. Möge er meinen klaren Verstand, meine stolze Seele und mein heiteres Antlitz bewahren. Amen.

Possenhofen, den 10. September 1853

Ich weiß nicht, wie mir geschieht ... Ich versuche zu lächeln, so wie alle um mich herum lächeln und dabei ihren Stolz zur Schau tragen, doch meine Lippen verzerren sich nur zu einer Fratze. Ich verbringe schlaflose Nächte, in denen ich an die verweinten Augen von Helene denken muß, an die schneidende Stimme der Erzherzogin, an die spöttischen Blicke der Hofdame und daran, wie lieb der Kaiser mich anlächelt. Und dabei habe ich Angst, und zwar soviel Angst, daß ich mich am liebsten in Luft auflösen würde ... Am Morgen danach ist die Welt um mich finster und kalt.

Ich werde Kaiserin, sagen sie. Doch das wollte ich nicht. Ich war nur deshalb nach Ischl gefahren, weil meine Mutter es so angeordnet hatte: »Du wirst uns begleiten, Sissi. Dann wird sich Helene nicht so alleine fühlen. Und es ist doch gut möglich, daß ein gutaussehender junger Wiener ein Auge auf dich wirft ...« Mir dagegen bedeuteten die jungen Wiener nichts. Ich wäre viel lieber hier geblieben, in Possi, um im Wald spazierenzugehen und auf meiner Stute zu reiten. Ich wollte nicht nach Ischl fahren und schon gar nicht bei Hofe leben und den Tag damit verbringen, Reverenzen zu erweisen, dämlichen Regeln des Protokolls zu gehorchen und an albernen Zeremonien teilzunehmen, bei denen ich mich so unwohl fühle, daß ich nicht einmal in der Lage bin, den Mund aufzumachen und spüre, wie mir unter dem Kleid die

Beine zittern, daß ich fast umfalle ... Ich wollte nicht mit ansehen, wie sie aus meiner Schwester eine Kaiserin machten, meine Schwester, die ich so liebhabe. Noch so eine arme Prinzessin, die Tränen vergießen wird, dachte ich mir, genauso wie meine Mutter und die Mutter meiner Mutter ... Aber Tante Sophie – nein, Erzherzogin Sophie, so muß ich sie von jetzt an anreden – hatte es so beschlossen. Und ihren Entscheidungen beugt sich ihr Sohn, der Kaiser, ohne Widerrede.

Wie kann ich es Helene nur begreiflich machen, daß ich das nicht wollte und daß ich nichts getan habe? Wie sollte sie auch verstehen, daß ich nicht einmal in dem Moment, als Franz Joseph mit mir tanzte, begriffen hatte, was da vor sich ging? Ich fing erst an, mir dessen bewußt zu werden, als meine Mutter am folgenden Morgen herbeilief und unter Tränen stammelte: »Er hat sich für dich entschieden, Sissi!«

»Wer hat sich für mich entschieden ...? Wofür ...?« fragte ich.

»Für dich als seine Frau ...«

Ihre Stimme erstickte in einem Schluchzer. Ich fühlte, wie sich mein Herz verkrampfte.

»Als wessen Frau ...?«

»Die Frau des Kaisers!«

»Ich will nicht, Mama!« schrie ich. »Er ist für Helene bestimmt! Ich will ihn nicht!«

Sie stürzte auf mich zu und hielt mir den Mund zu, wobei sie mir Zeichen gab, still zu sein. Dann setzte sie sich zu mir auf das Sofa, nahm meine Hände in ihre, und mit derselben Stimme, mit der sie mich als kleines Kind getröstet hatte, wenn mich ein Alptraum mitten in der Nacht geweckt hatte, flüsterte sie mir zu: »Dem Kaiser von Österreich gibt man keinen Korb, Kleines.«

Ich wollte einfach nicht ... Ich wollte nicht einfach so heiraten, einen Mann, den ich kaum kannte, obwohl er mein Cousin war. Ich wollte auch nicht Kaiserin sein und mich nicht in Helenes Leben einmischen ... Ich will nicht von meiner Mutter fortgehen, auf die gemeinsamen Spiele mit meinen Geschwistern verzichten und auch nicht von Possi weggehen ... Ich bin noch keine sechzehn Jahre alt ...! Ich möchte noch spielen! Außerdem habe ich Angst. Ich habe Angst davor, daß meine Beine zittern, daß meine Stimme versagt, ich habe Angst vor der Erzherzogin Sophie und vor dem Leben bei Hof, vor all diesen Menschen, die uns in Ischl so geringschätzig angeschaut haben ... Ich weiß, was sie über mich sagen: »Jede x-beliebige Gräfin aus Wien ist schöner als sie, jede andere weiß sich besser zu benehmen. Wie kommt sie dazu, unsere Kaiserin zu sein, vor der wir uns verbeugen müssen ...?«

Nein, ich will nicht ... Aber ich bin eine Prinzessin. Und eine Prinzessin darf sich nicht von ihren Gefühlen leiten lassen. Eine Prinzessin gibt sich unterwürfig ihrem König hin. Ich bin eine gute Prinzessin. In meinen Adern fließt Blut, das seit Jahrhunderten daran gewöhnt ist, zu gehorchen und dabei zu lächeln. Dennoch habe ich gelernt: Eine Prinzessin gibt dem Kaiser von Österreich keinen Korb, und möge es sie auch das Leben kosten.

München, den 30. September 1853

Es geschehen so viele Dinge mit mir und um mich herum, daß ich kaum Zeit dafür habe, sie zu begreifen und über sie nachzudenken ... Die Schneiderinnen gehen ein und aus, die Juweliere machen ihre Aufwartung, ich muß Französischunterricht nehmen – aus welchem Grund bevorzugt wohl der Wiener Hof diese unaussprechliche Sprache vor dem schönen Englisch? – und für Gemälde posieren ... Pausenlos treffen Briefe ein, und fortwährend muß ich das kräftezehrende Kommen und Gehen von Menschen ertragen, entfernte Verwandte, die ich persönlich überhaupt nicht kenne, Boten des Kaisers, die mit Geschenken vollbeladen sind – frischen Rosen aus den kaiserlichen Gewächshäusern, Diademen und Medaillons –, und lange, endlos lange Verhaltensmaßregeln der Erzherzogin: »*Putze Dir Deine Zähne. Sind sie mittlerweile etwas ansehnlicher geworden?*« – »*Denk dran, Elisabeth, das Protokoll ist für uns wie eine Leibgarde!*« Wie könnte ich das jemals vergessen? Während eines ganzen Abends in Ischl hatte sie es mir ausführlich erklärt: »Es gibt Leute, die glauben, das Ende der Monarchie sei nahe. Das unglückliche Beispiel Frankreichs hat in Europa die Runde gemacht. Und so kommt es, daß einige törichte Menschen behaupten, sich gegen die heilige Macht des Kaisers auflehnen zu dürfen und versuchen, die Völker davon zu überzeugen, sie könnten sich selbst regieren, doch sie vergessen dabei, daß die Monarchen von Gott dazu vorherbestimmt sind, ihre Völker zu lenken und ihre Macht zu erweitern. Ohne sie, die in den Staatsangelegenheiten Ordnung schaffen und für ihre Untertanen sorgen, mögen sie auch noch so niedrigen Standes sein, würden sich Schmarotzer einnisten, die rücksichtslos auf ihre eigenen Vorteile bedacht wären . . . Doch der Keim des Bösen hat sich auch hierzulande bereits eingenistet. Der Wahnsinn dieser gottlosen Zeiten bewirkt, daß viele sich die Frage stellen, weshalb der Kaiser sich von allen übrigen Sterblichen unterscheiden muß, selbst wenn sie seine Autorität anerkennen. Sie wollen nicht auf die Antwort hören, die ihnen ihr Gewissen auferlegt: Er ist von Gott auserwählt. Und so wie wir Gott verehren, müssen wir ihm als seinem Ebenbild huldigen und uns vor seiner Größe verneigen. Das Zeremoniell hat die Völker an die hohe Würde des Monarchen zu erinnern. Vergiß dies nie, Elisabeth! Du wirst nun eine Habsburgerin, weil Gott es so wollte, halte dir das stets vor Augen. Die Last und der Ruhm eines jahrhundertealten Reiches ruhen von nun an auf deinen Schultern. Es vereint und lebendig zu erhalten, fromm und voller Demut deine Vorrangstellung einzunehmen, gesunde und tugendhafte Kinder zu gebären, damit unser Geschlecht auch in zukünftigen Jahrhunderten fortleben wird, darin besteht deine Hauptaufgabe, deine einzige Aufgabe für das Leben. Du darfst niemals schwach sein, mein Kind! Deine Vorbereitung ist mangelhaft, ich weiß. Du wirst dich anstrengen müssen, all die notwendigen Dinge zu lernen. Komm immer zu mir, wenn du mich brauchst. Und vor allem, streng dich an, dein zügelloses Temperament zu zähmen. Selbst eine Prinzessin vom Lande, wie du bis jetzt eine gewesen bist, sollte sich nicht so nachlässig kleiden, nicht auf Berge klettern wie eine Ziege und auch keine nahen Angehörigen umarmen oder gar küssen . . . Als Kaiserin mußt du dich für immer von diesen Angewohnheiten verabschieden. Du wirst der Spiegel sein, in dem sich alle Frauen betrachten, das Ideal, das alle Männer zu bewundern haben. Tugendhaft und zurückhaltend, sanft und unnahbar zugleich, so wirst du dich vor deinen Völkern präsentieren müssen und nur so wirst du unserem geliebten Kaiser eine Unterstützung bei der wunderbaren Aufgabe sein, die Macht der vom Herrn Auserwählten zu erweitern, zum Wohle seiner Untertanen. Bete zu Gott, daß er dir hilft.«

Genau das tue ich: Ich bete zu Ihm, jeden Tag, mit gefalteten Händen und schweren Herzens: Lieber Gott, gib mir Kraft, damit ich eine gute Kaiserin werde, denn Du hast es so gewollt. Lehre mich, tugendhaft und bescheiden zu sein, sanft und unberührbar, wenn dies Dein Vorhaben ist. Und führe mich nicht in Versuchung!

München, den 12. Oktober 1853

Mein Vater hatte heute einen Streit mit König Maximilian. Er hatte sich mit seinen Freunden von der Tafelrunde Alt-England am vergangenen Donnerstag getroffen. Dabei hatten sie mit einem jener Verse, die sie Leberreime nennen, auf meine Gesundheit angestoßen:

Die Leber ist von einem Hecht und nicht von einem Kater,
Laßt's schmecken euch gar fein und wohl beim neuen Schwiegervater.

Ich amüsierte mich darüber. Greta, meine Zofe, hatte es auf dem Markt aufgeschnappt und mir erzählt. »Ganz München kennt diese Geschichte bereits, Hoheit«, sagte sie zu mir. Ich lachte darüber. Doch Maximilian rief Papa zu sich in die Residenz.

»Von nun an bist du der Schwiegervater des Kaisers von Österreich«, wies er ihn zurecht. »Dein Benehmen muß sich ändern, Max. Weder die Habsburger noch wir Wittelsbacher können zulassen, daß du dich weiterhin wie ein freigeistiger Bürger und gottloser Zechbruder aufführst. Du bist ein schlechtes Vorbild für deine Kinder und eine Schande für beide Familien. Halt dir das vor Augen, Max, sonst werden wir große Schwierigkeiten bekommen.«

»Mein Herr«, antwortete mein Vater, »Ihr seid das Oberhaupt unseres Hauses. In keinster Weise wollte ich Euch beleidigen, weder Euch noch den Kaiser. Doch ich kann Euch versichern, Majestät, daß es mich viele Lehrjahre gekostet hat, so zu leben, wie ich es möchte. Und Weisheit ist etwas, das man nur unfreiwillig wieder aufgibt. Niemand weiß das so gut wie Ihr. Euer eigener Vater wurde ein Opfer derer, die glauben, ein Mann könne noch im fortgeschrittenen Alter den Kurs seines Lebens ändern.[1] Hoheit, lassen wir doch die Dinge, wie sie sind. Lebt Ihr Euer Leben, und ich lebe meines, wie ich es bisher gelebt habe ... Und, wenn Ihr mir einen Ratschlag gestatten mögt: Schenkt den Neidern und Verleumdern kein Gehör. Sie werden mit allen Mitteln versuchen, meiner Tochter zu schaden.«

Als er mir dies erzählte, war ich stolz auf seinen Mut. Doch seine letzten Worte erschreckten mich.

»Warum hast du das zu ihm gesagt, Papa?«

»Weil es so sein wird. Paß auf, Elisabeth! Die Neider besitzen die Gabe, mit der bloßen Kraft ihrer Gedanken Schaden zuzufü-

1 Ludwig I. von Bayern (1786–1868) sah sich im Jahre 1848 angesichts des Skandals, den seine Beziehung zu der irischen Tänzerin Lola Montez ausgelöst hatte, zur Abdankung gezwungen.

gen. Es kann ihnen gelingen, die Blumen in deiner Hand in Brennesseln zu verwandeln.«

»Und weshalb sollten sie auf mich neidisch sein?«

In diesem Augenblick trat Hansel ein, um meinem Vater mitzuteilen, daß sein Freund, der Professor Bär, ihn im Salon erwartete. Somit beantwortete er meine Frage nicht, sondern entfernte sich wortlos. Dabei blickte er mich mit sehr traurigen Augen an.

München, den 26. *Oktober* 1853

Bereits seit einigen Wochen träume ich jede Nacht von Helene. Sie erscheint vor mir, in Schwarz gekleidet. Tonlos formen ihre Lippen ein furchtbares Wort, das ich trotz der Stille verstehe. »Lügnerin«, beschimpft sie mich. Daraufhin möchte ich sie in die Arme nehmen, sie um Verzeihung bitten, doch sie entweicht mir ...

Während der ganzen Zeit, seit dem 18. August, hatte ich es nicht gewagt, unter vier Augen mit ihr zu sprechen. Ich stellte mir den Groll vor, den sie gegen mich hegen mußte, die Schmach, die sie empfand. Ich zog es daher vor, ihr aus dem Weg zu gehen. Nachdem mir der Traum heute nacht erneut erschienen war, konnte ich das Schweigen jedoch nicht mehr länger ertragen. Als ich heute morgen erwachte, stand mein Entschluß fest. Ich bat meine Kammerfrau, mich für eine Weile allein zu lassen. »Es ist äußerst wichtig, Baronin«, sagte ich zu ihr. Sie reagierte verständnisvoll. Ich verließ mein Zimmer und suchte meine Schwester auf. Bereits auf der Treppe vernahm ich Klaviertöne. Es war die Sonate von Beethoven, die sie so sehr liebt und die sie gewöhnlich dann spielt, wenn sie »die Dämonen der Traurigkeit« beschwören möchte, wie sie es immer nennt. Lautlos betrat ich das Zimmer und blieb hinter ihr stehen, dabei lauschte ich jener unendlich traurigen Musik ... Sie wußte, daß ich da war, doch sie drehte sich nicht um. Als sie ihr Spiel beendet hatte, strich ich ihr übers Haar. Meine Stimme zitterte, als ich sagte:

»Ich habe dich immer darum beneidet, wie gut du Klavier spielen kannst. Ich beherrsche es ja nicht so gut, das weißt du.«

Ich wagte nicht, ihr in die Augen zu blicken. Helene setzte ungerührt hinzu:

»Ich beneide dich auch um viele Dinge.«

Daraufhin kniete ich mich zu ihren Füßen nieder.

»Nene, du mußt mir glauben, daß ich keine Schuld habe. Ich habe es nicht einmal gewollt!«

Als wäre nichts geschehen, als lebten wir noch immer in den glücklichen Zeiten, da wir glaubten, niemand könnte uns jemals voneinander trennen, und da wir die Vorstellung hatten, daß wir einst, in ferner Zukunft, gemeinsam alt werden würden, lehnte sie ihren Kopf gegen meinen, und ihre Stimme wurde mit einem Mal ganz sanft.

»Meine kleine Sissi! Wir sind zwei bockige Närrinnen, die sich wegen Nichtigkeiten streiten. Ich weiß, daß du keine Schuld hast. Niemand hatte daran gedacht, daß der Kaiser für sich selbst die Entscheidung treffen könnte. Tante Sophie übt soviel Einfluß auf ihn aus, daß wir natürlich alle dachten, ich würde ihm schon gefallen. Aber Franz hat sich in dich verliebt, und er muß dich aus tiefstem Herzen lieben, wenn er diesen Schritt gegen den Willen seiner Mutter wagt. Das freut mich, das freut mich sehr, Sissi. Er wird dich glücklich machen, und das ist das einzige, was ich möchte.«

»Du haßt mich also nicht?«

»Wie könnte ich dich hassen ...? Anfangs war ich so verletzt, so gekränkt, daß ich dachte, du hättest mich betrogen ... Aber jetzt ist es vorbei. Und du, sag mir, was empfindest du? Liebst du ihn sehr?«

Ich schwieg. Niemand hatte mir bis zu diesem Augenblick diese Frage gestellt, und ich wollte mir auch gar keine Gedanken darüber machen. Plötzlich fiel mir Richard ein.

»Ja«, antwortete ich.

Ich hatte nicht den Mut, ihr zu sagen, was wirklich in mir

vorging: Ich weiß es nicht, ob ich ihn liebe, Helene . . . Ja, er ist liebevoll und gutmütig . . . Ich verstehe, daß sein Leben sehr schwer ist und daß seine Pflichten die Kräfte eines einzelnen Mannes übersteigen. Er steht jeden Morgen früh auf und muß Entscheidungen fällen, von denen Leben und Tod seiner Untergebenen abhängen . . . Ich würde ihn bei dieser Herausforderung gerne unterstützen, ihm Frieden schenken, damit er wiederum seinen Völkern Frieden geben kann. Ich würde ihn gerne glücklich machen, damit sein Glück wiederum Milde und Wohlstand hervorbringt . . . Aber, ob ich ihn liebe, das weiß ich nicht. Niemals habe ich in seiner Anwesenheit jenes Beben verspürt, das mich erschaudern ließ, wenn Richard sich mir näherte, niemals habe ich dieses Verlangen verspürt, mein Kissen zu küssen, und dabei davon zu träumen, ich würde ihn küssen, und ebensowenig spüre ich jene ungeheure Leere, wenn er einmal nicht bei mir ist . . . Erinnerst du dich an Richard, Helene, erinnerst du dich an ihn . . .? Ich liebte ihn, ja, ich liebte ihn. Doch er war von zu niedrigem Stand für eine Prinzessin wie mich, sagten sie. Und so mußte er gehen. Er ging so weit fort, und das tat mir so weh, daß ich wünschte, ich wäre ein Vogel und könnte zu ihm fliegen . . . Er ging schließlich für immer, Nene. Ja, Mama teilte es mir eines Tages mit: »Richard ist gestorben, mein Liebes.« Ich spürte, wie mein Herz sich in einen Stein verwandelte, ich spürte, daß ich niemals mehr würde einen Mann lieben können. Ich hatte gute Lust, den lieben Gott zu verfluchen. Er möge es mir verzeihen! Richard liebte ich. Aber den Kaiser . . . Ich weiß es nicht, Nene, ich weiß es nicht . . . Es ist so eine beklemmende Frage, daß ich geradezu Angst vor der Antwort habe. Wäre ich doch niemals nach Ischl gefahren! Wärst du doch seine Verlobte und die Dinge wären so, wie sie sein sollten!

Ich wagte nicht, ihr das zu sagen. Ich murmelte: »Ja«, und sie lächelte zufrieden. Daraufhin spazierten wir Arm in Arm durch den Garten und sprachen von meiner Brautausstattung.

München, den 5. November 1853

Bereits seit mehreren Tagen schneit es ohne Unterbrechung. Die Wolken hängen so tief, daß ich sie mit den Fingern berühren könnte, und sie sind so schwarz wie der Ruß der Hölle ... Früher mochte ich den Schnee gerne. Meine Geschwister und ich spielten dann immer stundenlang im Garten. Manchmal fuhren wir auch nach Possenhofen – wie schön das ist, wenn alles von einer weißen Decke überzogen ist! Wir stiegen auf den Schlitten oder wälzten uns im Schnee ... Doch nun hat man es mir verboten. »Was würden die Leute wohl denken, wenn sie wüßten, daß die zukünftige Kaiserin von Österreich wie ein ausgelassenes Kind herumtobt?« sagte meine Mutter. Heute macht der Schnee mich traurig. Ich spüre ein Drücken in der Brust und im Magen, und am liebsten möchte ich weinen, was ich bis heute allerdings zurückhalten konnte. Die anderen sollten nicht glauben, daß ich Gott nicht dankbar wäre für mein Schicksal. Doch dieser Knoten, der von innen wächst und an dem ich fast ersticke, platzte heute morgen, ich konnte einfach nicht mehr.

Der Tag gestaltete sich erstaunlich ruhig: Es war weder eine Verabredung vorgesehen, noch stand irgendeine andere Verpflichtung auf dem Programm. Zum ersten Mal seit zwei Monaten hatte ich das Gefühl, frei zu sein und tun und lassen zu können, was ich wollte. Ich dachte daran, auszugehen und mit meiner Zofe oder einer meiner Schwestern einen Spaziergang zu machen. Doch die Vorstellung, die Blicke der Passanten ertragen zu müssen, die mit Fingern auf mich zeigen und Beifall klatschen würden, sobald ich vorüberging, erschien mir unerträglich. Ich beschloß daher, wie ich es früher auch schon getan hatte, meine Einsamkeit zu genießen, im Palast auf und ab zu gehen, abgelegene Winkel nach vergessenen Schätzen auszukundschaften, wie dem geschenkten Ring der Elfen, der die Pforten zur Unterwelt öffnet. Schon immer hatte ich davon geträumt, ihn zu finden ... Ich rannte die Treppen hinauf und hinunter, trat an die verschlossenen Fensterläden, um durch die Ritzen hindurchzuspähen und zu sehen, was sich im gleichen Moment draußen auf der Ludwigstraße abspielte: Zwei dickliche und aufgedonnerte Damen stellten ihre Unterröcke zur Schau, während sie versuchten, den Pfützen auszuweichen, die der schmutzige Schneematsch verursachte. Ein Reiter trabte vorüber und bespritzte eine arme alte Frau, die traurig dreinblickte. Doch niemand beachtete sie. Ein junger Bürger, der aussah, als leide er an der Schwindsucht und dick in seinen Mantel eingehüllt war, ging mit hoffnungslosem Blick neben einem schönen und koketten Mädchen her. Ich dachte, wie unwissend jene Menschen sein mußten, die nebeneinander einherschreiten, ohne sich dabei anzusehen. Und dennoch, wenn sie einen Augenblick lang einander betrachtet hätten, einander zugehört hätten, vielleicht hätten sie dann die Mutter wiedergefunden, die sie in der Kindheit verloren haben, die Freundin, die sie nie bekommen konnten, den Ehemann, den sie ihr Leben lang gesucht haben . . .

Bei dem Gedanken daran, wie kurz unser Leben ist, wurde mir so mulmig, daß ich die Vorhänge wieder zuzog und nun freudlos im Haus auf und ab ging wie mein eigener Schatten. Ich ging zur Zirkusarena meines Vaters. Dort war es totenstill und leer. Doch ich erinnerte mich an den Lärm jener zauberhaften Tage, wenn er gerade von einer Reise zurückgekehrt war und voller Unternehmungslust mitten in unsere Unterrichtsstunden hineinschneite. Wir sollten dann alles liegen- und stehenlassen, um zu ihm zu kommen und zusehen, wie er auf *Flick* und *Flock* ritt, Kapriolen vollführte und durch Reifen sprang. Später stimmte er auf seiner Zither zarte Liebeslieder an . . . Ich erinnerte mich, wie wir ihm Beifall zujubelten, wie wir ihn mit offenstehenden Mündern und voller Stolz bestaunten. Wir hielten ihn für einen Hexenmeister, einen Waldgeist, der uns seine Weisheit und seine Lebensfreude schenkt. Ich erinnerte mich aber auch an den Zweifel, der mich danach befiel, an die Frage, die ich mir fortwährend stellte, ohne sie auszusprechen: Liebt er uns vielleicht gar nicht? Ich erinnerte mich auch an den Schmerz, den ich jedesmal dann spürte, wenn er wieder verschwand, um sich mit seinen Papieren, seinen Freunden und seinen Frauen in sein Arbeitszimmer einzuschließen oder auf Reisen ging, wohin auch immer, an irgendeinen weit entfernten, sonnendurchfluteten Ort, von dem er uns neue Lieder und neue Geschichten mitbrachte ... Ich spürte eine unermeßliche Leere, Sehnsucht nach etwas, das es nicht mehr geben würde. Wie unter einem Hexenbann, den einzig und allein ich aufheben könnte, ging ich in das Kabinett meiner Mutter, wo ich so viele Stunden an ihrer Seite zugebracht hatte, um zu sticken und ihren Geschichten zu lauschen. Die Pflanzen darin wuchsen prächtig trotz der Kälte draußen im grauschimmernden Licht, das durch die großen Fensterflügel hereinfiel. An den trüben Wänden hingen die Gemälde mit den lächelnden Gesichtern ihrer acht Kinder. Mir fielen wieder unsere Spiele ein, die Wettrennen und das Baden im See in Possenhofen, die Unterrichtsstunden, die in wildem Geschrei endeten, wenn jemand meine Karikaturzeichnungen entdeckte, die Baronin, die ihre Röcke lüftet, als eine winzige Maus hinter ihr herrennt, Professor Schnittel mit Eselsohren ...

Ich schauderte vor Kälte und Kummer. Dies ist mein Leben, dachte ich, mein Heim, meine Familie ... Und bald wird es zu Ende sein. Dann werde ich dem Lachen meiner Brüder, den Liebkosungen meiner Mutter und meiner gesamten Kindheit Lebewohl sagen müssen! Statt dessen werde ich von nun an mit lästigen Pflichten überhäuft werden und zugleich von Tag zu Tag mehr von dem entfremdet werden, was mir das Liebste war. Wie eine Fremde werde ich dann hierher zurückkehren. Und meine eigene Mutter, der ich so viele Male voller Zärtlichkeit und Dankbarkeit die Hand geküßt habe, wird das Zeremoniell einhalten und sich vor mir verneigen ... Meine Augen füllten sich mit Tränen und ich weinte, zuerst leise vor mich hin, dann kauerte ich mich auf den Boden und schluchzte. Während ich so vor mich hin heulte, fühlte ich, wie mein Herz leichter wurde. Schließlich kam Marie zu mir und sagte voller Erstaunen: »Sissi! Wie kannst du nur traurig sein? Du wirst die bedeutendste Frau Europas sein!« Daraufhin trocknete ich mir beschämt die Tränen ab und versuchte zu lächeln.

München, den 25. Dezember 1853

Der Kaiser ist nach München gekommen, um meinen Geburtstag zu feiern. Dafür muß ich ihm dankbar sein, obwohl ich meinen sechzehnten Geburtstag lieber so wie bisher gefeiert hätte, und zwar mit allen zusammen im kleinen Speisezimmer, um dort um den Weihnachtsbaum herumzusitzen und zu Abend zu essen, und den Dienern später ihre Geschenke zu überreichen. Aber da mein Verlobter anwesend war, mußte das Hofprotokoll eingehalten werden. So mußten wir mit vielen mir fremden Menschen gemeinsam an einem Tisch sitzen und uns so gesittet benehmen, daß ich kaum Freude an dem Fest hatte.

Franz Joseph hat mir aus Wien Blumen mitgebracht, ein Diadem, das vor Diamanten nur so funkelte, und einen wunderschönen brasilianischen Papagei. Ich gab ihm den Namen *Puck* und brachte ihn in mein Vogelhaus.

»Ich glaube, das ist das schönste Geschenk, das ich jemals bekommen habe«, sagte ich.

»Hast du dich über den Papageien mehr gefreut als über die Juwelen und die Pelzstola, die ich dir geschickt habe?« fragte er mich.

»O ja«, antwortete ich. »Er gefällt mir, weil er lebendig ist und so farbenprächtig, seine Federn tragen die Farben des Urwaldes: das Grün des Laubes, das Rot der Sonne und das Blau des Wassers ... Glaubst du, wir werden eines Tages eine Reise in den Urwald machen?«

»Was für seltsame Gedanken du hast, Sissi ...! Was sollten wir beide im Urwald tun?« war Franz Josephs Antwort.

Ich schämte mich und sah zu Boden. Ich wußte nicht, was ich sagen sollte, und da der Kaiser gewöhnlich auch nicht viel spricht, schwiegen wir eine ganze Zeit lang. Schließlich fiel mir der Geschichtsunterricht des Professor Mailáth ein.

»Graf Mailáth hat mir in den letzten Tagen viel von Ungarn erzählt. Er sagt, die Ungarn seien stolz und loyal, und ihre Treue zur Dynastie und ihre Unterwerfung unter das Kaiserreich seien im Laufe der Geschichte übermäßig auf die Probe gestellt worden. Eines Tages werde es daher angemessen sein, ihnen ihre Verfassung zurückzugeben, die du im Jahre 1849 während der Revolution aufgehoben hast.«

Ich bemerkte, daß sich das Gesicht des Kaisers verdüsterte. »Von welchen anderen Dingen hat Mailáth dir noch erzählt?«

Ich wußte nicht, was ich ihm darauf antworten sollte. Ich hatte den Eindruck, daß er verärgert war, doch ich hielt es für meine Pflicht, meinem zukünftigen Ehemann alles mitzuteilen, was ich dachte. Denn nur er konnte meinen Unkenntnissen in politischen Angelegenheiten Abhilfe verschaffen und die Zweifel aus dem Weg räumen, die der Graf mit seinen Unterrichtsstunden in mir geweckt hatte. Ich wollte mit allen Mitteln die Wirkung meiner Worte ein wenig abschwächen.

»Er hat mir erklärt, wie stark das Bestreben der Habsburger ist, ihren Staat zu vergrößern, in welch lobenswerter Weise du dich für den Frieden und das Wohlergehen deiner Reiche einsetzt. Aber . . .«

»Sprich weiter, Sissi. Was hat er dir noch gesagt?« drängte der Kaiser.

»Mailáth ist der Auffassung«, fuhr ich fort, »daß es dann, wenn alle Völker einen Zustand der Vollkommenheit erlangt haben, keiner Könige mehr bedarf.«

»Hat er auch von der Republik gesprochen?«

»Jawohl. Er sagt, daß diese Regierungsform zwar im Augenblick nicht zu verwirklichen sei, aber daß sich zu Zeiten der Antike die Völker selbst regierten, und daß auch unsere Nationen eines Tages große Republiken von gebildeten und tugendhaften Staatsbürgern sein werden.«

Franz Joseph stand auf. Ich sah, wie er seine Hand an die Orden legte, die den Brustteil seiner Uniform bedeckten.

»Hör zu, Sissi. In wenigen Monaten wirst du Kaiserin von Österreich, Königin von Ungarn und Böhmen, Königin der Lombardei und Venedigs, von Dalmatien, Kroatien, Slawonien, Galizien, Lodomerien und Illyrien sein, Großherzogin von Toskana, Krakau und Siebenbürgen, Markgräfin von Mähren, von Ober- und Niederlausitz und von Istrien . . . Ich könnte dir noch über vierzig Titel aufzählen. Die Zahl deiner Untertanen wird vierzig Millionen Menschen umfassen. Und jeder einzelne von ihnen weiß, daß sein eigenes Leben untrennbar an deines geknüpft ist. Jedes Weizenkorn, das sie ernten, jedes Stück Eisen, das sie mit der Kraft ihrer Hände zurechtbiegen, jede Kugel, die ihre Waffen im Krieg abfeuern, jede Sünde, die sie begehen, jede Geburt und jeder Tod betreffen nicht nur sie selbst, sondern auch dich und mich. Vergiß das niemals. Und hör nicht auf törichtes Geschwätz. Politik zählt nicht zu den Dingen, mit denen du dich beschäftigen solltest. Denk allein daran, wie du unseren Völkern dank deiner Schönheit und Güte den größtmöglichen Nutzen erweisen kannst.«

»Du hast recht, Franz Joseph«, murmelte ich.

»Ich werde mit Mailáth sprechen. Und ich werde dir aus Wien die Liste mit all deinen Titeln schicken lassen, damit du sie auswendig lernst. Wirst du das tun?« wollte der Kaiser wissen.

»Selbstverständlich werde ich das«, sagte ich.

In jener Nacht, also gestern, hatte ich einen furchtbaren Alptraum. Bevor ich zu Bett ging, sah ich von meinem Fenster aus, wie es schneite, und als ich eingeschlafen war, begann es in meinem Traum ebenfalls zu schneien. Am Anfang waren es schöne weiße Flocken, die fröhlich und leise niederrieselten, doch dann verwandelten sie sich in menschliche Gesichter, schreckliche Fratzen von Sterbenden, weit aufgerissene Augen hungriger Kinder, aufgedonnerte Gesichter von Dirnen, blutige Köpfe von Verletzten . . . Unaufhörlich fielen sie auf mich herab, bespritzten mich, schlugen auf mich ein und schrien: »Zu Hilfe, Majestät! Rettet uns! Hilfe, Hilfe . . .!« Zu Tode erschrocken wachte ich auf. Das Fenster stand offen, und der Schnee fiel in mein Zimmer. Die Rosen in den Wintergärten von Schönbrunn waren vom Schnee bedeckt und gefroren.

München, den 1. Januar 1854

Der Kaiser mußte heute abreisen, zwei Tage früher als vorgesehen. Ich habe viel geweint. Immer schon machte es mich traurig, wenn ich von jemandem Abschied nehmen mußte. Ich erinnere mich noch, wie betrübt ich als kleines Mädchen immer war, wenn mein Vater auf eine seiner Reisen ging. Ich schaute zu, wie er losfuhr und uns aus dem Wagen lächelnd zuwinkte. Der Kummer, der sich in meinem ganzen Körper ausbreitete, war groß und drükkend und nistete sich fest in meinem Herzen ein. Tagelang war ich dann wie benommen, unansprechbar in meinen eigenen Schmerz versunken.

Heute abend, als ich sah, wie die Kutschen vor dem Tor zur Ludwigstraße abfuhren, empfand ich das gleiche Gefühl, so als würde sich meine Seele verfinstern. Ich wollte schlafen, einfach nur schlafen, bis wir uns wiedersehen würden. Ich ging in mein Zimmer und trat ans Fenster. Ich versuchte im Geiste die Gefolgschaft des Kaisers jenseits der Häuser und Wälder auf ihrem Weg nach Wien zu begleiten. Ich erinnerte mich an die wunderbaren Tage, die ich an seiner Seite verbracht hatte, sein süßes Lächeln, die zärtlichen Gefühle, die seine Nähe in mir weckt. In diesem Moment begriff ich, wie sehr ich mich in den letzten Tagen verändert hatte, wie sich meine Gefühle verändert hatten: So groß ist die Liebe, die Franz Joseph mir gibt, daß ich mich danach sehne, sie ihm mit gleicher Stärke zurückzugeben.

Dennoch mußte er abreisen. »Die Pflicht ruft mich, Sissi«, sagte er zu mir. »Es gibt dringende Probleme, die ich zu lösen habe.« Ich versuchte ihn zu überreden, er möge doch hierbleiben, doch es war umsonst. Er wollte mir nicht einmal sagen, welche dringenden Probleme es waren, die ihn so von mir wegzogen. »Es sind politische Angelegenheiten, über die du dir keine Sorgen machen sollst.« Tatsache ist, daß ich mir aber Sorgen mache. Ich wagte nicht, es ihm zu sagen, aber er merkte mir an, daß ich verärgert war. »Sei nicht böse, Sissi. Es kann sich nicht immer alles nach deinen Wünschen richten. Daran mußt du dich gewöhnen, du bist schließlich kein Kind mehr.« Ich versuchte zu lächeln, doch zugleich dachte ich, daß gerade er mich in diesem Moment wie ein Kind behandelte. Ich suchte seinen Generaladjutanten auf und bat diesen:

»Graf Grünne, ich möchte mit Ihnen sprechen.«

»Was wünscht Ihr von mir, Königliche Hoheit?« fragte er mich.

»Ich möchte, daß Sie mir erklären, aus welchen Gründen der Kaiser abreisen muß.«

Seine Antwort lautete, wie ich es erwartet hatte.

»Es handelt sich um politische Angelegenheiten, Hoheit. Verzeiht, wenn ich Euch sage, daß sie Euch nicht betreffen und darüber hinaus langweilen würden.«

»Nichts, was den Kaiser betrifft, könnte mich langweilen. Und nichts, was seine Untergebenen angeht, kann mich unberührt lassen. Er selbst hat es mir so erklärt, und dennoch will er mich nicht über diese wichtigen Angelegenheiten in Kenntnis setzen. Sie sind sein Freund, Grünne. Seien Sie auch meiner, ich bitte Sie darum.«

Der Graf lächelte zufrieden, mein Vertrauensbeweis schmeichelte ihm sichtlich.

»Es sind Kriegsangelegenheiten, Hoheit. Zar Nikolaus ist in einige Gebiete des türkischen Sultans eingedrungen. Er möchte nun, daß der Kaiser ihn unterstützt, so wie er es in Ungarn im Jahre 1849 getan hat, als er die Revolution niederschlug, durch die sich die Ungarn vom Kaiserreich abtrennen wollten. Doch Seine Majestät hält es nicht für angemessen, in diesen Krieg einzugreifen.«

»Kriege verursachen zu viele Tote, zuviel Kummer. Der Kaiser hat recht«, sagte ich daraufhin.

»Ja, Hoheit, was Ihr sagt, ist richtig. Doch Kriege sind notwendig.«

»Notwendig?« fragte ich.

»Jawohl, Hoheit. Wenn wir nicht so handeln würden, würden die anderen Staaten sich uns einverleiben. Sie sind wie Hunde, die auf ihre Beute warten«, sagte Grünne.

In diesem Augenblick erschien meine Mutter. Grünne machte eine Verbeugung und entfernte sich. Ich dachte noch weiter darüber nach, was er mir gesagt hatte: »Kriege sind notwendig ...« Darüber muß ich mit meinem Vater sprechen. Aber jetzt werde ich schlafen gehen. Ich habe das Fenster in meinem Schlafzimmer geöffnet und höre den eisigen Wind pfeifen. Wo mag Franz Joseph jetzt wohl sein? Wo immer er sich auch aufhalten mag, ich hoffe, daß man ihm ein Feuer im Kamin entfacht hat. Es ist so kalt ...!

München, den 13. April 1854

Meine Brautausstattung ist fertig gepackt und kann morgen nach Wien verschickt werden. Fünfundzwanzig Koffer, vollgepackt mit Kleidern, Silber, Schmuck ... Für mich ist es ein wahrer Schatz. Nie hätte ich mir träumen lassen, so schöne Dinge zu besitzen. Doch meine Mutter brach vor wenigen Tagen, als alles im Tanzsalon aufgestellt war, wie ein Kind in Tränen aus und sagte: »O Herr, was werden sie in Wien bloß über uns denken? Diese Ausstattung ist einer zukünftigen Kaiserin von Österreich nicht würdig! Wenn wir doch nur etwas mehr Zeit gehabt hätten ...! Das Gesicht von Sophie möchte ich mir nicht vorstellen, wenn sie deine Sachen im Palast ausgebreitet sieht ...!« Ihr Jammern war im ganzen Haus zu hören. Ich versuchte, sie zu liebkosen und lachte über ihre Klagen, obwohl ich zugeben muß, daß ich nur sehr wenig dazu beigetragen habe, daß die Schneiderinnen, Hutmacherinnen und Stickerinnen alles fertigmachen konnten. Dennoch hoffe ich, daß mir die Kleider gut stehen werden; es sind so viele, daß ich, so glaube ich zumindest, lange Zeit damit auskommen werde: siebzehn Gala- und Festtagskleider, vier Ballkleider, vierzehn Seidenkleider für die kalte Jahreszeit und neunzehn Sommerkleider . . . Dann noch die Reifröcke, Mieder, Hemden, Strümpfe, Unterröcke, Beinkleider, Frisiermäntel, Handschuhe, Hüte, Kopfputz, Sonnenschirme . . . Und nicht zuletzt die Schuhe. O ja, die Schuhe! Es müssen wohl an die dreißig Paar sein, obwohl ich befürchte, daß ich nicht viel von ihnen haben werde, denn, so wurde mir gesagt, ich darf sie jeweils nur einmal anziehen. Danach muß ich sie den Kammermädchen überlassen. Was für ein alberner Brauch! Ich werde mit dem Kaiser darüber sprechen, daß er ihn abschaffen soll.

Marie hat mir heute erzählt, daß sich die Erzherzogin im letzten Brief an meine Mutter über meine Brautausstattung beschwert hat. Als sie einst nach Wien gegangen war, um dort zu heiraten, so erinnert sie meine Mutter, begleiteten sie vierzig Koffer, »und das, obwohl sie noch nicht einmal Kaiserin werden sollte . . .« Mama begann erneut zu weinen, als sie diese Zeilen las. Doch um mich nicht zu erschrecken, erzählte sie mir nichts davon. »Mach dir keine Sorgen, Marie«, antwortete ich, »ich denke, daß das, was ich mitbringe, mehr ist als genug. Und außerdem, wer wird mich schon danach beurteilen, was ich besitze?« Mir schien, als ob sich unter das zustimmende Lächeln meiner Schwester eine Spur von Spott mischte. Vielleicht bin ich in letzter Zeit aber auch ein wenig überempfindlich.

Possenhofen, den 19. April 1854

Vor Traurigkeit zerreißt es mir beinahe das Herz . . . Was wird nur aus mir werden, wenn ich so weit weg bin von dem feuchten Gras hier? Welche Fenster werde ich öffnen, um den Duft des Waldes einzuatmen, den Wind, der nach Holz und Schnee riecht? Ich werde jeden Tag aufstehen müssen, ohne daß die Berge da sind, der See, die Wiese, die Feen, diese Wolken und die Sonne . . . Wo werde ich nur die Kräfte hernehmen, um zu leben, meine geliebten Bäume, wenn eure Wurzeln nicht mehr für mich den Saft aus der Erde saugen?

Ich, die ich schon bald Kaiserin von Österreich sein werde, würde heute tauschen mit der ärmsten Bäuerin vom Starnberger See, mit einem eurer zerbrechlichsten Zweige, ihr vornehmen Eichen, mit einer Handvoll dieser fruchtbaren und heiligen Erde. Nur zu gern wäre ich ein Vogel, eine Wolke, ein Baum, ein Wassertropfen, ein armseliges Steinchen von diesem Fleck, der meine Heimat ist, meine Welt. Ich würde am liebsten für immer hierbleiben wollen, um immer bei euch zu sein, ohne daß mich jemand fortholen kann. Die Zeit würde über mir vorüberziehen, die Menschen würden an mir vorübergehen, während ich, Baum oder Stein, die Allmacht meines Gottes preisen würde, der mir den schönsten Fleck der Erde zum Leben geschenkt hat . . . Wie wird es mein Herz nur ertragen, wenn ihr nicht mehr da seid?

Wien, Hofburg, den 23. April 1854

Von einem Bild an der Wand blickt mich Marie Antoinette spöttisch lächelnd an. Auch sie macht sich über mich lustig . . .! Ich habe ihr Bild mit einem Hemd zugedeckt, um allein sein zu können, um nicht länger das Gesicht einer enthaupteten Königin ansehen zu müssen. Ich will allein sein und nachdenken. Ich möchte noch einmal über das nachdenken, was ich in diesen

Tagen erlebt habe. Es kommt mir so vor, als hätte ich es gar nicht erlebt, als wäre es eine andere gewesen, die hierhergekommen ist. Als hätte eine andere die Kutsche bestiegen, als wäre eine andere zur Pforte des Palastes ihres Vaters hinaufgestiegen und hätte weinend von ihrem Hause Abschied genommen, von ihren Angestellten, denen sie zum letzten Mal die Hand reichte, die sie von nun an, schließlich war es ja die Hand einer Kaiserin, nur noch denen zum Kuß reichen würde, die dies aufgrund ihres Standes verdienten. Ja, zweifellos muß es eine andere gewesen sein, die inmitten einer lärmenden Menschenmenge durch München fuhr, die den Dampfer bestieg, der mit frischen Rosen geschmückt war, und die mit dem Tuch ihren neuen Untertanen zuwinkte, die an den Ufern der Donau standen, während Geschützsalven und Lieder vom Ufer her widerhallten. Sie hielt sich auf den Beinen, obgleich erschöpft, von der eigenen inneren Leere gestützt, die sie unablässig lächeln ließ mit völlig leerem Geist und leerer Seele. Wie kann ich, Elisabeth, die ich die Feen tanzen sah, die gleiche sein, die unter Fanfaren und Kanonenschüssen vom Kaiser umarmt wurde und Grüße empfing von der Familie, von Diplomaten, Bischöfen, Militärs, Ministern, Regierungsvertretern und Höflingen? Wie kann ich es sein, die endlose Vorstellungszeremonien, unendliche Reden und stocksteife Galadiners über sich ergehen ließ? Und erst die langen Vorbereitungszeiten, die Fahrt in der Kutsche, der *»Feierliche Einzug der Durchlauchtigsten Prinzessin Elisabeth von Bayern in Wien«*, wie es so wörtlich im Protokoll steht. Alle Glocken der Stadt begannen zur gleichen Zeit zu läuten, Tausende von Menschen riefen mir zu, als ich vorüberfuhr, und ich, also sie, war völlig erschöpft und mit den Nerven am Ende, bis ihr sogar die Tränen in die Augen traten. So präsentierte sie sich ihrem Volk, als kleine, verheulte Prinzessin, die sich schluchzend bemühte, mit ihrem Tüchlein zu winken, während es unablässig Rosen regnete, als ihre Gefolgschaft vorüberfuhr.

Und hier ist sie, bin ich, nun endlich allein und komme

allmählich wieder zu mir. Nun bin ich allein in diesem Zimmer, das mit scharlachroter Seide ausgestattet ist und das ich nicht kenne, und dennoch ist es mein Zimmer. Ich betrachte mich im Spiegel, und ich weiß nicht einmal, ob jener gebeugte Körper und dieses blasse Gesicht mir gehören. Doch ich öffne den Mund und kann meine Zähne sehen, ich strecke den Arm aus, und die Hand beginnt mir zu zittern. Ob sie meine Zähne gesehen haben und meine zitternde Hand? Ob sie sich heute nacht über mich lustig machen, da ich nicht in der Lage war, sie auf französisch anzusprechen, und weil meine Augen vom vielen Weinen ganz verschwollen waren ...?

Hier ist nun die, die ich bin, und wartet auf den morgigen Tag. Auf dem Schreibtisch liegt aufgeschlagen der Protokolleitfaden mit dem Titel *Très humbles rappels,* damit ich nur ja keine der Gesten vergesse, die ich ausführen muß, keines der Worte, die ich sagen muß. Wird man in der Augustinerkirche meine Stimme hören, die sagt: »Ja, ich will ...?« Ich will ihn, den Kaiser von Österreich, zu meinem Mann. Und euch, die ihr mich auslacht, weil ich zittere und weil meine Zähne häßlich sind, will ich als Untergebene und Begleiter auf Lebzeiten in diesem Land. Ja, ich will ihn, Franz Joseph, zu meinem Mann. Vor Scham wird sie den Kopf senken, mit erstickter Stimme, und ich, die die Feen tanzen sah, werde spüren, daß mein Herz ganz heftig schlägt. Vor Liebe, aber auch vor Angst.

Marie Antoinette macht sich von der Wand herunter über mich lustig: »Prinzessinnen dürfen sich nicht verlieben.« Meine Mutter, ich weiß es ganz genau, weint jetzt.

Wien, Hofburg, den 27. April 1854

Was für eine Schande, o mein Gott! Was für eine Schande ...! Noch immer spüre ich sie auf meinem Gesicht, auf dem ganzen Körper. Am liebsten würde ich mich in Luft auflösen, damit mich niemand sehen kann. Ich kann hören, wie die Springbrunnen in den Gärten es in alle Richtungen verbreiten. Die ganze Stadt ruft es sich schon zu, von Fenster zu Fenster, und mit jedem Glockenschlag pflanzt sich das Gerede weiter. Der Wind streicht vorbei und nimmt es mit in andere Städte, andere Länder: »Der Kaiser hat seine Frau entjungfert . . .«

Zuerst spürte ich den Schmerz: Ist es also das, was man unter »Frau sein« versteht, dieses brutale Eindringen in die Eingeweide, das unerträgliche Gewicht seines Körpers auf mir, seine heftigen Bewegungen, mein Blut . . .? Am liebsten hätte ich geschrien, um Hilfe gerufen, und dieses Wesen von mir gestoßen, das mich auf solche Weise verletzte. Doch statt dessen ertrug ich es schweigend und unterdrückte den Brechreiz in meinem Hals, wie sie es mir beigebracht hatten. Stundenlang ertrug ich den Schmerz und den Ekel, und hörte, wie das wilde Tier neben mir befriedigt atmete, das mich beschmutzt und innerlich zerstört hat und in meinen Bauch eingedrungen ist, um darin sein widerliches Königreich zu errichten.

Doch damit war noch nicht genug. Es folgte die zweite Erniedrigung. Ich bat den Kaiser am folgenden Morgen, wobei ich es kaum wagte, ihm in die Augen zu sehen, und hoffte, auch er würde mich nicht ansehen, er möge nicht von mir verlangen, das Frühstück gemeinsam mit seiner und meiner Mutter einzunehmen. Während der vorangegangenen Tage mußte ich mich den Fragen der Erzherzogin stellen, ihren mißbilligenden Blicken und der Gestik gespielten Verständnisses, als Franz Joseph auf die kompromittierende Frage stets eine verneinende Antwort gab. Ich dagegen hatte die Augen starr auf den Boden gerichtet und fühlte, wie mein Gesicht errötete, bis ich die Hitze kaum noch ertrug. Heute hatte ich die Kraft nicht, um das durchzustehen. Er hatte dafür Verständnis und ging. Ich bat meine Kammermädchen, mir ein Bad einzulassen, und blieb im Bett, im halbdunklen Zimmer. Ich war noch völlig verwirrt darüber, was passiert war, und war nur erleichtert, daß Franz Joseph jetzt nicht da war.

Doch er kehrte unverzüglich zurück und sagte zu mir:

»Du mußt dich anziehen, Sissi. Meine Mutter möchte, daß du dich auch zeigst.«

»Ich kann nicht! Mir geht es schlecht. Erkläre ihr das.«

»Du mußt kommen, es hilft nichts. So will es der Brauch, Sissi! Du mußt doch nur zum Frühstück herunterkommen und einfach nur ›ja‹ sagen, wenn sie dich etwas fragen. Das ist alles.«

Ich kleidete mich also an und ging frühstücken, und ich sagte ›ja‹, sagte ich es wirklich?, als die Erzherzogin mich fragte.

Niemals werde ich es vergessen! Und selbst wenn ich hundert Jahre alt werde, werde ich die Schande nicht vergessen, das schreckliche Gefühl, wie eine Kuh traktiert zu werden oder wie eine läufige Hündin! Und dann diese Blicke den ganzen Tag lang, das Grinsen der Frauen, das gespannte Schweigen der Männer. Alle wollten sie mir die gleiche Frage stellen, die ihnen schon vom Gesicht abzulesen war und in meinen Ohren widerhallte: »Hat es Eurer Majestät gefallen . . .?«

Nie werde ich den Gehorsam des Kaisers verstehen, und nie werde ich akzeptieren, daß das Mißfallen der Erzherzogin für ihn eine größere Rolle spielt als meine Würde! Diesen Morgen werde ich ihm nie verzeihen!

Wien, Laxenburg, den 19. Mai 1854

Die Gräfin Sophie von Esterházy, meine erste Hofdame, kam mich heute mit einigen ihrer Freundinnen vom Hofe besuchen, Damen, die ebenso hochnäsig und aufgetakelt waren wie sie selbst. Um ihre Lippen, die vom vielen Schwätzen ganz ausgeleiert waren, spielte ein zynisches Lächeln. Ihre Kleider waren verschwitzt und ihre Haare fettig. (Der Wiener Hof hat es nicht so mit dem täglichen Bad. Ich selbst mußte mir eine ernsthafte Strafpredigt der Erzherzogin anhören, weil ich diese Angewohnheit habe, die aus ihrer Sicht unkeusch ist.) Jede von ihnen ist im Besitz mindestens sechzehn vornehmer Paläste, und dieser »höhere Wert« räumt ihnen das Privileg ein, zu den Zeiten, in denen ich Besuch empfangen muß, ohne vorherige Ankündigung meine Gemächer aufzusuchen.

Es wurden Handküsse ausgetauscht, Worte der Genugtuung und Willkommensgrüße, und dann belegte jede von ihnen in der Art alter Klatschbasen ihren angestammten Platz auf den Diwanen, um unaufhörlich den auserlesenen Geschmack der Erzherzogin zu rühmen, mit dem sie mein Heim eingerichtet hat: die vorherrschenden Farben Scharlachrot, Grau und Gold, das edle Porzellan aus Sèvres und die vielen Gemälde an den Wänden, die meine würdigen Vorgängerinnen darstellen, damit ich nur ja niemals die guten Beispiele vergesse, denen ich zu folgen habe.

Ich wußte nicht, was ich sagen sollte. Ich hatte Angst, ich könnte mich unpassend benehmen und wünschte nur, dieser Besuch möge so schnell wie möglich zu Ende gehen. Bald trat ein peinliches Schweigen ein. Dann richtete eine von ihnen auf französisch einige Worte an mich, obwohl sie ganz genau wußte, da bin ich mir sicher, daß ich diese Sprache nicht verstand.

»Sie müssen mir verzeihen«, ich flehte sie beinahe an, »aber ich verstehe diese Sprache noch nicht besonders gut.«

»Hatte Eure Majestät in Possenhofen keinen Französischlehrer?« fragte sie mich.

Nun fühlte ich mich erst recht unwohl in meiner Haut.

»Nein, nein. Mein Vater wollte lieber, daß wir Englisch lernen.«

In ihren Gesichtern zeigte sich ein böses Grinsen. Eine von ihnen fragte dreist weiter.

»Wir haben gehört, daß Possenhofen ein sehr idyllischer Ort sein soll, fast wie ein Bauernhof, auf dem alles in freier Natur gedeiht, die Tiere und Pflanzen . . .«

Ihre Dreistigkeit ging jedoch nicht so weit, noch hinzuzufügen: »Und sogar die Menschen.«

»Vielleicht, so glauben wir«, sprach sie weiter, »ist es so etwas

Ähnliches wie das Hameau, das Gut von Marie Antoinette in den Gärten von Versailles, wo sie und ihre Freundinnen in Schäferinnenkleidung Gänse und Lämmer aufzogen ... Ist es so, Majestät?«

Ich verspürte Lust draufloszuheulen. Doch es gelang mir, mich zu beherrschen. Ich glaube, ich lächelte sogar ein wenig, während ich antwortete:

»Mein Großvater, König Maximilian, liebte das Land in seinem ursprünglichen Zustand, die Natur, die über sich selbst herrscht. Er verabscheute die zurechtgestutzten und künstlichen französischen Gärten. Wir Wittelsbacher sind alle so veranlagt. Auf jeden Fall«, fügte ich hinzu, wobei ich dachte, daß diese unangenehmen Frauen es gar nicht wert waren, sich vorzustellen, wie es in Possenhofen wirklich aussah, »habe ich nun gesehen, daß die Gärten in Wien viel schöner sind.«

Wieder trat eine lange Pause ein. Schließlich rief die Gräfin Esterházy, ohne mich dabei eines Blickes zu würdigen:

»Habt ihr schon das Neueste gehört?«

Die auf den Diwanen fläzenden Leiber richteten sich auf, und die Mienen wurden gespannt und neugierig.

»Was gibt es denn Neues?«

»Das von der Baronin S.«

Sie beugte sich bis zu dem Tisch vor, als wollte sie ein langgehütetes Geheimnis offenbaren. Die anderen folgten ihr mit den Köpfen. Und tatsächlich flüsterte sie mit ihrer unangenehmen Stimme:

»Sie hat einen neuen Liebhaber. Und dieses Mal ist sie so weit gegangen, wie ihr es euch kaum vorstellen könnt.« Sie wandte sich zu mir. »Entschuldigung, Majestät. Eine frischvermählte Frau sollte sich solche Dinge nicht anhören, doch die Kaiserin von Österreich sollte eigentlich schon darüber Bescheid wissen, was an ihrem Hofe vor sich geht, meint Ihr nicht auch?«

Für eine ganze Weile blieb ich stumm. Ich wußte, was sie von mir erwarteten: Ich sollte ihnen zeigen, daß ich mich genauso wie sie für das Privatleben anderer Menschen interessierte. Meine Antwort sollte »ja« lauten. Doch mein Magen verspürte Brechreiz. Ich stand auf und sagte:

»Sie müssen entschuldigen. Ich bin unpäßlich.«

Die Gräfin Esterházy stürzte herbei mit den Worten:

»Ich werde Doktor Seeburger rufen lassen, Majestät.«

»Das ist nicht nötig, Gräfin, vielen Dank. Und Guten Abend.«

Ich ging, ohne ihnen die Hand zu reichen oder sie gar anzusehen. Mit gesenkten Köpfen blieben sie zurück. Ich dachte bei mir: »Wenigstens werden sie sich mit ihren fetten und unbeweglichen Körpern schwertun, wieder aufzustehen.«

Wien, Laxenburg, den 20. Mai 1854

Nicht eine einzige Minute kann ich hier allein sein, und dennoch fühle ich mich so allein! Umgeben von Zofen, Kammermädchen, Hofdamen, Erzherzoginnen, und dennoch bin ich allein. Es ist so unendlich kalt hier. Der Winter zieht sich endlos in die Länge und im Regen verwandelt sich Laxenburg in einen feuchten und ungemütlichen Palast, in dem die Geister unglückseliger Menschen hausen, die Tag für Tag an meiner Seele nagen.

So bliebe mir nur der Trost, im Garten zwischen Linden und Kastanien spazierenzugehen. Doch die Erzherzogin hat es mir verboten. »Eine Kaiserin kann nicht wie eine arme Frau allein im Regen spazierengehen.«

Ich könnte auch zum Trost ausreiten, doch auch das darf ich nur in Begleitung einer meiner Hofdamen, Paula Bellegarde oder Karoline Lamberg. Beide sind furchtbar ängstlich und sagen ständig: »Gebt acht, Majestät! Hoheit, nicht springen, Ihr könntet vom Pferd fallen! Wir müssen umkehren, es wird kalt und Ihr werdet krank . . .!« Es bliebe noch ein letzter Trost, der wunderschöne Trost der Gesellschaft von Franz Joseph. Doch er eilt jeden Morgen in aller Frühe in die Hofburg, wo ihn stundenlange

Sitzungen, Audienzen und politische Konflikte erwarten, und er kehrt erst spät nachts zurück, gerührt, mich, wie er es nennt, »zu Hause« und mit dem süßesten Lächeln anzutreffen, das ihn nur empfangen kann.

Ja, in seiner Anwesenheit bemühe ich mich stets, mein schönstes Lächeln aufzusetzen. An vielen Tagen hingegen, jedesmal dann, wenn die Erzherzogin gegangen ist und ich mich für eine Weile in meinen Salon zurückziehen kann, setze ich mich an den Schreibtisch und schreibe Briefe nach Possenhofen. Dabei weine ich stundenlang, ohne mich beruhigen zu können. Doch wenn das Kammermädchen später in der Tür erscheint, um mich daran zu erinnern, daß der Kaiser bald zurückkehrt, versuche ich, mein Gesicht und mein Gemüt wieder frischzumachen und erwarte ihn im Salon, denn in den Gärten darf ich ihn ja nicht begrüßen, und tue so, als hätte ich einen der schönsten Tage meines Lebens hinter mir. Wie könnte ich mich auch vor ihm beschweren, wo er doch ohnehin so viel Verantwortung zu tragen hat? Nur einmal fragte er mich:

»Sissi, hast du geweint?«

»Nur ein bißchen«, gab ich zwangsläufig zur Antwort.

»Weshalb?«

»Ich habe Heimweh nach Possenhofen . . .«

»Das wird schon vergehen!«

Daraufhin blickte er schweigend ins Feuer, was mich noch trauriger machte. Doch ich glaubte, er sei müde und ich müßte ihn nun aufmuntern.

Jeder Tag meines Lebens als Kaiserin verläuft nach dem gleichen Schema: Anstatt morgens vom Tannenduft und den fröhlichen Stimmen meiner Geschwister in Possenhofen geweckt zu werden, empfängt mich Sophie von Esterházy mit mürrischem Gesichtsausdruck, um mich an die Pflichten des Tages zu erinnern. »Um zehn Uhr Audienz für die Stiftung der Wohltätigen Damen Unserer Lieben Frau in Innsbruck, Mittagessen mit der Erzherzogin Hildegard, am Nachmittag werden Sie eine Gesellschaft geben. Es werden die Gräfinnen F. und M., die Prinzessin R. sowie eine Erzherzogin erscheinen. Am Abend werden Majestät mit Ihrem Gemahl eine Vorstellung im Burgtheater besuchen. Die Botschafter Preußens und Frankreichs werden anwesend sein. Majestät mögen darauf achten, liebenswürdig zu sein.« Ich werde daran denken, liebenswürdig zu sein, dabei aber zurückhaltend, nicht übertrieben lächeln, aber dennoch lächeln, mich nie ohne Begleitung bewegen, nicht einmal in den Gängen des Palastes, mich stets von meinen Kammermädchen ankleiden und entkleiden lassen und niemals Einkäufe tätigen wie die Ehefrau eines Schneiders. Ich werde auch niemals Bier zu den Mahlzeiten trinken, denn das ist ein Fuhrmannsgetränk, ich werde nie zu viele Fragen stellen, zwar werde ich Mildtätigkeit zeigen, doch man wird mich nicht leicht beeindrucken können. Ich werde Franz Joseph niemals in der Öffentlichkeit umarmen und auch nie zu lange mit einem anderen Mann sprechen oder diesem zu tief in die Augen blicken. Auch mit meinen geliebten Papageien werde ich mich nicht allzu intensiv beschäftigen. Jeden Tag bemühen sich die Gräfin Esterházy und die Erzherzogin selbst darum, mir dies alles einzutrichtern. Ich bekomme schon Angst, wenn ich nur meine Schwiegermutter sehe, mit ihrem unfreundlichen Gesicht und ihrer altmodischen Frisur. Und schon läßt sie von neuem eine endlose Tirade von Ratschlägen und Vorwürfen auf mich herabregnen: »Es ist nur zu deinem Besten, Elisabeth. Deine Mutter, meine liebe Ludovika, hat es nicht verstanden, dich richtig zu erziehen. Was für ein Jammer, daß du so gar nicht deiner Schwester Helene ähnlich bist!«

Abends dann fragt mich der Kaiser:

»Ist meine Mutter heute zu dir gekommen?«

»Ja, Franz Joseph«, gebe ich ihm zur Antwort.

»Hör auf alles, was sie sagt. Es gibt auf der ganzen Welt keine klügere Frau als sie, Sissi! Wenn du eine gute Kaiserin werden willst, brauchst du nur ihrem vorbildlichen Beispiel zu folgen.«

»Ja, Franz Joseph, du hast recht.«

Kurze Zeit später höre ich das Rauschen der Wellen vom Starnberger See, und meine Augen füllen sich wieder mit Tränen. Ich drehe mich zur Seite, damit er es nicht sieht. Ach, was muß es in Possi jetzt schön sein . . .!

Wien, Laxenburg, den 8. Juni 1854

Morgen werden wir auf Reisen gehen. Vierzehn wunderbare Tage lang weit weg von der Erzherzogin und von Wien, Franz Joseph und ich ganz allein! Seitdem ich das erfahren habe, haben sich meine seelische und meine äußerliche Verfassung sichtlich verbessert. Selbst die Natur hat es gut mit mir gemeint, und mit einem Mal fing die Sonne an, die Welt zu erwärmen, die Blumen sprangen auf und zeigten sich in ihren prächtigsten Farben . . . Laxenburg erscheint mir auf einmal wie ein wunderschönes Feenschloß mit seinem klaren See, über den bereits die ersten neugeborenen Schwäne ziehen, schneeweiße und federleichte Knäuel. Die Platanenalleen schlagen aus und schmücken sich mit leuchtendgrünen Blättern. Der Duft der Rosengärten dringt sogar bis in meine abgelegenen Zimmer vor und kitzelt all meine Vorgängerinnen in ihren geschminkten Nasen.

Morgen werden wir nun endlich nach Böhmen und Mähren aufbrechen. Franz Joseph möchte durch unsere erste gemeinsame Reise diesen Ländern Dank für ihre Loyalität zur Dynastie erweisen, für ihre Unterstützung während der schweren Tage im Jahre 48, als die Familie wegen der Aufstände in Wien und Ungarn in Olmütz Zuflucht suchen mußte. Dort hat der alte Kaiser Ferdinand, körperlich und seelisch durch seine epileptische Krankheit geschwächt, abgedankt, und so kam es, daß, nachdem mein Schwiegervater auf die Nachfolge verzichtet hatte, die Kaiserkrone auf meinen Gemahl übertragen wurde.

Vierzehn wunderbare gemeinsame Tage . . .! Es wird anstrengend werden, das weiß ich jetzt schon: Audienzen, Adelsempfänge, Besuche von Spitälern, Theaterveranstaltungen. Grüßen, lächeln, Fragen stellen und zwei- bis dreimal täglich die Kleider wechseln. Doch dafür werden wir Tag und Nacht zusammensein. Wir werden die Berge sehen, Flüsse, Vögel und Wiesen voller Sonnenblumen. Und dabei werde ich Franz Joseph vom Gesang der Amseln erzählen, von den Blättern der Eichen und den goldfarbenen Kieselsteinen am Ufer der Bäche. Ich werde ihm von den Dorfkirchen erzählen, von den Mähern, die sich bei der Arbeit über die Felder beugen, von unseren Herzen.

Später, nach meiner Rückkehr werde ich dafür sorgen, daß sich die fetten Wiener Gräfinnen vor mir verbeugen. Und dabei werde ich sie ohne Furcht anblicken, genauso wie eine richtige Kaiserin blickt.

Wien, Hofburg, den 25. Juni 1854

Ich fühle mich so müde, ich glaube, ich werde krank. Nach der anstrengenden Reise, bei der mir keine Zeit zur Erholung geblieben war, mußte ich heute morgen an der Fronleichnamsprozession teilnehmen. Nachdem wir gestern erst aus Prag zurückgekehrt waren, hatte ich versucht, den Kaiser zu überreden, meine Abwesenheit zu entschuldigen. »Ich fühle mich nicht in der Lage, die Aufgabe einer Kaiserin bei einer solchen öffentlichen Feierlichkeit mit der gebotenen Würde zu erfüllen. Du hast ja gesehen, wie es mir in Böhmen ergangen ist! Ich kann mich einfach nicht stundenlang auf den Beinen halten, und sobald ich noch dazu die Blicke der Menschen auf mir spüre, fangen meine Beine zu zittern an. Gib mir Zeit! Vielleicht bin ich schon in wenigen Jahren so weit, daß ich damit umgehen kann.« Doch Franz Joseph schenkte mir keinerlei Aufmerksamkeit. »Du mußt dich an diese Aufgaben gewöhnen, Sissi. Dich in der Öffentlichkeit zu präsentieren, vor deinen Untergebenen, ist nun einmal deine vorrangige Aufgabe. Und die morgige Feier ist von außerordentlicher Bedeutung: Wir müssen unseren Bund mit der Kirche demonstrieren, vor all den Liberalen und Kirchengegnern, die wie Pilze aus dem Boden schießen und mit aller Gewalt versuchen, der Kirche ein Ende zu setzen. Es ist unerläßlich, daß du daran teilnimmst.«

Und das tat ich dann auch. Ich stand um fünf Uhr morgens auf, wurde gekämmt und in ein schweres Festkleid mit Schleppe gesteckt, so daß ich mich kaum bewegen konnte. In der Festtagskutsche fuhr ich vor, begleitet von den Zurufen Tausender von Menschen, stehend hörte ich der endlos langen Messe des Kardinal Erzbischofs zu, betete geistesabwesend mit, sprach auswendig seine Gebete nach, die auf einmal für mich völlig unverständlich waren, und folgte der Prozession mit einer Kerze in der Hand. Dabei drückten mich das schwere Diadem, das ich auf dem Kopf trug, die lange Schleppe, die ich hinter mir her zog, sowie die Blicke und das Geflüster um mich herum – »Wie fromm sie ist, unsere Kaiserin!« –, während mein verwirrter Geist vergeblich den Allerhöchsten zu schauen suchte. Nein, in dem goldenen Tabernakel, das der Kardinal wie eine Waffe präsentiert, finde ich meinen Gott nicht, sondern nur auf den Gipfeln der Berge und tief in den Wäldern. Wenn ich allein bin, treffe ich Ihn, aber nicht vor den sensationslüsternen Massen. Vielleicht ist mein Gott auch ein anderer als der des österreichischen Kaiserreichs . . .

Wien, Hofburg, den 30. Juni 1854

Seitdem wir aus Mähren zurückgekehrt sind, haben wir uns wieder in der Hofburg niedergelassen. Dieser Palast ist das Zentrum des Reiches, doch erscheint er mir noch ungemütlicher als das feuchte Laxenburg. Ich fühle mich hier, als würde ich auf einer Theaterbühne leben. Jeder Augenblick meines Lebens, bis auf meine Nachtruhe, findet in aller Öffentlichkeit statt. Die Zahl der Teilnehmerinnen meiner Gesellschaften ist noch größer geworden: Sie schwirren herbei wie die Fliegen. Zwar residieren sie in nächster Umgebung, doch lassen sie sich in Kutschen vorfahren, die mit Wappen geschmückt sind, da sie nicht in der Lage sind, ein paar Meter die Straße entlang zu Fuß zu laufen. Während des übrigen Tages kleben sie in den Gängen der Hofburg, stets begierig nach Neuigkeiten, die sie sogleich weitererzählen, um die endlosen Stunden ihres Müßiggangs zu füllen. Und begleitet werden sie stets von einer Vielzahl von Menschen, die den Hof bevölkern: Adlige, Beamte, Soldaten, Kleriker, Bittsteller, die von den entlegensten Gegenden des Reiches herkommen, sowie Heerscharen von Lakaien. Es ist unmöglich, einen einzigen Schritt zu tun, ohne auf Uniformen und Zylinderhüte zu stoßen. Da selbst die Gärten der Öffentlichkeit zugänglich sind, kann man auch dort dem Kommen und Gehen der Stadtbevölkerung nicht entfliehen. Mit meiner inneren Ruhe ist es weitgehend dahin, und in meinem Körper spüre ich die Anspannung, die die kontinuierliche Anwesenheit fremder Menschen in mir auslöst. Bereits am Morgen fühle ich mich übermannt von einer heftigen und unüberwindlichen Müdigkeit, die mich kraftlos macht und mit Traurigkeit erfüllt. Jede Bewegung, jede Geste, die ich vor anderen auszuführen habe, jedes Wort, das ich aussprechen muß, wird für mich zu einer Qual, vor der meine Muskeln versagen. In den letzten Tagen kam auch noch ein Unwohlsein dazu, daß ich mir nicht erklären kann, ein Gefühl der Atemnot und der Übelkeit, das mich ständig begleitet und mich vor allem beim Treppensteigen oder Überqueren von Korridoren befällt. Es ist wie eine Art Furcht, auf der anderen Seite könnte das Böse lauern. Mein Herz schlägt dann jedesmal so heftig, daß ich Angst bekomme, es könnte mir in der Brust zerspringen. Die Luft dringt gar nicht erst bis zu meinen Lungen vor, und alles um mich herum dreht sich . . .

Heute morgen, ich war gerade auf dem Weg zur Kathedrale, habe ich dieses beängstigende Gefühl nicht länger ertragen können. Ich mußte mich an der Wand anlehnen und wagte nicht, die Treppe hinunterzugehen, statt dessen heulte ich wie ein Kind. Paula Bellegarde geriet in solche Sorge, daß sie Doktor Seeburger kommen ließ, die Erzherzogin und sogar Franz Joseph. Seeburger untersuchte mich gründlich. Seiner Ansicht nach leide ich an einem Erschöpfungszustand, der auf ungenügende Ernährung zurückzuführen ist. Ich erklärte ihm, daß mein Magen bereits seit mehreren Wochen jegliche Nahrung verweigert, als hätte er sich zusammengeschnürt. Doch er bestand darauf, daß gerade das die Ursache für mein Unwohlsein sei. Nachdem er gegangen war, wagte ich, gegenüber dem Kaiser eine Bitte zu äußern, die mir sehr am Herzen lag.

»Womöglich ginge es mir besser, wenn ich für einige Tage nach Possenhofen fahren würde. Ich bin mir ganz sicher.«

Franz Joseph gab mir darauf keine Antwort. Statt dessen blickte er zu seiner Mutter. Und diese antwortete mir eilig und mit Nachdruck:

»Du kannst jetzt nicht gehen, Elisabeth. Ihr seid noch nicht einmal zwei Monate verheiratet. Eine solche Reise würde daher im Augenblick nur Gerüchte über Unstimmigkeiten zwischen euch beiden aufkommen lassen. Du mußt einfach nur kräftig essen und darfst dich nicht so verkriechen. Ich werde für dich einige Besuche in Waisenhäusern und Heimen vorbereiten. Das Leid anderer wird dir helfen, deinen eigenen Wehwehchen weniger Bedeutung beizumessen.«

Ich sah aus dem Fenster und erblickte einen Schwarm von Vögeln, die mit ihren kräftig und geschmeidig schwingenden Flügeln in Richtung Norden flogen. Ich verspürte tiefen, schmerzlich tiefen Neid.

Ischl, in der Kaiservilla, den 28. Juli 1854

Ich erwarte ein Kind. Ich, die kleine Sissi, die ich mein Herz noch immer mit dem meiner Mutter verwoben fühle, erwarte nun selbst ein Kind . . . Das ist eine seltsame Neuigkeit. Ich dachte immer, so etwas würde nur Frauen widerfahren, den anderen, jedenfalls nicht Mädchen wie mir. Jetzt weiß ich, daß dieses Unwohlsein, das mich ständig überkommt, das Bedürfnis, bei jedem kleinen Anlaß draufloszuheulen, das plötzliche Schwindelgefühl in meinem Körper von dem Leben herrühren, das in meinem Bauch entsteht, das sich durch mich ernährt und von nun an für immer mit meinem eigenen Leben verbunden sein wird.

Eigentlich müßte ich glücklich sein. Wenn ich eine gute Kaiserin, eine gute Ehefrau und überhaupt eine wertvolle Frau wäre, wäre ich auch glücklich. Doch in meinem Kopf geht alles drunter und drüber: das hoffnungsvolle Heranwachsen eines winzigen Lebewesens in meiner Nähe, das ganz zart und ohne meine Obhut völlig hilflos sein wird, dann die Scham vor den fremden Blicken und die Angst, meinen verunstalteten Körper zu betrachten und zuletzt die Qualen einer schweren Geburt zu erleben, an deren Ende womöglich der Tod steht . . .

Ich versuche, diese düsteren Gedanken von mir zu weisen und statt dessen die langen Spaziergänge hier in Ischl zu genießen. Langsam besteige ich den Gipfel des Jainzen, und oben angekommen kann ich, jenseits des Horizonts, den Starnberger See ausmachen. Manchmal stelle ich mir vor, daß die Luft, die ich auf der Haut spüre, dieselbe ist, die die Schaumkronen auf dem See bildet, die die Tannen im Wald bewegt, die die Wolken umherschiebt, damit meine Geschwister sich im Spiel vorstellen können, sie sähen Rennen von geflügelten Pferden und Drachen am Himmel zu. Doch jedesmal dann befällt mich ein immenses Heimweh, und meine Sehnsucht, zu Fuß nach Possenhofen zu laufen, läßt sich kaum unterdrücken. Über Berg und Tal möchte ich laufen, mich von Beeren und Wurzeln ernähren, auf Moos gebettet schlafen und bei blauem Morgenhimmel erwachen. Ich werde laufen und laufen und schließlich eines Mittags, wenn die Türmchen von Possenhofen sich gerade im See spiegeln, werde ich meine alte Buche sehen, wie sie sich stolz zum Himmel reckt. Meine Geschwister werden mich liebkosen, und meine Mutter wird mich wie ein kleines Baby in ihren Armen wiegen, gerade so wie ich mein Kind, das in meinem Bauch wächst, einst in den Armen wiegen werde.

Wien, Hofburg, den 22. September 1854

Meine Augen sind geschwollen wie die Augen einer Kröte. Ich habe seit heute morgen so viel geweint, daß ich sie jetzt kaum noch öffnen kann. Aber ich kann nun mal nicht anders.

Die Erzherzogin kam heute ganz in der Frühe in mein Gemach. Ich war noch nicht angekleidet. Ich fühlte mich unpäßlich und wollte den Tag allein verbringen im halbdunklen Raum und dabei lesen und schlafen. Doch sie erschien wie immer unangemeldet, und ich konnte schon an ihrem Blick, ihrem Stirnrunzeln und ihren spitzen Lippen erkennen, daß sie mir etwas Unangenehmes mitzuteilen hatte.

»Ich werde dein Gejammer nicht länger dulden«, waren ihre ersten Worte, nachdem sie den Saal betreten hatte. »Es sind nun schon zu viele Monate, in denen ich mich bemühe, dich zu unterweisen. Du hingegen benimmst dich weiterhin wie ein schlecht erzogenes Kind!«

Schweigend hörte ich ihr zu.

»Wann wirst du endlich begreifen, daß du die Kaiserin von Österreich bist? Deine Schwangerschaft, Elisabeth«, setzte sie fort, »ist nicht etwas, was nur dich betrifft. Das Kind, das du erwartest, wird der Garant für den Erhalt der Dynastie sein. Das Volk erwartet mit Begeisterung die Geburt eines Thronfolgers oder zumindest einer kleinen Erzherzogin, die dereinst durch eine Hochzeit das Bündnis des Kaiserreichs mit anderen Monarchien stärken wird. Von heute an wirst du jeden Tag in die Gärten hinausgehen, mit fest geschnürtem Kleid, damit alle deinen Bauch sehen können! Und du wirst wieder Gäste empfangen. Dein Unwohlsein genügt nicht als Entschuldigung dafür, die Cercles abzusagen, wie du es bereits getan hast. Und noch etwas: Der

Kaiser verbietet dir laut meinen Anweisungen ausdrücklich, daß du stundenlang nur dasitzt und deine Papageien betrachtest. Das bringt Unglück, und das Kind kommt mit einem Papageiengesicht zur Welt. Wenn du etwas anschauen möchtest, dann schau dich selbst und deinen Ehemann an!«

Ich saß da mit gesenktem Kopf und fühlte, wie mir die Tränen über die Hände liefen, die in meinem Schoß lagen. Über die Hände rannen sie hinab auf mein Kleid, dessen blaue Seide sie benetzten und das von nun an mit dunklen Flecken besprengt war, die die Kammermädchen niemals wieder würden herauswaschen können. Doch die Erzherzogin fuhr fort:

»Ich habe über all das mit ihm gesprochen, und er ist mit mir einer Meinung. Übrigens haben wir beschlossen, die Zimmer des zukünftigen Prinzen direkt neben meinen einzurichten. So kann ich mich persönlich seiner annehmen, bis du bewiesen haben wirst, daß du es selbst kannst. Das ist alles, was ich dir zu sagen habe. Nun zieh dich an und geh!«

Sie ging. Ich weiß nicht, wie lange ich in dieser Position ausharrte, dem Fluß meiner Tränen zusah und nur den einen Gedanken hatte, daß ich ein anderes Kleid anziehen mußte. Meine Manschetten waren naß und drückten obendrein, wie schade, ich werde es ausziehen müssen, und dabei war es so hübsch mit seinen Fliederbüscheln und den aufgestickten Blumenstielen! Die Tränen flossen leise weiter, bis die Gräfin Bellegarde mich aufsuchte und aus Mitleid mit mir ein zweites Mal zum Toilettentisch ging, um mir beim Umziehen zu helfen, wobei sie die Anweisungen der Erzherzogin befolgte. Anschließend gingen wir in die Gärten, ich mit fest geschnürtem Rock, um so vor allen meinen gewölbten Bauch zu präsentieren. Die Worte meiner Schwiegermutter hallten in meinem Kopf wider, es war, als würde ich verrückt werden, »wir haben beschlossen, die Zimmer des zukünftigen Prinzen direkt neben meinen Gemächern einzurichten ...« Ich weiß weder, wie lange wir gegangen sind, noch, wer uns begegnet ist. Bei unserer Rückkehr wies ich Paula an, sie möge sämtliche Besuche absagen, selbst den des Kaisers. Dann ging ich zu Bett, allein mit meinem Kind, das ich allen herzeigen soll und für das ich nicht selbst sorgen darf, und gemeinsam weinten wir noch den ganzen Tag.

Wien, Hofburg, den 10. November 1854

Mit jedem Tag wächst die Besorgnis des Kaisers. Sein Krimkrieg hält ihn in pausenloser Anspannung, wir sehen uns kaum noch. Mehrere Male habe ich ihn darum gebeten, er möge mir erklären, was da vor sich geht, doch das einzige, was ich zu hören bekam, waren einige undeutliche und verwirrende Wortfetzen. Ich bin mit meinen Fragen zu Graf Grünne und zur Erzherzogin gegangen, habe ihnen zugehört und kann mir nun auf diese Weise die Dinge zurechtlegen, die, wie die beiden behaupten, für das Kaiserreich so wichtig sind. Ich habe begriffen, daß Rußland jetzt unser Feind im Osten ist, und daß es nun darauf ankommt, seinen Einfluß in Grenzen zu halten und zu verhindern, daß es sich, wie es wohl die Absicht des Zaren ist, auf Kosten der Gebiete des Osmanischen Reiches noch weiter ausdehnt. Aus diesem Grund besetzt unser Heer nun bereits seit einigen Monaten auf Bitten des Sultans die osmanischen Fürstentümer Moldawien und die Walachei, aus denen der Zar sich zurückgezogen hat, während die Franzosen und die Briten ihre Flotten in den Dardanellen behalten und von dort aus die russischen Manöver zu verhindern versuchen. Ohne Gnade halten sie Sewastopol unter Belagerung. So jedenfalls glaube ich, stehen die Dinge im Augenblick.

Franz Joseph bringt den lieben langen Tag damit zu, die Depeschen seines Regimentsstabs zu lesen, bei denen es sich zumeist um wichtige Mitteilungen seiner Diplomaten an ihn handelt, die sich gerade an den europäischen Königshöfen aufhalten und versuchen, die schwache Position Rußlands auszunutzen und für uns die größtmöglichen Vorteile herauszuschlagen.

Es gab sogar eine Zeit, da mein Gemahl und der Zar Nikolaus Freunde waren. Ich fragte Grünne daher, wie es nur möglich sein konnte, daß zwei Männer, die einander respektierten und sogar eine gewisse Sympathie füreinander empfanden, sich plötzlich so erbarmungslos anfeinden konnten.

»Majestät, Ihr müßt etwas ganz Wichtiges lernen«, gab er mir zur Antwort. »In den Angelegenheiten, die die Politik und die staatlichen Interessen betreffen, zählen keine Gefühle, sondern nur die Vorteile.«

»Aber man kann doch aus Freunden keine Feinde machen!«

»Man kann sehr wohl, wenn man es muß.«

Ich war verwirrt. Kann es denn etwas geben, das noch bedeutsamer ist als das, was unser Herz uns vorschreibt? Ich verstehe die Menschen in Wien einfach nicht.

Wien, Hofburg, den 15. Januar 1855

Viel zu früh kündigt mein Kind seinen Lebenswillen an, indem es sich oftmals in meinem Bauch bewegt. Gott sei es gedankt, in den vergangenen Wochen ging es mir schon viel besser. Meine Übelkeit ist überstanden, obgleich ich meine Scham noch immer nicht überwunden habe, die mich jedesmal dann überkommt, wenn ich gehorsam und ehrwürdig, wie es sich für eine Kaiserin gehört, in der Öffentlichkeit spazierengehe. Doch sogar die Erzherzogin ist zur Zeit sehr aufmerksam und liebevoll zu mir, und allmählich ist auch mein Gemüt wieder aufgeheitert. Der Herr im Himmel hat also meinen Gebeten Gehör geschenkt. Ich bete weiterhin zu ihm, jeden Tag, er möge mir helfen, tapfer zu sein, damit das Kind, das ich zur Welt bringen werde, ein Junge wird, ein gesunder und kräftiger Erbprinz, und vor allem, daß Franz Joseph mir erlaubt, ihn selbst aufzuziehen. In den letzten Monaten habe ich mich sehr darum bemüht, mich so zu verhalten, wie man es wohl von mir erwartet. Ich nehme an allen öffentlichen Feierlichkeiten teil, ohne zu murren, freundlich lächelnd empfange ich die Damen zu den Gesellschaften und halte mich respektvoll an alle Anweisungen der Erzherzogin und der Gräfin Esterházy. Wenn sie nun sehen, daß ich mich beherrschen kann, daß ich die Regeln befolge und versuche dazuzulernen, vielleicht stimmen sie ja dann zu, daß ich das Kind bei mir behalten kann. Ja, ich bin ganz sicher, daß es so sein wird.

Wien, Hofburg, den 5. April 1855

Wie schwer das Leben doch ist. Was für ein schrecklicher Kampf ist es, will ich nicht vor Kummer sterben oder aufbegehren, schreien, irgendeine törichte Handlung begehen, nur nicht länger gehorsam sein ... gehorsam ... Wie viele Male haben sie mir dieses grausame Wort vorgekaut! Gehorsam muß ich hinnehmen, daß meine eigene Tochter, die kleine Sophie, für mich eine Fremde sein wird. Ich trug sie in meinem Bauch, um sie später der Erzherzogin und dem gesamten Kaiserreich zu überlassen, gehorsam und ohne das Wort zu erheben, denn es ist mir auch nicht erlaubt, meiner Tochter Schlaflieder vorzusingen. Will ich sie sehen, so muß ich meinen Besuch vorher anmelden, um dann, an den Gemächern meiner Schwiegermutter vorbei, ihr Zimmer zu betreten, wo bereits ein ganzer Hofstaat alter Damen sie umringt, die mit mir sprechen, als gehörte ich nicht dazu, zu diesem kleinen Würmchen, das dennoch für immer seine Spur in meinem Körper hinterlassen hat. »Habt Ihr gesehen, Majestät, wie gut sie gedeiht?« Und dann wenden sich alle zur Erzherzogin und sagen: »Wir müssen dem Herrn im Himmel danken, daß er Euch so ein schönes Kind geschenkt hat!« Und wieder sehen sie mich an. »Jetzt muß aber bald der Thronfolger kommen.« Oftmals traue ich mich nicht einmal, an die Wiege zu treten, denn ich weiß, wenn ich sie zu sehen bekäme, ihr kleines Gesichtchen, das ich nur zu gerne auf meiner Brust spüren möchte, das ich liebkosen und vor Kälte und Einsamkeit beschützen möchte, dann könnte ich es nicht länger ertragen, und ich würde losheulen, vor ihren Augen einfach losheulen. Und sie würden sich über mich lustig machen, und ich würde ihnen zu Füßen fallen, um sie um Erbarmen zu bitten. Also murmele ich nur etwas und entferne mich gehorsam und zitternd, und ich höre, wie hinter meinem Rücken getuschelt wird: »Die arme Kaiserin wäre völlig verloren, wenn sie Euch nicht zur Seite hätte.«

Was kann ich nur tun, was um Himmels willen kann ich nur

tun? Ich habe nicht die Kraft, um allein gegen alle anzukämpfen, ich habe auch nicht die Kraft, um mich zu unterwerfen, denn im Herzen spüre ich einen Wutanfall aufkeimen, der es eines Tages zerreißen wird. Ich würde alles dafür geben, um nur so zu sein, wie sie es wollen, gehorsam und gefügig, eine Frau wie alle anderen. Ich würde sogar mein Seelenheil darum geben, nur ja kein Herz zu besitzen.

Wien, Schönbrunn, den 25. April 1855

Ein Jahr ist es nun schon her ... Ein Jahr schon fort aus Possi. Und nun komme ich zurück. Meine Kammermädchen laufen geschäftig durch die Gänge zu den Kleiderkammern und packen meine Koffer. Und die Hofdamen sitzen nun betend in ihren Zimmern und flehen zu Gott, er möge ihnen die Kraft geben, diese Reise zu überstehen, die sie, wie sie wohl glauben, bis ans Ende der Welt führen wird.

Ich hatte angenommen, daß mir mein Entschluß, wieder mit dem Reiten anzufangen, Probleme bereiten könnte. Niemals hätte ich jedoch gedacht, daß sich das Reiten statt dessen geradezu vorzüglich auf meine Gesundheit auswirken würde. Heute morgen ließ ich mir, schon ganz in der Frühe und ohne jemanden davon zu unterrichten, *Forester* satteln. Karoline Lamberg lief hinter mir her und bat mich inständig, es bleiben zu lassen, doch ich drehte mich nicht einmal zu ihr um. Was für herrliche Stunden waren das! Ich spürte, wie mein Körper mit dem meines Pferdes verschmolz, wie wir gemeinsam gegen den Widerstand der Luft ankämpften. Mit jedem Hufschlag vergaß meine Seele das Leid, das ihr in den vergangenen Monaten zugefügt worden war, und mein Herz begann wieder mit der Kraft von früher zu schlagen. Der Geist, der diese Welt beflügelt und der sich für lange Zeit von mir zurückgezogen hatte, kehrte wieder bei mir ein. Ich kehrte nach Hause zurück, schwitzend und selig und mit dem Gefühl, daß mir niemand wenigstens diesen Teil meines Lebens wegnehmen konnte. Doch kaum war ich aus dem Bad gestiegen, als auch schon die Gräfin Esterházy kam, um mir mitzuteilen, daß mich der Kaiser sprechen wolle. Ganz langsam kleidete ich mich an, und ebenso langsam begab ich mich zu seinem Arbeitszimmer. Ich ahnte bereits, was er sagen würde.

»Ich habe gehört, daß du wieder geritten bist.«

Franz Joseph war von seinem Schreibtisch nicht aufgestanden, und ich wußte nur zu gut, was dies bedeutete: Er war zornig. Und was mich betraf, so spürte ich, wie die Wut, die ich während so langer Zeit unterdrücken mußte, in mir hochstieg.

»So ist es«, sagte ich, zu allem bereit. »Stört dich das?«

»Es ist gerade mal einen Monat her, daß du entbunden hast. Ich glaube, und meine Mutter ist derselben Ansicht, daß es noch zu früh ist. Dein Körper verkraftet solch eine Anstrengung noch nicht, und außerdem gibst du damit Anlaß zu Geschwätz. Es ziemt sich einfach nicht für eine junge Mutter, sich solchen Beschäftigungen zu widmen.«

Ich stand auf.

»Eine junge Mutter verbringt ihre Stunden an der Wiege ihres Kindes! Eine junge Mutter hütet den Schlaf ihres Babys, betrachtet seine geschlossenen Lider und seine Fingerchen, sie stellt sich vor, wie es schreit und wie sich seine Fäustchen kräftig um ihre eigenen Hände klammern, wenn es einmal seine ersten Schritte tut. Eine junge Mutter trifft selbst die Entscheidung darüber, wer ihr Kleines erzieht. Ich wurde von ihm weggestoßen und darf nicht einen Augenblick allein mit meinem Kind sein. Man erlaubt mir nicht, daß ich mich um mein Kind kümmere, man erlaubt mir aber auch nicht, daß ich mich für politische Angelegenheiten interessiere. Ich bin gefangen in meinen Gemächern, um mit meinen Hofdamen Tee zu trinken, wobei ich zusehends verkümmere. Darf ich mir nicht etwa einen Moment der Freude gönnen?«

Franz Joseph schien sich wieder zu besänftigen. Er stand von seinem Schreibtisch auf, kam zu mir und ergriff meine Hände.

»Meine liebe Sissi, es ist alles zu deinem Guten ... Oft habe ich das Gefühl, du glaubst, daß dir jemand Böses tun will. Nichts weniger als das. Meine Mutter meinte, und ich gab ihr dabei recht, daß es für alle viel besser wäre, wenn sie sich selbst um die Kleine kümmert. Du bist noch so jung und mußt noch soviel lernen. Aber Sophie ist und bleibt dein Kind, und du kannst so oft bei ihr sein, wie du willst. Ich werde mit meiner Mutter sprechen, falls es in diesem Punkt Mißverständnisse gegeben hat. Im übrigen erlaube ich dir, wieder zu reiten, wenn dies dein Wunsch ist, solange du nicht zu unbesonnen wirst und deine sonstigen Verpflichtungen darüber vernachlässigst.«

Ich war erleichtert und beruhigt. Es war das erste Mal gewesen, daß ich gegenüber dem Kaiser meine Klagen in dieser Form zum Ausdruck brachte, und er konnte mir auch zuhören, obwohl er beharrlich der Erzherzogin beipflichtete.

»Ich danke dir für dein Verständnis ...« Kurz darauf, ohne mich recht zu besinnen, wagte ich, meinen innigsten Wunsch auszusprechen. »Ich möchte, daß du mir einen Wunsch erfüllst und mich für einige Wochen nach Possenhofen reisen läßt.«

Franz Joseph starrte mich an. Mir schien, als verdüsterte sich sein Blick. Doch er antwortete liebevoll:

»Deine Abwesenheit wird sehr schwer für mich werden. Doch wenn du glaubst, daß es dir guttut, darfst du reisen.«

Ich küßte ihn und lief in mein Zimmer, um meiner Mutter gleich einen Brief zu schreiben und ihr mitzuteilen, daß ich bald zu ihnen kommen würde. Ach Possi, Possi, endlich kehre ich zurück!

Possenhofen, den 30. Juni 1855

Meine armen Hofdamen sind völlig entsetzt, denn für sie ist das hier das Reich des Chaos, die schrecklichste Hölle, die man sich auf Erden nur denken kann. Hier gibt es weder Regeln noch Protokolle. Niemand – außer den Hofdamen selbst und den

Bediensteten – nennt mich hier Majestät oder erweist mir Reverenzen. Mamas Hunde laufen in den Salons umher und leisten uns während der Mahlzeiten Gesellschaft, und das Geschrei meiner Geschwister ist – sofern sie nicht gerade Unterricht haben – unaufhörlich im Garten zu vernehmen. Einige der Hofdamen meiner Mutter sind zum Entsetzen meiner Hofdamen Töchter von Kaufleuten, und mein Vater hat gerade gestern erst die Herren meiner Gefolgschaft zu einer Partie Billard eingeladen, und er ließ sie daran gemeinsam mit seinem Jagdaufseher teilnehmen . . . Die Briefe meiner Damen nach Wien möchte ich mir gar nicht erst vorstellen: »*Unsere Kaiserin ist nicht nur imstande, ihr neugeborenes Töchterchen wochenlang im Stich zu lassen, sondern haust obendrein noch wie eine Bettlerin.*«

Doch was kümmert es mich jetzt, was sie sagen? Hier bin ich glücklich, unendlich glücklich . . . Alle, die mich hier umgeben, sind ein Teil meines Herzens, so wie ich ein Teil ihrer Herzen bin: meine Familie und meine Freunde, der Himmel, der Wald, der See, die Eichhörnchen und sogar die Eulen, die mich nachts durch ihr Geheul aufwecken, wenn sie die Kobolde rufen. Ein Schauer der Glückseligkeit durchströmt meinen Körper, und ich wünschte, es wäre schon Tag, ein langer und glücklicher Tag, der sich voller Freuden vor mir ausbreitet, ohne einen Schatten von Betrübnis. Wenn ich schließlich einschlafe, träume ich von Sophie. Ich halte sie dann in meinen Armen und streichle sie, und ich spüre eine überströmende Liebe, die uns beide wie eine Flamme erfaßt und uns eins werden läßt, so daß ich wieder das Kind werde, das sich in blauem Kleidchen selig an der Hand seiner Mutter festhält, die mich ganz kräftig drückt und dabei singt:

Es kam der Morgen, er kam.
Mein süßes Kind,
mit seinen goldenen Zöpfen,
pflückt es die Blumen,
die die Fee gestreut.

Wien, Hofburg, den 6. Oktober 1855

Der Kaiser und ich haben heute abend eine Theatervorstellung besucht. Ich habe ihn darum gebeten, mit mir den *Sommernachtstraum* von William Shakespeare anzusehen. Ich liebe dieses Stück, seitdem es mir Mister Hastings, mein Englischlehrer, vor einiger Zeit zu lesen gegeben hat. Für mich war es eine großartige Vorstellung: Titania, die, betrogen von Illusionen, einen Eselskopf streichelt, scheint mir ein Sinnbild für unser Tun im Leben zu sein. Doch Franz Joseph verstand meine Begeisterung nicht. »Ich halte es für ein langweiliges und ausgesprochen dämliches Werk«, sagte er. Er hingegen bevorzugt leichte Komödien und jene kitschigen Theaterstücke, die gelegentlich zu unseren Ehren geschrieben werden, wie zum Beispiel *Die Rosen von Elisabeth,* das wir einmal in Ischl gesehen haben. Ich muß bei diesen Stücken immer gegen den Schlaf ankämpfen. Es ist schon erstaunlich, wie verschieden unsere Vorlieben sind . . .

Wien, Hofburg, den 5. Januar 1856

Der Himmel drückt auf die Erde, auf mein Herz und meinen Kopf, der immerfort schmerzt ... Ich wünschte, die schweren schwarzen Wolken würden sich mit einem Mal auflösen und der Zorn würde verfliegen mit Hilfe von Donner und Blitz, die die Erde erschüttern. Doch nichts dergleichen geschieht, überhaupt nichts. Warten, immer nur warten. Jeden Tag, jede Minute schreite ich einsam in meinem Zimmer auf und ab wie ein Bär im Käfig, später bin ich erschöpft, und dann packt mich wieder diese Unruhe, die mich zwingt aufzustehen, das aufgeschlagene Buch mit einem Anflug von Heiterkeit zu schließen und mit meinem Spiegelbild zu sprechen. Was haben sie aus meinem Leben gemacht? Ich trage einen Stein in mir, mein Herz wird zu einem Stein. Wo ist das Kind, das ich einst war, wo sind die Lieblichkeit und Frömmigkeit ...?

Das zweite Kind, das ich nun erwarte, das bereits Platz in meinem Bauch eingenommen hat mit seinem winzigen Körper, ist dennoch nur Leere, ein tiefschwarzer Graben in meinem Leben. Weshalb sollte ich mir sein Gesichtchen vorstellen und mir einen Namen für ihn ausdenken, weshalb sollte ich von ihm und seiner Stimme träumen, wenn es niemals mein eigenes sein wird?

Vielleicht, wenn Himmel und Erde zusammenprallten, wenn ich in der Luft die Macht Gottes erkennen würde, vielleicht könnte ich dann aus der Luft die Kraft zum Kämpfen ziehen.

Vielleicht, wenn die unendliche Langeweile endlich ein Ende hätte . . . Doch es geschieht nichts, rein gar nichts. Und ich warte und warte. Nichts geschieht.

Wien, Hofburg, den 30. März 1856

Der Krimkrieg ist beendet und ich vertraue darauf, daß es für immer sein wird. Er hat nicht nur Menschenleben gekostet und Leid verursacht, sondern er hat das Kaiserreich auch in eine schwierige Situation gegenüber den ausländischen Regierungen gebracht: Die Fürstentümer Moldawien und Walachei bleiben unter osmanischer Herrschaft. Zar Nikolaus ließ, gedemütigt wie er war, mit großem Brimborium das Gemälde Franz Josephs entfernen, das in seinem Arbeitszimmer hing, und Louis Napoleon, der ehrgeizige König Frankreichs, dem unsere Unterstützung nicht genügte, hat die Situation ausgenützt, um unsere Präsenz auf der italienischen Halbinsel in Frage zu stellen. Unsere langjährigen Freunde und Schuldner entwickeln sich zu unseren Feinden.

All dies hat mir Grünne erzählt, der der Ansicht ist, daß Franz Joseph von Buol, seinem Außenminister, schlecht beraten wurde. Während unseres Gesprächs fielen mir die Worte meines Vaters wieder ein, die er mir über den Neid gesagt hatte. Und so fragte ich den Grafen, ob das, was zwischen Menschen passierte, auch zwischen einzelnen Ländern passieren kann.

»Genauso ist es, Majestät, Ihr habt absolut recht«, antwortete er. »Unser Reich wird um seine Größe und Macht sehr beneidet, und Seine Majestät, der Kaiser, den Gott noch viele Jahre beschützen möge und den seine Untertanen so sehr verehren, stellt damit das Ansehen anderer Monarchen in Frage. Ich verwende den gleichen Vergleich wie Euer Vater, der Kurfürst, und sage Euch, daß die Neider nichts lieber sähen, als daß unsere Weizenfelder vernichtet würden und brachlägen. Und sie werden alles daran setzen, um das auch zu erreichen. Dem Habsburgischen Reich stehen schwere Zeiten im Kampf gegen seine Feinde bevor. Gebe Gott, daß ich mich täusche.«

»Möge es wirklich so sein«, war alles, was ich dem hinzufügen konnte, während ich zum ersten Mal ein Zucken im Bauch spürte von meinem Kind, das darin heranwuchs und es eilig hatte, das Licht der Welt zu sehen.

Wien, Laxenburg, den 22. Juli 1856

Ich kann nirgendwo anders hinsehen. Unaufhörlich richten sich meine Augen auf das Fußende meines Bettes, wo die Wiege stand und wo sie jetzt nur Leere entdecken. Gisela ist nicht mehr bei mir. Eine Woche lang vom Tage der Geburt an ließen sie sie bei mir. Zu dem Zeitpunkt dachte ich noch, Franz Joseph hätte seine Meinung geändert und meinem pausenlosen Bitten und Weinen nachgegeben, worauf er stets mit denselben Worten geantwortet hatte, mit müder Geste und schwacher Stimme, als würde seine Geduld allmählich ein Ende haben: »Niemand will dir deine Kinder wegnehmen, Sissi. Aber deine seelische Verfassung und deine Ausbildung sind nicht die besten, um dich um die Erziehung zukünftiger Erzherzöge zu kümmern, die Gott für ein Leben voller Privilegien, aber auch voller schwerer Pflichten ausersehen hat. Du mußt doch selbst noch so viel lernen. Hab Geduld! Wenn der richtige Zeitpunkt gekommen ist, wird sich schon alles regeln, das versichere ich dir.«

In jenen Tagen, als ich mein Töchterchen schlafend neben mir liegen hatte, dachte ich, daß dieser Zeitpunkt nun vielleicht schon gekommen wäre, schließlich bin ich achtzehn Jahre alt und habe zwei Kinder. Warum sollte ich weniger dazu in der Lage sein, ein Kind zu erziehen als alle anderen Mütter auf dieser Welt? Und dennoch täuschte ich mich ein weiteres Mal. Gestern mittag kam Franz Joseph in mein Schlafzimmer, um mir anzukündigen, daß

Gisela heute in ihr neues Zimmer gebracht werden würde, das gleich neben dem der Erzherzogin liegt. Ich weiß nicht, woher ich die Kräfte nahm, doch meine Augen vergossen keine einzige Träne, als er es mir mitteilte, und auch mein Gesichtsausdruck veränderte sich dabei, glaube ich, nicht. Ich bat ihn daraufhin zu gehen, um ausruhen zu können. Und ich schlief viele Stunden lang, ich schlief wie eine Tote, ohne etwas um mich herum wahrzunehmen. Ich schlief bis zum nächsten Morgen, als Gisela schon nicht mehr bei mir war. Statt dessen war da nur noch Leere, nichts als Leere.

Ischl, Kaiservilla, den 30. August 1856

Beinahe hätte ich eine große Staatskrise heraufbeschworen, so hat Grünne mir jedenfalls gesagt. Und dennoch empfinde ich keinerlei Reue oder Schuldgefühle. Ich handelte nach meinem besten Gewissen, und Gott weiß das auch. Gibt es daran etwas auszusetzen?

Es geschah vor wenigen Tagen, als mich Pastor Schlieker von der benachbarten evangelischen Pfarrei am Attersee aufsuchte. Ich empfing ihn voller Freude, wie ich es von zu Hause her gewohnt war. Er war ein liebenswertes kleines Männchen mit einem breiten Lächeln, das sich über sein runzliges Gesicht zog. Er erklärte mir, daß es noch bis vor kurzem den Pfarreien der evangelischen Kirche verboten war, Glockentürme auf den Kirchen zu errichten. Nun aber, so sagte er, wurde seine kleine Pfarrei endlich verschönert, und er bat mich um die Unterstützung seiner Gemeinde. Ich hörte ihm voller Zuneigung zu und war dabei völlig überrascht, daß solche Relikte der Vergangenheit sich in Österreich bis in unsere Zeit durchsetzen konnten.

»In Bayern«, sagte ich zu ihm, »genießen Ihre Glaubensgenossen dieses Recht seit über fünfzig Jahren, soviel ich weiß. Die Kirche am Karlsplatz in München wurde mit öffentlichen Geldern erbaut. Meine eigene Großmutter, Königin Karoline, war Protestantin, ebenso wie die jetzige Monarchin Marie. Bayern ist zwar auch ein streng katholisches Land, doch die Protestanten genießen dort die gleichen Rechte. Mein Wunsch ist es, daß es sich in meiner Umgebung ebenso verhält.«

Ich gab ihm eine hohe Geldsumme und verabschiedete ihn, wobei ich ihm versicherte, er könne auf meine Freundschaft zählen. Die Erzherzogin und Franz Joseph befanden sich zu diesem Zeitpunkt nicht in Ischl. Daher erzählte ich ihnen nichts von dieser Angelegenheit, was mir überdies auch nicht notwendig erschien. Doch heute traf ein Brief des Bischofs von Linz ein, worin dieser für mein Verhalten eine Erklärung forderte. Der Kaiser ließ mich wissen, daß seine Mutter sowie zahlreiche Personen bei Hof und der Klerus über mich erzürnt waren. Ich wollte ihm nicht sagen, was ich in jenen Augenblicken dachte, ich wollte nicht schreien, denn auch ich war wütend auf sie, diese elenden Heuchler, für die Wohltätigkeit ein gesellschaftlicher Akt ist, nur eine von vielen Gesten, die sie jeden Tag im Namen des Gesetzes und des Protokolls ausführen.

»In Zukunft«, antwortete ich gereizt, »werde ich jemanden, der nicht katholisch ist und dem ich mich als wohltätig erweisen möchte, um äußerste Diskretion bitten. Auf diese Weise wird mein Verhalten noch mehr dem Verhalten Gottes entsprechen: Sein eigener Sohn hat ja auch keine Unterschiede gemacht; allerdings hat er nicht damit geprahlt.«

Franz Joseph sah mich staunend an, doch er wagte es nicht, mir Vorhaltungen zu machen. Später dann, beim Abendessen, bemerkte ich die vorwurfsvollen Blicke, die die Erzherzogin auf mich richtete. Doch ich hielt ihrem Blick stand, ohne auch nur einmal zu blinzeln oder den Kopf zu senken, wie ich es sonst immer tat, voller Schuldbewußtsein und Unsicherheit. Schließlich war sie es, die den Blick abwandte. Und da wurde mir klar, daß ich sie zum ersten Mal besiegt hatte.

Heiligenblut, den 7. September 1856

Von den herrlichen und mächtigen Berggipfeln herab spricht Gott zu mir. In der Ferne glänzt der blütenweiße Schnee, doch mein Körper schlummert in der behaglich warmen Sonne, und rings um mich recken sich die Tannen bis zum Himmel. Wie im Traum höre ich den niemals endenden Gesang des Bächleins und rieche das duftende und weiche Gras. Am liebsten würde ich für immer hier bleiben, allein, in einen Baumstamm verwandelt, in hundertjähriges Holz, in zartes und immergrünes Laub, aus dem tiefsten Punkt der Erde geboren, von der äußersten Oberfläche des Himmels genährt, und dabei würde ich für immer den Herrn preisen:

Sprecht Gott die ganze Erde zu
besingt seinen ruhmreichen Namen
zollt ihm das ehrenvolle Lob, das ihm gebührt;
sprecht zu Gott:
»Deine Werke sind wundervoll.«

Vergiß, meine Seele, den Allerhöchsten im Himmel nicht. Mögest du Ihn in düsteren Zeiten finden, wo immer Er sich aufhält und Ihm deinen Kummer anheimstellen.

Wien, Schönbrunn, den 18. September 1856

Es kommt mir vor, als hallten Glockenschläge durch die Luft und als feierte die ganze Welt mein Glück ... Endlich werde ich eine richtige Mutter sein, jawohl, meine Töchter werden von nun an unter meiner Obhut stehen. Niemals werde ich mehr betteln müssen, wenn ich sie sehen will ... Zwar wird meine Schwiegermutter auch weiterhin die Verantwortung für ihre Erziehung tragen, doch ich kann so oft bei ihnen sein, wie ich möchte, und zwar allein, ich werde ihnen Lieder vorsingen können, ihre Puppengesichtchen küssen und gemeinsam mit ihnen auf dem Fußboden spielen. Wenn mir danach ist, kann ich sogar mitten in der Nacht aufstehen, um zu lauschen, wie sie atmen.

Was meine Verzweiflung nicht vermochte, das haben meine unaufhörlichen Gebete und meine Beharrlichkeit erreicht – ein unverhofftes Geschenk Gottes. Schließlich habe ich zu betteln aufgehört, und während unserer Reise in die Steiermark habe ich Franz Joseph dieses Versprechen abgerungen. Ich machte ihn darauf aufmerksam, daß Sophie zunehmend schlechter aussieht, daß ihre Übelkeit, die vorher nur gelegentlich auftrat, allmählich regelmäßig wiederkehrt, und daß die Erzherzogin und ihre Freundinnen Wert darauf legen, daß sie und Gisela vom Tageslicht ferngehalten werden, wie es ihnen Doktor Seeburger geraten hat. Dieser führt alles auf das Zahnen zurück und schreibt mit Nachdruck vor, daß die Kinder auf keinen Fall Zugluft oder Temperaturwechseln ausgesetzt werden dürfen. Der Kaiser hatte schließlich ein Einsehen und gab nach, nicht ohne seine Mutter zu entschuldigen, die, so sagt er, einzig und allein aufgrund ihres guten Willens und ihrer altmodischen Ansichten so gehandelt habe.

Heute schon hat er der Erzherzogin einen Brief geschrieben, der wie folgt lautet:

Ich bitte Euch inständigst, Sissi mit Nachsicht zu behandeln. Sie ist, das versichere ich Euch, eine selbstlose Ehefrau und Mutter. Wenn Ihr die Sache mit Ruhe betrachtet, so werdet Ihr vielleicht unseren Schmerz darüber begreifen, daß unsere Kinder in Euren Gemächern untergebracht sind, wo sie stets von wildfremden Menschen umgeben sind und Ihr gewöhnlich für ihre Erziehung sorgt. Sowohl Sissi als auch mir mißfallen diese vielen Besuche, und für mich sind die Augenblicke, die ich mit ihnen verbringen kann, somit noch kürzer. Ich mag mich täuschen, doch ich bin der Ansicht, daß es nicht richtig ist, die Kinder derart zur Schau zu stellen, denn dies könnte ihre Eitelkeit fördern. Sei es, wie es mag, ich möchte, daß Ihr versichert seid, daß Sissi Euch die Kinder keineswegs wegnehmen will. Sie selbst läßt Euch durch mich wissen, daß sie stets zu Eurer Verfügung sein werden.

Ich breche in schallendes Gelächter aus, mache einen Luftsprung, fange von neuem an zu lachen, und um mich herum ertönen die Glocken in der Luft . . .

Triest, den 18. November 1856

Ich habe das Meer gesehen. Auf dem Weg nach Triest habe ich es von Opcina aus dort unten entdeckt. Mein Herz hat vor Freude gezittert . . . Am Horizont breiteten einige Schiffe ihre Segel aus, und ich träumte davon, mit ihnen, frei von Erinnerungen und ohne Namen, fremde Meere anzusteuern . . .

Zur See fahren, als Geliebte des Meeres, am dritten Tag der Schöpfung verlorengegangen, losgelöst in diesem in sich gleichförmigen Raum, ein Tropfen des Meeres, das Völker und Kulturen aufkommen und untergehen sah, das den Helden Unterschlupf bot, das im Krieg ein Pfad war und eine Brücke bei Pilgerfahrten, das sich bei todbringenden Unwettern zu Schaumkronen auftürmte und bei heiteren Flauten wieder sanft wurde, das mehr als tausend Jahre lang die Strahlen der Sonne und des Mondes auffing, das für Schiffbrüchige das Grab war und für Götter die Wiege, das die Erde küßte, sie peinigte und ernährte . . . Meeresschaum, der bleibt, jenseits von Zeit und Erinnerung, von Gott geliebt, von den Menschen angebetet und gefürchtet . . . Das Meer ist mein Freund. Es ist von gleichem Wesen wie ich, und all seine Liebe, seine Kraft und seine Schönheit gelten mir. Eines Tages, alter Begleiter, da werde ich dich durchpflügen, wie eine Nymphe werde ich auf dir reiten, und du wirst mit Algen mein Haar verzieren, wie eine Frischvermählte wirst du mich bekränzen, und ich werde mich dir hingeben, heiter und frei, ebenso wie du tausend Jahre alt, ein Geschöpf deiner Welt!

Venedig, den 30. November 1856

Grünne hatte mich zuvor gewarnt: »In den italienischen Provinzen herrschen heftige Konflikte. Viele sind es, die denjenigen Gehör schenken, die vorhaben, ein großes vereinigtes Reich zu gründen, das vom Norden bis zum Süden der Halbinsel reichen soll, wobei sie auf unfromme Weise selbst die Ländereien des Heiligen Vaters mit Füßen treten. Daß Ihr den Winter dort verbringt, ist sehr wichtig, damit Ihr Euren italienischen Untertanen den Beweis erbringen könnt, daß auch sie in Eurem Herzen einen Platz haben. Doch die Entschlossenheit Seiner Majestät des Kaisers, die in der Loyalität seines Heeres Unterstützung findet, wird keine Abtrünnigen zulassen. Es werden schwierige Tage werden: Ihr werdet für Eure Bemühungen nicht auf Gegenliebe stoßen, sondern vielmehr auf Ablehnung und sogar auf Haß. Wahrscheinlich wird Euer Leben in Gefahr sein, doch Ihr müßt den Mut und die Entschlossenheit der Dynastie unter Beweis stellen.«[2]

Ich begriff nicht, was Grünne mir mit seinen Worten mitteilte. Jetzt weiß ich es: die riesige Kristallkrone, die zu Boden fiel und laut klirrend in Scherben zerbrach, während ich mich an Bord des *galleggiante* befand, der Brand des Rathauses von Triest, während wir bei einem Festbankett waren, das Schweigen der Menschen auf der Piazza San Marco, als wir uns zum ersten Mal zum Palast begaben, das zahlreiche Nichterscheinen bei unserem Empfang, die Beschimpfungen, die auf der Piazza diejenigen zu hören bekamen, die den Mut hatten, daran teilzunehmen, die leeren Logenplätze in Venedigs Oper La Fenice. Nicht zuletzt ihre Augen, diese Augen der Italiener, die sich vor Falschheit und

2 Nach dem Sturz Napoleons im Jahre 1814 erhielt Österreich bei der Verteilung der eroberten Territorien von den Franzosen die Provinzen Lombardei und Venedig. Auf diese Weise wurde die Präsenz der Habsburger in Italien, die Napoleon zeitweise ausgeschaltet hatte, aufrechterhalten.

Feigheit abwenden, wenn ich sie ansehe . . . Sie mögen uns nicht, und Franz Joseph leidet unter dieser Feindseligkeit.

Heute nacht, als wir gerade aus der Oper zurückkehrten, sah ich, wie betrübt er war und beschloß, ihm die ausgesprochen intelligenten Ansichten mitzuteilen, die mir mein Bruder Karl vor wenigen Tagen unterbreitete. Ich wartete ab, bis sich die Gefolgschaft zurückgezogen hatte, und bat ihn um ein kurzes Gespräch. Wir setzten uns in sein Büro. Ich hatte keine Ahnung, wie er reagieren würde. Ich dachte, er könnte mir vielleicht den Mund verbieten, doch ich war überzeugt, daß es meine Pflicht sei, ihm die Gedanken derer mitzuteilen, die uns schätzen und sich um unser Wohl sorgen. Gott sei Dank zeigte er sich bereit, mir zuzuhören.

»Ich muß dir etwas Wichtiges sagen, Franz Joseph. Glaube nicht, daß ich mich in die politischen Angelegenheiten einmischen möchte, doch ich habe Dinge erfahren, von denen ich dir gerne erzählen möchte. Ich spreche nicht in meinem eigenen Namen, sondern im Namen derer, die aus Respekt vor dir darum bemüht sind, dir zu helfen, auch wenn sie nicht bei dir sein können. Mein Bruder Karl hat mich darum gebeten, daß ich es für sie tun soll.«

Der Kaiser erhob sich, er war sichtlich nervös.

»Und was sagen sie?«

»Sie sagen, daß der Marschall Radetzky unnachgiebig ist und daß seine Maßnahmen für das italienische Volk eine schwere Belastung darstellen, sie sind einfach zu hart . . . Sie sagen, es sei an der Zeit, daß du mehr Großzügigkeit walten läßt, daß du den politischen Flüchtlingen und ihren Familien ihre Besitztümer zurückgeben sollst, daß du eine Amnestie für politische Verbrechen erlassen und neue Gouverneure ernennen sollst . . . Sie glauben, daß du damit die Zuneigung vieler Italiener gewinnen wirst und daß damit die Gefahr gebannt wäre, daß sie sich mit dem Königreich Piemont zusammenschließen, um die Vereinigung der Halbinsel zu erlangen.«

Franz Joseph hörte mir sehr aufmerksam zu. Ich spürte, daß

ich zum ersten Mal in Angelegenheiten solcher Tragweite einbezogen wurde. Ich verstehe nicht viel von Politik, doch mein Herz sagt mir, daß unerbittliche Härte die Völker von ihren Monarchen entfremdet wie Kinder von ihren Eltern. Der Kaiser blieb für eine ganze Weile stumm. Dann nahm er wieder mir gegenüber Platz.

»Ich werde mir die Ratschläge, die du mir gegeben hast und für die ich dir danke, zu Herzen nehmen«, sprach er. »Ich werde über sie nachdenken, doch ich möchte, daß du mit niemandem mehr über diese Angelegenheiten sprichst. Es gibt Menschen, Sissi, die böse Absichten hegen, und die versuchen könnten, dich für ihre eigenen Zwecke zu mißbrauchen. Hab acht!«

Trotz dieser letzten Worte war ich auf mich sehr stolz. Endlich hatte ich das Gefühl, daß ich etwas Sinnvolles für das Kaiserreich habe tun können.

II

Innere Angelegenheiten

Mailand, den 1. März 1857

Die Lage hat sich ein wenig entspannt, seitdem Franz Joseph seinen Bruder Max zum Generalgouverneur von Mailand ernannt hat. Er hat auch einige Maßnahmen ergriffen, die mein Bruder Carl und dessen Freunde ihm geraten hatten. Mittlerweile läßt sich von Zeit zu Zeit ein zaghaftes *evviva!* vernehmen, wenn wir die Straße überqueren, und der eine oder andere Adlige hat sich sogar dazu herabgelassen, uns einen Besuch abzustatten. Dennoch bezweifle ich, daß diese Länder noch lange Zeit zu unserem Territorium gehören werden. Ich bin mir auch nicht sicher, ob dies überhaupt so sein soll, denn sie mögen uns nicht und wir sie nicht. Wir schaden ihnen und sie uns. Wir stellen sie wie eine riesige Münze zur Schau, die jemand tragen muß, um ihren hohen Wert zu zeigen, selbst wenn ihn ihr Gewicht am Halse zerrt. Ich bin daher froh, daß unser Aufenthalt hier morgen zu Ende geht, selbst wenn das bedeutet, daß wir nach Wien zurückfahren.

Mein großer Trost während dieser langen, sorgenvollen und düsteren Monate war dennoch, daß meine kleine Sophie stets bei mir war. Wenn ich ihr Lächeln sehe und ihre Freude, wenn sie mir entgegenläuft, sich an meinen Röcken festklammert und ihr Gesichtchen selig zwischen den Rockfalten versteckt, dann kann ich einfach nicht mehr traurig sein. Und nun wird auch Gisela bald bei mir sein. Die Erzherzogin war dermaßen außer sich, als sie erfuhr, daß unsere beiden Töchter den Winter mit uns in Italien verbringen würden, daß Franz Joseph zuletzt nachgab und sie die Kleinere in Wien behalten durfte. Mir ist klar, daß die Rückkehr nicht einfach sein wird. Womöglich wird sie mich gar nicht mehr wiedererkennen, und ich werde sehr darum kämpfen müssen, meinen verlorenen Posten zurückzuerobern. Sei es drum, es ist mir die Mühe wert.

Meine Schwiegermutter und ihre Freundinnen werden zugeben müssen, daß Sophie trotz des ungünstigen Klimas im winterlichen Italien bedeutend besser aussieht und daß sie aufgehört hat, sich zu übergeben, auch wenn sie noch immer an diesen häufigen Hustenanfällen leidet, bei denen sich mir jedesmal das Herz zusammenschnürt, denn sie hören sich an, als wären sie der Anfang einer Kette furchtbarer Ereignisse, etwas, woran ich weder denken kann noch denken möchte ... Manchmal, wenn ich ihr tief in die Augen blicke, meine ich, einen schrecklichen Schatten in jenen Augen zu erkennen, die mich trotz allem unschuldig und voller Liebe anschauen. Dann küsse ich sie auf die Lider, um das Böse zu vertreiben, und sie kuschelt sich glücklich neben mir zusammen. Das gibt mir dann das Gefühl, als könnte ich in ihrem Namen jedes noch so grausame Inferno bekämpfen ...

Wien, Hofburg, den 17. März 1857

Ob sie womöglich recht haben ...? Ich bin für die Rolle der Kaiserin ungeeignet, mein Charakter ist zu schwach und unbeständig, und es gelingt mir nicht, die Aufgaben, die man von mir verlangt, mit Würde auszuführen. Vielleicht sollte ich mir einfach keine Gedanken darüber machen. Und dennoch ist jede einzelne Geste von mir einzig und allein von der Sorge beherrscht, Gutes zu tun. Wenn ich mir erlaubt habe, Franz Joseph einen Ratschlag zu geben, dann nur aus dem Ehrgeiz heraus, ihm zu helfen. Besteht darin nicht die oberste Pflicht einer Ehefrau? Doch die anderen erwarten von mir, daß ich als Herrscherin dieser Pflicht andere Pflichten voranstelle, sie wollen, daß ich lächle, meinen Platz im Ehebett des Kaisers einnehme und ansonsten den Mund halte . . .

Während des Abendessens ließen sie ein Buch aufgeschlagen auf meinem Schreibtisch liegen. Die Seite war vergilbt und zerknittert, doch folgende Worte sprangen mir sofort in die Augen:

Die Bedeutung im Leben einer Kaiserin besteht darin, der Monarchie Erben zu schenken. Der Herrscher, der zu seiner Frau sagte: ›Königliche Hoheit, wir haben Euch auserkoren, um uns Kinder zu geben, keine Ratschläge‹, war ein nützliches Beispiel für alle übrigen. Dies ist tatsächlich das Schicksal und die natürliche Berufung von Monarchinnen. Wenn sie sich davon abwenden, so entwickeln sie sich zu Quellen des Bösen, man nehme nur Katharina de Medici, Maria de Medici, Anna von Österreich. Ist eine Königin in der glücklichen Situation, dem Staat Prinzen zu schenken, so hat sie ihren ganzen Ehrgeiz allein darauf zu beschränken, anstatt sich in irgendeiner Weise in die Regierung der Monarchie einzumischen, die nun einmal nicht die Sache der Frauen sein darf. Eine Prinzessin, die keine Kinder gebiert, ist nichts als eine Fremde im eigenen Land und eine gefährliche noch dazu.

Rasch sah ich auf den Titel des abgegriffenen Bandes:

Ratschläge für die Königin Marie Antoinette, ausgedacht und niedergeschrieben von jemandem, der sein Land und seine Herrscher liebt. Meine Wut war so groß, daß ich gute Lust hatte, noch im selben Moment den ganzen Palast aufzuwecken, um denjenigen ausfindig zu machen, der sich derlei Dreistigkeit erlaubt hatte, obwohl ich vermutete, daß eine Geste wie diese jemandem zuzuschreiben war, der meiner Schwiegermutter oder dem Erzherzog Albert nahestand. Sie waren zum einen darüber erzürnt, daß Radetzky in den Ruhestand versetzt wurde, zum anderen mißfielen ihnen die Maßnahmen, die der Kaiser in Italien ergriffen hatte.

Beides führen sie auf meinen schädlichen Einfluß zurück. Da ich jedoch annahm, daß sich Franz Joseph darüber ärgern würde, beschloß ich, diskreter vorzugehen. Ich ließ daher Grünne zu mir rufen, der sogleich herbeieilte und die Schmähschrift aufmerksam durchblätterte, die noch weitere ähnliche Betrachtungen enthielt wie die, die ich bereits erwähnt habe. Mir kam es vor, als lächelte er, bevor er zu mir sprach.

»Ich verstehe Euren Verdruß sehr wohl, Majestät«, sagte er, »doch ich glaube, daß Ihr dem Vorfall nicht allzugroße Bedeutung beimessen dürft. Schließlich ist all das, was hier geschrieben steht, auch für unsere Zeit gültig, selbst wenn der Inhalt der Vergangenheit angehört. Ich denke, daß derjenige, der es auf Eurem Schreibtisch liegengelassen hat, Eure Majestät einfach an einige Aufgaben erinnern möchte, die Monarchinnen oft vergessen, zumal wenn sie von übereifrigen Mitmenschen schlecht beraten werden. Nun trifft dies selbstverständlich nicht für Euch zu, doch handelt es sich zweifellos um einen Rat, den Ihr beherzigen solltet. Schenkt diesen Worten Aufmerksamkeit und vergeßt den seltsamen Weg, auf dem sie zu Euch gelangt sind.«

Grünne zog sich zurück. Ich dachte darüber nach, was er mir soeben gesagt hatte. Mag sein, daß er recht hat. In politischen Dingen bin ich absolut unwissend, und auch, was meine Intuition betrifft, kann ich mich täuschen. Vielleicht könnten sie mich ausnutzen, wie mich der Kaiser gewarnt hat . . . Aber wie soll ich mich denn dann verändern? Wie kann ich lernen, nicht zu denken und nicht zu fühlen . . .? Der Herr hat mir Lasten auferlegt, unter deren Gewicht ich zusammenbreche. Ja, Gottes Wille ist oftmals schwer zu verstehen.

Wien, Hofburg, den 30. März 1857

Die Ballsaison ist nun zu Ende. Gott sei Dank ist nun der lange Monat vorbei, während dessen sich ganz Wien in eine riesige Bühne verwandelt, auf der jeder den anderen zu überbieten versucht, was so schwierige Kunstfertigkeiten wie Schminken, Verkleiden und die schweißtreibenden Walzerumdrehungen und Polkaschritte bis in den frühen Morgen angeht. Es war eine endlose Aneinanderreihung von Zeremonien und Langeweile, ein absurder Austausch von lächelnden Mienen, heruntergeleierten Sätzen und boshaftem Gemurmel . . .

Ich kann die Begeisterung der Wiener für ihre Feste nicht teilen. Je näher der Termin für ein solches Ereignis rückt, um so größer ist die Angst, die in mir wächst. Es quält mich, zu wissen, daß mich Hunderte von Augenpaaren mustern werden, daß sie sich über meine Frisur und mein Kleid unterhalten werden, über die Tolpatschigkeit, mit der ich mich unter ihnen bewege, unfähig, auch nur ein paar geeignete Worte für ein kurzes Gespräch zu finden. Es ist einige Tage her, daß ich Graf Grünne diesbezüglich um Rat bat. Er gab mir zur Antwort: »Bereitet gemeinsam mit Euren Hofdamen eine Reihe von Fragen vor, Majestät, die Ihr in bestimmten Situationen anbringen könnt. Und laßt Euch vor jedem feierlichen Ereignis die neuesten Vorkommnisse aus den Familien berichten, die der Monarchie am nächsten stehen. Hierbei kommt es nur auf Euer Gedächtnis an und nicht auf Eure Phantasie.« So habe ich es dann auch getan, und es ist mir gelungen, mich an die meisten anwesenden Gäste mit einer passenden Frage zu wenden, etwa wie: »Wie geht es Ihrer Mutter, der Prinzessin S.?« oder: »Ist eine Ihrer Töchter bereits im heiratsfähigen Alter?« Irgendwie spreche ich so leise, daß mich viele überhaupt nicht verstehen – ich habe nämlich Angst, den Mund zu weit aufzumachen, so daß die Leute meine schlechten Zähne sehen könnten. Vor einigen Tagen, auf dem Ball in der französischen Botschaft, brach ich während eines dieser ins Absurde geratenen Dialoge beinahe in Gelächter aus. Ich wurde dem Markgrafen von F. vorgestellt, der eine wichtige Persönlichkeit im Finanzwesen seines Landes ist. Ich griff also zu meiner Liste mit den vorbereiteten Fragen und begann.

»Sind Sie verheiratet?«

»Gelegentlich«, antwortete er mit einem Lächeln.

Ich war perplex. Doch plötzlich fiel mir die zweite Frage ein, die ich ihm stellen wollte.

»Haben Sie Kinder?«

Darauf er: »Von Zeit zu Zeit.«

Ich mußte mir das Gesicht mit dem Fächer bedecken, damit er nicht sah, wie ich mit mir kämpfte, um nicht in einen Lachanfall auszubrechen. Glücklicherweise griff Sophie von Esterházy ein und zog den Markgrafen mit sich fort. Dabei brüllte sie ihm ins Ohr, damit er sie verstehen konnte. Der gute Mann war nämlich stocktaub!

An jenem Abend habe ich mich immerhin eine Zeitlang amüsiert. Und ich muß gestehen, daß ich mich auch während der Diners immer amüsiere. Der Kaiser ißt gewöhnlich in solchem Tempo und ich esse so wenig, daß die Festbankette immer sehr rasch zu Ende sind. Es bereitet mir ein riesiges und unwiderstehliches Vergnügen, dabei die Gesichter der Gäste zu betrachten. Den meisten von ihnen, mit Ausnahme der Gewieftesten, bleibt kaum genügend Zeit, um zwei, drei Bissen von jeder Speise zu kosten, da stürzen schon die Kellner herbei, um ihnen die Teller aus den Händen zu reißen. Und es gelingt ihnen nicht, ihren Verdruß zu verbergen angesichts der Berge von Gänseschmalz, Braten und Pastete, die vor ihren Augen verschwinden, während zugleich die Angestellten frohlocken bei der Aussicht auf den reich gedeckten Tisch, der sie später dank der Genügsamkeit ihres Kaisers erwarten wird . . . Ich vermute, die Wiener Hotels machen jedesmal ein gutes Geschäft, wenn wir an einem Diner teilnehmen, auf Kosten der hungrigen Tischgenossen des Kaiserpaares!

Buda, Königspalast, den 10. Mai 1857

Die Fenster meiner Gemächer im Palast von Buda weisen zum Fluß, und die Donau hat heute ein Blau angelegt, als würde sie mit dem blauen Maihimmel konkurrieren. Die Luft riecht nach Wasser, und mir gegenüber kann ich die Straßen von Pest erkennen. Sie sind voll von geschäftigen Leuten, Frauen, die zum Markt eilen, tobenden Kindern und rollenden Wagen. Dahinter erstreckt sich das Flachland bis hin zum Horizont, und wiederum dahinter stelle ich mir die schönen Pusztapferde vor, wie sie in der Wildnis frei herumlaufen, mit im Winde glänzender Mähne, mit flinken und kräftigen Beinen und feuchten Nüstern . . .

Ich bin gerne hier in Ungarn, unter den Frauen und Männern, in deren Blicken ich noch immer die Farben der weiten Steppen erkennen kann. Wie einen Schatz geben die Väter ihre Kleidung an ihre Kinder weiter, damit sie die Bindung an die Zeiten der Vergangenheit niemals verlieren . . . Ich bewundere ihren Stolz, ihren Mut, ihr Erinnerungsvermögen und diese wunderbare und eigentümliche Sprache, die sie bewahren und in der sie sich mit ihren Kindern unterhalten und zu Gott sprechen und in der mein Name so geheimnisvoll klingt: Erzsébet . . . Wenn es Franz Joseph eines Tages wünschen wird – und ich bin sicher, daß es so sein wird –, dann werden wir uns zum König und zur Königin von Ungarn krönen lassen. Ich werde dann Erzsébet Királyné heißen und diesen Titel wie eine Lobpreisung tragen. Doch der Kaiser hält die Ungarn für aufsässig und rebellisch, er fürchtet sie, glaube ich, wegen der unzerbrechlichen Kraft ihrer Herzen. Außerdem möchte er ihnen keinen Vorteil einräumen, der wiederum als Schwäche der Dynastie ausgelegt werden könnte. Gerade heute hat er sich geweigert, die Verfassung zu erneuern, wie es so oft verlangt worden ist. Dafür aber denkt er darüber nach, diejenigen, die seit der Revolution im Jahre 1849 ins Exil geschickt wurden, zurückzuholen. Ihre Rückkehr, sofern es dazu kommen sollte, wird in diesem Land, das von den Habsburgern so übel behandelt wurde, eine große Hoffnung wecken. Ich jedenfalls werde alles, was in meiner Macht steht, dafür tun, um dies zu erreichen.

Buda, Königspalast, den 15. Mai 1857

Meine Kinder sind krank. Die beiden leiden an Durchfall, und nachts treibt sie das Fieber zu Wahnvorstellungen und ihre kleinen Körper winden sich unter schrecklichen Krämpfen. Doktor Seeburger behauptet weiterhin, daß es normale Begleiterscheinungen des Zahnens sind, doch vertraue ich seiner Ansicht weniger denn je. O mein Gott . . .! Wir haben unsere Weiterreise ins Landesinnere Ungarns verschoben, und so bin ich nun hier. Von Angst gebeutelt halte ich abwechselnd an beiden Bettchen die Stellung und nehme alle meine Kräfte zusammen, um ihnen ein Lächeln zu schenken und ihnen Geschichten zu erzählen, während ich die aufsteigenden Tränen, so gut es geht, zurückhalte. Ich bete und schaue aus dem Fenster, von dem aus ich sehen kann, wie vom Fluß her der Nebel aufzieht und die Welt in ein diffuses Licht taucht, bis ihre Umrisse allmählich völlig verschwinden, wie auch ihr Recht fortzubestehen.

Es war ein regelrechter Kampf mit der Erzherzogin gewesen, die Kinder mit auf diese Reise zu nehmen. Meine Schwiegermutter wiederholte beharrlich, daß wir sie in ihrem Zustand unbedingt in Wien lassen müßten, denn die anstrengende Reise, die ungesunde und feuchte Luft in Buda würden ihnen nicht bekommen. Wenn sie erfährt, daß sich ihr Zustand verschlechtert hat, wird sie glauben, daß Gott auf ihrer Seite ist.

Vielleicht hat sie tatsächlich recht. Manchmal spüre ich den Tod ganz nah, wie einen eisigen, weißen Schatten, der durch die Gänge des Palastes wandelt. Wenn das wahr wäre, wenn ihnen etwas zustoßen sollte, wie würde ich mir das nur jemals verzeihen können? Wie könnte ich nur weiterleben, falls sie stürben?

Wien, Hofburg, den 1. November 1857

Es war meine Schuld, in meinem Kopf hämmert dieser Satz pausenlos. Die Augen der Erzherzogin, das Schweigen der Menschen, die mich ansehen, und die Worte des Kardinals, alle sagen mir: »Bittet den Herrn um Verzeihung, Hoheit, für Euren Starrsinn.« Ich habe sie mitgenommen nach Buda, die Krankheit stand ihr in den Augen, und dennoch habe ich sie mitgeschleppt nach Buda, auf stundenlanger Dampferfahrt auf dem Fluß. So machen es nun einmal Mütter, die ihre Kinder lieben, sie trennen sich niemals von ihnen. Anstatt sie der Erzherzogin zu überlassen, nehmen sie ihre kranken Kinder auf eine Schiffsreise nach Buda mit und bringen sie um. Ich habe sie umgebracht, und niemand, nicht einmal Gott, kann mein Verbrechen verzeihen. Verdammt werden wird meine Seele in der Hölle, lebt sie doch jetzt schon verdammt in dieser Hölle der Einsamkeit und des unerträglichen Schmerzes, den ich erdulden muß, bis ich verrückt werde. Und dies mag dennoch eine leichte Strafe sein, für mich, die Selbstsüchtige, die ihre eigene Tochter tötete, ein nichtsnutziges Geschöpf bin ich, das zu nichts taugt, und das alles, was es berührt, in Böses verwandelt. Von der Geburt an einem Sonntag an werde ich vom Teufel verfolgt, obwohl ich mit einem Glückszahn geboren wurde, der Gutes verheißen sollte, doch statt dessen ist alles nur verhängnisvoll für die, die mich lieben. Sie wurde an einem Donnerstag geboren, Sophie, mit ihrem weizenblonden Haar, süß wie eine Maiblume, sie hatte mich lieb, meine Kleine, mein bayerisches Püppchen, und ich habe sie umgebracht. Niemand kann es mir verzeihen, und mit seiner eisernen Hand wird der Herr mich bestrafen, denn er hat mich verflucht . . .

Wien, Hofburg, den 22. Februar 1858

Ich bin wieder schwanger. Die Leute um mich herum denken, daß dieses Kind mich für den Verlust meiner Tochter entschädigen wird. »Danken wir Gott für seine unendliche Güte«, sagt die Erzherzogin. »Sein Mitleid ist so groß, daß er dir noch ein Kind schenken will.« Ich dagegen empfinde das Kind in meinem Bauch wie eine Strafe. Ich weiß, daß ich mit ihm für das Übel, das ich verursacht habe, bezahlen muß, und der Herr wird meinen Leib quälen und mein Herz zerreißen.

Armes, armes kleines Kind! Deine Mutter, die dich wärmen und dir Freude schenken sollte, solange sie dich bei sich trägt, kann dir nichts bieten außer Kummer und Trauer. Später dann, wenn du auf die Welt gekommen bist, werde ich zu dir sagen: »Ich bin diejenige, die dir das Leben geschenkt hat, und die bereit wäre, ihr eigenes Leben für deines herzugeben.«? Werde ich dir in die Augen blicken, um dann zuzugeben, daß ich dich hergeben muß, weil ich deiner Liebe nicht würdig bin? Ja, ich werde dieses Kind hergeben müssen, so wie ich Gisela hergegeben habe, ich werde nicht einmal wagen, meine Lippen auf seine Stirn zu drücken, sondern es statt dessen der Erzherzogin überlassen. »Es ist besser, wenn von nun an nur noch der Kaiser und ich über die Erziehung deiner Kinder entscheiden.« Und so werde ich das Kind in ihre Hände geben, damit es durch meine nicht verhext wird. Wird es mir verzeihen können, mein kleines, mein armes kleines Kind . . .?

Wien, Laxenburg, den 15. August 1858

Rudolf, der Kaiser möchte, daß er Rudolf heißt. Ich vermag diesen Namen nicht einmal auszusprechen, da er in mir die schlimmsten Vorahnungen weckt. Heute abend ist der große Kronleuchter im Zeremoniensaal von Schönbrunn zu Boden gefallen und in Scherben zerbrochen. Als Paula Bellegarde kam, um es mir mitzuteilen, durchlief mich ein kalter Schauer. Ich stürzte zu Franz Joseph ins Büro.

»Ich bitte dich, wähle einen anderen Namen für das Kind, falls es ein Junge wird. Ich bitte dich um Himmels willen darum, nenne ihn nicht Rudolf!«

»Was hast du? Du siehst aus, als wärst du dem leibhaftigen Teufel begegnet«, antwortete Franz Joseph.

»Ja, genau, der Teufel war es, der dich auf diesen Namen brachte.«

Der Kaiser bemühte sich, mich zu beruhigen. Schließlich gelang es mir, ihm meine Befürchtungen zu erklären.

»Es hat mit der Vorbedeutung dieses Namens zu tun: Rudolf war der erste Habsburger und Rudolf wird auch der letzte sein. Der Zwischenfall in Schönbrunn ist ein übles Vorzeichen, Franz Joseph, das sagt mir mein Herz.«

»Liebe Sissi! Dein Herz ist stets voller schwarzer Gedanken. Du solltest nicht an solche Sachen denken. Diese Legenden aus dem Volk sind doch reine Märchen. Was in Schönbrunn passiert ist, ist, genau wie du sagst, nichts als ein Zwischenfall. Und was unser Kind betrifft, so wird es in Gottes Hand liegen, was Er mit ihm vorhat. Gegen Gottes Pläne kann man nichts machen, Sissi, man kann ihnen auch nicht zuvorkommen. Man muß sich ihnen fügen. Das mußt du ein für allemal lernen. Füge dich! Es wird dir im Leben helfen.«

Wien, Laxenburg, den 23. August 1858

Zwei Tage ist es nun her, daß das Kind geboren wurde, und das gesamte Reich feiert die Geburt dieses kleinen Thronfolgers, der so Gott will, den Fortbestand des Kaiserreichs gewährleisten soll. Das Kind wurde geboren, und die Erzherzogin nahm es in ihre Arme, um es von meinen unglückbringenden, bösen Armen fernzuhalten.

Ich fühle mich sehr schwach, groß sind meine Angst und mein Schmerz. Es war eine sehr schwere Geburt, mein Körper weigerte sich, das Kind herzugeben, während in meinem Kopf, der völlig verwirrt ist, die Bilder der toten Sophie und der Schmerz über das Wissen um ein neues Kind, das ich in eine Welt voller Qualen hineingeboren habe, durcheinandergerieten, ein weiteres Kind, das nicht meines sein wird.

Ich weiß, daß alles so ist, wie es zu sein hat, und dennoch wehrt sich etwas in mir beständig gegen diese so notwendige Entsagung. Heute morgen, als ich beim Aufwachen darum bat, mir das Kind zu bringen, und die Gouvernante Henriette von Welden mir den Kleinen, der runzelig war wie ein Gnom, in die Arme legte, und er dann hungrig sein Mündchen aufriß, da spürte ich, wie meine Brüste eine schmerzhafte Wärme erfüllte, die Milch schoß aus ihnen heraus, und ohne zu wissen, was ich tat, legte ich ihn an meine Brust. Doch hinter der Baronin von Welden streckte eine rundliche Frau mit strahlend schönem Gesicht die Arme aus, um das Kind an sich zu nehmen. Später erfuhr ich, daß es Marianka war, das Bauernmädchen aus Mähren, das von nun an als Amme für mein Kind zuständig sein wird. Ich reichte es ihr, und mit dünner Stimme sagte ich zu ihr: »Paß gut auf ihn auf. Er ist der Thronfolger.« Und ein unermeßliches Gefühl des Neides trieb mir die Tränen in die Augen.

Ich muß mich fügen, jawohl, ich muß mich in mein Schicksal fügen, um leben zu können, aber ich kann nicht, ich kann einfach nicht ... Ich bemühe mich, den Rhythmus meines Lebens dem meines Herzens anzupassen. Dabei verhalte ich mich wie ein gehetztes Reh, das auf der Suche nach einem Unterschlupf, den es doch nie finden wird, so flink ist wie der Wind und in der Luft regelrechte Pirouetten vollführt . . . Eigensinnig und zugleich lächerlich ist sein Verhalten, das seine Jäger nur zum Lachen bringt!

Wien, Laxenburg, den 24. August 1858

Heimlich wird meine Mutter geweint haben. Genauso wie am Tage meiner Hochzeit wird sie die Hände von Helene und Maximilian von Thurn und Taxis ergriffen haben, und mit zitternder Stimme wird sie gesagt haben: »Segne euch Gott, meine Kinder, euch und eure Nachkommen.« Und meine Schwester, die ja nicht Kaiserin werden konnte, da ich ihr dazwischengefunkt habe, wird ihren Gemahl lächelnd und voller Stolz angeschaut und dabei an mich gedacht haben . . . »*Er ist ein guter Mensch, Sissi, doch seine Familie ist nicht sehr vermögend, und unserem Onkel, dem König, war diese Hochzeit nicht recht. Wir mußten ihn erst überzeugen, indem wir ihm erklärten, daß ich ja schon vierundzwanzig Jahre alt bin und daß mir womöglich nicht mehr viel Auswahl bleibt. Ich versichere Dir, daß es mir nichts ausgemacht hätte, alleinstehend zu bleiben. Und wenn ich schon heirate, dann nur deshalb, weil ich mein Leben mit dem Mann teilen möchte, den ich auch liebe.*« Ich bete zu Gott, er möge ihnen beiden Glück schenken.

Wien, Schönbrunn, den 18. September 1858

Heute haben wir meine Cousine Margarete von Sachsen beerdigt. Sie war doch erst achtzehn Jahre alt und so voller Lebenslust . . .! Mein Schwager Carl Ludwig ist untröstlich. Seine Gemahlin hatte ihn bei der Regierung von Tirol sehr unterstützt. Die Tiroler liebten sie so sehr, daß sie darum baten, man möge ihr Herz in Innsbruck aufbewahren. Doch selbst die Liebe konnte sie nicht retten . . .

Ich wollte trotz meiner stark angeschlagenen Gesundheit an ihrem Begräbnis in der Kapuzinergruft teilnehmen, nicht nur, um von meiner armen Cousine Abschied zu nehmen, sondern auch, um für eine Weile bei meinem Kind sein zu können. Es wäre mir lieber gewesen, ihr kleines Grab befände sich an einem anderen Ort, der von der Sonne angestrahlt würde und an dem ich es mit Blumen schmücken könnte. Doch in unserem Leben wird sogar die ewige Ruhe von eisernen Normen reglementiert, und dieses triste Kellergewölbe ist das endgültige Schicksal aller Habsburger.

Oftmals denke ich, daß auch ich bald dort in dieser Gruft ohne Licht liegen werde, leblos und steif. Ich habe Angst, mein Körper wird diese unaufhörlichen Beschwerden nicht mehr lange ertragen. Von den täglichen Fieberanfällen bin ich schon völlig erschöpft, mein Herz rast, und meine Lungen sind so eng, daß ich keine Luft bekomme. Seeburger behauptet steif und fest, daß meine Beschwerden vom Fasten herrühren, und er besteht darauf, daß ich ständig Fleischbrühe trinke. Doch ich glaube vielmehr, daß es der Tod ist, der an meiner Tür klopft, der uns verfolgt, der sich gern in unserer Nähe aufhält, um uns angst zu machen. Er macht sich zuerst davon, um dann eines Tages gnadenlos zuzugreifen . . . Ich habe Franz Joseph darum gebeten, meinen alten Arzt, Doktor Fischer, konsultieren zu dürfen. Er und meine Mutter werden in den nächsten Tagen anreisen. Nur sie können etwas für mich tun, wenn es für mich überhaupt noch eine Rettung gibt.

Wien, Hofburg, den 4. Februar 1859

Ich bewundere meine Schwester Marie. Ich bewundere an ihr ihre Schönheit, ihre Stärke und ihren unbeugsamen Stolz. Während mir die Tränen leise herunterkullerten, als wir in der Kabine der königlichen Yacht voneinander Abschied nehmen mußten, die sie an jenen Ort bringen sollte, den ich mir als die reinste Hölle vorstellte, blieb sie gelassen, lächelte und flüsterte mir ins Ohr, wobei sie wie eine Göttin strahlte: »Mach dir um mich keine Sorgen, Sissi. Es wird mir schon gelingen, glücklich zu werden.«

Zwanzig Tage haben wir zusammen verbracht, zwanzig wunderbare Tage. Es war wie früher in unserer Kindheit ... Wir haben uns bis spät in die Nacht hinein unterhalten, Arm in Arm sind wir durch die Straßen Wiens gelaufen, haben jeden Winkel am Hof inspiziert, alles und jeden beobachtet und uns darüber lustig gemacht. Sie war meine Komplizin, meine Freundin und meine Vertrauensperson ... Während sie jetzt mit ihren siebzehn Jahren zur Schönheit erblüht ist, wirke ich an ihrer Seite wie ein mageres Hühnchen mit eingefallenen Wangen und dunklen Augenringen, die ich seit geraumer Zeit nicht mehr loswerde. Wie ein bedauernswerter Schatten wirkte ich neben dieser Schönheit. Eben sie war es, der es gelang, mich zum Lachen zu bringen über all die Dinge, die mir sonst, wenn ich allein bin, eher Anlaß zur Angst und zum Weinen geben. Sie war es auch, die mir für eine Weile meine Zufriedenheit und Stärke aus vergangenen Tagen zurückgab. Es schien gerade so, als wäre meine gewohnt robuste Natur in meinen ausgemergelten Körper zurückgekehrt . . .

Während jener Tage wollten wir nicht daran denken, was ihr bevorstand. Doch schließlich rückte der Tag heran, an dem wir nach Triest aufbrechen mußten, um sie schweren Herzens an die Gesandten ihres Zukünftigen zu übergeben, wie es in früheren Zeiten üblich war. Von nun an sollte sie die Gemahlin Franz' von Bourbon sein, des Prinzen von Kalabrien und Thronfolgers von Neapel. Vor einem Monat war die Ehe mit ihm per Ferntrauung geschlossen worden. Meine arme Schwester mußte alleine gehen, mit nichts anderem im Gepäck als ihrem kleinen Kanarienvogel, um sich in die Hand eines Mannes zu geben, den sie nicht kennt und den sie niemals lieben wird. Sie wird eines Tages die Königin eines Landes sein, dessen Sprache sie nicht spricht, und das unterwandert wird von Leuten, die vorgeben, ein vereintes Italien erreichen zu wollen. Doch während ich weinte, sprach sie wie eine große Dame von siebzehn Jahren stolz und ungerührt: »Mach dir um mich keine Sorgen, Sissi. Es wird mir schon gelingen, glücklich zu werden.« Ihr Wort in Gottes Ohr!

Wien, Hofburg, den 22. März 1859

Wie durch ein Wunder haben sich die Wolken verzogen, die monatelang den Himmel bedeckten und pausenlos Schnee und Wasser über Wien niedergehen ließen. Als ich heute morgen die Fensterläden meines Zimmers öffnete, schienen plötzlich Sonnenstrahlen an die Wände. Ich hatte schon beinahe vergessen, daß es so etwas noch gibt. Seidenbezüge und Goldverzierungen glänzten in ihrem Licht, und ich habe sogar den göttlichen Gesang von Vögeln vernommen. Bei schönem Wetter lassen sie sich nun für gewöhnlich auf dem Bronzekopf des Kaisers Franz II. nieder, der direkt unter meinem Fenster steht. Genau heute sind sie zurückgekehrt, als kämen sie direkt vom Himmel, angezogen von der süßen Luft. Wie viele Male habe ich mich danach gesehnt, einer dieser Vögel zu sein, um in Ruhe die Gesichter der Menschen betrachten und ihre Worte anhören zu können, ohne selbst ihren Blicken ausgesetzt zu sein . . .!

Der plötzliche Frühlingsbeginn hat mir meine gute Laune und meine Kräfte zurückgegeben, die mich nach dem Abschied von Marie erneut verlassen hatten. Ich habe Lust bekommen, nach draußen zu gehen und einen Spaziergang zu machen und mich an diesem Tag zu erfreuen. Und obwohl ich schon vorher wußte, daß mich später eine Rüge seitens der Erzherzogin ereilen würde, rief ich nach Karoline Lamberg. Mit dichten Schleiern vor dem Gesicht verließen wir beide ganz allein den Palast durch einen Seiteneingang. Arm in Arm bummelten wir wie zwei ehrwürdige Ehefrauen hoher Staatsbeamter durch die Straßen. Wir gingen ins Café Demel, um uns ein paar Naschereien zu kaufen, wir betrachteten die neueste Hutmode aus Paris und wagten uns, obwohl Karoline sich sehr dagegen sträubte, bis zum Markt vor, wo sich Hunderte von Frauen um die Stände voller Gemüse und Früchte in den herrlichsten Farben drängten. Ein kleines Mädchen von etwa sechs oder sieben Jahren, das ein ärmliches und schmutziges Kleidchen trug, aber wie eine Königin frisiert war, und dessen lange blonde Zöpfe von einem breiten Samtband zusammengehalten wurden, trällerte ihrem fast neugeborenen Brüderchen, das in einem Korb in der Sonne schlummerte, ein Lied vor. Ein anderer Junge, er sah feist und dabei weichlich aus, hockte auf der Straße und heulte, bis seine Mutter, eine junge und hübsche Frau ihn holte, ihm die lehmverschmierten Hände säuberte und ihn dabei liebevoll schalt. Zwei Frauen lehnten sich an einen Stand und prusteten vor Lachen, die Ärmel ihrer Blusen waren hochgekrempelt, so daß man ihre kräftigen und braungebrannten Arme sehen konnte. Ich sagte zu meiner Hofdame: »Sie haben keine Vorstellung, Karoline, wie ich diese Menschen beneide!«

»Was, Ihre Majestät? Aber das sind doch nur Bäuerinnen, lumpige Dienerinnen . . .!«

»Ich weiß. Und manchmal leiden sie Kälte und Hunger. Doch für sie gibt es eine Menge guter Gründe, um zu leben: Sie besorgen sich etwas zu essen, sie hüten ihre Kinder, bereiten ein warmes Bett vor ... Ich bin doch nicht etwa ungerecht, oder?«

»Ich weiß nicht, Majestät, doch Eure Worte machen mich traurig.«

Unter dem Lärm der Menschen und dem Getrappel der fein herausgeputzten Kutschenpferde, deren Hufe auf den Pflastersteinen widerhallten, kehrten wir in die Hofburg zurück. Niemand hatte uns erkannt. Die Wolken, die nun so weiß wie Watte waren, hatten die Sonne mit einem Schleier verhangen, als wir zu Hause ankamen.

Wien, Schönbrunn, den 9. April 1859

Ich versuche mir vorzustellen, wie sie aussieht: blond, schüchtern und mit diesen scheuen, sanften Augen, von denen Ludwig mir so viel vorgeschwärmt hat. Soeben habe ich ein Telegramm nach München geschickt, worin steht: *Gott behütet all diejenigen, die ein großes und starkes Herz besitzen. Herzlichen Glückwunsch!* Daß eines meiner Familienmitglieder, und zwar der Nachfolger meines Vaters, auf all seine Rechte verzichtet, um eine einfache Schauspielerin heiraten zu dürfen, erfüllt mich mit so großem Stolz, daß ich am liebsten allen Leuten davon erzählen möchte. Ich möchte Ludwig und Henriette, die von nun an Baronin Wallersee heißt, so bald wie möglich hier empfangen. An diesem verdrießlichen Hof sollen die Menschen nur erfahren, daß es in unserer Welt auch noch Wesen gibt, die nicht von Ehrgeiz und Habgier angetrieben werden. Die Erzherzogin und ihr Gefolge werden es nicht leid, immer wieder zu wiederholen, die Französische Revolution habe über die Länder Europas den Teufel losgelassen. Wenn sie dafür verantwortlich sind, daß ein Prinz seinen Titel aufgibt, nur um jede Nacht an der Seite der Frau zu schlafen, die er liebt, um nur ja nie mehr von der Frau getrennt zu sein, die er liebt, dann wünsche ich mir, unter ihrer Herrschaft zu leben. Denn die Liebe kommt von Gott, auch wenn die Erzherzogin und all ihre Gesinnungsgenossen dies nicht wissen, denn Jahrhunderte voller Hochmut und Gewaltherrschaft haben ihnen das Herz geraubt und es in einen armseligen Muskel verwandelt, der dereinst in einem prachtvollen Grab verfaulen wird. Die Armen, die den Rausch eines Blickes nicht kennen, den unerträglichen Trennungsschmerz, den man im Leib verspürt, die Sehnsucht, mit dem geliebten Menschen für immer zu verschmelzen. Glück den Revolutionen, die jede Ordnung auf den Kopf stellen, die Gesichter freimachen und Herzen fliegen lassen. Selig sind diejenigen, die genießen und leiden, weil ihre Seele eine verwandte Seele gefunden hat.

Wien, Hofburg, den 3. Mai 1859

Seit wir vor einer Woche erfahren haben, daß der Krieg begonnen hat, habe ich kaum Zeit zum Schreiben gefunden. Ich habe es immer gewußt, daß uns von diesem heimtückischen Land Italien nur Böses widerfahren wird. Der perfide Napoleon und Viktor Emanuel von Piemont mit seinem ehrgeizigen Ministerpräsidenten, dem Grafen Cavour, haben uns in eine Falle gelockt. Die Piemonteser haben ihre Truppen an der Grenze zu unserer Provinz Mailand aufgestellt. Franz Joseph, der stets auf das Ehrgefühl vertraut, das den anderen aber fehlt, stellte ihnen ein Ultimatum, damit sie ihre Truppen zurückziehen. Doch es war bereits zu spät. Viktor Emanuel, dem es äußerst gelegen kam, daß die Dinge sich so entwickelten, betrachtete dieses Ultimatum als Kriegserklärung. Und genau wie wir befürchtet hatten, hat sich Frankreich noch heute dem Angriff auf unser Heer angeschlossen. Sie werden uns niederschlagen, um sich dann anschließend untereinander den Kuchen Italien aufzuteilen ...! Seit Beginn dieses Krieges werde ich das Gefühl nicht los, daß wir eine Niederlage erleiden werden, auch wenn Franz Joseph sich ganz zuversichtlich gibt. Er versichert mir, daß unsere Truppen besser ausgebildet sind, und er fühlt sich der Unterstützung durch Preußen und den Deutschen Bund sicher, obwohl ihn König Friedrich Wilhelm noch vor wenigen Wochen daran erinnert hat, daß er nicht verpflichtet ist, ein Gebiet zu verteidigen, daß nicht zu Deutschland gehört ...[1]

Von der Front treffen die ersten Züge mit Verwundeten ein. In Laxenburg werden jetzt in einigen Sälen Krankenlager eingerichtet. Wir mußten in die Hofburg zurückkehren, wo Franz Joseph sich dank des Telegraphen Tag und Nacht über die Ereignisse in Italien informieren kann. Wir Frauen schnüren unterdessen Pakete mit Verbandsmaterial und Zigarren, um sie an die Front zu schicken. Oft schaudert mich, wenn ich an die armen Wesen denke, die schon bald mit den Leinenstreifen, die ich eigens zurechtgeschnitten habe, verbunden werden müssen, Wesen, die für mich kein Gesicht und auch keinen Namen haben, doch jemand spricht ihren Namen mit Inbrunst in seinen Gebeten, und ihre Gesichter wurden zärtlich geküßt von einer Mutter, einer Frau oder einem Kind, die sie womöglich nie mehr sehen werden. Soldaten des österreichischen Heeres, die im Namen des Kaisers kämpfen, die verletzt werden und sterben in einem Krieg, über den sie eigentlich gar nichts wissen, im Namen des Kaisers und der Kaiserin von Österreich. Was werden sie wohl vor Gott über uns sagen ...?

1 Nach dem Wiener Kongreß von 1815, der den Napoleonischen Kriegen ein Ende setzte, gründeten die verschiedenen deutschen Staaten einschließlich Österreichs den Deutschen Bund, der den Ursprung für das spätere vereinte Deutschland um Preußen bildete.

Wien, Hofburg, den 5. Juni 1859

Alles läuft schief in diesem gottverdammten Krieg. Es scheint, als würde dem Kaiser ein Fehler nach dem anderen unterlaufen, ausgerechnet ihm, der jede Handlung genau abwägt, jede Entscheidung, die er trifft, als wäre es für ihn lebenswichtig. Doch seine Berater, Erzherzog Albert, Minister Buol und die Erzherzogin selbst, sie alle führen uns mit ihrer Arroganz und Unwissenheit nur noch mehr ins Verderben. Für sie ist es nur eine weitere Schlacht, die sich das Gute auf der einen und das Böse auf der anderen Seite liefern. Gemäß ihrer Wertevorstellung entspricht das Kaiserreich Österreich der alten Ordnung und jenes umstürzlerische Nest, das Piemont darstellt, dem Chaos. Den Plänen seiner Berater folgend entließ Franz Joseph daher seinen Bruder Max als Gouverneur und übertrug statt dessen den Oberbefehl dem Grafen Gyulai, der seine Unfähigkeit dadurch unter Beweis stellte, daß er die Truppen zurückzog, anstatt anzugreifen, als noch genügend Zeit war und noch bevor die Franzosen eintrafen. Erst gestern sind in Magenta in einer blutigen Schlacht zehntausend unserer Männer umgekommen – Gott habe sie selig! – und so mußte der Befehl erteilt werden, Mailand zu räumen, da dort schon bald die Franzosen Einzug halten werden.

Der Kaiser hat mich per Telegraph wissen lassen, daß er von nun an selbst das Kommando über seine Truppen übernehmen wird. Was wird nur passieren, Herr, wenn er sich dann ein zweites Mal irrt, was wird dann aus ihm und uns, wenn er besiegt wird? Ich flehte ihn an, nicht selbst an die Front zu gehen, sondern statt dessen in Wien zu bleiben, um von hier aus auf Preußen, das sich weiterhin weigert, Streitkräfte zu entsenden, Druck auszuüben, und falls es nötig sein sollte, mit Napoleon zu verhandeln. Doch meine Rede wurde wieder einmal nicht zur Kenntnis genommen. Daraufhin bat ich ihn, mir zu erlauben, ihn zu begleiten, und mich nicht in dem dahinsiechenden Palast allein zu lassen, in dem ich jeden Augenblick seinetwegen und wegen seiner Männer Kummer leide und in den Klauen derer bin, die mich ohnehin nur hassen. »In einem Militärhauptquartier«, so sagte er jedoch zu mir, »ist kein Platz für Frauen, und ich darf daher meinen Soldaten kein schlechtes Vorbild geben.« Und so mußte ich händeringend und betend hierbleiben, ich statte den Verwundeten Besuche ab, deren fürchterliche Qualen mir das Herz zuschnürten. Ich reite, so viel ich kann, um auf diese Weise meiner inneren Erregung freien Lauf zu lassen, die mich keine Sekunde ruhig bleiben läßt. Ich meide die Abendessen mit der Erzherzogin ebenso wie die gemeinsamen Teenachmittage, ihre mal beleidigenden, mal anbiedernden und stets widersinnigen Äußerungen. Statt dessen warte ich auf die Briefe von Franz Joseph, der mir jeden Morgen vor Beginn eines harten Tages telegraphiert und mich wie ein behütender Großvater mit Ratschlägen aufzumuntern versucht:

Mein geliebter Engel, ich nütze die ersten Augenblicke des Tages, um Dir ein weiteres Mal zu sagen, wie sehr ich Dich liebe, und wie sehr ich Dich und unsere geliebten Kinder vermisse. Ich bitte Dich inständig, mein Engel, Dich meinetwegen nicht zu quälen. Paß gut auf Dich auf, versuche Dich so viel wie möglich abzulenken. Unternimm Ausflüge zu Pferde oder in der Kutsche, doch übertreibe dabei nicht und sei vorsichtig, bewahre Dir Deine kostbare Gesundheit für mich, damit Du bei meiner Rückkehr wohlauf bist und wir glücklich und zufrieden sein können. Und vor allem bitte ich Dich, im Namen Deiner Liebe zu mir, daß Du Dich dazu überwindest, Dich ab und zu in der Stadt zu zeigen. Besuche städtische Einrichtungen, denn Du weißt gar nicht, wie sehr Du mir damit helfen kannst. Dies wird der Bevölkerung Auftrieb geben und ihren Optimismus beflügeln, den ich jetzt so dringend benötige.

Doch anstatt mich zu trösten, versetzen seine Briefe mich nur noch mehr in Aufregung, denn ich kann nicht aufhören nachzudenken, und fühle mich zutiefst gekränkt: Ich begreife einfach nicht, wieso er, wenn er mich wirklich liebt, unbedingt in den Krieg ziehen mußte. Warum hört er mir nicht zu und macht sich keine Gedanken über mich?

Wien, Hofburg, den 25. Juni 1859

Graf Grünne und mein Vater hatten recht: Neid vermag Rosen in Brennesseln zu verwandeln. Aus Franz Joseph hat er einen geschlagenen Kaiser gemacht. Unter dem Turm von Solferino hat die Armee, die unter seiner Befehlsgewalt stand, die Lombardei ein für allemal verloren. Über zwanzigtausend unserer Männer sind nun dort begraben, in einem Stück Land, das von nun an von Fremden bewohnt sein wird, die auf ihre Gräber spucken werden. Diejenigen, die uns nicht angegriffen haben, Preußen und England, haben uns im Stich gelassen, und die Ehre Österreichs sowie die Ehre des Kaisers liegen unter den Trümmern dieser Burg. Nicht einmal meine Schwester Marie und ihr Gemahl, die nun nach dem Tode des Königs Ferdinand vor wenigen Wochen die Krone beider Sizilien tragen, konnten dies verhindern, da sie selbst von Garibaldis Truppen bedroht werden.

Die Spitäler Wiens sind voll von Verwundeten, und auch in Laxenburg gibt es kein freies Bett mehr. Jeden Tag gehe ich zu ihnen und versuche, die armen Männer zu trösten, die soviel Schreckliches und Sinnloses erleben mußten. Doch es stehen nur wenige Ärzte zur Verfügung, und die Medikamente sind dürftig und unzureichend. Jeden Tag sterben Hunderte von Verwundeten, um die Fußenden der Betten scharen sich schluchzende Frauen und Kinder, die angesichts der unfaßbaren Tragödie, die sich vor ihren Augen abspielt, keine Worte finden.

Unterdessen betet meine Schwiegermutter zu Gott, daß das Gute auf Erden siegen möge und die Dämonen der Revolution vor den beschützenden Engelsscharen vergehen mögen. Trotzdem habe ich es mit meinen eigenen Augen gesehen und meinen eigenen Ohren vernommen, und wenn ich eines Tages Zweifel hatte, so sind sie durch das, was ich gesehen und gehört habe, vergangen. Die Zeitungen schreiben es jeden Tag, meine Angehörigen in Bayern erzählen es mir, und in den Gesichtern der Menschen in Wien steht es geschrieben, vermischt mit Zorn: Wer glaubt, die Welt könne ihren Zustand aufrechterhalten, der irrt, es irrt auch der, der glaubt, daß Armeen Herzen erobern und Todesstrafen dem Hunger und der Sehnsucht nach Freiheit Schweigen auferlegen können. Doch der Kaiser, der gegenüber allem, was nicht von seiner Mutter und deren Kreis stammt, blind und taub ist, glaubt noch immer an den Endsieg, an die Unterstützung von Preußen, die es nie geben wird, an den Triumph der alten Zeiten. Von der Front aus, wohin ihm die Erzherzogin jegliche Art von Klatsch und Beschwerden über mein Verhalten hat zukommen lassen, weist er alle meine Ratschläge, er möge ein Friedensangebot unterbreiten, zurück. Statt dessen rät er mir, keine Zeitungen mehr zu lesen, *»die nur Lügen und Dummheiten verbreiten«*, und dann bittet er mich, nicht soviel zu reiten und mehr zu essen, *»meinen Lebenswandel zu ändern und nachts zu schlafen, denn dazu sei die Nacht schließlich da und nicht zum Lesen und Schreiben«*. Schlafen ... Wie soll die Ehefrau eines Heerführers ruhig schlafen können, wenn unter seinem Befehl Tausende von Männern ihr Leben verlieren und die Existenz eines ganzen Kaiserreichs auf dem Spiel steht?

Wien, Hofburg, den 13. Juli 1859

Gott sei Dank, der Alptraum hat ein Ende. Franz Joseph und der »Erzschuft Napoleon«, wie mein Gatte ihn nennt, haben einen Waffenstillstand unterzeichnet. Wieder einmal mußte ich mich von Grünne über die genauen Ereignisse informieren lassen, denn der Kaiser beschränkt sich in seinen Briefen auf das Erteilen von Ratschlägen und erzählt mir, wie sehr er sich auf das nächste

Wiedersehen freut. Napoleon hat zuerst Piemont verraten, und nachdem er ihm zuerst seine Unterstützung zugesagt hatte, um Italien von den Alpen bis zur Adria zu befreien, traf er die Entscheidung, mit uns Frieden zu schließen. Er fühlte sich zum einen von den Preußen bedroht, und zum anderen fürchtete er das Aufkeimen der revolutionären Kräfte im Kirchenstaat des Papstes, die Proteste seitens der französischen Katholiken gegen ihn ausgelöst haben. Und so kam es zu diesem Pakt: Die Lombardei haben wir Viktor Emanuel überlassen, doch Mantua und Pescara haben wir behalten, Venedig natürlich auch. Gott weiß, für wie lange. Die Monarchen signalisieren wieder Freundschaft, lächeln höflich und drücken sich die Hände fest und herzlich, ohne dabei jedoch ihre wahren Gefühle zum Ausdruck zu bringen. Hinter ihnen bleiben Tausende von zerstörten Familien zurück, Männer, die verstümmelt am Straßenrand betteln werden, gefolgt von einer hungrigen Kinderschar, Mütter, die vor dem Grab ihrer Söhne, die in weiter Ferne gefallen sind, niemals werden beten können. Doch im Moment herrscht Frieden, und heute haben wir in der Schloßkapelle einem Tedeum beigewohnt. Die Erzherzogin war ganz in Schwarz gekleidet, ich weiß nicht, ob wegen der vielen Toten oder wegen ihrer Niederlage. Sie war ganz verheult, ob aus Dankbarkeit oder Verbitterung, auch das weiß ich nicht.

Wien, Laxenburg, den 12. September 1859

Die Liebe der Untertanen zu ihren Herrschern ist so zerbrechlich wie feinstes Glas. Nach seiner Rückkehr hatte sich der Kaiser über zwei Monate lang hier im Palast von Laxenburg eingeschlossen, ohne auch nur einen Schritt nach draußen zu tun. Er weiß, daß viele ihm die Schuld für die Niederlage zuweisen. Erst heute fühlte er sich dazu in der Lage, an einer Militärparade teilzunehmen. Ich ahnte voraus, daß er meine Unterstützung brauchen würde, daher beschloß ich, ihn zu begleiten. Entgegen seinen sonstigen Gewohnheiten, fuhren wir in einer geschlossenen Kutsche mit zugezogenen Vorhängen zum Prater. Während der ganzen Fahrt sprach Franz Joseph kein einziges Wort. Ich sah ihn an, und dabei fiel mir auf, wie sehr er gealtert war in diesen letzten Monaten. Er ist noch keine dreißig Jahre alt, und dennoch hat sein ohnehin schon ernstes Gesicht strenge Züge angenommen, die der breite Backenbart, den er sich während seines Aufenthaltes im Militärhauptquartier wachsen ließ, noch unterstreicht. Viele Menschen hatten sich im Prater eingefunden, um unsere Ankunft und die Formierungen der Truppen zu verfolgen, doch als wir aus der Kutsche stiegen, verbreitete sich eisiges Schweigen. Da ich es gewohnt war, daß die Leute mir zujubelten, war ich auf einmal wie gelähmt. Ich war völlig fassungslos, wieviel Feindseligkeit ich ihren Augen ablesen konnte, ihren Gesichtern, die sich plötzlich wegdrehten, damit sie uns nicht anschauen mußten, an ihren Hüten, die sie vergaßen, zum Zeichen des Grußes abzunehmen. Doch Franz Joseph nahm mich am Arm und riß mich dadurch heraus aus meiner durch Verwirrung und Angst verursachten Grübelei darüber, daß jeden Augenblick etwas Schreckliches passieren konnte. Zum Glück geschah gar nichts. Und als wir uns fortbewegten, ließen sich einige schüchterne »Hurra«-Stimmen vernehmen, die wohl der niedergeschlagene Anblick des Kaisers auslöste, der traurig war und dennoch voller Würde wie ein entwurzelter Baum, der sich noch auf seinem nackten Stamm aufrechthält. Sobald wir in der Kutsche saßen, senkte Franz Joseph den Kopf und starrte reglos zu Boden. Ich empfand tiefes Mitleid mit diesem Mann, der genau an dem Punkt gekränkt worden ist, der ihm am meisten bedeutete, nämlich die Ehre seiner Armee und seines Volkes. Seine tiefsten Überzeugungen sind wie durch ein Erdbeben erschüttert worden, und dennoch gibt er nicht auf, sich für die anderen aufzuopfern, ohne dabei jemals an sich selbst zu denken. Ich hatte gute Lust, die Wagentür zu öffnen und den Menschen draußen zuzurufen: »Wie könnt ihr es wagen, euren Kaiser so zu behandeln? Wißt ihr denn nicht, daß er euch jeden Augenblick seines Lebens widmet, daß er genauso wie seine Soldaten auf einer schmalen Eisenpritsche schläft, daß er frühmorgens aufsteht und kaum ißt, kaum lebt, und sich statt dessen nur um eure Belange kümmert? Wißt ihr denn nicht, daß er diejenigen entlassen hat, die bis vor wenigen Tagen noch seine engsten Berater waren, seine Generäle, Minister und sogar den Grafen Grünne, seinen großen Freund und engen Vertrauten? Ja, er hat sich getäuscht, er hat schlimme Fehler begangen, doch er tat es nur in eurem Sinn. Hört etwa ein Sohn auf, seinen Vater zu lieben, nur weil er sein Geld schlecht angelegt und dadurch die Familie ruiniert hat? Ihr undankbaren, erbärmlichen Egoisten seid seiner Liebe gar nicht würdig! Auch ich sehe ihn nun niedergeschlagen, auch für mich hat er jenen Glanz verloren, der ihn einst umgab und der ihn unantastbar erscheinen ließ, der jede seiner Gesten einst zum Erfolg führte. Doch ich bleibe an seiner Seite, jetzt mehr denn je, weil ich ihn vielleicht nun um so mehr liebe, da ich sehe, wie verzagt er ist. Was wißt ihr denn in Wirklichkeit schon von Mitleid, ihr kümmert euch doch nur um euren eigenen Kram, um euer eigenes Auskommen . . .!« Ich sagte jedoch gar nichts und nahm statt dessen die Hand des Kaisers und küßte sie zärtlich und immer wieder. Seine Wimpern zitterten dabei.

Wien, Hofburg, den 20. Februar 1860

Jenen Abend in meiner Kindheit habe ich niemals vergessen können. Ich war damals zwölf Jahre alt und, ich erinnere mich noch sehr genau daran, wir waren in Possenhofen, es regnete genauso wie heute in Wien, es roch nach Moos. Meine Freundin Irene Paumgarten und ich waren losgezogen, um eine Bauernfamilie aus dem nahe gelegenen Dorf, die Familie Beck, zu besuchen. Sie waren sehr arm und oftmals halfen wir ihnen. Sie hatten ein kleines Kind, das sehr krank war und von heftigen Fieberanfällen geschüttelt wurde. Sein winziger Körper war völlig übersät mit schwärenden Wunden. Als wir nach Hause kamen, wollte ich meinen Vater darum bitten, einen Arzt zu ihnen zu schicken, und ich begab mich zu seinem Arbeitszimmer. Doch in der Halle sagte Hansel zu mir, ich dürfte nicht eintreten. Dieses Verbot kam mir seltsam vor, denn für gewöhnlich pflegte er um diese Zeit eine Pause von seinen Schreibarbeiten zu machen und hatte es dann gerne, wenn wir zu ihm kamen. Noch verwunderter war ich, als ich von drinnen ein dröhnendes Lachen, nämlich seines, vernahm, das sich mit dem Gekicher einer Frauenstimme vermischte, die ich nicht erkannte. »Hat er denn Besuch?« fragte ich. »So ist es, Hoheit«, antwortete sein Diener. Daraufhin begab ich mich zu dem Gemach meiner Mutter, das oben im Schloßturm mit Blick über den See lag. Sie kauerte in einem Sessel und weinte, wobei sie in ihrer Hand ein Leinentüchlein zusammenpreßte. Oftmals habe ich sie so dasitzen sehen. Oft, während sie vor dem Kamin saß und stickte oder während sie ihre Pflanzen versorgte, liefen ihr leise Tränen die Wangen herab. Vielleicht aus reiner Gewohnheit betrachteten wir dies als typisch weibliches Verhalten, sagten ihr schmeichelnde Worte oder machten kleine Witze und erreichten dadurch, daß sie schon bald wieder lächelte. Mir war nie eingefallen, sie danach zu fragen, was sie denn so quälte. An jenem Tag aber, es lag vielleicht daran, daß mir die merkwürdige Besucherin bei meinem Vater verdächtig vorkam, fragte ich sie. Und da sie es wohl leid war, immerfort zu schweigen, antwortete sie mir:

»Erwarte dir nicht zuviel von dem Mann, den du einst heiraten wirst, Sissi.«

Ich war sprachlos. Ich hatte immer geglaubt, daß sie mit dem Leben, das sie mit meinem Vater führte, trotz seiner vielen Reisen und Launen, voll und ganz einverstanden war. Ich sah sie eine Weile fragend an. Für lange Zeit herrschte Stille. Sie dachte bestimmt, daß ich zu jung dafür sei, um über solche Dinge zu sprechen, doch zuletzt entschloß sie sich doch dazu, ausführlich zu erzählen und mir Ratschläge zu geben. Sie sprach, ohne mich dabei anzusehen, ihr Blick war starr durch das Fenster hindurch auf den See und in den Himmel gerichtet.

»Dein Vater und ich haben uns nie geliebt. Aber das war, wie du weißt, nie eine Überraschung. Dein Großvater, König Maximilian, hat unsere Heirat beschlossen, und wir beide haben eingewilligt, weil uns keine andere Wahl blieb. Wir wurden so erzogen, und auch ich erziehe euch nach diesem Muster. ›Prinzessinnen dürfen sich nicht verlieben‹, hat meine Mutter immer gesagt. Was sie mir jedoch nie gesagt hat, Sissi, ist, daß die Sünde der Untreue, von der man mir oft erzählt hat, nur für Frauen Sünde ist und daß die Männer, auch wenn sie verheiratet sind, stets in fremden Betten Trost für ihre mangelnde Befriedigung suchen. Das mußte ich mit einem Mal lernen. Und ich glaube, daß ich es noch immer nicht ganz beherrsche, denn es bringt mich immer noch manchmal zum Weinen. Man weint nicht nur aus Liebe, man weint auch aus erlittener Erniedrigung. Und das ist es, was ich nun erlebe, mein Kleines. Vergiß das nie!«

Obwohl sie es mir nicht sagte, begriff ich in jenem Augenblick, daß das weibliche Kichern, das ich kurz zuvor vernommen hatte, von einer der Geliebten meines Vaters stammen mußte, über deren Existenz stets Gerüchte kursierten, die man sich hinter vorgehaltener Hand zuflüsterte ... Doch das war es nicht, was mich verwunderte, es war vielmehr der Schmerz meiner Mutter. Damals fing ich an, mir zu überlegen, daß ich nicht so werden wollte wie sie, daß ich niemals ein Leben voller heimlicher Tränen hinnehmen wollte und daß ich nur aus Liebe heiraten würde ... Und jetzt habe ich, die ich mich für die meistgeliebte aller Ehefrauen gehalten habe, die Erfahrung gemacht, daß sich ihr Schicksal in meinem eigenen wiederholt!

Bis heute morgen, als mich mein Schwager Ludwig Viktor besuchen kam, hatte ich niemals den geringsten Verdacht gehegt. Meine Ehe kam einer Festung gleich, die nach außen hin völlig sicher war, wie ein Fels in der Brandung. Doch nun plötzlich wird dieser Fels erschüttert, er beginnt zu bröckeln und droht über mir einzustürzen. Als er zu mir kam, lächelte er und war, wie stets, sehr liebenswert. Er wollte mir von seinem Studium erzählen, kleinen Begebenheiten, die sich im Reitunterricht abgespielt haben, lauter kleine Erlebnisse, die er mir immer gerne erzählte. Doch dann, als ich glaubte, er wolle sich nun verabschieden, fragte er mich plötzlich:

»Hast du in letzter Zeit die Gräfin P. gesehen?«

Mir fiel sofort ein, wer sie war: Sie war eine jener Hofdamen mit der zarten Haut und dem seidig glänzenden blonden Haar, das so typisch für die Slawinnen ist. In früheren Jahren hatte ich keine Gelegenheit, sie näher kennenzulernen, da sie auf ihren Besitztümern in Böhmen lebte, aber ich wußte, daß sie, bevor ich nach Wien kam, eine der häufigsten Besucherinnen des Palastes war. In jüngster Zeit scheint sie ihre Freude an unserer Gesellschaft wiederentdeckt zu haben, und in den letzten Wochen nahm sie an sämtlichen Ballveranstaltungen teil, jedesmal ein bißchen strahlender, und mehrere Male sind wir uns in den Gängen der Hofburg begegnet. Ich fühlte mich in Anwesenheit dieser attraktiven Frau stets unbehaglich. Man könnte sagen, daß sie in mir sogar einen gewissen Widerwillen ihr gegenüber weckte, den vielleicht ihr herablassendes Lächeln verursachte. Vielleicht lag es aber auch an ihrer Art, mich anzusehen, an ihrem spöttischen und mißbilligenden Blick. Ich wollte meine Gedanken jedoch nicht laut äußern, ich hatte schließlich gelernt, daß man bei Hof alles registriert, selbst was man ohne böse Absicht geäußert hat. Und ohne berechtigten Grund wollte ich nicht negativ über jemanden sprechen: Ich weiß sehr wohl, was es bedeutet, wenn man zum Gerede der anderen wird. Ich bejahte also die Frage von Ludwig Viktor. Er lächelte still und fuhr langsam fort:

»Man sagt, sie sei zurückgekehrt, da jemand in sehr hoher Position sie an den Hof gerufen hat. Ein Mann. Ein Mann, der ein Verhältnis mit ihr hat . . .«

Seine Worte klangen so grausam, daß mein Herz wie wild zu rasen begann. Ich verspürte einen tiefen Groll, und die wirrsten Gedanken, Erinnerungen und Verdachtsmomente befielen mich mit einem Mal: Franz Josephs Abwesenheit während der letzten Wochen, in denen er keine einzige Nacht mein Schlafgemach aufgesucht hatte, das Getuschel, das die Runde machte, sobald die Gräfin im Salon erschien, und die ungewöhnliche Kälte, mit der der Kaiser sie behandelte, wo er doch sonst stets liebenswürdig den Damen gegenüber auftritt.

Unter dem Vorwand einer Verpflichtung entließ ich Ludwig sofort darauf und begab mich allein in mein Frisierzimmer. Ich setzte mich vor den Spiegel. Ich betrachtete mein abgezehrtes Gesicht, meine Augen, die einstmals funkelten, waren nun traurig und eingefallen, die Haut matt. Und in meinem Inneren konnte ich all meinen Schmerz, meine Unzufriedenheit und meinen Überdruß erkennen. Ich fand, daß jeder Mann, der an jemanden wie mich gebunden ist, dieses Bündel an Frische, Anmut und Lebendigkeit, wie die Gräfin P. es ist, geradezu begehren mußte. Mir fielen die letzten Nächte mit dem Kaiser ein, die Vereinigung unserer Körper. Ich habe mich nie geweigert, mit ihm zu schlafen, wenn er mich darum gebeten hat, doch dieser fleischliche Akt ist mir zutiefst unangenehm. Ich werde dabei das Gefühl nicht los, daß mich eine Bestie angreift, die sich gierig auf mich stürzt, um sich von ihren wie auch immer gearteten Urinstinkten und Wünschen zu befreien. Mein ganzer Körper verkrampft sich bei dieser Vereinigung – oder ist es doch eher eine Entfremdung? – und ich warte nur auf den Moment, da er sich nach den letzten Stößen, die seinen Höhepunkt ankündigen, von mir löst, die Last seines Körpers von mir nimmt, seinen Geruch und seinen Atem . . . ich weiß sehr wohl, daß die körperliche Vereinigung von Mann und Frau eine Quelle der Lust sein kann, eine Extase der Gefühle, wenn die Seelen zweier Menschen über die Körper miteinander verschmelzen . . . Das ist es, was man Liebe nennt. Vielleicht wäre Richard in der Lage gewesen, dieses Begehren und diese Sehnsucht nach Hingabe in mir zu wecken, die ich nie gekannt habe, er, dessen Lippen mich magisch anzogen, so wie ein Stück Eisen von einem Magnet angezogen wird, er, der mich erzittern ließ, wenn seine Hand die meine streifte. Der Kaiser jedenfalls weckte dieses Verlangen in mir nicht . . . Steht es etwa einem jungen und gesunden Mann nicht auch zu, sich seine Befriedigung in einem anderen Bett zu suchen, wenn er sie in dem seiner Gattin nicht findet? Vielleicht hat er selbst die Gräfin kommen lassen, da er sich nach früheren Begegnungen zurücksehnte, nach Begegnungen, die vor unserer Ehe stattgefunden haben, vielleicht konnte er ihre Abwesenheit einfach nicht länger ertragen. Vielleicht liebt er mich auch nicht mehr . . .

Und nun, was soll ich nun tun? Muß ich nun schweigen, demütig sein, die Tatsachen leugnen und dabei heimlich weinen, so wie meine Mutter? Oder soll ich statt dessen reden, meinem Mann zu verstehen geben, daß ich den Grund für seine Abwesenheit kenne und daß ich nicht bereit bin, auch nur einen Moment zuzulassen, daß er vor den Augen Gottes und des Hofes unsere Ehe in Zweifel zieht und mich auf diese Weise vor allen Leuten demütigt, daß er mich anlügt und betrügt, wenn er einer anderen Frau die gleichen Dinge sagt wie mir, wenn er sie »mein geliebter Engel« nennt? Wie werden diese Worte in ihren Ohren klingen? Was wird aus mir, wenn nicht einmal er mich liebt . . .?

Wien, Hofburg, den 25. März 1860

Bereits vor einer ganzen Weile hat es sechs Uhr geschlagen, und das Morgenlicht dringt durch die Fensterläden in mein Zimmer. Der Kaiser ist bereits zur Jagd aufgebrochen, und mein Kammermädchen, die arme Gabriele, hat mir gerade die Haare gebürstet und mir mein Schlafgewand angezogen, während ich mich bemühte, das Gähnen zu unterdrücken. Doch nach soviel vergnüglicher Zerstreuung habe ich noch gar keine Lust, ins Bett zu gehen. Noch immer tönen mir die Walzerklänge von Johann Strauß in den Ohren. In den vergangenen Wochen habe ich entdeckt, daß tanzen, sofern ich zu meinem reinen Vergnügen tanze und nicht dabei beobachtet werde, eine amüsante Beschäftigung sein kann, sofern man im Arm eines stattlichen Herrn mit Taktgefühl liegt. Ob sich wohl manchmal übersensible Wesen hinter einem Schutzschild der Frivolität verbergen?

Meine kleinen »Feste für Alleinstehende« haben sich als großer Erfolg erwiesen: fünfundzwanzig Paare, schöne junge Mädchen und elegante Herren, haben sich jeden Abend eingefunden, blühende Wesen wie frisch gepflückte Blumen, die das Vergnügen suchen. Für eine Weile waren sie nun den strengen Argusaugen ihrer wohlbeleibten Mütter entzogen, die trotz der allgemeinen Empörung nicht den Mut aufbrachten, ihren Sprößlingen die Teilnahme am Ball der Kaiserin zu verwehren.

Mittlerweile sind alle auf mich böse: die Erzherzogin und ihr

Gefolge, meine Hofdamen, Franz Joseph – obwohl er mir nichts gesagt hat, da er aufgrund viel größerer Vergehen ein schlechtes Gewissen hat –, und sogar mein guter Freund, Graf Grünne, der, seitdem er zum Königlichen Hofstallmeister ernannt worden ist, jeden Morgen besorgt meine Sprungübungen und meine endlos langen Ausritte beobachtet. Mein Schwager Ludwig hat mir alles berichtet, was man über mich in den Salons der Hofburg erzählt, daß ich angeblich das Essen verweigere, daß ich zuviel reite, daß ich mir das Mieder so eng schnüre, daß ich Atemnot und sogar Erstickungsanfälle bekomme, daß ich jeden Morgen eiskalt bade und, was der Gipfel ist, daß ich mir erlaube, meine eigenen Bälle zu veranstalten und dabei auf die Anwesenheit ehrbarer Personen zu verzichten, die ein wachsames Auge auf das Benehmen der jungen Leute haben würden, und das ausgerechnet in diesen Zeiten nach dem Krieg, in denen die Staatsfinanzen sich im schlimmsten Zustand befinden. Wo doch selbst der Kaiser an den Folgen der schrecklichen Fehler, die er begangen hat, leidet ... Ich muß zugeben, daß alles richtig ist, was sie sagen. Doch was kümmert mich das Getuschel? Dieser Liste kann ich noch einiges hinzufügen: Ich habe in meinem Ankleideraum einige Turngeräte anbringen lassen – ein Paar Ringe und eine Sprossenwand –, und in wenigen Tagen wird Sara Carracci, eine der Kunstreiterinnen des Zirkus Renz zu mir kommen und mich in der Anwendung dieser Geräte unterweisen. Sowohl sie als auch die anderen Frauen des Zirkus üben täglich daran, und ihre Körper sind grazil und schön wie die Körper junger Mädchen. Ich stelle mir jetzt schon die verdutzten Gesichter der feisten Höflinge und der Gräfinnen vor mit ihren behäbigen Körpern, die rund wie die bayerischen Bierkrüge sind: »Was, die Kaiserin macht jeden Morgen Gymnastik? Laßt uns beten für diese arme Verrückte!« Doch in der Zwischenzeit ist das herablassend mitleidige Lächeln auf dem Gesicht der Gräfin P. verschwunden. Wenn sie mir nun begegnet, scheint sie nicht mehr sagen zu wollen: »Die arme Majestät! So gelangweilt, so traurig, während ihr Mann sich jede

Nacht vergnügt wie ein junger Bursche, der aus dem Internat ausgebüchst ist.« Aufgepaßt, ihr Wiener Hofschranzen, von nun an werde auch ich mich vergnügen!

Im Zug, auf dem Weg nach München, den 7. Juli 1860

Meine Schrift ist völlig verwackelt, ich bin ganz durchgeschüttelt, schaukelnd und ratternd bringt mich der Zug in meine Heimat, mein Heim, fernab von der Kälte und Trostlosigkeit, die jeden Winkel in Wien befallen. Und mit jedem Rütteln wird meine Seele ein bißchen fröhlicher und lebhafter, mein Blut gerät ins Wallen, und alles Böse bleibt zurück, weit weg, als ob es nie existiert hätte. Schon in wenigen Stunden – nur noch Stunden! – werde ich in Possenhofen sein, in den geliebten Armen meiner Mutter, die mich empfangen werden wie ein Kind, das in einem Wald verlorengegangen war, in dem böse Geister leben, und schließlich doch nach Hause zurückgekehrt ist, um dort wohlbehütet und vor Tod und Furcht geschützt zu sein.

Nur der Gedanke an Marie wird meinen inneren Frieden stören. Meine arme Schwester, Königin auf einem Thron, dessen Tage bereits gezählt sind, verheiratet mit einem Schwächling, der sein Schicksal durch Beten zu retten versucht! Die Truppen jenes ehrgeizigen Abenteurers Giuseppe Garibaldi haben unter Beihilfe von Viktor Emanuel von Piemont Sizilien besetzt! Sie haben die Armee und die Gefolgsleute meines Schwagers von dort vertrieben, bereiten nun die Invasion des italienischen Festlands und den Überfall auf die Hauptstadt vor. Marie hat uns um Hilfe gebeten, doch der Kaiser verwehrt sie ihr unter dem Vorwand, unserer Armee fehle es an der nötigen Kampfbereitschaft und an Geld. Zum ersten Mal hatten wir einen erbitterten Streit. Hätte ich etwa den Mund halten können angesichts der Tatsache, daß meiner Schwester nicht nur der Verlust des Thrones droht, sondern auch ihr Leben in Gefahr ist, und daß ihr obendrein in den Händen des aufgebrachten Volkes leicht etwas zustoßen konnte? Werde ich ihm jemals verzeihen können, daß er sie ihrem Schicksal überlassen hat, wo er es doch schließlich war, der ihre Heirat einfädelte, die, so hatte er gehofft, unsere Präsenz in Italien verstärken würde? Doch nun, da er Viktor Emanuels Vormarsch zur Einigung Italiens unaufhaltsam glaubt, erscheint ihm Neapel so weit entfernt und für sein Leben so unbedeutend wie das chinesische Reich . . . So hält also mein Gemahl sein Wort. Noch vor wenigen Wochen hätte ich seine Ehrbarkeit bis aufs Blut verteidigt! Dies sind also die Blutsbande, die freundschaftlichen Gefühle der Monarchen untereinander, die nie um eine Ausrede verlegen sind, wenn es darum geht, Bündnispartner im Stich zu lassen, die auf sie vertraut haben, wenn es ihnen in den Kram paßt! Seit Jahrhunderten sind sie von einem verräterischen Geist beseelt, inzwischen weiß das auch ich. Genau das habe ich ihm gesagt. Und dann habe ich ihn, ohne ihm Zeit zum Widersprechen zu geben, davon in Kenntnis gesetzt, daß ich nach Possenhofen fahren würde, um im Kreise meiner Familie auf eine Nachricht von jener Frau zu warten, die ihm so wenig bedeutet wie die unscheinbarste Pflanze in seinen Gärten.

Gisela begleitet mich auf meiner Reise. Seit Sophies Tod waren wir nie mehr zusammen. Der Kaiser selbst wollte, daß ich sie mitnehme, um die Gemüter am Hof zu besänftigen. Was soll ich sagen? Ich sollte unendlich glücklich sein, daß ich sie bei mir habe und mir sagen, daß es ein Geschenk Gottes ist, sie an meiner Seite zu haben. Und dennoch würde ich lügen. Es stimmt, ich freue mich, daß sie da ist, doch ebenso stimmt es, daß ich niemals richtig Gefallen an diesem vierjährigen Kind gefunden habe, das bereits jetzt wie ein reizendes heiratsfähiges junges Mädchen aussieht, so ernsthaft und demütig wie sie ist. Ebenso wie ihrem Vater mangelt es ihr an Phantasie, dafür ist sie eine gehorsame Prinzessin. Als sie sich heute von ihrer Großmutter und ihrem Bruder verabschieden mußte, wischte sie sich ein paar Tränen weg. Sie sagt »Mamá« zu mir, weil man es ihr so beigebracht hat, doch daß es sich dabei um ein zärtliches Kosewort handelt, weiß sie nicht. Wenn ich es aus ihrem Munde höre, muß ich sofort an Sophie denken, denn auch sie sagte »Mamá« zu mir, doch ihre Stimme klang wie die eines Engels, der von der Anwesenheit des Herrn in einen Zustand der Verzückung versetzt wurde. Durch ihre Stimme verspürte ich in mir Kräfte, mit denen ich mich der ganzen Welt hätte stellen können. Natürlich ist es nicht Giselas Schuld, keineswegs. Niemand anders als ich ist für die Distanz, die zwischen mir und meinen Kindern herrscht, verantwortlich. Ich überließ mich meinem Schmerz und gab die Kinder in fremde Hände, um ihnen die Verwünschungen zu ersparen, um sie von meinem unsteten Charakter zu befreien. Ich wollte selbst das heilige Band, das mich an sie binden sollte, zerreißen. Gott weiß genau, daß ich es in ihrem Sinne tat, doch womöglich habe ich dadurch die göttlichen Gebote verletzt und eine weitere Schuld auf meine Schultern geladen. Wenn ich an Rudolf denke, der so verängstigt und schwach ist, der mich mit seinen Augen stets so flehend ansieht, als suchten sie etwas bei mir, das ich ihm nicht geben kann, dann spüre ich, wie mich meine Schuld geißelt. Die Schuld und das Mitleid und meine schreckliche Unfähigkeit, irgend etwas zu tun. Oft träume ich nachts, daß er in Ischl im Garten steht, ganz still, und mich von weitem um Hilfe bittend ansieht, und ich betrachte ihn unbeweglich und voller Schmerz, bis auf einmal ein eisiger und kräftiger Wind aufzieht, der immer stärker wird und Rudolf vom Boden reißt. Er ist dann ein kleiner Erbprinz in seiner Armeeuniform, der wie der Adler in seinem Wappen über Berge und Flüsse dahingleitet und dabei ganz verzweifelt mit seinen Ärmchen in der Luft rudert und mich zu Hilfe ruft. Doch ich verwandle mich in einen blutenden Baum, und das Blut, das wie Klebstoff haften bleibt, hält mich am Boden fest, und ich mache sinnlose Anstrengungen, loszurennen und ihn zurückzuholen. Doch dann verfinstert sich der Himmel und ich sehe ihn nur noch verschwinden, ganz leise schon, hingegangen, und das Blut rinnt über mich. Alles wird ganz schwarz, so wie der Himmel, bis auf das Blut, und alles wird ganz still. Völlig verzweifelt wache ich auf, ich habe schreckliche Angst, und während des ganzen Tages versuche ich dann, ihm auszuweichen, und wenn wir uns begegnen, dann wage ich es nicht, ihm in die Augen zu blicken, aus Angst, ich könnte mich gehen lassen. Aber was kann ich für einen zukünftigen Kaiser von Österreich tun, wo ich doch krank bin, allein und unnütz?

Wien, Hofburg, den 1. November 1860

Der Husten läßt mich nicht schlafen. Ich bin erneut aufgestanden, wie es mir in den letzten Wochen jede Nacht passiert. Ich erhoffe mir Linderung davon, daß ich die Fenster öffne und die wirkungslosen Hustensäfte des Doktor Seeburger zu mir nehme. An welch seltsamer Krankheit leide ich bloß, mein Gott? Kein Arzt und keine Medizin können sie bekämpfen. Ich kämpfe darum, stark zu sein, doch die Müdigkeit übermannt mich, mein Herz droht mir aus der Brust zu springen, mein Kopf martert mich und meine wunden Lungen bringen mich zum Ersticken. Das Monster lauert und greift schließlich an . . .

Meine Situation in Wien wird von Tag zu Tag schlimmer. Seitdem der Kaiser das Oktoberdiplom[2] verabschiedet hat, senden mir die Augen derer, die mich ohnehin schon immer geringschätzig und argwöhnisch betrachtet haben, regelrechte Giftpfeile zu. Einige Familienmitglieder – deren Anzahl übrigens beträchtlich gestiegen ist, zählt man die Habsburger hinzu, die aus Modena und Parma flohen, nachdem die Piemonteser angerückt waren – erlauben sich sogar, mir ganz offensichtlich die kalte Schulter zu zeigen, wenn Franz Joseph nicht in der Nähe ist, oder

2 Dieses Reichsmanifest war ein zaghafter Versuch, eine parlamentarische Regierung einzuführen und somit dem Kaiserreich eine Verfassung zu geben.

weigern sich sogar, mir Reverenzen zu erweisen. Doch ich besitze nicht die Kraft, mich ihnen gegenüber zur Wehr zu setzen, und meine Beschwerden verschlimmern sich bereits bei ihrer bloßen Anwesenheit.

Ich bin heute den ganzen Tag über im Bett geblieben, doch heute abend kam der Kaiser und bat mich, am gemeinsamen Abendessen teilzunehmen. Und dort saßen sie dann um den Tisch versammelt, die Erzherzöge und Erzherzoginnen mit ihren vor lauter Müßiggang ganz windschiefen Gesichtern, mit leeren Blicken und Herzen voller Rachsucht und Hochmut. Sie klagten über den Verrat dieser Völker, die ihnen, so sagen sie, doch so viel zu verdanken haben und die sich doch zuletzt von ihnen abgewandt haben, um sich dem Königreich Piemont anzuschließen. Ich lauschte ihren Gesprächen wie jeden Abend, ihrer Litanei von Klagen und Weltuntergangsprophezeiungen, während sie sich mit irrsinniger Geschwindigkeit den Bauch vollschlugen, und dachte dabei an die Borniertheit der Menschen, die sich von den Ketten solch erbarmungsloser Wesen befreit haben, um sich von anderen auf dieselbe Weise in Ketten legen zu lassen. Bald heftete sich der Blick der Erzherzogin auf mich, als würde sie lesen, was in meiner Seele geschrieben steht. Daraufhin begann sich in mir das Unwohlsein zu rühren, dieses Monster, das ich in meinen Eingeweiden mit mir herumtrage und das meine Beine zum Zittern bringt. Mein Magen krampft sich zusammen, und mein Herz beginnt mit solcher Heftigkeit zu schlagen, daß ich fast glaube, ich müßte sterben. Nur mit Mühe konnte ich Franz Joseph ein Zeichen geben, das er verstand, und mich in meine Zimmer zurückziehen, denn heftige Zitteranfälle schüttelten mich, und ich hatte das Gefühl, die ganze Welt würde mir zusammenbrechen, bis ich schließlich in meinem Zimmer in Schluchzen ausbrach. Und das Monster besänftigte sich allmählich und schlief wieder ein. Ganz allmählich bekam ich auch wieder Luft, mein Herz hörte auf, dumpf in meiner Brust zu schlagen. Endlich konnte ich ganz ruhig daliegen, das Todesgespenst war wieder ganz weit weg, bis es mich das nächste Mal heimsuchen würde ... Oh, mein Gott, wie lange werde ich diese Qual noch ertragen müssen?

Vielleicht, so überlege ich, steckt das Monster gar nicht in meinem Körper, sondern in meinem Kopf. Ja genau, vielleicht würde ich nur dann wieder gesund, wenn ich die Möglichkeit hätte, ganz weit weg zu fahren, an einen Ort, der ganz erfüllt ist von Sonne und Stille, wo es keine Verpflichtungen gibt, keine Irrtümer, keine Schuld und keine Kälte ...

Wien, Hofburg, den 13. November 1860

Ich weine und weine ... Die Welt ist düster, und düster ist auch meine Seele ... Mein Herz ist tonnenschwer. Ich weine weiter. Ich ertrage sie nicht, auch nicht ihre Last, die Schwärze, die mich regelrecht zermalmt und mich tötet. Ich möchte sterben, ich möchte mich in Gottes Hände legen und ihn bitten, mir entweder Leben oder Tod zu schenken. Ich bin verloren, und alles ist so schwarz ... Woran kann ich mich noch festhalten? Ich weine, bis es mir das Herz zerreißt, bis die Last zerbricht und der Fels, der mich erdrückt, verschwindet. Endlich kann ich wieder atmen. Doch sie kehrt zurück, die Kälte kehrt zurück und drückt erneut auf mir, ich kann es nicht länger ertragen, wieder breche ich in Tränen aus. Ich würde gerne schlafen und nicht mehr aufwachen, nicht mehr zurückkehren aus diesem Traum, der wie der Tod ist, der mich dazu zwingt, mich selbst zu finden, jede Pore meiner Haut, jede Faser meiner Eingeweide, und mich wieder neu zu bilden, als wäre ich vorher nicht tot gewesen. Mein Körper ist schwer wie ein Berg, und ich bin nicht in ihm, ich kann meine Seele nicht erkennen, denn sie ist schwarz, mein Herz ist schwarz, ein einziger schwarzer Berg, den ich nicht länger ertragen kann. Einfach nur schlafen, nicht aufwachen, aufwachen unter der Sonne und leicht sein wie ein beflügelter Engel, ein Vogel, der in die Ferne zieht, in die Sonne, federleicht in Gottes Arm ...

Auf dem Atlantischen Ozean, an Bord der Victoria and Albert, den 25. November 1860

Wie eine frischvermählte Braut galoppiere ich über den Ozean, von Algen bekränzt. Und er, mein Geliebter, hat mich mit all seiner Kraft empfangen, voller Lebensfreude, ganz unsanft hat er mich auf seinen Schaumkronen und in den Tiefen seiner Wellen umhergeschleudert, die Furie seiner Winde ist über mich hinweggefegt, und ebenso wie Gott den Lehm anblies und ihm auf diese Weise Leben einhauchte, so hat er auch mir das Leben zurückgegeben, das mir abhanden gekommen war. Und dafür liebe ich ihn, ich werfe mich vor ihm zu Boden, von Dankbarkeit erfüllt.

Wie eine Todgeweihte habe ich diese Yacht, die der Königin von England gehört, bestiegen. Das Ziel dieses von mir selbst gewählten Exils ist die ferne Insel Madeira, wo meine geschundenen Lungen sich erholen und die Wunden vernarben sollen. Auch die Wunden meiner Seele werden dort vernarben und verheilen, im fernen Madeira, wo weder Erzherzöge noch Kaiser oder Bischöfe oder etwa Hofdamen hingelangen können. Und so begebe ich mich an Bord, durchströmt von frischer Meeresluft, um die Umarmung meines Geliebten zu empfangen. Mein Herz schlägt wie das eines Kindes, das gerade auf die Welt kommt, und ich breite meine Flügel aus wie die Möwen, die mich auf dieser Reise begleiten, ganz frei.

Frei wie eine Möwe. Ich, Elisabeth, die bedauernswerte Kaiserin von Österreich, die Braut des Meeres.

III

Winterlieder

Madeira, Quinta Vigia, den 22. Januar 1861

Mein Leben hier verläuft so ruhig wie das der Kamelien, die hier im Garten blühen. Jeden Morgen, sobald die ersten Sonnenstrahlen hereindringen, öffne ich die großen Fenster in meinem Zimmer. Dort unten kann ich das Meer sehen, wie es sich malerisch und einladend über dem Ufersaum kräuselt und die uralten Felsenriffs ableckt. Sein Duft aus Orangen und Geißblatt dringt zu mir herauf. *Shadow,* mein Airdaleterrier, der vor wenigen Wochen aus Irland hierhergekommen ist, läuft herbei, um mich zu begrüßen, und gemeinsam verbringen wir den Tag in aller Ruhe und Zufriedenheit. Wir unterhalten uns mit meinen Papageien, sammeln gemeinsam mit dem Grafen Mittrovsky Muscheln und Steine – vor wenigen Tagen sind wir sogar auf ein wunderschönes Seepferdchen gestoßen – und machen eine Spazierfahrt unter der Sonne und an der frischen Meeresluft in einer Kutsche, die von vier weißen Ponys gezogen wird. *Shadow* bellt die Ponys immer wieder an, um ihnen dann anschließend wieder schönzutun. Wir tanzen nach dem Klang der Melodien aus der Oper *La Traviata* des Meisters Verdi. Wir spielen sie auf einem Pianola ab, das mir Franz Joseph zukommen ließ. Wir spielen Karten – in Wien raunt man sich schon zu, wir seien hier wohl ziemlich heruntergekommen, da wir uns mit derlei zweifelhaften Zerstreuungen unterhalten –, und unerschöpflich ist auch unsere Ausdauer beim Lesen.

Ich bin gerne hier. Zum ersten Mal seit meiner Hochzeit sehe ich kein einziges mürrisches Gesicht und keine fette Hexe, die sich in meinen Gemächern herumtreibt. Alle Damen und Herren meines Gefolges habe ich vor Antritt dieser Reise selbst ausgewählt, sie sind alle jung, fröhlich und haben ein gutes Herz. Unter ihnen sind die schöne Karoline Lamberg, die süße Lili Hunyady, meine hochgeschätzten Damen Helene von Thurn und Taxis und Mathilde Windischgrätz. Außerdem sind eine Reihe vortrefflicher, liebenswürdiger und gutaussehender Herren dabei: Rudolf Lichtenstein, Laszlo Szápáry und Imre Hunyady. Jeder einzelne von ihnen befolgt meine Anweisungen, ohne sich zu widersetzen. Sie lächeln freundlich, wenn ich sie ansehe, und erfüllen diese schwierige Mission, ihrer Kaiserin im Exilsanatorium Gesellschaft zu leisten, mit großer Würde. Zum ersten Mal fühle ich mich wirklich wie eine echte Kaiserin. Ich erteile Befehle, und ich treffe die Entscheidungen, ich gestalte den zeitlichen Tagesablauf, bestimme, wann ich Gesellschaft wünsche und wann ich allein sein möchte, und niemand maßregelt mich, niemand macht mir Vorwürfe oder sieht mich mit dem Gesichtsausdruck an, den ich so gut kenne und der bedeutet: »Ich habe es mit einer Verrückten zu tun . . .«

Dennoch habe ich während dieser friedlich verlaufenden Tage oftmals Sehnsucht nach meinen Pferden, nach dem majestätischen Trab von *Gipsy Girl* und dem wilden Galopp von *Forester*, mit dem ich geradewegs bis ans Ende der Welt fliegen würde, wenn Gott ihm die Flügel des Pegasus verliehen hätte. Nachts, wenn ich draußen das Rauschen des Meeres und das Zirpen der Grillen höre, dann denke ich an meine Kinder. Sie könnten hier so glücklich sein, wie ich es einst in Possenhofen war. Sie würden im Garten herumtollen und erschöpft und verdreckt nach Hause kommen, anstatt die Zeit unter Reverenzerweisungen in den kalten Sälen der mit Samtbezügen ausgestatteten Hofburg zu verbringen, wo man sich wie in einem düsteren und trostlosen Gefängnis fühlen muß. Mir tun diese armen Geschöpfe leid, die inmitten solchen Prunks aufwachsen müssen, so fern von jedem

Tageslicht. Doch sicherlich ist es besser, sie diese andere Welt gar nicht erst kennenlernen zu lassen, denn sie könnten sie ohnehin niemals genießen.

Manchmal stelle ich mir vor, daß mein Leben mit ihnen und den Pferden an meiner Seite perfekt wäre. Und dann befällt mich von neuem eine innere Unruhe. Würde ich soviel Perfektion überhaupt ertragen, konstante Ruhe ohne jeglichen Wunsch? Nein, jetzt, da ich hier bin, verloren jenseits des Meeres, würde ich am liebsten immer weiter fortgehen, ohne Unterbrechung reisen, jeden Morgen an einem anderen Ort aufwachen, von dem ich noch gar nichts weiß, an dem ich alles erst noch entdecken muß und mich dabei selbst nicht mehr wiedererkenne. Dort würde ich mich wieder in ein Kind verwandeln und vor Staunen und Neugierde die Augen weit aufreißen. Jedes Schiff, das ich von meinem Garten aus abfahren sehe, weckt in mir den Wunsch, mit an Bord zu sein. Es wäre mir gleichgültig, ob ich nun nach Brasilien oder nach Afrika reisen würde, sofern ich nur nicht allzu lange am gleichen Ort verweilen müßte. Nur dieses ständige Kommen und Gehen, die tägliche Auseinandersetzung mit dem Unbekannten, mit mir selbst und dem Unbekannten, würde die Krankheit, die mich von innen auffrißt, von Grund auf heilen, diese unbändige Sehnsucht nach Bewegung. Weder der schönste Fleck der Erde noch die beste Begleitung werden mich jemals zurückhalten können. Stets werde ich mich danach sehnen, dort zu sein, wo ich gerade nicht bin, die Luft zu atmen, die ich im Moment nicht einatme, und in der Ferne werde ich mich dann dennoch nach der Sicherheit all dessen sehnen, was ich liebe und besitze. Ich bin also dazu verdammt, das Leben einer Vagabundin zu führen, einer Seefahrerin der Weltmeere, ständig auf der Suche nach einem Hafen, in dem ich für immer bleiben möchte und in dem ich vielleicht im Jenseits anlegen werde . . .

Madeira, Quinta Vigia, den 20. März 1861

Meine Schwester Marie ist ein außergewöhnliches Geschöpf. Fünf Monate lang seit Anfang September hat sie an der Spitze einiger weniger Getreuer in der Festung von Gaeta der Belagerung und den Bombardements durch die Truppen Garibaldis Widerstand geleistet. Diese hatten bereits das gesamte Königreich Neapel besetzt. Ihr Gemahl brach zu Füßen einer Madonna in Tränen aus, und so hat sie das Kommando übernommen, Befehle erteilt, ihren Leuten Mut zugesprochen, Wunden behandelt und Nahrungsmittelvorräte aufgeteilt. Dabei hat sie sich stets vehement dagegen gewehrt, vor dem Feind zu kapitulieren und war fest entschlossen, bis zum Tode Widerstand zu leisten, während alle anderen – das diplomatische Korps und alle übrigen Mitglieder dieses feigen und verräterischen Hofes eingeschlossen – voller Angst nach Rom flüchteten. Schließlich mußte der Papst höchstselbst meine Schwester davon überzeugen, daß sie und ihr trotteliger Ehemann doch endlich aufgeben sollten. Zum Glück wurde ihr Leben verschont, so daß sie nun in den Vatikanstaat ins Exil gehen kann, wie es einer Heldin gebührt. Ich brenne darauf, sie bald wiederzusehen, sie zu umarmen und ihr meine größte Bewunderung auszusprechen für soviel Stärke, die des tapfersten aller Männer würdig wäre. Wie sehr ich sie doch beneide!

Sevilla, Hotel de Madrid, den 1. Mai 1861

Ich wollte, diese Reise würde mein ganzes Leben andauern. Oder aber bis über den Tod hinaus. Wieso sollte ich eigentlich nicht bei einem Unwetter umkommen oder durch einen Unfall einfach für immer verschwinden und nie mehr nach Wien zurückkehren? Mein Gott, ich fühle mich geradeso, als müßte ich in die Hölle zurückfahren. Nun, da sich der Zeitpunkt nähert, verliere ich all meine Kräfte, und ich vergesse sämtliche Gelübde der Würde und Tapferkeit, die ich in den letzten Wochen vor mir selbst abgelegt habe.

Dieser friedvolle Zauber, den ich auf Madeira um mich herum aufgebaut habe, ist bereits zerstört. Gestern noch, bei meiner Ankunft in Cádiz, gelang es mir, völlig unerkannt zu bleiben. Aufgrund meiner Bitten hat der Kaiser bei der Botschaft in Madrid ein Gesuch eingereicht, man möge mir keinen offiziellen Empfang bereiten, möge er noch so bescheiden sein, so daß ich unerkannt in Begleitung meiner Hofdamen durch die Stadt spazieren könnte, ohne daß mich dabei jemand belästigt. Doch als wir heute nach einer mühsamen und staubigen Reise in Sevilla ankamen, erwartete mich zu meiner Überraschung der Herzog von Montpensier, der der Schwager der Königin Isabel ist. Ich vermute, daß ihn die Monarchin selbst beauftragt hatte, mich abzuholen, da er ein Schreiben von ihr bei sich hatte, in dem sie mich in ihre Sommerresidenz in der Nähe von Madrid einlud. Selbstverständlich habe ich eine derartige Unterbrechung meiner Reise unter dem Vorwand abgelehnt, ich würde mich so sehr danach sehnen, nach diesen langen Monaten der Abwesenheit endlich wieder bei meiner Familie zu sein. Ebenso lehnte ich die Einladung des überaus höflichen Franzosen ab, in seinem Palast in Sevilla zu logieren. Ich bin also im Hotel de Madrid untergebracht, das ich bislang noch nicht verlassen habe. Mein Schwager Max, der sich vor einiger Zeit in dieser Stadt aufgehalten hatte, hat mir von all ihren Schönheiten berichtet, doch vor lauter Angst kann ich sie gar nicht genießen, und so kommt es, daß ich es, nachdem ich so weit bis hierher gereist bin, vorziehe, mich in meinem Zimmer einzusperren, von dessen Fenstern ich den riesigen Maurenturm erblicken kann, der sich über die Kathedrale erhebt. Ich sehe, wie gleißend hell das Sonnenlicht ist, das von Zeit zu Zeit von kleinen frechen Wölkchen abgemildert wird, die über den Himmel ziehen ...

Was werde ich bei meiner Heimkehr wohl vorfinden? Wahrscheinlich zwei Kinder, die sich kaum noch an ihre Mutter erinnern werden, einen Mann, der die Zeit meiner Abwesenheit in den Armen einer leidenschaftlichen Geliebten genossen hat, und einen Hof, an dem man sich nichts anderes gewünscht hat, als daß diese Herrscherin, die so maßlos lästig ist, nie wieder zurückkehrt. Einige Untertanen werden mich wohl mit jubelnden Zurufen willkommen heißen, doch ebenso würden sie das Spektakel begrüßen, falls mein Totenwagen an ihnen vorbeifahren würde. Ich werde mich von neuem daran gewöhnen müssen, die allgemeine Ablehnung und Feindseligkeit gegenüber meiner Person zu ertragen. Wieder werde ich die Angst und den Schmerz überstehen müssen. Obwohl ich nicht weiß, ob ich die Kraft dazu habe, das alles zu überleben.

Korfu, Villa Mon Repos, den 6. Juli 1861

Ich sah die schwarzen Wolken von Norden her aufziehen. Unerbittlich überzogen sie den Himmel, und alle Lebewesen verstummten sogleich, die Vögel, die Eichhörnchen, die Insekten, sogar die Blätter an den Bäumen, die sich gegenseitig umschmeichelten, wurden ganz still und warteten, was passieren würde. Ein heftiger Wind begann zu wehen, der alle Gegenstände erschütterte, Baumstämme, Zweige, das Gras, die Erde. Die ganze Natur schien verrückt zu spielen, so als ob ein plötzlicher Hexenzauber sie entwurzeln wollte. Von weitem donnerte es, und ein großer schwarzer Vogel zog ängstlich kreischend über den leeren Himmel. Dann fielen allmählich Tropfen, das heilige und gewaltige Wasser. Ich blieb im Freien und ließ mich vom Regen durchnässen, ich fühlte, wie er meine Kleider, mein Haar und meine Haut tränkte, wie die Nässe mir bis in die Eingeweide drang, bis auf die Knochen und bis ins Blut. Alles in mir geriet ins Wallen, war von Leben erfüllt, und dasselbe Gefühl der Glückseligkeit, das die Baumwurzeln erfüllte, die Flüsse und auch die Erde, die man auf einmal riechen konnte, vernebelte meine Sinne, als wäre ich betrunken.

Ich lebe, hurra, ich lebe! Der Husten ist weg, meine Wangen sind rosafarben, das Fieber ist zurückgegangen, und sogar Doktor Skoda, der mich bis hierher begleitet hat, stets in der Angst, eine Welle könnte das Schiff erfassen, ist nach Österreich zurückgereist, da er sich meiner Genesung sicher war. Es kursierte das Gerücht, ich würde sterben, schon in wenigen Wochen würde die Schwindsucht mich dahinraffen. Ich betete sehr viel, ich flehte Gott an, er möge mich mit Würde von dieser Welt gehen lassen, mir meine zahllosen Fehler verzeihen und mich in seinem friedlichen Schoß neben Sophie aufnehmen. Und ich, die ich stets von Ängsten und Zweifeln geplagt war, fühlte mich am Schluß hilflos, als hätte ich mich dem Gedanken an den Tod hingegeben, ohne Sehnsucht und auch ohne Furcht. Ich brachte mein Leben und meine Beziehung zu Gott und den Menschen ins reine. Ich bat die Menschen um Verzeihung, denen ich es schuldig war, Franz Joseph, die Erzherzogin, meine Kinder, und stellte mich Gottes Plänen zur Verfügung. Doch Er wollte, daß ich weiterlebe, und daß ich mich hier an diesem wunderschönen Ort erhole.

Mein Leben auf Korfu ist noch ruhiger als das, welches ich auf Madeira geführt habe. Meine Lieblingsbeschäftigung ist, mich am Strand auf einen großen Stein zu setzen. Die Hunde dösen im Wasser und ich betrachte, im Einklang mit der Welt, wie sich die Sonne im Meer spiegelt und die Gischt mit dem Sand spielt, in dem von Zeit zu Zeit Schatten meiner Vergangenheit und meiner Zukunft zum Vorschein kommen. Doch in meinem Herzen hallen keine Tränen wider. Nur das intensive Licht, der rhythmische Klang des Meeresrauschens, der schroffe Sand und die Brise, die auf meiner Zunge einen salzigen Geschmack hinterläßt, nur das ist Wirklichkeit. Es ist, als ob sich mein Innerstes durch soviel Harmonie von allem Bösen befreite. Und ich fühle mich so sauber und rein, daß ich fast glauben möchte, ich wäre noch immer unschuldig und frei im Bauch meiner Mutter. Das Meer befreit mich von allem Fremden und verleiht mir seine Gedanken. Das Meer, das nicht sterben kann, verjüngt alles, was es berührt. Von ihm geht all mein Wissen aus und sogar mein Leben, es besitzt mich, ich gehöre zu ihm.

Jetzt weiß ich mit guter Gewißheit, daß meine Krankheit in meinem Geist lebt und nicht in meinem Körper. Meine einzige Rettung besteht also darin, Wien und dem Hofe fernzubleiben. Ich weiß, daß ich, wenn ich leben möchte, es nur fern von dieser Hölle kann. Sollen die Leute doch reden, was sie wollen: Denn ich will leben . . .

Korfu, Villa Mon Repos, den 6. September 1861

Ich bin hier umgeben von einer außergewöhnlichen Ruhe. Diese strahlend klare Landschaft mit ihren leuchtenden Farben ist frei von jeglichem Zierat, sie ist vielmehr geprägt von der unermeßlichen Schönheit der Natur. Meine Haut scheint völlig durchdrungen zu sein von ihr, und sie erfüllt selbst meinen Geist mit Ruhe, der sich gar auflöst und durch die Berührung der Luft erleuchtet wird . . .

Als Grünne mich vor einigen Wochen besuchen kam, dachte ich schon, nun würde ich wieder krank werden. Was für eine plötzliche Wut empfand ich in diesem Augenblick diesem Mann gegenüber, den ich immer für einen Freund gehalten hatte und der auf einmal von meinem Körper und meinen Empfindungen sprach, als handelte es sich dabei um bloße Objekte aus der Hofburg! Mir ist bewußt, daß er in seiner grenzenlosen Unverschämtheit mit denen übereinstimmt, die ihn mit solch einer Botschaft zu mir geschickt hatten, mir ist nur noch nicht klar, ob er zwischen dem Kaiser und mir ein Arrangement aushandeln wollte oder ob es sich um eine Falle handelte, die man mir zu stellen versuchte. Als erstes wagte er, mich in meiner Überzeugung zu bestätigen, daß mein Mann Beziehungen zu anderen Frauen hatte. »Das Fleisch der Männer glüht vor Feuer, Majestät. Ihr müßtet das besser wissen als jeder andere Mensch, denn dafür gab es in Eurer eigenen Familie genügend Beispiele.« Dann versuchte er, mich dazu anzuregen, dasselbe zu tun, wenn mir danach der Sinn stünde, sofern ich dabei nur vorsichtig genug wäre, Skandale zu vermeiden . . .

Ich weinte den ganzen Abend bittere Tränen, doch am darauffolgenden Morgen war der Zorn verraucht, ich hatte mich wieder beruhigt und mein verletzter Stolz, den ich als liebende und betrogene Ehefrau empfunden hatte, war dem Verständnis gewichen. Und eines Tages, während ich die Zypressen betrachtete, die sich an den Rücken der Hügel bis hinab zum Meer aneinanderreihen, spürte ich auf einmal, daß ich erleichtert war. Schließlich, so dachte ich, wird mir die körperliche Distanz zwischen uns mehr Freiheit für mich einräumen, ohne dabei die schwesterlichen Gefühle, die ich für den Kaiser empfinde, zu beeinträchtigen. Ich mußte lachen, als ich mir meinen Mann in der Rolle eines lieben Bruders vorstellte. Ich mußte mir vor mir selbst eingestehen, daß es eine Zeit gab, in der ich für seine Zuneigung empfänglich war. Mit all meiner Kraft wollte ich mit ihm übereinstimmen, doch ist mir jetzt bewußt, daß wir zwei Wesen sind, die sehr weit voneinander entfernt sind, unsere Herzen werden niemals im Gleichtakt schlagen, da unsere Gefühle und Wünsche völlig verschieden sind. Sich auf etwas anderes einlassen, würde jedoch dasselbe bedeuten, wie den Verlauf der Wellen ändern zu wollen, die sich an den Felsen zu meinen Füßen brechen.

Ich hätte mir so sehr die Liebe gewünscht. Doch ich besitze sie nicht. Jetzt will ich nur noch Einsamkeit und Stille

Korfu, Villa Mon Repos, den 23. Oktober 1861

Franz Joseph ist heute nach einem einwöchigen Besuch abgereist. Unsere Begegnung war, so könnte man sagen, respektvoll. Gelegentlich kam es mir sogar so vor, als würde ich eine Flamme der Leidenschaft und Zärtlichkeit in ihm aufflackern sehen, als würde jene Liebe plötzlich wieder zum Leben erweckt werden, die ihn zu Beginn unserer Ehe so hingerissen hatte. Doch meine Kälte und seine eigene Scham ließen ihn schon bald wieder kühl und reserviert auftreten.

Es bleibt weiterhin erstaunlich, daß es jetzt, da ich die Wahrheit über unsere Ehe begriffen habe, viel einfacher für mich ist, Einfluß auf ihn auszuüben. Mit einer einzigen Geste, mit einem einzigen Blick bin ich in der Lage, ihn zu bezähmen. Nach so viel Leid habe ich gelernt, daß der Kaiser sich nicht durch Bitten erweichen läßt, sondern durch Forderungen: Dieser Mann, der einer der mächtigsten Herrscher Europas ist und für gewöhnlich über das Leben von so vielen Millionen von Untertanen entscheidet, verwandelt sich in ein kleines Kind, sobald ihm jemand seine eigene Meinung sagt. Und dies wird in Zukunft mein Rettungsanker sein.

Wir sind übereingekommen, daß es für den Augenblick besser ist, wenn ich nicht nach Wien zurückkehre. Meine Genesung zwingt mich dazu, Korfu zu verlassen, denn nun gibt es keine Rechtfertigung mehr dafür, noch länger hierzubleiben. Doch werde ich mich in Venedig niederlassen, wo ich immer noch weit genug von der Hofburg entfernt bin. Die Kinder werden dort mit mir zusammen den Winter verbringen. Für den Kaiser bietet sich dadurch Gelegenheit, das italienische Volk daran zu erinnern, daß wir noch immer die Oberhoheit besitzen. Gerade in diesen krisengeschüttelten Zeiten liegt ihm dies besonders am Herzen. Für mich ist dieser Aufenthalt ein Zeichen, das beweisen wird, wem bewiesen werden muß, daß ich bereit bin, meinen Willen durchzusetzen und nicht zu leiden, solange es in meinem Ermessen liegt, dies zu verhindern. Die Erzherzogin wehrte sich dagegen, so sehr sie nur konnte, unter allerlei Vorwänden, doch jeder einzelne wurde von Franz Joseph zunichte gemacht, der davon überzeugt war, daß diese Lösung für alle Beteiligten die günstigste ist.

Dies war nicht mein einziger Sieg. Ich habe darüber hinaus die Zustimmung des Kaisers erhalten, die Gräfin Esterházy, die unerträgliche Spionin im Dienste meiner Schwiegermutter, aus meinem unmittelbaren Umfeld zu entfernen. Statt dessen werde ich Paula Bellegarde zur neuen Obersthofmeisterin ernennen, die während der ganzen Zeit ihre Loyalität zu mir bewiesen hat. Ihr Gemahl, der Graf von Königsegg-Aulendorf, wird mein erster Kammerherr. Franz Joseph hat sich geweigert, diese Entscheidung zu fällen. Er ist sich im klaren darüber, daß der Hof unsere Ernennungen kritisieren wird, da Paula keine Prinzessin ist und ihr neues Amt sie gleichwohl zur ersten Dame am Hof machen wird. Doch dies ist mein Wunsch, und diesmal habe ich es geschafft, mich mit Gelassenheit und ohne Tränen oder Wutausbrüche durchzusetzen.

Als er dann endlich zugestimmt hatte, hatte ich Lust, laut loszubrüllen vor Freude. Endlich, zum ersten Mal, seitdem ich nach Wien gekommen bin, fühlte ich mich nicht unterdrückt und meiner Vernunft beraubt wie ein Kind, das eine ihm fremde Moral erst lernen muß, deren Regeln es doch nie begreifen wird. Es ist gerade so, als ob die kleine Sissi, die alle schikanieren wollten, von ihrem Schmerz verzehrt worden sei und ihren Platz statt dessen heute die reife Frau Elisabeth eingenommen hätte.

Venedig, den 18. Februar 1862

Venedig ist schön und zugleich traurig, so wie die Sonaten, die meine Schwester Helene auf dem Klavier spielte, als wir noch Kinder waren. Sie brachten mich zum Weinen, und ich wußte nicht, ob das, was meine Seele so in Aufruhr versetzte, der Gedanke an die Schönheit oder an den Schmerz war. Ich gehe zu den Fenstern des Palastes, draußen regnet es seit Tagen unaufhörlich, und höre, wie der Regen sanft in den Kanal prasselt. Genau mir gegenüber erheben sich die Kuppeln von San Giorgio, in der Ferne, von einer Dunstglocke umhüllt, ragen auf dem Lido die Häuser wie kleine Gespenster hervor. In meinem Inneren mischen sich die unterschiedlichsten Gefühle, zum einen Melancholie, Sehnsucht nach Zärtlichkeit und liebevollen Worten und zugleich die Lust, mich ganz allein in dieser Stille zu verlieren, so als ob ich mich selbst auflösen würde in den dahinziehenden Wolken und dem Wasser, das alles, die Erde und die Luft, beherrscht . . .

Dann lasse ich mich an dem großen Kaminfeuer nieder, dem einzigen Ort in diesem eisigen Palast, wo es möglich ist, zu überleben, ohne daß man sich bewegen muß. Ich lese Bücher von Heine, Goethe und Byron und überlasse mich ihrer treuen Führung auf dem mühevollen Pfad hin zur Wahrheit, den diese Dichter beschritten haben. Privilegierte Geister, Wesen, die die tiefsten Abgründe des Schmerzes und die erhabensten Gipfel des Genusses erlebt haben, die sowohl Gott als auch den Teufel aus nächster Nähe zu sehen bekommen haben und deren außergewöhnliche Begleitung mir nähersteht und lieber ist, als die der meisten Menschen aus Fleisch und Blut, die ich kenne. Das ist eine verrückte Geschichte.

Venedig, den 14. März 1862

In den letzten Tagen konnte ich den Palast kaum verlassen. Jetzt, da meine Lungen kuriert sind, hat mich schon wieder ein neues Leid befallen, das meine Beine regelrecht in Folterinstrumente verwandelt. Doktor Fischer, der mich vor einigen Tagen untersucht hat, meint, daß ich infolge einer Bleichsuchterkrankung an Wassersucht leide. Er hat mir daher verordnet, mehr zu essen. Obwohl ich mich anstrenge, große Fleischstücke und Schüsseln voller Gemüseeintopf in mich hineinzustopfen, schwellen meine Beine nur noch mehr an, oftmals sogar so stark, daß ich mich auf zwei Leute stützen muß, wenn ich mich im Palast von einem Gemach in ein anderes begeben möchte.

Um die endlos lange Zeit, die ich hier verbringe, totzuschlagen, während die Kinder ihren Unterricht bekommen oder eine Spazierfahrt machen, und wenn ich keine Lust habe, zu lesen oder mich in Gedanken zu vertiefen, habe ich in der Zwischenzeit damit angefangen, Fotografien zu sammeln. Zuerst habe ich daher voller Heimweh nach München geschrieben, mit der Bitte, mir von allen aus der Familie einschließlich der Hausangestellten Fotografien zu schicken. Als ich dann vor den bildschönen Gesichtern meiner Schwestern und Margot, der Kammerfrau meiner Mutter, saß, verspürte ich Lust, Frauen kennenzulernen, die von ähnlicher Schönheit waren. So schrieb ich einen Brief an den Außenminister, in dem ich ihn darum bat, seine Botschafter mögen mir Porträtgemälde von den schönsten Damen der Länder schicken, in denen sie gerade ansässig sind. Mir ist bewußt, daß diese Bitte allgemeines Erstaunen ausgelöst hat und daß alle wieder einmal glauben, ich sei verrückt. Sie können einfach nicht verstehen, daß es mir Vergnügen bereitet, die Gesichter, Posen, Kleider und Blicke dieser Menschen zu studieren, von denen ich annehme, ihr Leben spiegele sich in eben diesen Gemälden wider. Ich habe eine seltsame Sendung aus Paris erhalten: Mir kommt es so vor, als hätte mir jemand aus Hinterhältigkeit – vielleicht gar die Ehefrau des Botschafters selbst, die Fürstin Metternich, die schon immer eine aufgeblasene und anmaßende Person war – eine Sammlung von Fotografien von Schauspielerinnen, Sängerinnen und sogar Zirkusartistinnen zugesandt. Wer immer es auch gewesen sein mag, er wäre wahrscheinlich sehr enttäuscht, wenn er wüßte, daß es sich dabei um eine der Zusendungen handelte, die mir am meisten Freude bereitet haben. Lady Geary sehe ich da in einem üppigen, mit Spitze verzierten Seidenkleid, wie sie in ihrem herrlichen Londoner Salon neben einer tiefdekolletierten und aufreizenden Pariser Kurtisane posiert, die sich in koketter Manier gegen eine Säule lehnt. Neben der von Blumen umhüllten Prinzessin Yusupov besteigt Amelie Perrin, eine Zirkusreiterin, ihr Lieblingspferd und gibt dabei den Blick auf ihre Beine frei. Viele Stunden lang sitze ich vor diesen Schönheiten und suche in ihren Augen nach törichten Eitelkeiten, nach ausschweifenden Leidenschaften und nach der Schwermut, die sich hinter einem aufgesetzten Dauerlächeln verbirgt. Sie sind alle so schön, einfach nur schön, und ich genieße es, ihre Züge, ihre Frisuren und die Sorgfalt zu studieren, mit der sie ihre Hände durch eine Geste gezielt ins Spiel bringen. Ich erforsche ihren Körper, deren Schenkel ich mir muskulös vorstelle, ihre schmale Taille und ihre Fußhaltung. Von jeder einzelnen von ihnen hätte ich gerne einen Körperteil, den Schwung der Augenbrauen, die perfekte Fingerhaltung, den exakten Schwung ihrer Lippen. Doch dann stelle ich mich vor den Spiegel, um mich selbst darin zu betrachten, und ich erblicke eine schöne Frau, von deren Gesicht die unsichere Naivität der Jugend verschwunden ist, ebenso wie der blasse und hagere Anblick der letzten Zeit. Ich bin schön, ich trage mein Haar wie eine Krone, mein Körper ist geschmeidig, leicht und fest wie der einer Amazone, die Taille ist zierlich, die Brüste hoch, mein Bauch ist flach und die Glieder straff.

Heute betrachten mich die Männer voller Bewunderung, und die Frauen seufzen vor Neid. Ich bin stolz auf mein Werk, auf meine Hungerkuren, meine Turnübungen und meine Beweglichkeit. Zu wissen, daß ich es wert bin, für etwas Bewunderung zu erfahren, verschafft mir ein unermeßliches und starkes Gefühl innerer Zufriedenheit. Wenn die Leute heute über mich sprechen, so weiß ich, daß sie sagen: »Die Kaiserin ist eine unmögliche Person. Aber sie ist einfach schön!« Schönheit läßt Menschen unantastbar werden. Eine Statue beschädigt niemand so einfach. Und für meine Mitmenschen möchte ich eine Statue sein.

Possenhofen, den 16. Juli 1862

Die Liebe ist ein süßes und starkes Gift . . . Zuerst streichelt sie das Herz und dann, wenn es erst einmal abhängig ist von diesem süßen Gefährten, verletzt und zerbricht sie es. Ebenso erging es Marie, die tapfer wie ein Mann den Überfall Garibaldis auf Gaeta ertrug. Doch nun weint sie wie ein Kind, da ihr Geliebter nicht mehr da ist. Wie sie mich doch an mich selbst erinnert, wenn sie, plötzlich von Weinkrämpfen geschüttelt, auf und davon rennt, um in einem stillen Winkel der Kapelle ihren Tränen freien Lauf zu lassen. Das Blut der Wittelsbacher ist durch eine gehörige Portion Melancholie verdünnt.

Marie, Mathilde und ich haben in den letzten Tagen stundenlange Gespräche geführt. Sie haben mir Dinge erklärt, von denen ich keine Ahnung hatte, von Herzens- und Körperangelegenheiten, von Dingen, die von mir so weit weg und mir so fremd sind, daß ich fast Zweifel habe, daß es meine eigenen Schwestern sind, die mir solche Geschichten erzählen. Beide sind von ihrer Ehe enttäuscht, Marie, da ihr Mann Ferdinand von Neapel an einer

Vorhautverengung leidet, die den geschlechtlichen Verkehr für ihn unmöglich macht. Mathilde ist enttäuscht, da ihr Mann, Graf Luigi Traní im Gegensatz zu seinem Bruder Ferdinand so wild darauf ist, seine fleischlichen Bedürfnisse zu stillen, daß er sein Ehebett übermäßig häufig gegen das Bett anderer Frauen vertauscht. Beide sehnten sich daher danach, die Freuden der körperlichen Liebe kennenzulernen. Indem sie sich in ihrem römischen Exil gegenseitig unterstützten, suchten sie außerhalb ihrer Ehe nach dem, was sie in ihr nicht finden konnten. Mathilde, die noch vor wenigen Monaten, vor ihrer Hochzeit, ein so zartes und zerbrechlichen Mädchen war, daß wir sie immer »Spatz« riefen, hat sich in einen spanischen Fürsten verliebt und Marie in einen belgischen Grafen, einen Zuavenoffizier der päpstlichen Wache, den sie jedoch aufgeben mußte, nachdem sie bemerkte, daß sie schwanger war. Ihr Schmerz war so groß, daß ich aufrichtiges Mitleid mit ihr empfinde. Ich frage mich, was sie wohl tun wird, wenn sich ihr Bauch so sehr wölbt, daß sie die Umstände, in denen sie sich befindet, nicht mehr länger verheimlichen kann. Wem wird sie das Kind wohl anvertrauen, von dem sie sich wohl oder übel wird trennen müssen.[1]

Welch furchterregende Erschütterungen der Seele die Leidenschaft doch hervorzulocken vermag! Möge Gott mich für immer von solcher Besessenheit fernhalten. Möge mein Körper wie der einer Vestalin unberührbar bleiben, denn seine Hingabe an einen Mann trübt den Geist und beschmutzt und beschämt die zarte Freundschaft der Herzen.

1 Im November des Jahres 1862 brachte Marie, Exkönigin von Neapel, in einem Augsburger Kloster unter äußerster Geheimhaltung ein Mädchen zur Welt, das gleich darauf seinem Vater übergeben wurde. Nachdem sie ihr Fehlverhalten gebeichtet hatte und ihr Mann durch eine Operation von seiner Krankheit geheilt wurde, führten sie doch noch ein mehr oder weniger harmonisches Eheleben.

Wien, Schönbrunn, den 16. August 1862

Es ist schon über ein Jahr her, daß ich nicht mehr in Wien war. Mir wäre es lieber gewesen, wenn ich diese Stadt, in der ich zu ersticken drohe, nicht mehr hätte betreten müssen. In diesen Palästen ist nichts, was mir gehört, und hinter jeder Tür, in jedem Winkel eines Korridors belauert mich mein Feind. Doch meine Gesundheit ist wiederhergestellt, und so verlangte es die Pflicht, immer diese Pflicht!, daß ich zum Geburtstag des Kaisers, der am 18. August zweiunddreißig Jahre alt wird, zurückkehre. Ich weigerte mich zumindest, nach Ischl zu fahren, wo die Erzherzogin den Sommer verbringt, und bat Franz Joseph statt dessen, er möge doch nach Wien kommen, wenn ihm soviel daran gelegen ist, daß wir diesen Tag zusammen verbringen.

Der Empfang, den man mir bereitete, war großartig, eben so, wie es einer Herrscherin gebührt, die die Hauptstadt todkrank verließ und voller Lebensfreude, fast als ob ein Wunder geschehen wäre, zurückkehrt. Die Stadt war vom Bahnhof bis zum Palast hin mit Fahnen und Blumen geschmückt, Tausende von Menschen harrten in der Hitze des Nachmittags aus und riefen mir Hochrufe zu, als unsere Kutsche an ihnen vorüberfuhr. Franz Joseph war sehr bewegt. Für ihn war dies der Beweis für die Zuneigung unserer Untertanen.

»Hast du gesehen, Sissi?« fragte er mich, als wir den Graben überquerten. »Es sind noch mehr Menschen da als am Tag unserer Hochzeit! All diese Menschen wollten dir ihre Zuneigung zeigen, und heute abend wird die Stadt überfüllt sein von Dankgebeten für deine Genesung.«

Ich hätte ihm zulächeln und ihm recht geben können, und wenn es nur gewesen wäre, um seine Freude zu teilen. Doch jener Zug von Grausamkeit, den ich in letzter Zeit oft an mir beobachte, trieb mich so weit, ihm genau das zu sagen, was ich in diesem Augenblick dachte.

»Ja, die Leute sind einfach neugierig ... Wenn es etwas zu

sehen gibt, kommen alle gelaufen, dann ist es völlig egal, ob es sich um einen Affen handelt, der auf einer Drehorgel tanzt, oder um uns! Ich bin weniger gutgläubig als du, um an ihre Zuneigung zu glauben! Die Eitelkeit treibt mich nicht so weit, als daß ich mich solchen Illusionen hingeben könnte.«

Kaum hatte ich die Worte ausgesprochen, da bereute ich sie auch schon wieder. Das Staunen des Kaisers und sein plötzlicher Kummer angesichts der Vorstellung, sein Volk würde ihn nicht lieben, sondern einfach nur das Spektakel suchen, erregten sofort mein Mitleid.

»Mach dir keine Gedanken«, fügte ich rasch hinzu, wobei ich gleichzeitig ihn anlächelte und dem Volk zuwinkte. »Ich bin nur müde. Ich mußte heute morgen um vier Uhr aufstehen, und du weißt, daß mir Abschiednehmen schon immer sehr schwergefallen ist. Während der Reise mußte ich mich einige Male übergeben, und jetzt tut mir auch noch der Kopf weh. Nimm es mir nicht übel!«

Der Kaiser schien darüber erleichtert zu sein, wenig später hatte er meine Worte auch schon vergessen. Würde er, so wie ich, glauben, daß wir kaum etwas Besseres sind als Jahrmarktsaffen, so würde seine Welt zusammenbrechen. Ich danke Gott, daß er ihn im unklaren darüber läßt.

Wien, Schönbrunn, den 17. August 1862

Heute nach dem Abendessen bat mich der Kaiser um eine Unterredung unter vier Augen. Seit meiner gestrigen Ankunft hatte ich auf diesen Moment gewartet. Schließlich wollte ich von Anfang an alle notwendigen Voraussetzungen dafür schaffen, daß unser weiteres Zusammenleben friedlich verläuft, da in unserem Leben ohnehin so vieles schiefgegangen ist. Bevor ich aus Possenhofen abreiste, hatte ich eine lange Liste zusammengestellt, und mit dieser Liste in der Hand begab ich mich in den Salon. Anfangs sprachen wir über dies und jenes, über seine Amtsangelegenheiten, über meine Familie und die Kinder. Der Kaiser trank eine Tasse Tee. Das Familienwappen glänzte golden und rot im schneeweißen Porzellan. Ich war mir sicher, daß auch er mir etwas Wichtiges mitteilen wollte. Plötzlich spannte sich sein Körper an.

»Vielleicht sollten wir noch ein weiteres Kind bekommen, Sissi.«

Ich starrte ihn an. Nicht einen Augenblick seit Rudolfs Geburt hatte ich an so etwas gedacht. Mir schauderte bei dem Gedanken, noch einmal Mutter zu werden, noch einmal eine solche Erniedrigung und den altbekannten Schmerz zu spüren. Franz Joseph wartete vergeblich auf eine Antwort von mir, so daß er selbst fortfuhr.

»Sollte Rudolf etwas zustoßen, was, so Gott will, nicht passieren wird, so würde die Thronfolge auf meinen Bruder Max übertragen werden. Wir sollten daher mehr Söhne haben. Und zum anderen würde ein weiteres Kind die Stimmen zum Schweigen bringen, die steif und fest behaupten, wir hätten uns voneinander distanziert.«

Seine Heuchelei verblüffte mich, sie paßte so gar nicht zu ihm.

»Was die Gerüchte angeht, so bin ich ganz deiner Meinung«, antwortete ich, »doch ich werde nicht meine Gesundheit aufs Spiel setzen, nur um die Gemüter zu beruhigen. Doktor Fischer sagte, daß ich im Moment an dergleichen nicht denken darf. Mein Körper ist noch nicht wieder völlig hergestellt, und da ich mich, wie dem auch sei, mindestens einmal im Jahr einer Badekur unterziehen muß, habe ich nicht genügend Zeit, um ein Kind zu bekommen.«

Franz Joseph schien vor meiner Rechtfertigung zu kapitulieren.

»Ist schon gut, Sissi. Dann warten wir eben noch eine Weile.«

Er schwieg und starrte auf seine Tasse. Eine Uhr auf dem Kamin schlug acht. Ich entschloß mich, mein Anliegen anzusprechen, noch bevor der Kaiser sich zurückziehen konnte.

»Auch ich möchte einiges besprechen.« Auf dem Flur waren

Schritte zu hören, die Wachablösung fand gerade statt. »Du hast unsere gegenseitige Entfremdung angesprochen. Dazu werde ich nichts sagen. Wir beide wissen zur Genüge, was sich zwischen uns abspielt. Und dir ist auch bekannt, denn ich bat meine Schwester Helene darum, dich davon in Kenntnis zu setzen, wie es um meine Gefühle gegenüber dem Hof und meiner Position hier steht. Und dennoch habe ich ebensowenig vor wie du, mich zum Spielball der Wiener Salons machen zu lassen. Die Äußerungen, die die meisten voll böser Absicht von sich geben, richten allmählich Schaden an. Es ist geradeso, als hätten sie die Macht, die Wirklichkeit auf den Kopf zu stellen und Falsches für wahr auszugeben. Ich will nicht, daß sie über mich reden! Ich wünsche mir, daß unser beider Leben, deines und meines, sowie unser zukünftiges, so harmonisch wie möglich verlaufen. Gerade eben habe ich dir meine Gründe dafür genannt, weshalb ich kein Kind mehr bekommen möchte. Ich werde mein Bett nicht mehr mit dir teilen, doch ebensowenig verlange ich von dir Treue, einzig Diskretion.«

Franz Joseph errötete wie ein Kind. Er drehte die Tasse auf dem Unterteller. Auf der rückwärtigen Seite blitzte das Wappen erneut hell auf, das vom Licht der Lampe angestrahlt wurde.

»Ich bin nach Wien zurückgekehrt, und ich werde solange bleiben, wie meine Verfassung es erträgt. Aber nur unter bestimmten Voraussetzungen.« Ich entfaltete den Bogen Papier auf meinem Schoß, ich wollte auf keinen Fall etwas auslassen. »Ich wünsche, daß man meine Zurückgezogenheit respektiert; ich werde allein im Palast oder in den Gärten spazierengehen, wenn mir der Sinn danach steht, ohne Gefolge, ohne Begleitung und ohne Polizeischutz. Ich werde die Cercles aufheben. Die Besuche werden jeweils dann stattfinden, wenn es mir recht ist und nicht den Besucherinnen. Ich werde täglich ausreiten und so lange, wie es mir Spaß macht. Ich werde nur an den Zeremonien teilnehmen, die meine Anwesenheit unbedingt erfordern. Selbstverständlich wird meine Gesundheit vor all diesen Pflichten Vorrang haben.

Ich werde auf Reisen gehen, wenn ich es für angemessen halte, obwohl ich zubillige, daß der Öffentlichkeit Gründe für meine Reisen genannt werden, sollte dies notwendig sein. Und in allen Dingen, die die Kinder betreffen, werde ich meine Meinung äußern, wenn ich glaube, daß dies notwendig ist.«

Der Kaiser wußte, daß es da nichts mehr zu diskutieren gab. Mein Tonfall, die Mitteilungen meiner Schwester Helene an ihn, meine Forderungen in den vergangenen Monaten ließen keine Zweifel zu: Entweder er würde es akzeptieren oder ich würde Wien für immer verlassen.

Ich blieb still und wartete ab, was er darauf antworten würde. Ich spürte mein Herz ganz wild schlagen, denn ich war hin und her gerissen zwischen dem Wunsch, er möge meine Vorschläge annehmen, wodurch mir mein Schicksal ermöglichen würde, zumindest für die Außenwelt ein harmonisches und freies Leben zu führen, und dem anderen, völlig entgegengesetzten Wunsch, er könnte meine Forderungen barsch zurückweisen, wodurch ich freigegeben würde. Jedoch wäre ich dann Kämpfen und Anfeindungen von allen Seiten ausgeliefert. Mein Schicksal hing also in diesem Moment von einem einzigen Wort ab. Franz Joseph ließ die Tasse schließlich stehen. Er faßte sich an die Medaillen seiner Uniform, eine Geste, auf die er immer dann zurückgreift, wenn er etwas zu sagen hat, was ihm zutiefst unangenehm ist. Trotz allem brachte er den Mut auf, mich anzulächeln.

»Wie du möchtest«, sagte er. »Ich bitte dich nur ebenso um Diskretion.«

Nach soviel Kummer war mein weiteres Leben nun besiegelt, so einfach, in nur wenigen Sekunden. Ich stand auf, ging auf ihn zu und kniete mich vor ihm nieder, um seine Hand zu küssen. Wieder empfand ich Mitleid mit diesem Mann, der ganz gedemütigt vor mir saß und vor den Drohungen, die in meinen Worten steckten, Angst hatte. Er sollte nicht glauben, daß in meiner Brust nur Grausamkeit und Haß wohnten.

»Du bist mein Mann, und ich liebe dich«, sprach ich zu ihm.

Er streichelte meine Hand und führte sie an seine Lippen. Dann ging er. Daß die Gräfin P. sich in Wien aufhält, wußte ich, vielleicht erwartete sie ihn gerade. Ich blieb stehen und sah ihm nach, wie er durch die Salons in sein Zimmer verschwand. Er hatte Tränen in den Augen und sah tieftraurig aus. Vielleicht, wenn er nicht Kaiser gewesen wäre . . .

Wien, Hofburg, den 12. Dezember 1862

Es weht ein stürmischer Südwestwind. Ich kann sein Toben hören, wie er den Innenhof entlang stärker wird und dann gegen meine Fenster schlägt. Dann dreht er um und fängt wieder von vorne an. In Nächten wie dieser, in denen ich mich zum Kamin flüchte oder mich in meine Decken einhülle, denke ich an all die armen Teufel, die jetzt kein Dach über dem Kopf haben. Sollte eine Kaiserin nicht ihre Zeit denen widmen, die nichts haben? Doch statt dessen sollen die Armen sich am Spektakel der Reichen erfreuen, die vor ihnen all ihren Glanz ausbreiten.

So war es heute wieder einmal, als wir mit all unseren Schätzen, Juwelen, Satin, Musik und unter Hochrufen unsere enge Freundschaft mit Preußen zur Schau stellten. Der Thronfolger Friedrich und seine Gemahlin haben uns die Hand geküßt, während König Wilhelm, der schlau ist wie ein Fuchs, Otto von Bismarck zum Ministerpräsidenten ernennt, einen blutrünstigen Mann, der, wie wir alle hier glauben, in der Lage ist, gegen uns zu Felde zu ziehen. Er hatte die Stirn, im Parlament zu sagen, daß die großen Fragen unserer Epoche nur durch Blut und Eisen entschieden werden. Gott möge uns aus seinen Klauen befreien!

Unterdessen küssen uns Friedrich und Viktoria die Hände und heucheln eine Sympathie, die nur aus hohlen Gesten besteht. Doch der Kaiser wollte diesen Besuch, um sie von unserem guten Willen zu überzeugen. Und so habe ich mich mit Leib und Seele unseren Gästen gewidmet, die übrigens ganz bezaubernd sind.

Ich weiß nicht, woher ich in diesen frühen Morgenstunden noch die Kraft hernehme, denn der Tag war so anstrengend, und ich mußte mich für die Teilnahme an verschiedenen Zeremonien dreimal umziehen. Zum Glück endete der Abend vergnüglich. Es geschah während des Festbanketts. Wir saßen da, wie immer steif und feierlich, und versuchten, dem Beispiel des Kaisers folgend, unser Essen herunterzuschlingen. Zweifellos wollten wir alle, daß das Abendessen so schnell wie möglich vorbeiginge. Ich betrachtete meine beiden Schwägerinnen, die mir gegenübersaßen. Maria Annunziata von Bourbon, die neue neapolitanische Ehefrau von Karl Ludwig, erweckt in mir tiefes Mitleid: Am Tag ihrer Hochzeit zwang sie ein heftiger epileptischer Anfall dazu, die kirchliche Feier abzusagen. Die Arme wand sich in Krämpfen, während sich Schaum um ihren Mund bildete, der ihr Hochzeitskleid besudelte. Etwas in ihrem süßen Kindergesichtchen erinnert mich an meine kleine Sophie. Ich befürchte, daß die Ehen von Karl dazu verurteilt sind, vorzeitig zu enden, da es ihm mit Margarete bereits einmal so gegangen ist. Neben ihr saß eiskalt und unnahbar Charlotte, die Ehefrau von Max, und tat so, als würde sie essen. Ich betrachtete ihr pechschwarzes Haar und ihre dunklen Augen, ich bewunderte ihre Schönheit und empfand, wie sehr sie mich gleichzeitig abstieß. Ein Schauer des Schreckens durchfuhr mich, als ahnte mein Herz ein schlimmes Ereignis voraus, etwas Schreckliches, das aus den tiefsten Abgründen ihres Größenwahns hervorkommt. Wie konnte mein geliebter Schwager, der so intelligent und weltoffen ist, diese ehrgeizige und anmaßende Frau aus dem Hause Coburg heiraten, die mit ihrem Wissen nur so prahlt und grenzenlos besitzergreifend ist?

Über all diese Dinge dachte ich nach, während ich von Zeit zu Zeit ein paar belanglose Worte mit Friedrich wechselte, der an meiner Seite saß. Da fiel mein Blick auf den Fürsten Lobkowitz, dem Obersthofmeister des Kaisers, der an einem der äußeren Enden des Tisches saß. Ich vermutete, daß er die tödliche Langeweile vertreiben wollte, denn er spielte mit einem Zahnstocher, den er zwischen den Fingern hielt, als führte er Zauberstückchen vor. Bald flog der kleine Stocher durch die Luft, um gleich darauf auf abenteuerliche Weise mitten auf meiner Poularde zu landen. Ich senkte blitzschnell den Kopf, denn Lobkowitz sollte sich nicht schämen, wenn er merkte, daß ich ihn ansah. Für eine Weile konnte ich mich zusammenreißen und so tun, als wäre nichts geschehen. Doch schließlich stieg das Lachen aus meiner Magengrube auf, ganz leise zunächst und dann provokativ. Ohne es noch länger zurückhalten zu können, brach ich in lautstarkes Gelächter aus, das mir die Tränen in die Augen trieb und immer heftiger wurde, bis ich bemerkte, daß das gesamte Bankett völlig verdutzt war. Alle hatten sich um mich versammelt, und staunend sahen sie mich an, ohne recht zu wissen, wie sie sich in einer solchen Situation verhalten sollten, die das Protokoll nicht vorgesehen hatte. Als ich mich schließlich doch ein wenig beruhigt hatte, fragte mich der Kaiser beschämt, was mir denn widerfahren sei. Einen Moment lang sah ich Lobkowitz an, seinen Augen konnte ich die Bitte ablesen, ihn nicht dem Gespött aller Anwesenden auszusetzen. Ich atmete tief durch, machte eine heitere Miene. Als wäre nichts geschehen, gelang es mir, folgende Worte auszusprechen: »Mir ist gerade etwas sehr Amüsantes eingefallen. Entschuldigen Sie bitte.« Dann aßen und sprachen alle weiter, und das Bankett endete unter Reverenzen und kaum verborgenen Blickkontakten zwischen dem armen Unvorsichtigen und mir. Beim Abschied murmelte Fürst Lobkowitz mir zu: »Ich kann Euch gar nicht genug danken für das, was Ihr heute abend für mich getan habt.« Da spielte sich die Szene vor meinem inneren Auge noch einmal ab: wie Lobkowitz den Stocher abfeuert und der Zahnstocher folgenschwer mitten auf meinem Teller landet. Und ich spürte erneut, wie sich in meinem Hals ein Lachanfall vorbereitete, während der Sturm die Fenster im ganzen Palast zum Erschüttern brachte.

Wien, Hofburg, den 24. April 1863

Ich habe endlich durchgesetzt, daß Fanny Angerer meine Friseurin wird. Seitdem ich vor zwei Monaten die Schauspielerin Helene Gabillon im Burgtheater mit ihrem prächtigen Zopfkranz gesehen habe, der sich rings um ihren Kopf türmte, bin ich der Meinung, daß niemand anders als die Künstlerin eines solchen Werkes würdig genug ist, sich meiner Haare anzunehmen. Es gab lange Diskussionen über dieses Thema, da es bestimmte Personen nicht für angebracht hielten, daß ein Mädchen aus der Wiener Theaterwelt am Hof leben sollte. Doch ich insistierte so lange, bis der Kaiser schließlich nachgab.

Nun ist es also schon einige Tage her, daß die schöne Fanny täglich in meine Frisierstube kommt und das Ergebnis ist, wie ich erwartet habe, wundervoll. Heute haben wir den ganzen Tag damit zugebracht, meine Haare zu waschen. Dieses mühsame Ritual, dem ich mich alle zwei Wochen unterziehen muß, hindert mich an jeder anderen Aktivität. Zuerst müssen meine Haare mit einem Präparat, das aus Cognac und Ei besteht, eingerieben werden, wodurch ich mich für einige Zeit in ein Monster mit wilder, gelbfarbener Mähne verwandele. Anschließend werden sie behutsam mit Seifen und Essenzen gewaschen, die abgebrochenen Spitzen ein wenig geschnitten, und dann heißt es, stundenlang neben dem Kaminfeuer zu sitzen, während die Kammermädchen meine Haare in Handtücher einwickeln und sie dann bürsten, wobei sie sorgfältig darauf achten, daß sie nur ja kein Haar ausreißen. Die Vorstellung, meine Haare könnten in ihren Händen zerbrechen, ist mir ein Greuel, in manchen Alpträumen kehrt diese Vorstellung bei mir wieder.

An Tagen wie diesen besteht meine einzige Erleichterung darin, daß ich mich nicht mehr kämmen lassen muß, was jeden Tag zwei bis drei Stunden in Anspruch nimmt. Während dieser langen Sitzungen, in denen meine Haare bearbeitet werden, verflüchtigt sich mein Verstand, als würde er sich an den Haaren entlang aus dem Staub machen, geradewegs hin zu den Zähnen des Kammes. So habe ich beschlossen, diese Zeit mit etwas Nützlichem zu füllen, mit etwas, das mein Gehirn dazu zwingt, sich zu sammeln. Daher habe ich gemeinsam mit dem Pater Homocky begonnen, die ungarische Sprache zu lernen. Was für eine schöne und kraftvolle Sprache das doch ist! Es macht mir Spaß, sie auszusprechen, denn sie hört sich mysteriös und geheimnisvoll an. Mit meinem Sprachstudium möchte ich dem ungarischen Volk, das vom Hof und der Regierung so schlecht behandelt wurde, mein Mitgefühl für sein Leid zum Ausdruck bringen. Wie nicht anders zu erwarten war, reagierte meine Schwiegermutter auf meinen Entschluß mit heftigen Worten. »Wenn du es schon nicht geschafft hast, die französische Sprache zu lernen, die wir hier alle beherrschen, wie willst du es dann fertigbringen, dich in dieser teuflisch schweren Sprache auszudrücken, die dir nur dazu dienen wird, dich den Bauern gegenüber verständlich zu machen?« In ihrer tiefen Abneigung gegen diese Sprache gesteht meine Schwiegermutter nicht einmal zu, daß die Adligen, Professoren, Künstler und alle sonstigen Ungarn, die ihre Heimat lieben, in ihrer häuslichen Umgebung auf diese archaischen Laute zurückgreifen, die sie wie einen Schatz tief in ihrem Herzen hüten.

Und so lerne ich Ungarisch, während mir Fanny komplizierte Zopfkränze um den Kopf herum flicht. Manchmal frage ich mich, weshalb ich solche Torturen nur wegen meiner Haare über mich ergehen lasse, warum ich sie statt dessen nicht abschneiden und mir eine schlichtere Frisur machen lasse. Stets stoße ich dabei auf dieselbe Antwort: Mein Haar ist für mich wie ein zweiter Körper, der sich über mich legt, wie ein Lebewesen, das mit meinem Leben nichts zu tun hat – wiewohl mein Leben dennoch eng mit dem seinen verknüpft ist –, wie ein Geschenk Gottes, über das ich nicht so einfach nach Gutdünken verfügen kann. Manchmal kommt mir der Gedanke, daß mein Haar meine eigentliche Krone ist.

Wien, Hofburg, den 8. September 1863

Die Dreistigkeit der Erzherzogin kennt keine Grenzen. Ihr Haß auf Ungarn und auf mich ist so groß, daß er sie befähigt, die Grenzen der Diskretion zu durchbrechen, vor der Öffentlichkeit unsere prekäre Lage auszubreiten und eine Szene zu liefern, wie gestern abend im Theater. Wir waren hingegangen, um »Die Hände der Feen« anzusehen, eine dieser dämlichen Komödien, die meinem Mann so gut gefallen. Ich hatte überhaupt keine Lust, mir so ein Schauspiel anzusehen, doch der Kaiser bat mich um meine Begleitung, wobei er mich daran erinnerte, daß es nun schon Monate her ist, daß ich mich zuletzt im Burgtheater habe sehen lassen. Für diese Gelegenheit wählte ich ein rosafarbenes Kleid und ließ mir von Fanny dazu eine prachtvolle ungarische Haube aufsetzen, die mit einer goldenen Borte versehen war und die ich wenige Tage zuvor in Buda gekauft hatte. Franz Joseph und ich betraten unsere Loge, als der Theatersaal bereits voll war. Uns gegenüber saß die Erzherzogin, ebenfalls in einer Loge, mit einigen ihrer Günstlinge. Nachdem wir uns gegenseitig Reverenzen erwiesen hatten, bemerkte ich, wie die Gräfin M. ihr etwas ins Ohr flüsterte. Meine Schwiegermutter wandte mir den Blick zu, nahm ihre Lorgnette vor die Augen, um mich prüfend anzusehen, stand auf, wobei sie sich demonstrativ über die Brüstung lehnte, den Körper weit vorgeschoben, und mit ebensolcher Deutlichkeit drehte sie sich voller Zorn und wandte sich mit lauter

Stimme an ihre Begleiter. Von unserem Platz aus konnten wir ihre Worte nicht verstehen, doch konnten wir sehr wohl ihre Gesicht erkennen, das vor lauter Zorn zu einer Fratze verzerrt war. Mit aller Deutlichkeit erreichte uns das Gemurmel der Leute, die die Szene verfolgt hatten und uns beide nun anstarrten, sie und mich. Viele grinsten dabei hämisch. Ich spürte, wie die Hitze in meine Wangen stieg und sich mein Herzschlag deutlich verschnellerte angesichts eines derartigen Zurschaustellens von Intoleranz und Schamlosigkeit. Ich flüsterte dem Kaiser ins Ohr, daß ich mich zurückziehen würde, und er, der ebenso beschämt war wie ich, stand ebenfalls auf. Gemeinsam verließen wir das Theater, ohne uns auch nur von jemandem zu verabschieden. Franz Joseph begleitete mich schweigsam bis zu meiner Schlafzimmertür, wo er sich zärtlich von mir verabschiedete. Mit meinem schönsten Lächeln dankte ich ihm für diesen Beweis seiner Liebe, dafür, daß er für mich, was er selten tat, in der Öffentlichkeit Partei gegen seine Mutter ergriffen hatte, die in diesem Fall mit ihrer Mißbilligung zu weit gegangen war.

Zu dieser Stunde wird der Vorfall wie ein Lauffeuer in den Salons der Wiener Paläste die Runde machen. Bis in die frühen Morgenstunden werden sie heute erleuchtet sein, während die einen oder anderen das Motiv für diese Szene haarklein beleuchten werden. Man wird darüber spekulieren, wie zerrüttet diese Familie bereits ist, und Prophezeiungen über die Zukunft des Kaiserreichs, Ungarns und unserer Bündnispartner anstellen. Sie werden sagen, daß ich mit meiner ungarischen Haube die Anwesenden provozieren wollte, ausgerechnet mit einer ungarischen! Sie werden von meiner grenzenlosen Unverschämtheit sprechen und daß ich zu allem fähig bin, wenn es nur darum geht, im Palast einen Krieg anzuzetteln, meinen Mann seiner geliebten Mutter sowie seinen ehrwürdigen Pflichten zu entreißen. Und so werden sie reden, immerzu. Und der Haß auf mich wird die ganze Stadt durchtränken. Ich werden inzwischen die Augen schließen, und vergeblich versuchen einzuschlafen.

Wien, Hofburg, den 17. März 1864

Was müssen diese Männer verbrochen haben, um solches Leid zu verdienen? Ich gehe an den Krankenbetten entlang und blicke in ihre Gesichter, die vom Schmerz verzerrt und zugleich durch Einsamkeit und Angst reglos geworden sind. Von allen Seiten höre ich Stöhnen, Weinen, Gebete und Wutschreie. Doch das ist immer noch erträglicher als die Stille. In einem Lazarett bedeutet Stille den Tod. Wenn ich erfahre, wo die ungarischen Verwundeten liegen, trete ich manchmal an ein Bett und spreche den Soldaten in seiner Sprache an: »Hab keine Angst, bald wirst du wieder zu Hause sein.« Der Mann lächelt dann, wenn er dazu in der Lage ist, wenn er den süßen Klang seiner Muttersprache wiedererkennt, und will dann wissen, wer so zu ihm spricht. Oftmals versuchen sie sich dann aufzurichten, um mir ihre Ehre zu erweisen. Die Ehre erweisen! Ich spüre dann, wie mich ein Gefühl der Scham beschleicht. Wer bin ich denn, die ich friedlich im Prunk lebe, vor der Kälte stets geschützt bin und von einer ganzen Armee von Ärzten bewacht werde, die beim kleinsten Hustenanfall herbeigeeilt kommen? Ich komme hierher, um den verwundeten und sterbenden Soldaten meines Mannes Trost zu spenden. Ich gehe von einem zum anderen, sehe sie an, spreche mit ihnen, lasse mir vom Stand ihrer Genesung berichten und gehe anschließend wieder nach Hause, wo ich vor einer heißen Tasse Tee neben dem Ofen aus weißem Porzellan sitze, auf dem sich in all den Jahren nicht eine Staubflocke niederlassen konnte. Umgeben von zauberhaften Gemälden, die Landschaften darstellen, in denen niemals ein Schuß gefallen und kein Tropfen Blut geflossen ist, erzählt mir der Kaiser von unseren Heldentaten auf den Schlachtfeldern. »Bald wird dieser Krieg zu Ende sein. Preußen und Österreich werden Dänemark bald bezwungen haben, und dann wird wieder Ordnung einkehren. Es ist nur noch eine Frage von Tagen.« Ich sage nur »ja«, frage nach, lächle und freue mich. Dann gehe ich schlafen. Gut zugedeckt, fühle ich mich nachts ganz untadelig, und ich weiß, daß am nächsten Morgen jemand die Fenster öffnen und die Vorhänge aufziehen wird. Dann wird das Tageslicht einer unglückseligen, jedoch unversehrten Kaiserin ins Gesicht scheinen, während dort in der Ferne auf den eisigen Schlachtfeldern von Dänemark die Kanonenschüsse hallen und auf den Reif verstreut abgerissene Arme, Füße, Köpfe und Herzen niederfallen werden. Die Kälte wird sie schnell gefrieren ... [2]

Wien, Schönbrunn, den 14. April 1864

Die Menschen sind schon merkwürdige Geschöpfe. Unser Wille ist unbegreiflich, und unsere Begierden und Träume sind unerbittlich wie die Zähne eines Wolfes. Mein Schwager Max, der alles besitzt, um in Frieden leben zu können – er hat den wunderschönen Palast von Miramar in Triest, ein gütiges Herz, die Freiheit, nach seinem Geschmack zu leben und in der Welt umherzureisen, ohne jegliche Verpflichtung und zu seinem reinen Vergnügen – er macht sich nun auf die Reise in das Geisterreich Mexiko, dessen bislang nicht vorhandene Krone ihm dank des verräterischen

2 Im Februar 1864 besetzten Österreich und Preußen die deutschen Herzogtümer Schleswig und Holstein, die Christian IX. von Dänemark seinem Königreich angliedern wollte. Es war ein kurzer Krieg, der mit dem Sieg der Alliierten endete, die sich die Verwaltung dieser Herzogtümer untereinander aufteilten.

Napoleons, der ehrgeizigen Charlotte und dank seines eigenen eitlen Strebens nach Macht auf den Kopf gesetzt wurde.

Es ist etwas über ein Jahr her, daß eine Gruppe von Mexikanern, die die langen Bürgerkriege leid waren, Max diesen Thron anboten. Den Rücken stärkte ihm Napoleon, dessen Truppen in jenen fernen Ländern, die einst zum Reich der Habsburger gehörten, gegen die Republikaner des Präsidenten Juárez kämpfen.[3] Dies war die subtile Falle, die Max ködern sollte wie die Fallen, die Wilderer den Tieren stellen. Er, der verträumte Schöngeist, der zugleich nach Macht und Ruhm sinnt, der einst am Grabmal seiner Vorfahren Ferdinand und Isabel in Granada in Tränen ausbrach, der sich eine wunderbare Welt wünschte, die von seinem Geschlecht regiert würde, der Liebling des Volkes, Freund der Liberalen, vom Kaiser zum nutzlosen Amt des Marinegeneralinspektors verurteilt, ließ sich in diesem Netz von absurden Vorstellungen, an dem viele Personen in seiner Umgebung strickten, seinen Verstand rauben. Seine eigene Frau legte ihm diese Schlinge aus reiner Gier nach Ehrentiteln um den Hals. Und nun hat sich der gute Erzherzog Max wie die verzauberten Frösche im Märchen in den König Maximilian verwandelt, der leeren Titeln und der Knechtschaft eines Thrones hinterhereilt. Er setzt sein Glück durch harte Arbeit und ermüdende Zeremonien aufs Spiel. Er verzichtet auf die Orchideen von Miramar, um dafür in einem Land zu leben, in dem die Bajonette blühen . . .

Zum ersten Mal waren die Erzherzogin und ich einer Meinung.

3 Die Habsburger-Dynastie, die ursprünglich aus dem Elsaß stammt, besaß seit 1437 die Kaiserwürde des Heiligen Römischen Reiches in der Nachfolge des Karolingerreiches. Durch die Heirat von Philipp von Habsburg (genannt Philipp der Schöne), dem Sohn des Kaisers Maximilian I., mit Johanna der Wahnsinnigen, Tochter und Thronfolgerin der Katholischen Könige, verbanden sich die Habsburger mit der spanischen Monarchie. Als Haus Österreich regierten sie bis zum Tode von Karl II. im Jahre 1700 in Spanien. Die beiden Linien der Dynastie teilten sich, als Karl V. 1556 zugunsten seines Bruders Ferdinand abdankte.

Beide versuchten wir, ihn mit aller Kraft von seinem Irrtum zu überzeugen. Doch die Lügen, sein Streben nach Ruhm, Charlottes Einflüsterungen auf dem Kopfkissen, in denen sie ihm die prächtigsten Zeremonien ausmalte, vermochten mehr über ihn als die trügerische Leichtigkeit der Freiheit. Gestern nahmen wir am Tor der Hofburg von ihnen Abschied. Seine Mutter war in Tränen aufgelöst, Franz Joseph blieb ruhig und lächelte – für ihn war es der Schatten des allseits geliebten Rivalen, der sich da entfernte. Charlotte stand mit vor Stolz geschwellter Brust, Max hingegen zitterte. Ich bemühte mich, heiter und gelassen zu wirken, doch es tat mir weh, von einem der wenigen Menschen am Hofe Abschied zu nehmen, den ich wirklich mochte. Ich küßte seine Hand und überreichte ihm als Talisman eine winzige Schachtel, die mit Sand vom Strand von Miramar gefüllt war, seit meinem letzten Aufenthalt in Triest hatte ich sie immer bei mir gehabt. Als ich dann sah, wie sich seine Augen trübten und mit Tränen füllten, glaubte ich, darin einen Vorboten des Todes zu erkennen, der mir allmählich sehr vertraut wird, zu vertraut, als daß ich ihn übersehen könnte . . .

Wien, Schönbrunn, den 6. Mai 1864

Otto von Bismarck hat das Gesicht eines Mörders. Noch nie habe ich solche Bosheit und solch grausame Gier aus den Tiefen der Seele zum Vorschein kommen sehen: der glasige und stahlharte Blick, die zusammengepreßten Lippen, die verkrampfte Hand, deren Fingernägel sich in die Handfläche krallen, und eine Stimme, die einem Donnergrollen gleicht. Mit Eiseskälte blickte er mich heute abend an, als wollte er mir sagen: »Die Frauen haben in ihren Gemächern zu bleiben.« Ich sah ihm während des Abendmahls beim Essen zu. Das Licht des Kandelabers verlieh ihm das Antlitz eines Wesens aus der Unterwelt. In seinem Geist konnte ich Verachtung und wilde Entschlossenheit lesen, jeden niederzumetzeln, der es wagen würde, der Größe Preußens die Stirn zu bieten, und Europa, wenn es sein mußte, auch die ganze Welt, mit Kadavern zu pflastern, die dann zu seinen Füßen liegen würden. Nach dem zweiten Gang erhob ich mich und unter dem Vorwand eines leichten Unwohlseins ging ich auf mein Zimmer. Der Teufel ist nie eine gute Gesellschaft, selbst bei einem kaiserlichen Bankett nicht.

Bad Kissingen, den 10. Juni 1864

Ich erinnerte mich an Ludwig als blassen, blonden Jungen mit tiefen, dunklen Augenringen, wie er in einem Salon in der Residenz an einem Tisch voller herrlicher Bausteine saß, aus denen er ein Märchenschloß bastelte. Er war schweigsam und in sich gekehrt und selbst für Besucher unzugänglich. Jetzt ist er ein junger Mann von neunzehn Jahren, schön wie ein junger Gott, schüchtern wie ein kleines Mädchen und dennoch bereits ein König, Ludwig der Zweite von Bayern, Thronerbe seines Vaters Maximilian, der vor drei Monaten starb.

Mein Cousin Ludwig ist nach Bad Kissingen gereist, um mich zu besuchen, während ich mich hier meiner jährlichen Kur unterziehe. Wir haben viele Stunden zusammen verbracht, viel miteinander gesprochen, aber auch geschwiegen, wir sind einfach nebeneinander dagesessen oder einhergegangen, und unsere Wittelsbacher Seelen haben ihre alte Freundschaft wiederentdeckt.

Noch niemals habe ich jemanden kennengelernt, der so außergewöhnlich sensibel ist wie er. Er lebt einzig und allein für die Schönheit, das einzige, wie er sagt, das ihn an das irdische Dasein fesselt, das einzige, das die menschlichen Wesen dem göttlichen Glanz näher bringt. Kaum war er zum König gekrönt, so ließ er als erste Amtshandlung den Meister Richard Wagner zu sich an den Hof holen, »den göttlichsten aller Künstler«, um ihn in seiner unmittelbaren Nähe zu haben, und übernahm dessen sämtliche Kosten. Er hofft, sich so im Schatten der Götter ausruhen zu können, zusammen mit seinen Untertanen, die sich wie er der geistigen Überhöhung durch die Kunst hingegeben haben. Dieser grandiose Meister, den er so verehrt, glaubt, daß allein im Volk die schöpferische Kraft liege, daß von ihm und seiner Begeisterung jedes künstlerische Werk geschaffen wird. Mein Cousin ist davon überzeugt, daß diese Gedanken, die sich in der Musik des Meisters widerspiegeln, seine Untertanen zu einer Existenz voller Glück und Harmonie hinreißen werden, über die er wie ein Apoll auf dem Musenhügel regieren wird ...

Welch schöne Worte, Ausdruck naiver Utopien, die fern von der Realität sind, die sich weitaus erbärmlicher und schrecklicher gestaltet: jahrhundertelange Hungersnöte und Zorn, der wie Donnergrollen widerhallt, aber auch bedingungslose Unterwerfung, unerträgliche Angst, nie gestillte Wünsche ... Es sind müßige Träume von einem paradiesischen Leben der Menschen, die wir aus dem Paradies vertrieben wurden und nun, da wir zu einem Schattendasein verdammt sind, ruhelos umherziehen auf der Suche nach dem gelobten Land, wo alles Licht ist und dessen Zugang durch einen Engel des Herrn mit gezücktem Schwert versperrt wird. Dies sind nichts anderes als törichte Sehnsüchte nach Erhebung für diese unglücklichen Geschöpfe, die verlassen und einsam, völlig einsam sind in einer Welt, die nie aufhören wird, häßlich und banal zu sein. Einzig tief in unserer eigenen Seele, in der Begegnung mit uns selbst und mit Gott, nur dort liegt die ganze Schönheit, Traurigkeit und das Gebet, das wir niemals mit jemandem werden teilen können.

Ich habe ihm dies gesagt, doch er hörte nicht auf meine Worte. Während ich mit ihm spreche, richtet sich sein Blick in die Unendlichkeit, als ob sich bereits zu seinen Füßen dieses Idealreich ausbreiten würde, seine grünen Augen leuchten fiebrig, und dann setzt er fort mit seiner Rede von seiner Chimäre. Und ich kehre zurück, erschöpft von unseren Begegnungen, mit schmerzendem Kopf und kummervoller Seele. Ich mache mir Sorgen um die Zukunft dieses anrührend zartbesaiteten Mannes, der noch immer glaubt, daß sich die Träume, wenn man sie sich nur stark genug vorstellt, in Realität verwandeln.

Wien, Hofburg, den 20. Dezember 1864

Es ist erst knapp einen Monat her, daß Ida Ferenczy an meiner Seite lebt, und dennoch scheint sich mein Leben in diesen Wochen verändert zu haben. Ihre bloße Anwesenheit bedeutet mir mehr als die Gesellschaft aller Hofmitglieder zusammen. Alles an ihr ist so sanft, ihre Augen, ihr Lächeln, ihre Stimme, ihre Gesten, die Lautlosigkeit, in der sie sich in meiner Nähe bewegt, die Aufmerksamkeit, mit der sie auf meinen leisesten Wunsch reagiert und mich mit einem einzigen Blick versteht. Wie ein Engel, wie eine Fee hat sie ihren Frieden über mich gebreitet, ihr einzigartiges Glück, das einem Herzen entspringt, welches nichts anderes begehrt, als zu lieben.

Als ich die Liste durchging, die die Gräfin Almássy für mich vorbereitet hatte und aus der ich meine neue Gesellschafterin auswählen sollte – auf jeden Fall sollte es eine Ungarin sein, so war es mein Wunsch –, fiel mein Blick, als ahnte ich es voraus, auf ihren Namen, er war der letzte auf der Liste und der einzige, dem kein Adelstitel vorausging. Vielleicht war es genau das, was meine Aufmerksamkeit erregte. Dies und der schöne Klang ihres Namens – Ida Ferenczy, wie der Name eines Vogels. Der Kommentar, den die Gräfin eigenhändig dazugeschrieben hatte, lautete: »*Sie ist die Tochter einer bescheidenen Landadelsfamilie aus Kecskemét. Sie wurde streng erzogen und sie ist gut und liebenswert. Doch am Hof ist sie unbekannt und sie trägt keinen Adelstitel.*« Ohne zu zögern, wählte ich sie aus diesem Grunde aus. Nachdem ich sie im Oktober kennengelernt hatte, ihr sympathisches Gesichtchen gesehen habe, das vor Freude und Schüchternheit bei meiner Anwesenheit errötete, nachdem ich ihren Augen abgelesen hatte, daß ich ihr bis in den Tod vertrauen konnte, löste ich das Problem mit dem Titel ganz einfach so: Ich ließ ihr die Bezeichnung »Stiftsdame« geben und ernannte sie dann zu meiner Vorleserin, denn die höfischen Normen verlangen, daß die Ehrendamen eine ganze Reihe von Grafschaften, Herzogtümern und ähnlichem Blödsinn hinter sich herschleppen, was sie jedoch nicht bieten kann. Wie nicht anders zu erwarten, steht der ganze Hof nun kopf! Ein unbekanntes Mädchen, Ungarin noch dazu, ist zu engsten Freundin der Kaiserin aufgestiegen! Zähneknirschend lügen die anderen sie an, betrügen sie, stellen meiner süßen Ida Fallen, denen sie wiederum, nachdem ich sie gewarnt habe, aus dem Weg geht, ohne jemals ihr Lächeln zu verlieren, ohne jemals laut gegen jemanden das Wort zu erheben. Und die anderen runzeln die Stirn und verwünschen das Bauernmädchen, dem es gelungen ist, sich jede Nacht ins Schlafgemach der Kaiserin zu schmuggeln und, wer weiß, ihr womöglich Hexengeschichten über die Ungarn ins Ohr zu flüstern . . .

IV

Das Schwert des Engels

Possenhofen, den 20. April 1865

Wenn ich die Augen halb schließe, dann spüre ich, wie die Sonne mir Regenbogen und Lichtstreifen auf die Augenbrauen malt. Ich öffne die Augen, und vor mir breiten sich Gottes herrlichste Gedichte in ihrer ganzen Schönheit aus: der blaue Himmel, eine Wolke, die wie ein freundlicher Drache schwebend vorüberzieht, weiß und flauschig und dabei leicht zerfasert, auf der wohlriechenden Wiese tummeln sich blaue Scylla, goldene Ranunkeln, weiße Maililien und Orchideen, Primeln, Esparsetten und Ehrenpreis. Weiter unten stehen Eichen und Mandelbäume wie eine Wiese, sie wären es wert, noch einmal als Kind dort hineingeboren zu werden. Noch weiter erblicke ich das klare und warme Wasser des Sees, das einer Umarmung gleicht . . .

Und die Stille, diese Erdenstille, die meinen Verstand durchdringt und ihn zähmt, die jede Sünde und jede Furcht zum Schweigen bringt, die meinen Geist reinigt und alle Dämonen des Wahnsinns von mir nimmt. Diese Stille, ohne die ich nicht leben könnte.

Wien, Schönbrunn, den 1. Mai 1865

Der Kaiser ist von Stolz erfüllt. Er träumt von einer neuen, modernen und mächtigen Stadt, einem prunkvollen Wien, das die Größe des Kaiserreiches symbolisieren soll und vor dessen Herrlichkeit alles andere an Bedeutung verlöre. Seit Monaten schon widmet er sich mit Begeisterung der Aufgabe, Skizzen und Pläne zu studieren, er sucht Architekten und Bildhauer auf und wählt Säulen, Dachformen und Marmorgesteine aus. »Dieses wird mein Meisterwerk!« sagte er heute zu mir voll überschwenglicher Begeisterung nach den Einweihungsfeierlichkeiten für die Ringstraße, der großen Prachtstraße, die nach dem Abriß der alten Mauer erbaut wurde. Ich lächelte, zugleich spürte ich, wie die Kopfschmerzen, die mich seit dem Morgengrauen quälen, regelrecht durchbohrten.

Gott sei Dank residieren wir in Schönbrunn, so daß ich am Festbankett mit den Stadtvätern nicht teilnehmen mußte und statt dessen in meinem Garten lustwandeln konnte, in diesem kleinen Stück Garten, der für die Öffentlichkeit unzugänglich ist und den ich oft ganz allein aufsuche. Aus einiger Entfernung beobachten mich ein paar Hofangestellte und versuchen dabei, so gut sie eben können, ihr Lachen und Staunen über eine Kaiserin zu verbergen, die die Augenblicke der Einsamkeit zwischen den Bäumen der Gesellschaft der Sterblichen, die der Unsterblichkeit ebenso würdig wären wie die Bäume, vorzieht. Später kam meine süße Ida, um mir die Haare zu bürsten. Sie sprach kein Wort, sondern lächelte nur, wenn unsere Blicke sich im Spiegel trafen. Währenddessen erhoben sich im Festsaal die Gläser aus böhmischem Kristall, um auf den Glanz dieser Stadt und das widerwärtige Pack anzustoßen, das sie bewohnt.

Wien, Schönbrunn, den 9. September 1865

Mir ist noch nicht klar, ob es aus purer Grausamkeit oder aus Ignoranz geschah. Wie kann man nur ein Kind unter dem Vorwand der Erziehung derartigen Grausamkeiten unterziehen? Doch ich muß mich auch selbst anklagen, da ich ein Jahr dazu gebraucht habe, bis mir die Augen aufgegangen sind und ich begriffen habe. Es stimmt zwar, daß mir die Angelegenheit von Anfang an mißfiel. Ich erinnere mich noch an den Tag, als man Rudi von Gisela und der Baronin von Welden wegholte, um ihn unter die Obhut von Graf Gondrecourt zu stellen. Der Junge weinte voller Verzweiflung und bettelte, man möge ihn nicht fortschicken. Er versteckte sich in einer Ecke des Zimmers, als hoffte er, die Wände hinter seinem Rücken würden die Leute davon abhalten, ihn wegzuzerren. Auch Gisela kullerten, wenn auch ganz leise, die Tränen über die Wangen. Die Baronin rang die Hände und murmelte: »Ihr müßt gehorchen, Hoheit. Merkt Euch dies.« Ich spürte, wie mein Herz gegen so viel Unbarmherzigkeit rebellierte. Ein Kind von sechs Jahren, das man den Armen seiner geliebten Bezugsperson entreißt, um es in den Militärunterricht zu schicken! Sicher ist Rudolf für sein Alter sehr früh entwickelt. Er ist intelligent und fleißig, er versteht es auch bereits, sich auf Deutsch, Ungarisch, Tschechisch und Französisch auszudrücken. Doch ist er zugleich schüchtern und nervös und obendrein leicht reizbar. Vor allem aber ist er noch ein Kind! Als ich so alt war wie er, rannte ich noch zwischen den Rocksäumen meiner Mutter umher oder spielte lärmend mit meinen Geschwistern. Doch der Kaiser hatte beschlossen, daß es notwendig sei, »seine geistige Entwicklung auf ein vernünftiges Maß zu reduzieren, damit seine körperliche Entwicklung mit ihr Schritt halten könnte«. Und nachdem er und die Erzherzogin sämtliche in Frage kommenden Personen am Hofe unter die Lupe genommen hatten, fiel ihre Wahl auf den widerwärtigen Grafen Leopold Gondrecourt als seinen Erzieher. Obwohl ich diese Entscheidung mißbilligte, schwieg ich wie gewöhnlich und dachte wieder einmal, daß ich mich bestimmt in meiner Ansicht täuschte. Doch wieder habe ich den Beweis dafür, daß mein Verstand, den so viele als exzentrisch, wenn nicht sogar als verrückt betrachten, viel mehr Besonnenheit aufweist als all ihr eitler Sinn für Ordnung. So vergingen Monate, und Rudi wurde ganz offensichtlich krank, er bekam häufig Fieber, Angina, Verdauungsstörungen und Schmerzen in den Beinen. Jede Woche hatte der Junge eine neue Krankheit, und sein Gesicht wurde immer bleicher und war von Augenringen überzogen. Doch er sagte nichts, und Doktor Seeburger schrieb, wie er es immer tut, sämtliche Übel »einem völlig normalen Wachstumsprozeß« zu. Bei meiner Ankunft in Ischl vor wenigen Tagen, nach meinem Kuraufenthalt in Bad Kissingen, erfuhr ich dann die Wahrheit. Oberst Latour, ein Untergebener Gondrecourts, bat mich eines Morgens um eine dringende Unterredung. Sichtlich nervös betrat er den Saal, doch seine Miene und seine Stimme schienen einem Mann zu gehören, der entschlossen war, eine wichtige Angelegenheit in Angriff zu nehmen.

»Ich muß Eure Majestät über einige Pläne in Kenntnis setzen, die Graf Gondrecourt in bezug auf Euren Sohn hat«, sagte er ohne große Umschweife. »Ich hoffe, Ihr versteht mich nicht falsch. Ich möchte hier niemandem schaden. Mich treibt einzig und allein die Sorge um das körperliche Wohl des Thronfolgers, das ich durch die Erziehungsmethoden meines Vorgesetzten gefährdet sehe. Wenn ich mich an Euch und nicht an den Kaiser wende, so deshalb, weil ich darauf vertraue, daß Euer mütterliches Herz auf meine Beschwerden sensibler reagieren wird.«

Durch seine Worte, denen, wie ich vermutete, eine schwerwiegende Anklage folgen würde, war ich nun so beunruhigt, daß ich ihn bat fortzufahren.

»Graf Gondrecourt pflegt in seinen Erziehungsmethoden auf energische Behandlung, wenn man es so nennen will, zurückzugreifen. Diese sind in der Kadettenausbildung durchaus üblich, doch scheinen sie einem Kind, das noch so klein und so sensibel ist wie Ihr Sohn, Schaden zuzufügen. Er unterzieht ihn scharfen Exerzierübungen und regelmäßigen eiskalten Duschen, die der Kaiserlichen Hoheit gesundheitliche Schäden zufügen können. Und jedesmal geht er bei seinen Methoden ein Stück weiter. Es ist noch nicht lange her, da betrat er mitten in der Nacht den Schlafsaal und feuerte ein paar Pistolenschüsse in die Luft ab.« Bei dem Gedanken, wie sehr sich mein Kind erschrocken haben muß, schüttelte es mich vor Abscheu. »Einige Tage bevor wir nach Ischl aufbrachen, führte er den Erzherzog in den zoologischen Garten von Lainz, wo er ihn mitten auf dem Weg allein ließ und den Befehl gab, das Außentor zu schließen. Dann rief er: ›Ein Wildschwein ist los!‹ Das arme Kind fing an zu schreien und rannte auf das Tor zu, doch Gondrecourt hielt ihn an und sprach: ›Ihr dürft nicht fortrennen! Ein Soldat des österreichischen Kaiserreichs darf niemals Angst haben, selbst wenn sein Leben auf dem Spiel steht! Stellt Euch der Gefahr und bezwingt sie!‹ Der Erzherzog erstarrte daraufhin zur Salzsäule, doch sein kleiner Körper zitterte, während er zugleich versuchte, das Schluchzen zu unterdrücken ... So blieb er eine Weile stehen, bis das Tor schließlich wieder geöffnet wurde. Seit diesem Tag leidet Seine Hoheit an schrecklichen Alpträumen, unter denen er schweißgebadet und schreiend aufwacht. Sein Erzieher hat angeordnet, daß wir ihn dann jedesmal an seine Pflicht, keine Angst zu haben, erinnern und ihn allein in seinem Bett lassen sollen.«

Latour schwieg. Ich konnte nicht glauben, was er mir da erzählte. Ich sah aus dem Fenster in den Garten. Es war ein herrlicher Sommertag mit strahlendem Sonnenschein. Ich konnte das Wasser plätschern hören aus dem Brunnen, in dem marmorne Kinder- und Delphinfiguren miteinander spielten. Der Duft der Rosen drang zu mir herein, und vor mir erhob sich der Bergrücken des Jainzen, von Buchen, Linden und Birken bedeckt. Von weitem war Hundegebell zu vernehmen. Die Welt schien so schön zu sein in diesem Moment! Wie war es möglich, daß mein Sohn zur selben Zeit solche Torturen erleiden mußte, ohne daß es jemand von uns bemerkte? Oder wußte der Kaiser von diesen grausamen Methoden und hielt sie für sein Kind, das gerade sieben Jahre alt geworden war, für angemessen? Meine Entrüstung und mein Entsetzen darüber waren so groß, daß ich noch während der Oberst erzählte, beschloß, was ich unternehmen wollte. Ich dankte ihm aufrichtig für seine Enthüllungen und begab mich schnurstracks in das Amtszimmer von Franz Joseph. Nachdem ich ihm alles erzählt hatte, schwieg mein Mann für eine ganze Weile. Dann sprach er zu mir:

»Ich wußte nicht, daß Gondrecourt solche Methoden anwenden würde. Mein Befehl lautete, das Kind mit Strenge, jedoch nicht mit Grausamkeit zu erziehen. Ich glaube, daß er zu weit gegangen ist. Dennoch weiß ich, daß er in der besten Absicht gehandelt hat. Vielleicht war ich in meinen Anweisungen nicht präzise genug. Ich werde mit ihm darüber sprechen. Ich danke dir, daß du mich darüber informiert hast.«

Ich stand auf und schrie ihn an:

»Willst du etwa zulassen, daß ein solches Ungeheuer weiterhin unseren Sohn erzieht?«

Der Kaiser bemühte sich vergeblich, mich zu beruhigen.

»Er ist kein Ungeheuer, Sissi. Dies sind nun einmal die Gepflogenheiten der Armee. Dennoch glaube ich ebenso wie Latour, daß sie für ein so kleines Kind noch nicht geeignet sind. Ich werde Gondrecourt das mitteilen. Aber ich werde ihm seinen Auftrag nicht entziehen, das wäre ja ein Skandal, außerdem gibt es hierfür keinen Anlaß. Zum anderen wäre meine Mutter zutiefst gekränkt. Wir haben schon genügend Probleme, als daß wir noch weitere brauchen könnten. Laß das mal meine Sorge sein. Ich verspreche dir, daß es nicht wieder vorkommen wird.«

Ich sprach mit leiser und langsamer Stimme, ganz gelöst. Er sollte richtig verstehen, was ich ihm sagen wollte, und er sollte auch wissen, daß es stimmte.

»In diesem Augenblick, jetzt sofort, werde ich Österreich für immer verlassen. Ich möchte nicht dabei sein, wenn mein Sohn verrückt wird oder gar stirbt, nur weil sein Vater ein Feigling ist.«

Ich verließ das Amtszimmer, ohne ihm Gelegenheit zu geben, mir zu antworten. Mir war klar, daß er keine andere Wahl hatte als nachzugeben. Sobald ich in meinem Zimmer war, schrieb ich folgende Notiz für ihn:

Ich wünsche, daß mir vorbehalten bleibe unumschränkte Vollmacht in allem, was die Kinder betrifft, die Wahl ihrer Umgebung, der Ort ihres Aufenthaltes, die komplette Leitung ihrer Erziehung, mit einem Wort, alles bleibt mir allein zu bestimmen, bis zum Moment der Volljährigkeit. Ferner wünsche ich, daß, was immer meine persönlichen Angelegenheiten betrifft, wie unter anderem die freie Wahl meiner Umgebung, den Ort meines Aufenthaltes, alle Anordnungen im Haus p.p., mir allein zu bestimmen vorbehalten bleibt.

ELISABETH
Ischl, den 27. August 1865

Dem Kaiser war klar, daß ich ihm damit ein Ultimatum stellte. Gondrecourt wurde am darauffolgenden Tag entlassen und Oberst Latour auf meine Veranlassung zum neuen Erzieher Rudolfs ernannt. Für Rudolf kam das einem Fest gleich. Es war die Erzherzogin selbst, die ihm diese Nachricht übermittelte, im Glauben, ihn auf diese Weise gegen mich aufhetzen zu können. Statt dessen kam der Junge zu mir und fragte mich mit seinem vor Unruhe ganz bleichen Gesicht:

»Stimmt es, daß du den Grafen Gondrecourt hinausgeworfen hast?«

»Ja, Rudi. Ich wollte nicht, daß er dir noch mehr Böses antut.«

Er warf sich mir in die Arme, vielleicht war es sogar das erste Mal in seinem Leben, und er drückte mich mit seinen Ärmchen an sich. In diesem Augenblick wurde mir klar, daß ich ihn aus tiefster Seele liebte, ich spürte, daß er aus dem gleichen Fleisch und Blut war wie ich, wie alle Wittelsbacher, und schlagartig wurde mir klar, daß er dazu verurteilt war, wie ich in einer Welt zu leiden, mit der er nie würde in Einklang leben können. Ich küßte ihn zärtlich, immer wieder, ich strich ihm übers Haar, und als er gegangen war, weinte ich den ganzen Abend voller Kummer um ihn und das kleine Mädchen, das ich einst war und dem ich so sehr nachtrauere. Was haben wir bloß falsch gemacht, um dieses Schicksal zu verdienen?

Im Zug, auf dem Weg nach München, am 13. Dezember 1865

Wir haben bereits die bayerische Grenze passiert, doch nichts, nicht die Nähe meiner Heimat, nicht die unendlich weiß verschneite Landschaft und auch nicht das einschläfernde Zuckeln des Zuges, vermögen meinen Zorn zu besänftigen. Ich wußte, daß sie mich ablehnen, doch ich kannte die tiefe und tödliche Bosheit nicht, die sich trotz der Ehrerbietung und des Lächelns in ihren Herzen verbirgt. Wie naiv muß ich doch gewesen sein, wenn ich glaubte, ich könnte ihre Zuneigung gewinnen!

Meine erste Begegnung mit dem Grafen S. diente der Befriedigung meiner Eitelkeit. Es war bei meiner Rückkehr aus Ischl, eines Abends im Palast. Ich kam gerade von einem Ausritt zurück, als ich fast beim Tor der Hofburg auf die Erzherzogin Elisabeth traf, die in Begleitung des jungen Mannes die Burg verließ. Sie stellte mich ihm sogleich vor. Er hatte gerade sein Militärstudium absolviert und war nach Wien zurückgekehrt, um sich dort im Hause seines Vaters einzurichten. Ich bemerkte, daß er bei meinem Anblick wie ein kleines Kind errötete. Daraufhin betrachtete ich ihn noch genauer. Er war, das muß man sagen, ein gutaussehender Mann, einer der bestaussehenden, die ich in meinem bisherigen Leben kennengelernt hatte. Er war schlank, hatte ein gut geschnittenes Gesicht, reine Haut und blaue Augen, die fast durchsichtig waren. Alles an ihm deutete auf eine Sanftmut hin, die keineswegs zu dem Militärstudium paßte, dem er sich offenbar mit Eifer gewidmet hatte. Er warf mir einen langen Blick zu und wirkte dabei, wie ich glaubte, ein wenig verlegen, und ich, die ich mich geschmeichelt fühlte, zeigte ihm wiederum Interesse und Gefallen, indem ich ihm mein kaiserliches Lächeln schenkte. Im Laufe der darauffolgenden Wochen traf ich den Grafen bei verschiedenen Gelegenheiten. Sein Blick schien mich stets, wenn auch von ferne, sehnsüchtig und zugleich voller Schüchternheit zu verfolgen, so daß ich zu der Vermutung gelangte, der hübsche und gebildete junge Mann habe sich ernsthaft in mich verliebt. Mir behagte diese Vorstellung, zumal da ich in diesen Tagen nach dem Vorfall mit Gondrecourt aus dem Umfeld der Erzherzogin und des Erzherzogs Albert besonders deutlich deren Haß zu spüren bekam. Ich sah ihn plötzlich an, als ich die Gewißheit hatte, daß sein Blick starr auf mich gerichtet war, lächelte ihn an und rief ihn von Zeit zu Zeit an meine Seite, um mich nach seinem Aufenthalt in Wien zu erkundigen. Eines Tages, als wir für einen Augenblick zu zweit allein waren, wagte er es, mich anzusprechen.

»Mir geschehen Dinge, Majestät, die ich mir nie hätte vorstellen können . . . Das Herz ist ein Verräter. Es arbeitet zu reinem Selbstzweck, fern von Gesetzen und dem eigenen Willen, und es läßt einen leiden. Und zwar auf ganz grausame und wilde Art . . .«

Mir kam es so vor, als zitterte seine Stimme und als hätte er glasige Augen, doch ich wagte nicht, ihn anzusehen. Ich wußte auch nicht, was ich zu ihm sagen sollte. Meine Erfahrung in der Galanterie und im Liebeswerben sind nie so weit vorgedrungen. Wer weiß, vielleicht bezog sich seine Anspielung gar nicht auf mich, und wenn doch, so konnte jedes beliebige Wort, das ich sprach, falsch verstanden werden. So zog ich es vor, den Mund zu halten. Und nachdem er merkte, daß von mir keine Antwort kam, setzte er fort:

»Ich glaube, ich werde Wien bald verlassen müssen. Ich ziehe die sehnsuchtsvolle Erinnerung und die Lebenslust jener schrecklichen Qual vor, das, was ich liebe, zwar in meiner unmittelbaren Nähe zu wissen, es aber dennoch nicht erreichen zu können ...«

Lily Hunyady trat in diesem Augenblick zu uns. Jemand rief den Grafen zu sich, und so endete die Begegnung, ohne daß ich auch nur ein einziges Wort gesprochen hätte. Ich fühlte mich befremdet. Da war ein Mann, der sich allem Anschein nach in mich verliebt hatte und meinetwegen litt, und trotzdem bemerkte ich an mir selbst keinerlei Gemütsregung, nicht die leiseste Andeutung von Verliebtsein, nicht einmal Mitleid. Statt dessen empfand ich nur Vergnügen und eine gewisse Neugierde. Ich dachte, ich hätte mich in ein unsensibles Wesen verwandelt, wie dumm von mir! Ich wollte vergessen, daß ich mich stets auf meine Intuition verlassen kann ...

Gestern abend kam der Graf S. zu mir. Er bat mich um eine Audienz, in einem versiegelten Schreiben, das mir mein Sekretär überbrachte.

Ich bitte Euch darum, Euch allein sehen zu dürfen. Ich werde in Kürze Wien verlassen, doch möchte ich vorher von Euch Abschied nehmen. Versagt dies gütige Werk einem sterbenden Herzen nicht.

Ich beschloß, seinem Gesuch nachzukommen. Es ist nicht üblich, daß ich ein Mitglied der Hofgesellschaft ohne Begleitung empfange, doch habe ich dies bereits mehrmals getan, und sofern die Anfrage in angemessener Weise stattfindet, kann sie auch keinen Grund zu Vermutungen liefern. Der Graf erschien vor mir in seiner Offiziersuniform, eingehüllt in eine Duftwolke und reichlich nervös. Nach einigem Geplänkel trat zunächst eine längere Redepause ein. Dann brach er das Eis zwischen uns.

»Ich bin gekommen, Majestät, um von Euch Abschied zu nehmen.«

»Das weiß ich.«

»Ich muß fortgehen, da mir Eure beständige Anwesenheit unerträgliche Qualen bereitet«

Es stimmte also, er liebte mich wirklich. Und dennoch schien mein Herz von diesem Geständnis unberührt zu bleiben. Ich entdeckte, daß an dem weiß gestrichenen Sessel, auf dem er saß, eine winzige Stelle abgesplittert war. Das irritierte mich, denn ich kann es nicht ertragen, wenn die Dinge um mich herum alt und häßlich werden. Doch dann wandte ich meine Aufmerksamkeit wieder dem Grafen zu, der mich anstarrte und fortfuhr:

»Ich liebe Euch wie ich mir niemals hätte vorstellen können, jemanden zu lieben. Ich weiß, daß ich Euch nicht bekommen kann und Ihr für mich unerreichbar seid. Und dennoch, Majestät, glaubte ich, in Euren Augen ein Interesse für mich entdeckt zu haben, welches in mir Phantasien von unbeschreiblicher Zärtlichkeit weckt. Wenn Ihr wollt . . .«

Es geschah etwas Merkwürdiges, etwas, das nicht zu dieser Angelegenheit paßte . . . Mochte sich etwa so ein verliebter Mann verhalten, der mir auf dergleichen schroffe Art ein Angebot unterbreitete, wozu nichts, rein gar nichts in meinem Verhalten ihm Anlaß gegeben haben konnte? Er sprach diese Worte aus, als hätte er sie auswendig gelernt, Worte die trotz ihres Inhalts falsch und gefühllos klangen, zu glatt und von sich überzeugt, als daß sie aufrichtig gemeint sein konnten. Ich sah ihm in die Augen und begriff: Dieser Mann log mich an. Ich erinnerte mich an Richards Blick, an Franz Josephs Blick vor unserer Hochzeit, an den Blick des Grafen Hunyady auf Madeira, als er mir während eines Spaziergangs den Sonnenschirm anbot oder mir beim Aussteigen aus der Kutsche behilflich war. Die Gefühle eines Menschen, der liebt, zeichnen sich in seinen Augen ab, in ihnen spiegeln sich Verlangen, Freude, Traurigkeit, Stolz und die Hölle gemeinsam, sie sind wie ein Abgrund ohne Boden, wie ein hoher Berggipfel, den wir erklimmen wollen, und dabei Angst haben, uns zu verlieren. Die Augen des Grafen S. dagegen waren blau, fast durchsichtig, groß und schön, aber dennoch leer. Ich stand auf, und er tat es mir nach. Ich trat ans Fenster, wo das Tageslicht mir seine wahre Seele offenbaren würde.

»Kommen Sie näher«, sagte ich. Er gehorchte und blieb ruhig vor mir stehen, während sich auf seinen Augen bereits die Angst widerspiegelte. Ich gab mir einen Ruck und wagte, ihn zu fragen:

»Wer hat Sie geschickt?«

»Aber Majestät . . .!«

Seine Bestürzung gab mir die Gewißheit, daß meine Vermutung richtig war.

»Glauben Sie etwa, daß ich eine arme Irre bin, die so naiv und eitel ist, in die Arme eines geschickten Verführers zu sinken?«

»Ich weiß nicht, wovon Sie sprechen, Majestät . . .« Er wagte es nicht mehr, mich direkt anzusehen, mit diesem aufgesetzten schmachtenden Blick, den er so gut imitieren konnte. »Ich wollte doch nur . . .«

»Ich werde Sie nicht zwingen, Ihre Freunde zu verraten. Ich hoffe, daß im verborgensten Winkel Ihrer Aristokratenseele ein letztes Fünkchen Loyalität übriggeblieben ist. Ich will gar nicht wissen, wer mir das angetan hat. Sagen Sie ihnen nur, daß ich auf solch schmutzige Tricks nicht hereinfalle. Sagen Sie ihnen, daß ich noch immer die Gemahlin des Kaisers von Österreich bin, und das werde ich bis zu meinem Tode bleiben. Um mich von meinem Gemahl zu trennen, werden sie mich schon umbringen müssen, wenn es das ist, was sie wollen. Sagen Sie ihnen all das, und jetzt gehen Sie!«

Ich hatte nicht den Mut, irgend jemandem diesen Vorfall zu erzählen, nicht einmal Ida. Ich bat sie nur, mir mein Gepäck bringen zu lassen, und dann bereitete ich ohne ein Wort alles vor, damit wir im Morgengrauen nach München fahren konnten. Nachdem ich heute aufgewacht bin, habe ich dem Kaiser, der sich gerade in Buda aufhält, ein Telegramm geschickt, in dem ich ihm mitteilte, daß sich meine gesundheitlichen Probleme wieder eingestellt haben und ich deshalb Doktor Fischer konsultieren werde. Dann verabschiedete ich mich von den Kindern und ging. Ich werde Weihnachten zu Hause verbringen. Danach werde ich nach Wien zurückkehren müssen, in den Krieg.

Wien, Hofburg, den 8. Januar 1866

»Le Beau Pendu ...« So nannte man ihn in Paris, den schönen Geschenkten. Als ich ihn heute schließlich vor mir sah, mit seiner roten, mit Goldrand besetzten Husarenjacke, einem Tigerfell über den Schultern, dem verfilzten Bart und seinen Feuer sprühenden grünen Augen, kam er mir wie ein Prinz aus einer anderen Zeit vor, wie ein Steppenreiter, der aus einer alten Sage hervortritt, um mich wie ein Kind in seinen Bann zu ziehen. Jedesmal bei seinem Anblick, wenn er durch die Salons ging und auf mich zukam, verspürte ich plötzlich Lust, von ihm entführt zu werden, so wie es den Märchenprinzessinnen geschieht, von diesem wilden und zugleich zärtlichen Mann, der es vermögen würde, mir mit seinem Mantel eine Bettstatt zu bieten und mich vor allen Gefahren, vor allem Bösen zu beschützen. Bei jedem Schritt konnte ich sehen, wie sich seine Muskeln unter dem Stoff kraftvoll und mächtig abzeichneten. Seine riesigen, kräftigen Hände waren wie geschaffen, um die Zügel zu halten und das Schwert zu führen, aber auch um zu streicheln. Es überkam mich ein lustvoller Schauder, wenn ich mir vorstellte, von diesem Körper umarmt zu werden, wenn ich mir die Lust vorstellte, seine Haut mit meinen Fingern zu streifen und seine Wärme zu spüren, sein Gewicht auf meinem Körper, und wie er mich für immer von dieser Einsamkeit befreit ... Ich glaube, ich errötete vor Scham.

Der Graf Gyula Andrássy, le beau pendu ... Ich hatte so viel von ihm gehört, daß ich ihn schon bewunderte, noch bevor ich ihn kannte. Doch niemals hätte ich geglaubt, daß seine Anwesenheit in meinem Geist und meinem Körper soviel Verwirrung auslösen könnte. Ida hat mir viel von seinem Leben erzählt, das sich wie ein einziges Abenteuer anhört und das ich mittlerweile in- und auswendig weiß. Im Januar 1849, als die Revolution über sein Land hereinbrach, war er sechsundzwanzig Jahre alt. Im Glauben an deren Notwendigkeit schlüpfte er in die Uniform eines Oberst der Honvéd, der ungarischen Volksarmee, die sich gegen den Kaiser erhob, und er kämpfte bei Kossuth für die Unabhängigkeit. Franz Joseph ließ ihn wegen Hochverrats zum Tode verurteilen, doch er flüchtete nach Paris, während sein Name vom Henker am Galgenbaum angeschlagen wurde. Von seinem Exil unterstützte er die ungarische Sache, wodurch er die Sympathien vieler europäischer Politiker und zahlreicher Frauen gewann, die dem Reiz seiner unwiderstehlichen Attraktivität erlagen ... Vor einigen Jahren kehrte er zurück, nachdem mein Gemahl eine Amnestie erlassen hatte. Und dort widmete er sich nun stark und unermüdlich der Arbeit an der Front der Liberalen, an der Seite von Ferencz Déak, dem Intellektuellen des Landes. Er ist hinreißend, vortrefflich, geistreich, tapfer, aufopfernd, ein unerschütterliches Bollwerk der hehren Ziele seiner Landsleute. Seine Feinde würden ihn gerne tot sehen, seine Freunde hingegen verehren ihn wie einen Helden. Die Frauen fangen vor Liebe zu ihm an zu zittern, und die Männer erfinden so viele falsche Anklagen, wie ihre Phantasie eben zuläßt, nur um geringschätzig über ihn reden zu können. Doch er betrachtet die Welt aus der erhabenen Position seiner Freiheit, er, der Sieger in so vielen Schlachten, und lächelt selbstgewiß.

Sein heutiger Besuch in Wien war für mich ein Triumph. Ich habe so viele Male in der Öffentlichkeit meine Sympathien für Ungarn zum Ausdruck gebracht, daß es mir schließlich gelungen ist, die Meinung des Kaisers, die in allen der seiner Mutter gleicht, allmählich zu untergraben. Ich weiß, daß mir die Ungarn für meine Bemühungen aufrichtig danken. Aus diesem Grunde wollte eine Delegation des Reichstages und der Kammer mir persönlich zu meinem Geburtstag gratulieren, der vor einigen Tagen stattfand. Diese Geste, ihre *eljem*-Rufe heute morgen, als ich in ihrer Sprache eine Rede hielt, das Interesse jedes einzelnen von ihnen, sich nach dem Bankett mit mir zu unterhalten, zählen für mich mehr als alle Huldigungen meiner übrigen Untergebenen. Ich bin mir sicher, daß sie in mir nicht die schöne Herrscherin aus Porzellan sehen, sondern vielmehr eine Frau, die arbeitet und sich bemüht, ihre Intelligenz in den Dienst einer Sache zu stellen, die sie für richtig hält, nämlich die Wiederherstellung der alten Verfassung sowie die Anerkennung ihrer Rechte als eigenständige Nation innerhalb des Kaiserreichs. Am Ende dieses Monats werden wir einen weiteren Schritt auf diesem schwierigen Weg tun: Der Kaiser und ich werden für einige Wochen nach Ungarn reisen. Ich hoffe, daß ich an der positiven Entwicklung in diesem Konflikt mitarbeiten kann.

Buda, Königspalast, den 12. Februar 1866

Seit drei Tagen hüte ich nun das Bett. Heute fühle ich mich etwas besser, obwohl ich noch immer Fieber habe und die Kopfschmerzen wohl gar nie mehr verschwinden wollen. Doch wenigstens hat sich meine große Angst beruhigt, derentwegen ich stundenlang ohne Unterbrechung weinen mußte. Es waren zu viele Tage voller Zeremonien, Bälle, Empfänge und Treffen, für die ich mich immer neu frisieren und anziehen mußte – die Kleider wurden an mir abgesteckt und wieder aufgetrennt, damit nur ja keine Falte oder Kante oder sonstige Unebenheit entstand –, stundenlang mußte ich stehen, reden und zuhören. Ich habe es gern getan, das ist sicher, denn hier fühle ich mich ganz anders, so daß ich es sogar schaffe, mit dem freundlichsten Lächeln diese Schinderei über mich ergehen zu lassen, die ich ansonsten so sehr verabscheue.

Doch mein Körper wird meinem Willen nie gewachsen sein, dieser Körper, der zu klein und nicht perfekt genug für eine unsterbliche Seele ist . . .

Vor Erschöpfung brach ich schon beinahe zusammen, die Müdigkeit, diese Mattheit, die mich gelegentlich befällt, erfüllte alles mit Düsterkeit, Melancholie und Todessehnsucht. Und dann kam dieser verdammte Brief, wie eine Anklage, ein Kanonenschuß, der mich schlagartig in die Realität zurückversetzte.

Meine über alles geliebte Sissi!

Wenn Du nicht da bist, ist das Leben hier langweilig und traurig. Es ist dann niemand da, dem ich meine kleinen Abenteuer und täglichen Erlebnisse erzählen könnte, die bei Dir jedesmal spontane Reaktionen und fröhliches Gelächter hervorrufen . . . Komm doch bitte bald wieder, liebe Schwägerin, sonst wird sich Dein Schwager noch vor Sehnsucht verzehren und von der Erdoberfläche verschwinden!

Jedenfalls kann ich Dir jetzt schon sagen, daß die Rückkehr für Dich nicht einfach sein wird. In der Hofburg richtet sich die allgemeine Stimmung immer mehr gegen Dich. Alle sind der Auffassung, daß Du bereits zu lange in Buda bist und daß allzu viele Sympathie- und Freundschaftsbekundungen das Ansehen unserer bislang starken Dynastie erschüttern und zwingenderweise Zugeständnisse nach sich ziehen werden, die wir später bereuen werden. Selbstverständlich wirst Du für diese Situation verantwortlich gemacht. Uns ist hier durch Deine Begleiter, die uns täglich in ihren Schreiben berichten, bekannt, daß Du dort ganz anders auftrittst, als Du es für gewöhnlich in Wien tust. Man sagt, Du würdest ohne Klagen oder üblen Gesichtsausdruck an sämtlichen öffentlichen Anlässen teilnehmen, und Du würdest voller Begeisterung diesen wilden Czardas-Tänzen zusehen, von denen Crenneville meint, er würde niemals eine junge Frau heiraten, die so etwas tanzt, und er würde sich von seiner Frau trennen, wenn sie sich in dieser Manier einem wildfremden Mann in die Arme würfe. Ich muß sehr lachen, wenn ich mir Dein unschuldiges Kindergesicht vorstelle, das Du immer aufsetzt, wenn Du glücklich bist. In Deinen Wangen bilden sich dann immer Grübchen. Doch, liebe Sissi, das, worüber sie am meisten sprechen, ist Dein Verhältnis zu Gyula Andrássy. Die Leute sind davon überzeugt, daß Du in die Fänge dieses Verführers geraten bist, daß Du Dich Tag und Nacht in seiner Nähe aufhältst, ihn mit zärtlichen Augen und voller Bewunderung ansiehst und daß von seiner Hand, die angeblich bereits recht deutlich die Deinige führt, der Untergang unserer Familie und des ganzen Kaiserreichs ausgehen wird.

Ich erzähle Dir das alles, damit Du weißt, was Dich bei Deiner Rückkehr erwartet. Nicht gerade verlockende Aussichten, doch Dein Schwager wird wie immer versuchen, Dir zu helfen, damit Du ein wenig glücklicher bist.

Es küßt Deine Hand Dein Dich liebender

Ludwig Viktor

Ich wußte, daß Ludwig mit den besten Absichten handelte. Er war stets dazu bereit, mich vor den Gefahren, die auf mich lauerten, zu warnen, ebenso wie vor dem Gift, von dem die Hofburg befallen ist. Er war viel zu weit weg, als daß er sich hätte vorstellen können, was er mir mit seinem Brief angetan hat, der mich mit großem Schmerz und Scham erfüllte. Alle Wahnvorstellungen, die ich seit unserer Ankunft in Buda zu unterdrücken versuchte, stiegen urplötzlich alle auf einmal in mir auf und machten mich krank und müde: das Kind, das in diesen vier Wänden in meinen Armen starb, der schöne Andrássy, die schreckliche Vorstellung des denkbaren Sündenfalls und die bevorstehende Rückkehr nach Wien, die üble Nachrede, meine Sehnsucht nach Stille, ja, meine schreckliche, schmerzvolle Sehnsucht danach, nichts zu hören oder zu sehen, mich weder an etwas erinnern noch an etwas denken zu müssen. Einfach nur ein Schatten sein, ein rascher Flügelschlag eines Vogels, ein plötzlich aufflackerndes Licht, etwas, das ungreifbar vorüberzieht, federleicht, und das niemand streifen, treten oder gar verletzen kann . . . Ich würde am liebsten einfach nur in der Stille leben.

Wien, Schönbrunn, den 1. Mai 1866

Liebe Mama!

Wie sehne ich mich doch nach dem Klang Deiner Stimme, dieser Stimme, die niemals älter wird, genauso wie Dein Herz, und die in der Lage ist auszurufen, während Dein Gesicht eine Grimasse zieht wie ein entzücktes Kind: »Hast du schon gesehen, meine Stiefmütterchen haben neue Knospen bekommen?« Ich vermisse Deine Hände. Wenn sie mich streicheln, scheint die Welt um mich herum stillzustehen. Ich vermisse den zauberhaften Duft Deiner Kleider und Deiner Haut, Deine fröhlichen Lieder, die Du singst, während Du Dir ein weißes Haar nach dem anderen ausreißt, das Dir im Laufe der Jahre gewachsen ist, und das Du auf diese Weise beschwörst, indem Du Dich an die Zeit Deiner Kindheit erinnerst, in der Du gern die verwöhnte Prinzessin gespielt hast . . .

Erinnerst Du Dich, Mama, als ich noch klein war und zu Deinen Füßen saß und heulte, weil sich ein Schatten zwischen mein Herz und die Welt geschoben hatte? Du hast mir dann immer übers Haar gestrichen und gesagt: »Hab keine Angst, Sissi. Du bist ein starkes und tüchtiges Kind, und das Leben ist wie ein riesiger Strauß voller Rosen, den du am liebsten pflücken möchtest. Du wirst dich zuerst an den Dornen stechen, so daß deine Finger bluten werden, doch schließlich wirst du sie doch zu fassen bekommen und mit deinem süßen Gesichtchen in die Blütenblätter eintauchen. Ihr Duft wird dich den Schmerz in deinen Fingern vergessen lassen.« Oh Mutter, sag das noch einmal zu mir! Überzeuge Du mich davon, daß ich tapfer bin und die Wunden heilen werden! Sag mir, daß ich noch einmal im Garten von Possi umherlaufen werde, daß ich im See baden und die Bäume hoch-

klettern werde, während Du mir vom Fenster aus wachsam zusiehst und Dir keine meiner Albernheiten oder Stürze entgehen . . .! Der Garten vermißt uns beide wohl sehr . . .

Du siehst, wie es um meinen Gemütszustand bestellt ist. Es mag wohl daher kommen, daß ich pausenlos Berichte vom Krieg in Preußen erhalte, daß es seit heute morgen grau und schwül ist und ich wieder zu husten angefangen habe . . . Aber sieh es als Trost an, daß ich somit einen Vorwand hatte, nicht an den lästigen, alljährlichen Feierlichkeiten für den ersten Mai teilzunehmen. In aller Ruhe hierzubleiben, ist, auch wenn ich trauriger Stimmung bin, unendlich viel angenehmer als an den Feiern teilzunehmen und im Trab die Prachtstraße zum Prater hinabzufahren, noch dazu in Begleitung einer Erzherzogin, und von Tausenden von Menschen angestarrt zu werden. Ich weiß, Du sagst dann immer, daß Du meine Kapriolen, wie Du sie zu nennen pflegst, nicht schätzt, doch im Grunde Deines Herzens weißt Du, daß ich recht habe.

Paß gut auf Dich auf, Mama, tu es für mich, damit ich noch lange etwas von Deiner Liebe haben werde. Vergiß nicht, die Bäume in Possenhofen von mir zu grüßen, und denke immer an die, die Dich so sehr liebt. Deine
SISSI

Wien, Hofburg, den 3. Juli 1866

Wie eine Pythonschlange, die ihrer Beute von ihrem Versteck im Laub aus auflauert, um sich erst im entscheidenden Moment blicken zu lassen, und dabei ihr Maul gefährlich weit öffnet, genauso hat Preußen uns getäuscht, uns aufgelauert und vernichtet . . . Vierhundert Jahre deutscher Geschichte sind heute zu Ende gegangen in Königgrätz, und die Welt stürzt vor unseren Augen zusammen . . .

Bismarck hat das Gesicht des Teufels, und über die Leichtgläubigen gewinnt der Teufel stets die Oberhand. Niemals wollte der Kaiser glauben, daß seine preußischen Bündnispartner ihn auf solche Weise betrügen würden, daß sich hinter all ihrem Lächeln, ihren Trinksprüchen auf unser Wohl und ihrer ausgelassenen Kameradschaftlichkeit nichts anderes verbarg als die Absicht, uns niederzumetzeln und sich die Oberhoheit über Deutschland einzuverleiben.

Die Fallen waren perfekt gestellt: Als erstes versuchte Preußen, die Herzogtümer Schleswig und Holstein anzugliedern, zur Überraschung des naiven Franz Joseph, der niemals den Verdacht hatte, seine Teilnahme am Krieg gegen Dänemark könnte eine perfekt kalkulierte Strategie von Kaiser Wilhelm I. und seinem Reichskanzler sein, um ihn anschließend zu provozieren . . . Darauf folgte ganz unverhohlen der Vorschlag, Österreich aus dem Deutschen Bund auszuschließen und auf dem Weg des allgemeinen Wahlrechts ein neues Parlament zu wählen. In der Zwischenzeit schloß Bismarck hinter unserem Rücken einen Pakt mit Italien, um uns gemeinsam anzugreifen. Und Napoleon, stets schlau wie ein Fuchs, bot uns an, sich aus dem Konflikt herauszuhalten, sofern wir für immer auf Venedig verzichten würden.

Dann brach ganz schnell das Grauen aus, und es trafen die ersten Meldungen von Niederlagen an der Nordfront ein. Heute abend, es ist erst wenige Stunden her, traf das schicksalhafte Telegramm ein: *Schlacht bei Königgrätz, das Heer besiegt, Flucht zur Festung, dort Gefahr der Einkesselung*. Unsere letzten Hoffnungen wurden auf diese Weise zerstört. Nur ein hauchdünner Truppenschleier trennt Wien von den preußischen Armeen, die uns in den folgenden Tagen überfallen könnten. Die Verluste waren, soviel wir dem Telegramm entnehmen konnten, erschreckend hoch. Tausende von Soldaten liegen verwundet oder tot auf den Schlachtfeldern des lieblichen Böhmens und mit ihnen die Ehre der Habsburger und Österreichs sowie die Freiheit aller deutscher Königshäuser, die gemeinsam mit uns gegen die Schlange gekämpft haben . . . Franz Joseph gibt sich jedoch nicht geschlagen. Er hofft noch immer darauf, Napoleon als Bündnispartner zu gewinnen, falls er nicht in Kürze einem Preußen gegenüberstehen möchte, das auf Kosten anderer Königreiche an Umfang gewachsen und nicht mehr zu bremsen ist.

Seit der Ankunft des ersten Telegramms bin ich nicht mehr von seiner Seite gewichen. Ich kann ihn von hier aus beobachten, an seinem Schreibtisch sitzend, über Landkarten und Briefe gebeugt. Er sieht blaß und verstört aus, der Schatten, den sein Bart wirft, läßt sein ohnehin eingefallenes Gesicht noch älter aussehen. Tadellos dagegen ist seine Generalsuniform, in der er ein Heer befehligt, das wie er der Vergangenheit angehört, einer Zeit, in der für die Feldherrn dieser Erde die Ehre und das gegebene Wort mehr bedeuteten als alle Beute dieser Welt.

Ich kann nicht umhin, pausenlos an den armen kleinen Rudi zu denken, dessen Zukunft aus meiner heutigen Sicht so traurig aussehen wird.

Buda, Königspalast, den 9. August 1866

Meine über alles geliebte Sissi!

Es freut mich zu hören, daß Du Dich nun ausruhst und viel schläfst, wie Du schreibst, wenn ich mich auch weigere anzunehmen, daß Dein kurzer Aufenthalt in Wien und meine traurige Gesellschaft der Grund für Deine Müdigkeit waren ... Selbst wenn es so sein mag, möchte ich Dich um etwas bitten: Könntest Du nicht doch wieder zu mir kommen, sofern es Deine Kräfte und Deine Gesundheit zulassen? Selbst wenn Du beim letzten Mal sehr wortkarg warst, so liebe ich Dich doch so sehr, daß ich nicht ohne Dich sein kann ... Ich vermisse Dich so sehr, denn trotz allem bist Du die einzige Person, mit der ich sprechen kann und die mich ein wenig aufmuntert. Ja, mein Schatz, und was für ein Schatz Du bist! Ich brauche Dich furchtbar dringend. Übrigens hat sich die allgemeine Lage bereits wieder beruhigt, es besteht keinerlei Gefahr für uns, und ich glaube daher, daß Dein Aufenthalt in Ungarn nicht länger notwendig ist. Du könntest mit den Kindern zurückkommen und gemeinsam mit ihnen in Ischl bleiben, dann könnte ich Dich dort einmal besuchen kommen. Ich versichere Dir, daß auch mir ein Tag der Erholung ganz gut täte. Ich würde gerne ein wenig Bergluft schnuppern, um meine Gedanken etwas aufzufrischen, die in der Tat in miserablem Zustand sind. Erst jetzt habe ich das ganze Ausmaß an Niedertracht und den raffinierten Hinterhalt erkannt, auf den wir hereingefallen sind. Das ganze Komplott wurde bereits vor längerer Zeit in Paris, Berlin und Florenz vorbereitet. Wir waren ehrlich, aber leider äußerst dumm. Dies ist ein Kampf auf Leben und Tod, der noch lange nicht vorüber ist und der unsere totale Niederlage bedeuten wird. Wenn sich die ganze Welt gegen dich verschwört und du keinen Freund mehr hast, dann bleibt nicht mehr viel Hoffnung auf Triumph. Doch es ist notwendig, seine Pflicht bis zuletzt zu erfüllen und ehrenvoll zu sterben.

Ich will Dir mit meinen Klagen nicht mehr länger auf die Nerven fallen! Ich werde mit Gelassenheit auf Deine Entscheidung warten. Solltest Du nicht zurückkommen, wird mir nichts anderes übrig bleiben, als mich selbst zu trösten und geduldig meine Einsamkeit zu ertragen, an die ich mich bereits gewöhnt habe.

Was Deine Anregung zum Kauf eines prächtigen Palastes in Ungarn betrifft, so tut es mir weh, Dir mitteilen zu müssen, daß ich im Augenblick nicht genügend Geld dafür habe. In diesen Zeiten müssen wir soviel Geld wie nur irgend möglich sparen. Einige Besitztümer unserer Familie haben während der Besatzung der Preußen erhebliche Schäden erlitten, und es wird Jahre dauern, bis sie wiederhergestellt sind. Ich mußte das Hofbudget für das kommende Jahr auf fünf Millionen zurückschrauben, was bedeutet, daß wir mit zwei Millionen weniger auskommen müssen. Wir müssen fast die Hälfte unserer Reitpferde verkaufen und die Ausgaben drastisch reduzieren.

Wie Du siehst, besteht mein Brief nur aus düsteren Nachrichten. Dies ist nun einmal mein Gemütszustand. Ich ziehe es daher vor, mich nun von Dir zu verabschieden. Bis morgen, mein Liebling. Ruhe Dich aus und vergiß Deinen Kleinen nicht, der Dich so sehr verehrt.
FRANZ JOSEPH

Es tut mir leid, aber ich werde nicht zurückkehren. Ich gehe sehr hart mit ihm um, vielleicht zu hart . . . Doch er muß einsehen, daß die Rettung der Dynastie und des Kaiserreichs allein in Ungarn zu finden ist. Wenn er Ungarn im Stich läßt, wenn er diesem Volk weiterhin so wenig Beachtung schenkt, wird der Ruf nach Unabhängigkeit einiger Einzelpersonen, die durch die Preußen Rückenstärkung erhalten, letztlich die Oberhand gewinnen. Alles wird dann zunichte gemacht werden. Würde er hingegen Männern wie Déak oder Andrássy Gehör schenken, würde er auf meine Ratschläge hören, die von nichts anderem herrühren als meiner Sehnsucht nach Gerechtigkeit und meiner Angst um das Schicksal meines armen Sohnes, so könnte dies die Grundlage für das Weiterbestehen unserer Monarchie schaffen. Im Moment jedenfalls werde ich nicht nach Österreich zurückkehren. Ich werde zu seinem Geburtstag zu ihm reisen, aber hierher zurückfahren, wo meine Anwesenheit notwendig ist und wo ich auf meinem Posten bleiben werde. Auf diese Weise werde ich, was immer auch geschehen mag, eines Tages zu Rudolf sagen können: »Ich tat alles, was in meiner Macht stand. Für dein Unglück bin ich nicht verantwortlich.«

Buda, Königspalast, den 30. August 1866

In Prag wurde das Friedensabkommen unterzeichnet. Ein Abkommen, das unser Herz in zwei Stücke gerissen hat: Nicht nur, daß wir Venedig verloren haben, worüber ich mich kaum beklagen kann.[1] Nein, obendrein ist es Preußen gelungen, uns aus dem Deutschen Bund auszuschließen. Nun wird Preußen über die nördlichen Länder regieren und nach seinem Gutdünken mit den Ländern des Südens Bündnisse schließen. Von heute auf morgen haben wir aufgehört, Teil des deutschen Volkes zu sein . . . Ist es wirklich möglich, daß die Zündnadelgewehre einer Armee Jahrhunderte der Geschichte einfach so auslöschen, neue Grenzen abstecken und neue Regierungen einführen und dabei die Gefühle sowie kulturelle und sprachliche Verbundenheit völlig außer acht lassen? Wie kann es sein, daß man mich aus meiner Heimat, in der ich geboren wurde, vertreibt, mit Stumpf und Stiel dem Boden entreißt, der mich nährt und meinem Leben seinen Geist einhaucht . . .? Die Kriege, die die Männer so lieben, die sie mit soviel Ehrgeiz vorbereiten und durchführen, setzen einer natürlichen, vom Herzen bestimmten Ordnung ein Ende. Ihre Gier nach Macht verwandelt die Erde in einen Sumpf aus Dreck . . .

Verdammt seien jene verräterischen und habgierigen Kanaillen, die keine anderen Regeln gelten lassen als die ihrer eigenen Bosheit, in deren Namen sie die Erde in eine Wüstenei verwandeln! Der Zorn Gottes möge sie treffen . . .!

Wien, Hofburg, den 5. Oktober 1866

Wenn sich erst einmal der Schatten des Bösen über ein Haus gelegt hat, dann kann ihn niemand mehr abwenden . . . Wir sind erledigt, und der Kaiser ist erbost über seine Untertanen, die es wagen, lautstark seine Abdankung zu fordern und die Wände des Palastes mit Sprüchen wie diesem beschmieren: *Freiwillige ohne Stiefel, Minister ohne Kopf und ein Kaiser ohne Gehirn, wie soll man da*

1 Nachdem Venedig als Gegenleistung für dessen Neutralität Frankreich überlassen wurde, wurde es nach einem Plebiszit Teil des neuen italienischen Königreichs.

gewinnen? Wir sind erledigt, doch Franz Joseph weigert sich, Andrássy zum Außenminister zu nominieren. Statt dessen setzt er die Zukunft dessen, was uns noch geblieben ist, weiterhin aufs Spiel. Die Schlachtfelder in Böhmen mußten desinfiziert werden, dort roch man noch immer den Leichengestank der über zwanzigtausend Toten, die nur notdürftig beerdigt worden waren. Kein Haus und kein Baum stehen dort noch, Hunger und Krankheiten bereiten denen ein Ende, die die Schüsse und Überfälle überlebt haben. Franz Joseph ist einem Attentatversuch in Prag entkommen – welch erbärmliche Geschöpfe, die vergossenes Blut mit noch mehr Blutvergießen rächen wollen! –, und jetzt treffen auch noch die Nachrichten von Max und Charlotte ein. O mein Gott, der arme Max, mit seinem guten Herz, seinem Wunsch, zu lieben und geliebt zu werden, und dennoch scheiterte er in all seinen Bemühungen, das Leben seiner neuen Untertanen zu verbessern. Statt dessen ist er einsam und verlassen und von allen Seiten von Feinden umgeben . . . Weder seine Verfassung noch seine Reformgesetze, weder seine humanitären Vorhaben, noch die Gründung der Akademie der Wissenschaften, Museen, Theater und öffentliche Gärten, die er erbauen ließ, vermochten ihm die Zuneigung des mexikanischen Volkes zu schenken. Ganz im Gegenteil, die Kirche und die angesehenen Persönlichkeiten im Land verschmähen ihn mittlerweile, nachdem sie ihn zuvor auf den Thron geholt haben, denn er weigerte sich, ihnen die Güter zurückzugeben, die Präsident Juárez beschlagnahmen ließ. Und, was der Gipfel ist, Napoleon, verräterisch und feige wie immer, hat wenige Monate zuvor seine politische Unterstützung zurückgezogen und, was noch schlimmer ist, auch seine Armee, da er sich von den Drohungen seitens der Vereinigten Staaten einschüchtern ließ, die nun nach Beendigung ihres Bürgerkrieges nicht wollen, daß Europa seine Nase in fremde Angelegenheiten steckt. Max war völlig niedergeschmettert und ohne jede Hoffnung. Er wollte nach Hause zurückkehren, alles liegen und stehenlassen und einfach nur nach Hause zurückkehren. Doch Charlotte, die den Gedanken nicht ertragen konnte, auf einen Thron zu verzichten, selbst wenn es ihn nie gegeben hatte, akzeptierte Max' Vorhaben nicht. Sie selbst bat Napoleon und den Papst um Unterstützung, doch vergebens. Daraufhin waren all ihre stolze Selbstsicherheit und ihre hochmütige Geringschätzung für andere dahin. Ihre Angst und ihr Kummer müssen so groß gewesen sein, daß ihr Verstand damit nicht fertig wurde und sich der Wahnsinn in ihm eingenistet hat. Sie sieht nun überall nur Feinde, die sie, wie sie voller Überzeugung glaubt, töten wollen, und mitten in ihrer Unterredung mit dem Heiligen Vater rief sie laut um Hilfe, da sie glaubte, die Tasse Schokolade, die man ihr kredenzte, sei vergiftet. Ein Arzt mußte sich ihrer annehmen und sie nach Triest bringen, wo sie vierundzwanzig Stunden täglich unter Beobachtung ist.[2]

Was wird wohl nun aus Max, der so weit fort und ganz allein ist? Ich denke noch immer an den Schatten des Todes, den ich bei seiner Abreise in seinen Augen auftauchen sah. Gebe Gott, daß ich mich täusche!

2 Charlotte von Coburg starb im Jahre 1927, ohne ihren Verstand jemals wiedererlangt zu haben.

Wien, Hofburg, den 9. Januar 1867

Die täglichen Besuche von Max Falk sind für mich wie ein Geschenk, sie sind ein wahrer Lichtblick meiner trüben und langweiligen Tage in Wien. Mein neuer Ungarischlehrer, ein Journalist jüdischer Abstammung und von liberaler Gesinnung, ist wahrlich ein außergewöhnlicher Mensch. Ich bewundere und beneide ihn zugleich für seine Intelligenz und seine künstlerische Veranlagung. Ein Mann, der seiner Gedanken wegen ins Gefängnis gekommen ist, kann kein gewöhnlicher Mensch sein! Irgend jemand, ich weiß noch nicht, wer es ist, auch wenn ich einen Verdacht habe, erlaubt sich, ihn immer wieder in einer Kutsche vorfahren zu lassen, die seines Standes nicht würdig ist. Heute beispielsweise traf er in einem offenen Wagen ein, obwohl es seit gestern abend nicht mehr aufgehört hat zu schneien. Er hingegen präsentiert sich mir freundlich lächelnd und aufmerksam, bereit, auf alle Fragen, die ich ihm unverhohlen stelle, zu antworten. Als wir heute abend am Kamin saßen und er versuchte, sein Frösteln mit einem guten Glas Cognac zu kurieren, haben wir uns über zwei verbotene Werke unterhalten, das Gedicht *Zászlótarto* von Josef Eötvös, ein langes episches Gedicht, in dem die Rede ist von einer Landesflagge, die man über den Kadavern der jungen Soldaten errichtet hat, die beim Versuch, ihre Heimat zu verteidigen, umkamen. Bei dem zweiten Werk handelt es sich um das alte Tagebuch von Széchényi mit dem Titel »*Ein flüchtiger Blick auf einen Rückblick«*. Ich bat Falk darum, mir diese beiden Texte mitzubringen, doch er weigerte sich. Dann öffnete ich die Schublade meines Schreibtisches, um ihm eine Ausgabe des *Zerfalls von Österreich* zu zeigen, jener Schrift, die der Sohn eines hohen Funktionärs verfaßt hat, der den Kreis um Graf Grünne für alle schlimmen Ereignisse der letzten Zeit verantwortlich machte. Vor wenigen Tagen erst war das Werk unter äußerster Geheimhaltung in meine Hände gelangt. Falk blätterte aufmerksam darin. Als er fertig war, sagte ich zu ihm:

»Sehen Sie nun? Ich bin nicht ängstlich. Ich wage es sogar, Dinge wie diese in meinem Schreibtisch aufzubewahren. Wenn man das bei Hofe wüßte, dann würden wir wohl beide im Gefängnis landen ...«

Falk wußte nicht, wie er sich verhalten sollte. Doch als er sah, daß ich herzlich lachte, stimmte er in meinen Heiterkeitsausbruch mit ein. Natürlich wäre das ein schöner Skandal, die Kaiserin von Österreich verhaftet, weil sie in ihrem Salon Werke versteckt, die ihr Gemahl verbietet ...!

Zürich, den 22. Januar 1867

Die Neuigkeiten aus dem Kreise meiner Familie halten mich ziemlich auf Trab. Mathilde hat hier in Zürich ein Mädchen zur Welt gebracht, das so hübsch ist, daß sogar ich, die ich für gewöhnlich kleinen Babys keinen Reiz abgewinnen kann, ganz entzückt bin. Und vor wenigen Stunden erreichte mich aus München folgendes Telegramm: *Sophie mit dem König verlobt. Komm bald!* Die Freude, die in diesen Tagen in meiner Familie herrscht, kann ich mir sehr gut vorstellen. Seit geraumer Zeit waren sie auf der Suche nach einem Bräutigam für meine Schwester, die bald zwanzig Jahre alt wird und bereits zwei Anwärter zurückgewiesen hat, darunter sogar meinen Schwager Ludwig Viktor – er schien ihr, wie sie sich ausdrückt, »zu unmännlich und geschwätzig« –

und einen spanischen Prinzen, den sie nicht einmal zu Gesicht bekommen hatte, da sie nicht an einem Hof landen wollte, der so weit abgelegen und obendrein so wenig attraktiv ist. Der Gedanke, unseren Cousin Ludwig zu heiraten und dadurch Königin von Bayern zu werden, hat sie nun offenbar doch überzeugt. Dennoch werde ich einen Anflug von innerer Unruhe nicht los. Obwohl ich mich niemals auf die Seite von Ludwigs Feinden schlagen werde, die von allen Seiten wüste Beschimpfungen über sein exzentrisches Wesen loslassen, so muß ich doch zugeben, daß das Verhalten meines Cousins nicht gerade dem eines vernünftigen Menschen entspricht. Mich quält das Gewissen, während ich diese Gedanken zu Papier bringe, die viele auch über mich äußern. Aber was sollte ich sonst von einem König denken, der sein gesamtes Vermögen an einen Musiker verschwendet, während dieser eine stürmische Liebesaffäre mit der Frau seines besten Freundes unterhält?[3] Was sollte ich sonst von einem Monarchen sagen, der zur gleichen Zeit, als seine Soldaten tapfer an unserer Seite gegen Preußen kämpften, ein Feuerwerk entzündete, um den bewölkten Nachthimmel mit Sternen zu überziehen? Und dann ist da noch sein seltsames Verhältnis zu den Frauen. Nie sieht er sie an oder spricht auch nur über sie . . . Nur einige seltene Male glaubte ich seinen Worten eine gewisse Bewunderung zu entnehmen, als er von einer bereits älteren Schauspielerin sprach, und natürlich in seinem Verhalten mir gegenüber. Ich erinnere mich noch gut an den Tag, als Sophie, die sich hinter einer Tür versteckt hatte, während er sich nach einem seiner langen Besuche im Hause meines Vaters von mir verabschiedete, mich fragte, ob meine Hand noch dran sei, wobei sie sich vor lauter Lachen die Tränen aus den Augen wischte. Er hatte mir meine Hand so viele Male

3 Richard Wagner hatte heimlich eine leidenschaftliche Beziehung mit Cosima, der Tochter seines Lehrmeisters Liszt, die er im Jahre 1870 heiratete, die jedoch zu dieser Zeit noch mit dem Orchesterdirektor Hans von Bülow, dem Freund und Kollegen Wagners, verheiratet war.

geküßt, daß meine Schwester schon fürchtete, er hätte sie gar aufgesaugt! Und seine Briefe erst, diese Briefe, die so leidenschaftlich formuliert sind, daß mir der Kaiser bereits einmal verboten hat, ihm zu antworten. *»Dieses Gefühl der aufrichtigen Zuneigung, des Respekts und der treuen Freundschaft, das ich Dir, obwohl ich noch sehr jung bin, aus tiefster Seele zuteil werden ließ, läßt mich an den Himmel und die Erde glauben . . .« – »Die Stunden, die wir jüngst im Waggon miteinander verbracht haben, zählen zu den schönsten in meinem Leben, nie werde ich sie vergessen . . .«*

Manchmal habe ich Angst, Ludwig könnte in Sophie mein Spiegelbild suchen . . . Doch dann zwinge ich mich zu der Vermutung, dieser Gedanke entspringe meiner eigenen Eitelkeit. Doch auch wenn er mir gelegentlich ewig lange Besuche abstattet und obwohl die Aufmerksamkeit, die er mir schenkt, oft lästig und sogar beunruhigend ist, schmeichelt es mir im Grunde zu wissen, daß ich bei einem Mann soviel Bewunderung wecken konnte, der gewöhnlich nur beim Anblick steinerner Gottheiten oder durch den Klang himmlischer Töne in schaudernde Entzückung gerät. Vielleicht ist es gerade das, was mich daran hindert anzunehmen, daß er meine Schwester richtig zu lieben vermag und daß er in ihr die beste Gefährtin für sein außergewöhnliches Leben gefunden hat und sie glücklich machen möchte. Doch mit jedem Mal bekomme ich mehr Angst vor meiner sonderbaren Intuition.

Wien, Hofburg, den 1. Februar 1867

Nichts im Leben ist vergleichbar mit dem erfolgreichen Abschluß einer erschöpfenden Anstrengung, nichts kommt dem Stolz des Bergsteigers gleich, der sich, auf dem Gipfel angelangt, von dem beschwerlichen Marsch erholt und in seinem Antlitz den Gruß Gottes empfängt . . . So wie Odysseus beim Betreten von Ithaka, als seine Hunde sich zu seinen Füßen niederlegen und Eumäos schluchzt, die Sklaven seine Liegestatt bereiten und Penelope ihm zärtlich über den Rücken streicht, der durch Schlachten und Unwetter übel zugerichtet ist, genauso will ich mich dem Himmel dankbar zeigen für seine Großzügigkeit, diesen Augenblick erleben zu dürfen.

Jetzt endlich werde ich Erzsébet Kyráliné, Königin von Ungarn. Sehr bald werden die Ungarn ihre eigene Regierung haben, und Gyula Andrássy wird der erste Minister sein, und ganz Ungarn wird Gott und seinem König danken. Meinen Worten wurde Gehör geschenkt, meine Feinde ballen die Hände zu Fäusten und beißen die Zähne zusammen. Ich werde die Kirche Sankt Matthias betreten, und Andrássy wird mir die Krone aufs Haupt setzen. Mein Herz wird dabei vor Liebe und Stolz einen Luftsprung machen ...[4]

Buda, Königspalast, den 29. Mai 1867

Seit jenem Augenblick sind vierundzwanzig Tage vergangen. Vierundzwanzig Tage und Nächte, in denen er auf den verhängnisvollen Moment oder die Freiheit gewartet hat. Wer weiß, unter welchen Bedingungen, vielleicht hungernd und frierend, vielleicht unter Foltern, von Fußtritten aus dem kurzen Schlaf auf blankem Boden geweckt, verspottet wegen seines höfischen Benehmens,

4 Im Februar 1867 wurde der Ausgleich unterzeichnet, durch den Ungarn seine Verfassung zurückerhielt und somit zu einem vom Reich unabhängigen Staat wurde. Durch das Erbrecht war es jedoch an das Haus Habsburg gebunden. Die neue Regierung von Österreich-Ungarn beruhte von da an auf einem dualistischen Prinzip: Es gab zwei gleichrangige politische Zentren, wobei die Macht zwischen den Magyaren und den Deutschen aufgeteilt war und alle anderen Nationalitäten (Tschechen und Slowaken, Polen, Slawen und Italiener) ausgeschlossen wurden. Ihre Unzufriedenheit setzte im Jahre 1918 dem Kaiserreich ein Ende.

das er als Erzherzog von Österreich gewohnt ist, der stets von Kindermädchen umhegt war, von lächelnden Hofdamen und gehorsamen Offizieren umgeben, auf Seidenkissen gebettet mit dem Duft von Blumen in der Nase. In seinen großen und zugleich feingliedrigen Händen hielt er stets kostbare Bücher, die die ganze Weisheit beinhalteten. Doch nun ist er diesem Lumpenpack ausgeliefert, jenen, die aus der Weisheit Scheiterhaufen machen, um darin die Knochen der Toten zu schmoren, die Schüsse in die Luft abgeben, aus reiner Lust am Lärm, der den sanften Klang der Geigen in den wie Musikkästen mit Stoff ausgelegten Sälen absorbieren wird . . .

Mexiko, den 5. Mai 1867
Kaiser Maximilian durch Juárez in Querétaro gefangengenommen.

Das ist alles. Ein Telegramm, das vor vierundzwanzig Tagen eingetroffen ist. Vielleicht ist er bereits tot, und wenn er tot ist, wie ein Hund abgeknallt, ohne daß ihm die Zeit blieb, ihnen zu sagen, daß er sie liebte, daß er ihnen ein besseres Leben ermöglichen wollte, ein Leben voller Blumenduft, ein Leben mit Büchern voller Weisheit, voller Geigenklänge . . . Für jene blutrünstigen Geier in Mexiko waren es vierundzwanzig Tage voller Freudenfeiern!

Buda, Königspalast, den 4. Juni 1867

Ich versuche, vor den bösen Vorahnungen zu fliehen und mich statt dessen mit voller Kraft in die Vorbereitungen für diese Zeremonie zu stürzen, die mich in zwei Tagen zur Königin des von mir am meisten geliebten Landes machen wird, zur Herrscherin der von mir am meisten geliebten Untertanen. Dann werde ich eine von ihnen sein, mein Herz wird stolz und frei sein wie ihre Herzen . . . Ich flicke den Umhang von Sankt Stefan, der die

Schultern meines Gemahls bedecken wird, des Königs von Ungarn. Ich stecke das Samtfutter in die alte Krone hinein, die ein Engel des Herrn eines Tages Attila überreichte und die nun auf dem Haupt von Franz Joseph erstrahlen wird. Ich probiere das Königinnenkleid an – weißer und silberner Brokat, der Rock mit Lilien und kostbaren Steinen besetzt und wie bei einer einfachen Bäuerin von einem Mieder aus schwarzem Samt zusammengehalten. Ich höre mir die Proben zur *Krönungsmesse* an, die Franz Liszt schon vor einiger Zeit zu diesem Anlaß komponiert hat. Überall sehe ich nur Gesichter voller Dankbarkeit, und ich merke, wie sich auch auf meinem Gesicht das Gefühl der Dankbarkeit widerspiegelt ...

Buda, Königspalast, den 5. Juni 1867

Heute habe ich mein neues Heim besichtigt. Ich wollte hier unbedingt ein Zuhause haben, einen Ort, an dem ich mich in Ruhe mit Freunden treffen und vor dem Lärm und der Unruhe flüchten kann. Die neue Regierung dieses Landes hat mir nun Gödöllö, einen Palast, zum Geschenk gemacht, der wie ein wunderschöner alter Baum mit seinen zahlreichen tiefen Kellergewölben vor mir steht, tief in die Erde verwurzelt, seine grünen Kuppeln recken sich dem Himmel entgegen ... Als ich ihn heute morgen besichtigt habe, sah ich ein Schwalbenpärchen, das im Gewölbe des Hausflurs ein Nest gebaut hat. Ihre Jungen reckten die Köpfchen weit über den Nestrand hinaus, um ganz aufgeregt um Futter zu betteln. Von den Fenstern des Salons aus, der mein Zimmer werden wird, sah ich zu meinen Füßen den riesigen Park liegen, in dem Erlen und Eschen, Nußbäume und Magnolien, Ulmen, Eichen und Linden wild durcheinander wuchern. Ich wußte, dies würde mein Refugium sein, ein Ort, der vor Stürmen und vor dem Bösen geschützt sein würde. Mein Haus Gödöllö wird wie ein Teil des Paradieses sein, den die Erde mir bereitgehalten hat. Dort werde ich mein Herz balsamieren und wieder tief Luft holen. Mein bisheriger Name wird in Vergessenheit geraten, von nun an werde ich für immer Erzsébet, die Ungarin, sein ...

Regensburg, den 28. Juni 1867

Ich kann nicht beten, ich kann einfach nicht ... Deine Pläne, o Herr, sind manchmal so grausam, daß ich Angst habe, mich gegen dich aufzulehnen ... Wir sind hierhergekommen, um Helene Trost zu spenden. Meine geliebte Schwester Helene, sie weint bei ihrem toten Gemahl, den sie so sehr liebte ... Wie eine düstere Wolke hat sich der Schmerz über den Palast gelegt und noch immer hielten wir die Taschentücher in unseren Händen gepreßt, als uns jene vier Wörter auf einem Stück Papier einen weiteren Stich in unsere Herzen versetzten: *Max in Querétaro erschossen ...*

Er hatte die Gelegenheit zu fliehen, sie boten ihm die Flucht regelrecht an, doch er wollte nicht. So haben sie ihn in Querétaro erschossen, im Morgengrauen, von allen verlassen, einsam, weder Franzosen noch Österreicher standen ihm bei, nicht einmal Charlotte. Wie einen Hund haben sie ihn in Querétaro abgeknallt ...

Doch wo ist Querétaro eigentlich, wo liegt das? Der Kaiser eines Reiches, das es gar nicht gibt, kann auch nicht fliehen und muß so an einem Ort sterben, den es überhaupt nicht gibt, unter der Pappmachésonne eines Reiches aus Pappmaché. Nun haben ihn echte Kugeln zu Fall gebracht ...

Ich presse das Taschentuch in meiner Hand, doch beten kann ich nicht ...

München, den 22. September 1867

Es wird ein Mädchen. Mein Kind, meine Tochter, ich werde sie nur für mich haben. Ich werde sie in den Armen wiegen, ihr Liedchen vorträllern, sie ganz fest an meine Brust drücken, und die ganze Wärme meiner Brust werde ich ihr dabei schenken ... Niemand wird sie mir entreißen, niemand! So war es mit dem Kaiser vereinbart worden: Niemals wieder werde ich mich in politische Angelegenheiten einmischen. Ich werde den Mund halten, selbst wenn die Erde in Stücke auseinanderfällt ... Dafür werde ich mit dreißig Jahren endlich ein eigenes Kind bekommen. Und dieses Mal lasse ich mich nicht darauf ein, wieder einen Erbprinzen auf die Welt zu bringen, der mir dann doch weggenommen wird, um aus ihm einen Thronfolger zu machen. Nein, diesmal wird das Schicksal auf meiner Seite stehen, und es wird ein Mädchen sein, so zartes Fleisch aus meinem Fleisch, Herz aus meinem Herzen. Noch bevor mir Doktor Fischer die Schwangerschaft bestätigte und noch bevor zum ersten Mal meine Regel ausblieb und dies allen anderen als deutliches Anzeichen diente, war mir bereits klar, daß ich ein Mädchen bekommen würde ... Ich träumte von ihr, einem zarten Geschöpf, das ich in meinen Armen halte, mit einem Herzen voller Licht ... Und ich schwöre bei diesem Herzen, daß niemand es mir wegnehmen wird!

Wien, Schönbrunn, den 8. Oktober 1867

Vielleicht mag es ja stimmen, daß Ludwig dem Wahnsinn anheimfällt. Vielleicht ist dies das düstere Schicksal aller Wittelsbacher, der Wahnsinn. Oftmals merke ich selbst, wie er sich in meinem Verstand breitmacht. Aus diesem Grunde bin ich nicht darüber böse, daß er die Verlobung mit meiner Schwester gelöst hat, selbst wenn es einen Skandal heraufbeschworen hat. Gott weiß sehr wohl, daß Sophie mit so einem Mann nicht glücklich geworden wäre! Elsa nannte er sie oder auch Isolde oder Brunhilde wie eine der Heldinnen aus den Opern des von ihm angebeteten Wagner, der ihm ohne Zweifel den Verstand geraubt hat. Mitten in der Nacht suchte er »Elsa« auf, ohne sich vorher anzukündigen, weckte dabei das ganze Haus auf und bat sie, ihm mit ihrer schönen Stimme etwas vorzusingen. Dann ging er fort, nach einem flüchtigen Handkuß und einem dahingehauchten »Auf Wiedersehen, schöne Elsa, ich muß wieder in den Sattel steigen und die ganze Nacht hindurch reiten, als galoppierte ich durch die Täler meines Königreichs ...« Heimlich ritt er mit seinen Stallmeistern nach Paris – teilten etwa seine beiden männlichen Begleiter mit ihm die intimen Stunden der Nacht? – und ließ die prächtige Hochzeitskutsche ohne Insassen auf den Straßen von München auf und ab fahren, während er den Hochzeitstermin ein ums andere Mal verschob. Es freut mich, daß mein Vater sich dazu entschloß, ihm ein Ultimatum zu stellen, mich freut es auch, daß er Sophie wieder freigegeben hat. Nun wird sie zwar nicht mehr Königin von Bayern werden, doch hat sie sich von der Verpflichtung befreit, ihr Leben mit diesem geistig verwirrten Mann teilen zu müssen. Armer Ludwig, womöglich bist auch du einer von diesen geisteskranken Wittelsbachern ...!

V

Die Insel

Gödöllo, den 1. April 1868

Es ist doch unglaublich, wie sehr sich diese Schwangerschaft von den vorhergehenden unterscheidet! Dieses Mal ist mein Leben so angenehm, es ist, als wäre ich eingehüllt in einen sanften Heiligenschein, der auch die Dinge um mich herum erfaßt und alles Böse von mir abwendet. Mein runder Leib erfüllt mich mit Stolz – vergessen ist die Schmach vergangener Tage. Ich betrachte im Spiegel meinen gewölbten Bauch, ich taste ihn mit den Händen ab und streichle ihn. Bald schon werde ich meine Liebkosungen nicht mehr nur meiner Haut sondern ihr selbst widmen, Valerie, meinem Kind ... Ich erwarte voller Sehnsucht diesen Moment und weiß, daß mein Leben nun von neuem beginnt. In ihrem Namen werde ich eine Säule sein, ein Löwe und ein Fels – der Fels unter der Berggipfeln –, und ein unzertrennliches Band wird uns für immer vereinen.

Um mich her stimmt der gesegnete Frühling sein Loblied auf den Herrn an, und ich fühle mich wie das glücklichste, treuste und jüngste all seiner Geschöpfe.

Gödöllö, den 22. April 1868

Heute morgen ist das Kind zur Welt gekommen, im Frühling . . . Mein ungarisches Kind, Marie Valerie, mein Kind . . . Der Herr sei gepriesen für alle Zeiten!

Ischl, Kaiservilla, den 11. Juli 1868

Ich hielt ihn für einen guten Menschen, ich dachte, er wäre mein Freund, mein Bruder . . . Wie konnte ich denn auch ahnen, daß so viel Bosheit stecken kann im Herzen eines Menschen, der doch stets vorgab, mich zu lieben? Wieder einmal habe ich mich an jemanden ausgeliefert, der meiner unwürdig ist, eine gefährliche Natter, die mir ihr Gift einimpfte, während ich glaubte, es wäre ein treuer Hund, der mir meine Wunden leckt. Was mir bereits mit Grünne und anderen Höflingen widerfahren ist, ist mir nun mit meinem Schwager Ludwig passiert, dem ich mehr vertraute als jedem anderen.

Er kam uns heute morgen besuchen, so liebenswürdig und bezaubernd, wie er stets ist. Wie immer hatte er ein offenes Ohr für meine Sorgen und informierte mich darüber, was mich in Wien erwarten sollte. Er lobte Valeries Gedeihen – für ihre drei Monate sieht sie schon sehr groß aus, sie ist der reinste Wonneproppen – und machte auch mir für mein Aussehen Komplimente. Dann gingen wir, Arm in Arm und beide glücklich über unser Treffen, in den Park, um einen Spaziergang zu machen und Vertraulichkeiten auszutauschen.

»Ist dir zu Gehör gekommen, was sie am Hofe über das Kind sagen, liebste Schwägerin?« fragte er mich.

Während der vergangenen Monate hatte ich so fern von all dem gelebt, was nicht mit der Sorge um das Wohl meines Kindes zu tun hatte, daß mir völlig entgangen war, was sich in der Hofburg abspielte. Natürlich stellte ich mir so manche Gemeinheit vor und war darauf vorbereitet, sie auf mich zu nehmen, selbst den Spott, der sich gegen mich richtete. Was ich bislang noch nicht gewußt habe, ist, wie tief mich die messerscharfen Spitzen meines Schwagers Ludwig Viktor treffen können.

»Sie nennen sie die Einzige«, sprach er und grinste dabei frei heraus. »Sie sagen, es sei gerade so, als hättest du vor ihr keine anderen Kinder gehabt, und daß du einzig und allein für sie lebst.«

»Das stimmt«, räumte ich ein. »Nicht, daß ich Gisela und Rudi nicht lieben würde, aber du weißt, wie sehr ich ihretwegen leiden mußte. Jetzt fühle ich mich zum ersten Mal so richtig wie eine Mutter. Und dieses Gefühl hat mich so glücklich gemacht, daß ich es gar nicht beschreiben kann.«

»Ich verstehe. Schließlich ist es ein Kind der Liebe.«

Ich verstand seine Worte nicht. Von seiner Äußerung, deren Sinn sich mir nicht erschloß, überrascht, verstummte ich.

»Was willst du damit sagen, Ludwig?«

»Ach, komm, Sissi. Vor mir mußt du doch nichts verbergen. Wir beide haben uns doch immer die Wahrheit gesagt, oder etwa nicht? Der ganze Hof ist überzeugt davon, daß deine Tochter das Kind des Grafen Gyula Andrássy ist . . .«

In mir brodelte es vor Scham, vor Wut und vor Ekel . . . Ich konnte nicht sprechen, so groß war meine Verwirrung. Ludwig amüsierte sich derart über meine Gemütsverfassung, daß er in schallendes Gelächter ausbrach.

»Was ist schon dabei, liebste Schwägerin! Wie viele Königinnen haben im Laufe der Geschichte uneheliche Kinder geboren! Selbst über meine Mutter erzählt man sich, daß Max das Ergebnis ihrer Liebe zu Reichstadt gewesen sei . . .[1] Manchmal frage ich

1 Fürst von Reichstadt (1811–1832) war der Sohn von Napoleon I. und dessen zweiter Frau, der Erzherzogin Marie Luise von Habsburg. Er unterhielt eine innige Freundschaft zu Erzherzogin Sophie und wurde aufopfernd von ihr gepflegt, als er an einer Tuberkulose erkrankte, die ihn später das Leben kosten sollte.

mich, wer meine wirklichen Vorfahren waren. Passiert dir das nicht? Bist du nie auf den Gedanken gekommen, dein Großvater könnte beispielsweise ein Zirkusartist gewesen sein? Schließlich würde das bei dir niemanden überraschen ...«

Ich konnte ihn nicht mehr länger ertragen. Ich begann, den Berg hochzurennen bis zum Gipfel des Jainzen, wo seine Bosheit mich nicht mehr einholen konnte. Dort oben ließ ich die Stunden verstreichen, bis sich der Sturm in meinem Inneren wieder beruhigte. Endlich sah ich ein, welch widerwärtiger Charakter mein Schwager doch ist. Als ich nach Hause zurückkehrte, war er zum Glück bereits gegangen. Ich trat in das Kinderzimmer, holte meine Tochter aus der Wiege und drückte sie eine ganze Weile fest an mich, ganz fest, niemand sollte ihr etwas antun. Ich drückte sie so fest, bis sie schließlich zu weinen anfing ...

Schaffhausen, den 4. September 1868

Wie eine Insel ... Stolz, einsam und mächtig. Der Gipfel reckt sich bis zum Himmel, hin zu den Sonnenstrahlen, dorthin, von wo aus die Gewitter losbrausen, und nichts kann ihn niederwerfen, wie eine Insel ... Er ist ganz auf sich selbst gestellt, ohne der anderen Berge, der Täler und Menschen zu bedürfen, und dennoch ist er ganz eng mit all diesen Dingen verbunden ... So will ich sein, wie dieser Berggipfel, eine einsame und stolze Insel, unerschütterlich, von der Sonne beleckt und vom Wind gepeitscht. O ja! Wäre ich der Berg, so würde ich weder Wind noch die Wolken missen wollen. Das ganze Gold der Sonne müßte dann mir gehören und ebenso die Geheimnisse der Wolken und des lauwarmen Regens und des leise dahinrieselnden Schnees. Genauso wie der Berg würde ich mich aufrecht halten, wie ein starker Felsen, mit stolzgeschwellter Brust, aufrecht wie eine Insel.

Garatshausen, den 15. September 1868

Meine Schwester Sophie wird morgen den Herzog Ferdinand von Alençon heiraten. In unserem Haus herrscht festliches Treiben. Es ist schon merkwürdig, wieviel Aufwand die Menschen betreiben, nur um jenen Augenblick des Lebens aufs glänzendste zu feiern, der uns gewöhnlich ins Unglück und nicht ins Glück führt, wie die vorhergehende Freudenstimmung vermuten ließe ...! Sollen sie sagen, was sie wollen, die Ehe ist eine absurde Einrichtung: Als junge Mädchen wissen wir überhaupt nichts von der Welt, von den Männern und der Liebe, später dann, als reife Frauen, fühlen wir uns verkauft und verpflichtet, einen Schwur einzuhalten, dessen Bedeutung wir nicht verstehen und den wir in den meisten Fällen für unser restliches Leben bereuen, ohne ihn brechen zu können ... Jedenfalls möchte ich meiner Familie nicht das Fest ruinieren und trotz meiner innersten Überzeugung versuche ich, mich so gerührt und zufrieden zu zeigen wie alle anderen auch.

Heute abend, als wir alle in Possenhofen versammelt waren, erschien der König. O, mein Gott! Es ist so lange her, seitdem ich ihn das letzte Mal gesehen habe, daß sein Anblick mich zutiefst erschütterte. Der arme Ludwig ist zwar noch immer so schön wie ein junger Gott, jedoch wie ein Gott, den man dazu gezwungen hat, von seinem Olymp herabzusteigen, um unter den Sterblichen zu weilen, die er fürchtet und bisweilen sogar haßt ... Seine Augen sind ununterbrochen vor Schreck geweitet, als blickten sie ins Unendliche nach oben, unfähig, sich auf etwas zu konzentrieren, das sich dicht über dem Boden befindet. Er machte sich die Mühe, seiner ehemaligen Verlobten am Vorabend ihrer Hochzeit zu gratulieren, aber als er dann hier war, schienen ihm die Kräfte zu versagen, sich unter völlig normalen Mitmenschen zu bewegen. Vor allem wandte er sich an mich, mit Worten, die völlig unverständlich dahingenuschelt waren und die nicht bis zu meinen Ohren drangen. Nachdem ihn meine Familie begrüßt hatte, ließ er sich schweigsam und verloren auf einem Sessel nieder. Niemand wußte so recht, wie er sich verhalten sollte, also forderte ich ihn, um endlich diese angespannte Situation zu beenden, auf, mit mir einen Spaziergang durch den Park zu unternehmen. Als wäre er unter dem Licht der Sterne wieder zu Atem gelangt, begann er mit sich überschlagenden Worten von seinen Bauprojekten zu erzählen: Paläste will er errichten, viele schöne Paläste, die in ihrer steinernen Beschaffenheit die Harmonie der Musik und die Pracht seines Königreiches zum Ausdruck bringen sollen. Er hat seinem Architekten den Auftrag gegeben, an Schloß Linderhof den prachtvollen Bau des Kleinen Trianon von Ludwig XIV. nachzuvollziehen, und er hat seiner neuen Residenz den Beinamen Meicost-Ettal gegeben. Niemand weiß, weshalb. Lachend hat er es mir erklärt: »Es handelt sich um ein Anagramm, Elisabeth, aber die Leute sind so dumm, daß sie dieses eindeutige Symbol nicht begreifen. Wenn du die Reihenfolge der Buchstaben veränderst, verstehst du es: *l'etat, c'est moi . . .*« Armer Ludwig, völlig konfus lebt er in seinen Phantastereien zwischen Schönheit und Macht! Der Monolog dauerte Stunden, ich kam kaum dazu, ihn auch nur einmal zu unterbrechen angesichts der gewaltigen Lawine aus Worten, Plänen und Chimären, die auf mich einstürzte. Die ganze Zeit spazierten wir durch den Garten, bis weit nach Mitternacht meine Mutter kam, um mich zu erlösen. Daraufhin fuhr der König in seiner Kutsche davon, bis er sich in der Dunkelheit verlor, hin zu, was weiß ich, welch finsteren Abgründen seines Geistes.

Wien, Hofburg, den 7. Februar 1869

Rudolf hat uns heute das erste Mal ins Theater begleitet. Ich war sehr stolz, neben diesem hochaufgeschossenen und doch zugleich so rührend anmutenden zehnjährigen Jungen einherzuschreiten ... Seitdem es mir gelungen ist, Gondrecourt aus seiner Nähe zu entfernen, sieht Rudi mich an, als wäre ich eine gute Fee, seine ganz besondere Titania, ein Wesen, das mit Kräften ausgestattet ist, die das Böse in Gutes verwandeln können. Eines Tages sagte er das auch zu mir, mit genau diesen Worten. Ich gab ihm daraufhin die erste Seite meines Tagebuchs zu lesen, die ich an einem Winterabend, es war gerade mein fünfzehnter Geburtstag, verfaßt hatte. Ich erklärte ihm, daß wir Menschen zu klein und zu schwach sind, um uns mit Feen vergleichen zu können, auch wenn wir es gelegentlich, vor allem wenn wir jung und naiv sind, allzu gerne glauben würden.

»Nicht einmal du bist eine, Mama?« fragte er mich.

»Ich schon gar nicht, Rudi.«

Er sah mich an, in seinem Blick spiegelten sich noch immer Zweifel darüber, ob ich ihm die Wahrheit sagte ...

Mein armer Sohn, wie ähnlich er mir doch ist! Ich sehe, wie er heranwächst, stets von Menschen umgeben, die aus respektvoller Distanz mit ihm umgehen, wie sein Rang es verlangt. Dabei sehnt er sich nach einer liebevollen Geste, mag sie auch noch so klein sein. Ich denke pausenlos daran, daß ich ihm mehr Zeit widmen und mich mehr um ihn kümmern sollte. Als das mit Gondrecourt geschah, versuchte ich es, ich schwöre es, ich versuchte es wirklich. Doch die Hölle hatte sich über mir zusammengebraut. Wollte ich ihn länger bei mir haben, so müßte ich für immer hierbleiben. Niemals würde man mir gestatten, den Thronfolger von seinem fest vorgeschriebenen Lebensalltag in Wien fortzuholen. Und für mich wäre es der blanke Wahnsinn, wenn ich für immer an diesem Ort bleiben müßte. Und dennoch weiß ich, daß es ein Fehler ist, nie da zu sein. Oftmals erleide ich deshalb fürchterliche Qualen und habe nachts schlimme Alpträume, in denen Rudi immer wieder inständig um Hilfe bittet, die ich ihm nicht geben kann. Trotz seiner Intelligenz, seiner Begeisterung für den Unterricht und seines überaus großen Fleißes, den die hervorragenden Lehrer, die Latour für ihn ausgesucht hat, mit all ihrem Wissen fördern, ist mein Sohn für mich ein mitleiderregendes Kind. Die flehenden Augen in seinem Gesicht, das vorgibt zu lächeln, erwecken in mir so großes Mitleid, daß ich mich manchmal sogar von ihm abwenden muß, damit er mich nicht weinen sieht. Vor einigen Tagen zeigte er mir sein Zeichenheft, und was ich sah, ließ mich erschaudern: Da waren Landschaften zu erkennen, die von dunklen Wolken überdeckt waren, ein Mann, der sein Schwert in den Leib eines anderen bohrte, Blut spritzte auf das blütenweiße Papier, eine Gruppe Vögel, die fröhlich aus einem Käfig flogen, dessen Türchen jemand offengelassen hatte . . . Ich besaß nicht die Kraft, ihn danach zu fragen, was er mit all diesen Dingen ausdrücken wollte. Ich ließ statt dessen Latour kommen und teilte ihm meine Besorgnis über den Seelenzustand meines Sohnes mit. Latour antwortete mir:

»Auch ich bin oft über Seine Hoheit beunruhigt, Majestät. Dank seiner hohen Intelligenz und seiner außergewöhnlichen Sensibilität ist er einzigartig in seiner Persönlichkeit. Doch will ich Euch nicht falschen Trost zusprechen. Euer Sohn besitzt enorme Fähigkeiten, doch einige Züge an ihm werden ihm zweifellos großen Kummer bereiten. Das einzige, was ich für ihn tun kann, Majestät, ist, ihm dabei zu helfen, seine guten Eigenschaften, so weit wie möglich zu entwickeln, so daß das Gute in seinem Leben das Schlechte überwiegt . . .«

Nach dieser Unterredung spürte ich eine tiefe Angst in mir. Ich betrat das Zimmer meines kédvésem[2] und flüsterte ihr lange Zeit ins Ohr: »Werde mir nur ja nicht ähnlich, meine Kleine. Hast du mich verstanden, Valerie . . .? Du darfst deiner Mutter nicht ähnlich werden, ich flehe dich an. Sei vernünftig, gelassen und nimm dein Schicksal an . . . Leide du nicht auch noch, mein Liebes.« Sie sah mich an und lächelte. Dann streckte sie mir ein Händchen entgegen, um mir über das Gesicht zu streicheln, und mir schien, als hätte sie mich verstanden.

Wien, Schönbrunn, den 25. Mai 1869

Noch immer staune ich über die Reaktionen der Menschen auf mein Verhalten, jene stets wachsende Feindseligkeit, die ich jeden Moment zu spüren bekomme und die unter der Wiener Bevölkerung bereits weit verbreitet ist und mich, obwohl sie mich nun nicht gerade verletzt, so doch sprachlos macht. Wer hätte das gedacht, daß mein Fehlen bei der Einweihung des neuen Opernhauses solche Proteste hervorrufen würde? Mir ging es einfach nicht gut, das ist alles. Der Kopf tat mir fürchterlich weh, und mir war übel, ich war nicht in der Lage, stundenlang Grüße und Blicke auszutauschen, der Musik Mozarts zu lauschen und wiederum zu grüßen. So beschloß ich, im Bett liegenzubleiben, denn mein erschöpfter Körper verlangte nach nichts anderem. Dennoch versteifen sich alle darauf, daß es für mich keine Entschuldigungen gibt, nicht einmal dann, wenn es um meine Gesundheit geht . . .

2 Ungarische Bezeichnung für »Liebling«. Die Kaiserin gab diesen Kosenamen ihrer jüngsten Tochter Marie Valerie.

Verdammtes Theater, soviel Unglück hat es mit sich gebracht! Die beiden Architekten sind umgekommen: Van der Nüll hat sich das Leben genommen, nachdem er erfahren hatte, daß der Kaiser die Fassade für zu gedrungen hielt. Noch immer habe ich den Anblick des schockierten Franz Joseph vor mir, als er die Nachricht erfuhr. Siccardsburg starb wenige Monate darauf vor Überdruß. Doch damit nicht genug. Jetzt müssen sie auch noch einen Skandal heraufbeschwören, weil ich bei den Einweihungsfeierlichkeiten gefehlt habe. Gut, dieses Mal will ich mich fügen und an der Fronleichnamsprozession teilnehmen, um die Gemüter zu beruhigen. Genauso verlangt mein Gemahl es von mir: die schöne Kaiserin in der Ausübung ihrer Rolle. Ich werde ein Festtagskleid anziehen, mit lauter Stimme beten und meine Frömmigkeit vor allen Leuten zur Schau stellen, denn genau das ist es, was sie von mir erwarten. Zum Ausgleich dafür müssen sie die Armen- und Waisenhäuser von Wien herrichten, denn meine Besuche dort werden von nun an unangemeldet stattfinden. Und diejenigen, die die Alten, die Kinder und die Geisteskranken nicht so behandeln, wie es ihre Aufgabe wäre, werden vor mir auf die Knie fallen. Ja, ich werde dafür sorgen, daß sie mich sehen können, ich werde mich ihnen gegenüber mildtätig zeigen, aber ich werde es auf meine Weise tun.

Garatshausen, den 31. Juli 1869

Ich lebe hier, ohne an irgend etwas zu denken, so wie es mir gefällt. Ich rede fast kein Wort, nur das Allernötigste. Ich glaube, daß ich Valerie immer ähnlicher werde. Manchmal wünschte ich, ich könnte wie sie nur mit dem Finger zu verstehen geben, was ich möchte. Ein wenig zu brummeln würde schon genügen, der Worte bedürfte es nicht. Was haben wir uns heute abend doch prächtig amüsiert, mein *kédvésem* und ich, mit dem Taschenspieler und seinem Bären. Mit seinem schwerfälligen und tolpatschigen Leib, dessen Pelz ganz filzig war, führte er eine ganze Weile einen Tanz vor uns auf. Dann warfen wir einen Apfel in den See, und er stürzte hinterher, todesmutig, alle Gefahren auf sich zu nehmen, nur um sich seinen Schatz zu sichern. Ich gab ihm einige leckere Kekse zum Fressen, die der rührende kleine Bär mit zaghafter Geste aus meiner Hand entgegennahm, um mich ja nicht zu verletzen. Zu gern hätte ich ihn behalten, aber der Kaiser hätte es mir mit Sicherheit nicht erlaubt.

Abgesehen von diesen kindlichen Spielen, verbringe ich meine Zeit hier mit bescheidenen Freuden: Ich mache stundenlange Waldspaziergänge, ich bade in meinem geliebten Starnberger See, reite die schlecht abgerichteten Pferde meines Bruders Ludwig und lese viel. Mit meiner Mutter suche ich täglich die Kapelle auf, in der ein Franziskanermönch hastig seine Messe liest, und oft plaudern meine Schwestern und ich wie junge Gören bis in die frühen Morgenstunden. Das einzige, was mir fehlt, sind meine älteren Kinder. Der Kaiser beschloß, daß sie den Sommer mit der Erzherzogin in Ischl verbringen sollen, denn deren seelischer Zustand hat sich nach Maxens Tod dramatisch verschlechtert. Ich vermisse meine süße Ida, die in Wien zurückbleiben mußte, da ihr schwaches Herz ihr nicht einmal eine so kurze Reise wie diese gestattet, und mein Reitpferd *Ballerina*. Ich habe Ida gebeten, *Ballerina* einen Kuß von mir zu geben.

Rom, Palazzo Farnese, den 12. Dezember 1869

Soeben habe ich mich am Fuße der Treppe vom Papst verabschiedet. Er war zu mir gekommen, um meinen Besuch zu erwidern, den ich ihm vor wenigen Tagen abgestattet hatte. Wieder einmal mußte ich für eine Weile nach allen Seiten auf den Knien herumrutschen, mir ein herrschaftliches und stumm-demütiges Lächeln abringen – zumal da er auf italienisch zu mir spricht und ich ihm in dieser Sprache nicht antworten kann. Nachdem ich diese

Grimasse stundenlang so beibehalten habe, tun mir nun die Wangenknochen weh. Als seine Heiligkeit sich auf den Weg machte, setzte er sich sein scharlachrotes Käppchen auf und warf sich den breiten, hermelingefütterten Umhang um, der die gleiche Farbe hatte. Als ich ihn so sah, mit seinem fleischigen Gesicht, das so rund war wie nie zuvor, mit seinen schmalen Lippen, die auffallend weibliche Züge hatten, erinnerte er mich so sehr an die verwitwete Kaiserin Karoline Augusta, daß ich fast lachen mußte, und als er uns die letzte Segnung zuteil werden ließ – das ganze Haus kniete vor ihm nieder –, mußte ich mich ziemlich zusammennehmen. Meinem devoten Schwager Ferdinand, der mich in seinem Haus so liebenswürdig aufgenommen hat, behagte meine Unbefangenheit überhaupt nicht, doch wie er es stets zu tun pflegt, ging er bald und ließ Maria, Mathilde und mich allein zurück.

Die päpstlichen Angelegenheiten nehmen einen großen Teil meines Aufenthalts in Rom in Anspruch, während ich der Geburt von Marias Kind entgegensehe. Die Ereignisse überschlagen sich: Piemont hat dem Heiligen Vater den Großteil seiner Ländereien entrissen. Pius IX. regiert nun nurmehr in Rom, und viele der Patrioten sähen nun Rom gerne als Hauptstadt des Königreiches. Da seine weltliche Macht nun erheblich geschrumpft und in großer Gefahr ist, berief der Papst ein ökumenisches Konzil ein mit dem Ziel, seine geistliche Macht[3] zu stärken, und ich, die ich Zeremonien gewöhnlich meide wie die Pest, bin nun ausgerechnet zu dieser Zeit hierhergekommen. Und so muß ich an stundenlangen Handkußzeremonien und Reden teilnehmen, die auf lateinisch abgehalten werden und die kein halbwegs vernünftiger

3 Das I. Vatikanische Konzil verkündete im Jahre 1869 unter dem Vorsitz von Papst Pius IX. das Dogma der Unfehlbarkeit des Papstes, wenn dieser sich ex cathedra äußert. Wenige Monate später, am 20. September 1870, fielen die Truppen von Viktor Emanuel II. in die Stadt Rom ein und machten diese zur Hauptstadt des Königreiches Italien. Die Ländereien des Papstes beschränkten sich von da an auf das Territorium des Vatikans.

Mensch bis zum Ende durchhalten kann. Aber was würden sie wohl sagen, wenn ich nicht hinginge, obwohl ich mich in dieser Stadt aufhalte? Daher ertrage ich mein Schicksal, ohne aufzubegehren. Und so oft sich mir die Gelegenheit bietet, begebe ich mich auf Erkundungsgänge durch diese wunderbare Stadt, die so viele Geheimnisse, so viel Elend und die Geschichten so vieler eitler Pläne hinter ihren prächtigen Steinen verbirgt.

Gödöllö, den 6. Februar 1870

Ruhig, ganz ruhig . . . Das Leben um mich herum fließt ganz sanft. Ich habe keine Lust, zu sprechen oder zu schreiben. Nicht einmal zum Nachdenken . . . Ich schaue einfach vor mich hin, und die Welt breitet sich in mir aus . . . Ich höre das Stimmchen meines *kédvésem, Nagyon Szevetlek Edesanyám* – Wie sehr ich dich liebe, Mamá! –, und ich treibe so dahin, und mein Lachen hallt in die Ferne. Die Pferde, die Bäume, das Kaminfeuer und Ida, die mir sanft durchs Haar streicht, die süße Leichtigkeit des Daseins . . .

Neuburg an der Mürz, den 6. September 1870

Frankreich hat sich ergeben. Napoleon wurde von den Preußen gefangengenommen, Eugenie ist nach London geflohen, und in Paris wurde die Republik ausgerufen. Kaiser Wilhelm und Bismarck, die aus diesem Krieg siegreich hervorgingen, werden nun ihren neuen Machtträumen nachhängen. Die beiden Schlangen haben sich gierig über den Fuchs hergemacht, und nun kriechen sie weiter über Europas Boden auf der Suche nach neuen Opfern.[4]

4 Der Krieg zwischen Frankreich und Preußen stellte die Weichen für den Beginn des modernen Europa. Frankreich wurde endgültig in eine Republik

Alles steht unter dem Zeichen der Veränderung. Die Zeit schreitet eilig voran, zu eilig für meine Verhältnisse. Von meinem Refugium auf dem Land aus, fern der Machtkämpfe und selbst der Kriege, beobachte ich diese Entwicklungen, so als hätten sie nichts mit meinem eigenen Leben zu tun. Ich verabscheue die Politik, die voller Täuschungsmanöver steckt, jenen Schlagabtausch, bei dem der Schlauere den Löwenanteil für sich einheimst zum Nachteil desjenigen, der zögert, entgegen seiner Überzeugung zu handeln. Nichts kann mich noch überraschen oder beunruhigen, nicht einmal die Nachricht, daß in Paris die Republik ausgerufen wurde. Das einzige, was mich dabei nur wundert, ist, daß dies nicht schon früher geschehen ist. Schließlich und endlich sind die Monarchien nichts anderes als der Abglanz alter Zeiten ... Ich weiß nicht, was aus uns wird. Mag sein, daß wir noch einige Jahre so dahinvegetieren, bis es auch uns treffen wird. Dann werden wir vielleicht als Herrscher ohne Reich endlich frei sein ...

Meran, Villa Trautmannsdorff, den 22. Oktober 1870

Der Tag hat gerade begonnen. Die höchsten Gipfel sind noch vom Nebel verhüllt, und die Welt erlebt den einzigen Augenblick am Tag, an dem die Dinge sich selbst überlassen scheinen und sich zugleich zufrieden der Sonne hingeben. Am Horizont zieht eine Herde dahin, ich sehe ihr nach, wie sie mit klingenden Glocken auf die Wiese zusteuert, auf der sie den ganzen Tag über grasen

umgewandelt, Deutschland wurde einige Monate später vereinigt, und Italien konsolidierte seine Einigung, indem es dem Papst das letzte Stück Land wegnahm, das es ihm überlassen hatte, nämlich die Stadt Rom, die bis dahin von den Franzosen verteidigt worden war. Die Erniedrigung, die Frankreich durch seine Niederlage erfuhr, schuf eine gewaltige Rivalität zu Deutschland, die unter anderem zum Ausbruch des Ersten Weltkrieges führen sollte.

wird. Vor mir breitet sich das Tal aus in seinem saftigen Grün, vollkommen, in absoluter Stille und dennoch voll pulsierenden Lebens. Ich fühle mich stark, frei und stark.

Ich lebe hier mitten in den Bergen, weit entfernt von den Menschen, die mir schmeicheln und mich zugleich verschmähen, inmitten der Stille . . . Hier kann mich nichts traurig machen, keine Verachtung, kein Vorwurf, nicht einmal Haß. Wie ein Eremit, der sich auf dem Gipfel eines Berges seine Hütte errichtet hat, direkt unter dem Himmel, genauso bin ich. Hier möchte ich lange Zeit verweilen, sehen, wie der Schnee fällt, der zuerst die höchsten Gipfel überdeckt und später bis zu mir herunterfallen wird, mein stummer Gefährte, der wie ich den Lärm meidet, stummer Spielkamerad meiner Kinder, die sich mit mir gemeinsam in diesem Winkel der Erde verkriechen, der für die übrigen Menschen nur als vage Vorstellung existiert. Dann wird der Frühling einkehren, herrlich wird die Sonne leuchten, das segensreiche Wasser wird vom Himmel fallen, und der Schnee wird weichen, ergeben in sein Schicksal, das besiegelt ist. An seiner Stelle wird das Gras wachsen, duftende Blumen, ein frischer Wind wird wehen, der Atem des farbenfrohen, flüchtigen Lebens. Und wir werden laufen, die Gipfel erklimmen, die uns im Namen Gottes segnen, während dort in der Ferne, in einer anderen Welt, Gewehrschüsse, Schreie, Lügen, Klagen, Flüche widerhallen. Doch zu unseren Ohren wird nur der Gesang der Vögel dringen, das Rauschen der Natur, die ihre eigene Herrlichkeit lobpreist.

Meran, Villa Trautmannsdorff, den 18. Januar 1871

Wilhelm I. wurde zum Deutschen Kaiser ernannt.[5] Die Länder im Süden haben sich mit denen im Norden vereint, und der blutrünstige ist jetzt der größte aller Herrscher. Ludwig von Bayern selbst hat ihm die Krone angeboten, die er weder zum Ruhme seiner Weisheit noch zum Ruhme seiner Frömmigkeit oder der Gerechtigkeit trägt, sondern vielmehr zum Ruhme seiner Grausamkeit, der Stärke seines Heeres und seiner Gewissenlosigkeit zu töten. So ist die Welt eben.

Meran, Villa Trautmannsdorff, den 4. Mai 1871

Ich muß nach Wien fahren. Meine Schwägerin Marie Annunziata ist verstorben. Gott habe sie selig! Vielleicht hat ihr Körper so endlich seine Ruhe gefunden, der stets von Krankheiten gepeinigt war, zuerst von Epilepsie, später von Beschwerden in der Brust. Sie hinterläßt drei Kinder, drei arme Erzherzöge, die noch im

5 Der feierliche Akt fand am 18. Januar 1871 in Versailles statt. Er machte die Vereinigung Deutschlands wahr, selbstverständlich unter Ausschluß Österreichs und unter dem Vorsitz Preußens. Die Könige und Fürsten der verschiedenen deutschen Länder behielten, zumindest auf dem Papier, ihren jeweiligen Thron.

Kindesalter sind und nun für immer die Liebe ihrer Mutter entbehren werden. Zu seinem Glück ist Karl Ludwig geistig so stark zurückgeblieben und auch auf der Gefühlsebene so verarmt, daß er über diesen zweiten großen Verlust in seinem Leben ohne größere Schäden hinwegkommen wird. Wie ich die Schwachsinnigen manchmal beneide!

Meran, Villa Trautmannsdorff, den 9. November 1871

Meine Pflicht ist erfüllt: Der Kaiser hat heute Gyula Andrássy zum Außenminister ernannt, um unser Bündnis mit Deutschland zu stärken – Wilhelm und Franz Joseph haben ihre Freundschaft wieder aufleben lassen, um dafür wiederum ihre Feindschaft zu Rußland zu unterstreichen. Ungarn bekommt innerhalb der Regierung immer größeres Gewicht, die Liberalen statten sich mit Macht aus, und die Zukunft meines Sohnes liegt somit in guten Händen. Ich bin voller Stolz über diesen Erfolg, der dem Land Ungarn und meinem lieben Freund sehr zugute kommt und den ich so sehnlich gewünscht hatte.

Gyula Andrássy . . . Wenn ich an ihn denke, erinnere ich mich, als ob es vor ewig langer Zeit gewesen wäre, an das Verlangen nach seinem Körper, das ich einst verspürte, jene Sehnsucht nach leidenschaftlicher Liebe, die einer tiefen Freundschaft zwischen unseren Seelen wich. Ich weiß, daß sein Herz mir mein Leben lang treu sein wird, ebenso wie meines ihm gehört. Doch nun gibt es keinen Trübsinn und keine Illusionen mehr. Nun erreichen seine Worte mich nur noch über seinen Briefverkehr mit Ida, und den Briefen, die sie ihm schickt, fügt sie immer ein paar Zeilen hinzu, die ich ihr diktiert habe. Wir sehen uns kaum, und wenn doch, so finden unsere Begegnungen selbstverständlich nie unter vier Augen statt. Dennoch fühle ich mich ihm näher denn je zuvor, vor allem an dem heutigen Tag, auf den ich so lange gewartet habe. Schon seit heute morgen habe ich sein Bild vor mir. Ich bin sicher, daß er sich auch in der Ferne über meine Freude im klaren ist: Wir haben uns so sehr verstanden, daß es zwischen uns keiner großen Worte mehr bedarf. Möge Gott ihn segnen und ihm den richtigen Weg weisen.

Meran, Villa Trautmannsdorff, den 20. November 1871

Ich bin mit dem liebenswertesten und zugleich phantasielosesten aller Männer verheiratet. Vor einigen Tagen fragte mich der Kaiser in einem Brief, welches Geschenk ich mir zu meinem bevorstehenden Geburtstag wünsche. Ich legte ihm meinen Wunsch deutlich dar: »*Wenn Du mich schon fragst, worüber ich mich freuen würde, dann bitte ich Dich, daß Du mir einen kleinen Königstiger schenkst (im Zoologischen Garten in Berlin gibt es drei Tigerjunge) oder aber ein Medaillon. Was mir aber am meisten Freude bereiten würde, wäre, das versichere ich Dir, eine perfekt ausgestattete Irrenanstalt. Jetzt mußt Du nur noch Deine Auswahl treffen.*« Heute ist seine Antwort eingetroffen: »*Ich gehe davon aus, daß Ihr, Du und die Kinder, für die Weihnachtszeit nach Hause kommen werdet. Hier erwartet Dich meine Liebe und ein herrliches Medaillon, das ich bereits für Dich ausgesucht habe, um Deine wunderbaren vierunddreißig Jahre zu feiern.*« Er hatte sich nicht einmal über die anderen Dinge Gedanken gemacht! Die armen Verrückten in Wien hausen nun weiterhin wie wilde Tiere, denn der Kaiser muß sich mit wichtigeren Angelegenheiten befassen als mit den schrecklichen Abgründen der verlorenen Seelen.

Wien, Hofburg, den 21. Januar 1872

Ich habe neue Hofdamen ernannt: Gräfin Maria von Goess, eine intelligente und witzige ältere Dame, die von heute an meine erste Hofdame sein wird. Ella und Ludwiga Schaffgotsch – letztere ist berühmt für ihre schönen Augen und den langen und schwarzen Schnurrbart – sind die einzigen Österreicherinnen, die ich noch in meinem Gefolge habe. Außerdem habe ich eine weitere Ungarin ausgewählt, die Gräfin Marie Festetics, eine Freundin von Andrássy, die schön ist, voller Besonnenheit und Ausstrahlung. Heute schon, noch bevor sie in ihr Amt eingeführt wurde, hat sie eine erste Erfahrung mit der Feindseligkeit hier am Hofe machen müssen. Doch sie wußte dieser mit Tapferkeit entgegenzutreten, wie ich es von ihr erwartet hatte. Wir mußten an dem Abendessen teilnehmen, zu dem die Erzherzogin jeden Freitag in ihre Gemächer einlädt. Ella und Ludwiga begleiteten mich. Zu der Österreicherin waren alle ganz bezaubernd, doch meine arme junge Ungarin ließen sie nicht nur links liegen, sondern die Natter von Ludwig Viktor erlaubte sich sogar, ihr den Rücken zuzuwenden, als sie ihm vorgestellt wurde. Marie blieb dort stehen, wo sie stand, stolz und ruhig. Ich nahm die Situation hin, weil ich weiß, daß der Kaiser sich über die Gesundheit seiner Mutter, die zusehends verfällt, große Sorgen macht, doch als wir mit dem Abendessen fertig waren, forderte ich die Gräfin Festetics auf, mich in mein Schlafzimmer zu begleiten. Als Beweis meiner Freundschaft wollte ich ihr meine kleinen Schätze zeigen, jene lustigen Bilder von den Landschaften, in denen ich so gerne leben würde, die Gemälde von meinen Pferden und Hunden, meine Turngeräte, die gepreßten Blätter von den Bäumen in Possenhofen, die ich bewahre, als wären es auserlesene Juwelen. Marie sah mich staunend und völlig verwirrt an angesichts meiner Vorlieben für diese winzigen Gegenstände, die für mich voller Erinnerungen steckten. Sie war überrascht, daß ich ihr solche Dinge zeigte anstelle von Diamanten und Gold. Ich bat sie, sich zu mir zu setzen.

»Fühlen Sie sich gekränkt durch das, was heute abend vorgefallen ist?« fragte ich sie.

»Nein, Majestät. Ich fühle mich ein wenig betroffen, doch eigentlich war ich auf solche Dinge vorbereitet. Graf Andrássy hat mich bereits davon in Kenntnis gesetzt und mir die Situation bei Hofe geschildert.«

»Das freut mich, Marie. Auf diese Weise werden wir beide uns viel Unannehmlichkeiten ersparen. Sie werden sich an diese Situationen gewöhnen müssen, denn sobald jemand für mich Partei ergreift, stürzen sich alle anderen auf ihn. Alle Ratschläge dieser Welt helfen da nichts. Auch wenn unser guter Freund Andrássy Sie schon unterwiesen hat, so möchte ich noch einmal betonen: Haben Sie große Acht vor Intrigen! Sie sind noch nicht lange genug da, um erkennen zu können, wo man Ihnen Fallen stellen könnte. Vor allem bitte ich Sie darum, äußerst vorsichtig zu sein, falls sich bestimmte Personen am Hofe, Sie wissen schon, wen ich meine, an Sie wenden. Am besten ist es im Augenblick, wenn Sie versuchen, mit niemandem näher in Kontakt zu treten außer mit Ida. Ihr können Sie sich ohne Vorbehalte anvertrauen. Doch seien Sie auch bei den anderen Hofdamen vorsichtig. Haben Sie verstanden, Marie?«

»Jawohl, Majestät« antwortete sie.

»Ich weiß, daß ich auf Sie zählen kann. Andrássy hat mir Ihre Persönlichkeit beschrieben, auch wenn es genügt hätte, Sie nur zu sehen. Es ist nicht einfach, mich zu beeinflussen, weder im guten noch im schlechten Sinn, denn ich überlasse alles meiner inneren Stimme und dem Schicksal. Und meine innere Stimme sagt mir, daß ich ruhig die Augen schließen und mich von Ihnen über einen Berg führen lassen kann, ohne dabei zu stolpern.«

»Es freut mich, daß Sie das sagen, Majestät.«

Marie Festetics lächelte mich mit ihren ehrlichen Augen an. Ihr Charakter schien so stark zu sein wie ein mächtiger Berg. Ich verabschiedete sie und wußte, ich hatte eine neue Freundin gewonnen.

Budapest, Königspalast, den 23. April 1872

Gisela und Leopold werden in einigen Monaten heiraten. Gisela hat bereits ihr fünfzehntes Lebensjahr erreicht, und obwohl ich es für falsch halte, zeigt sie seit geraumer Zeit schon Interesse am Heiraten. Sie wagte sogar, entgegen ihrer sonst üblichen Zurückhaltung, ihren Vater und mich zu fragen, ob wir uns in dieser Hinsicht bereits Gedanken gemacht hätten. So kam es, daß wir anfingen, darüber nachzudenken. Sie selbst hegte keine besonderen Vorlieben, sie bat uns nur darum, sie mit einem Mann zu verheiraten, der »ein gutes Herz habe«. Als einziger an den europäischen Höfen kam offenbar mein Neffe Leopold von Bayern in Frage, und so wurde rasch die Verlobung festgelegt. Ich glaube, daß diese Hochzeit viele glücklich machen wird: An erster Stelle die Verlobten selbst, die ihr gemeinsames Glück nach außen hin deutlich zeigen. Sie haben nicht nur einen ähnlichen Charakter, sondern ähneln sich auch äußerlich. Auch mein Bruder Max wird sich darüber freuen, der mit seinen dreiundzwanzig Jahren bis über beide Ohren in Amalie von Sachsen-Coburg verliebt ist, die Leopold ursprünglich heiraten wollte. Somit ist der Weg für Max nun frei.

Ich habe beschlossen, mich in die Hochzeitsvorbereitungen nicht einzumischen. Ich werde alles die Erzherzogin regeln lassen.

Schließlich war sie auch die eigentliche Ziehmutter meiner Tochter, und beide haben einen ähnlichen Geschmack. Es ist außerdem sehr wahrscheinlich, daß es die letzte Freude im Leben meiner Schwiegermutter sein wird. Weshalb also sollte ich ihr dieses Vergnügen nehmen, wenn es für mich statt dessen eine mühselige Belastung wäre?

Wien, Hofburg, den 29. Mai 1872

»Wir haben unsere Kaiserin zu Grabe getragen . . .« Diese Worte kamen mir heute morgen zu Ohren, als ich von der Kapuzinerkrypta zurückkehrte, Worte, die zwar unter Schluchzen hervorkamen, die jedoch klar und deutlich genug ausgesprochen wurden, daß ich sie verstehen konnte. Es macht mir nichts aus, daß sie das sagen, denn ich weiß, daß sie im Grunde recht haben. Die Erzherzogin Sophie war die eigentliche Kaiserin hier am Hofe, sie hat sich diesen Titel erarbeitet, den ich nie zu tragen wußte, geschweige denn tragen wollte.

Vor zwei Tagen verstarb meine Schwiegermutter, sie fiel einer Grippe zum Opfer, doch in Wirklichkeit hatten sie der Schmerz über den Tod ihres Sohnes Max und das Scheitern ihrer politischen Ziele dahingerafft. Gott sei Dank, daß ich in ihren letzten Stunden bei ihr sein konnte. Wäre ich nicht rechtzeitig eingetroffen, so bin ich mir sicher, daß man von mir gesagt hätte, daß ich es absichtlich getan hätte und nun an ihrem Tod schuld sei. Doch ich bin rechtzeitig gekommen, um meine Rolle als Schwiegertochter auszuüben, um für ihre Seele zu beten und um zu erkennen, daß ich meinen alten Groll gegen sie vergessen hatte. Die Kerzen flackerten und warfen lange Schatten über die vergoldeten Möbel, die Porzellanvasen und die riesigen Porträts an den Wänden, die über die Jahre hinweg ihre zweifelhafte Herrschaft umrahmt hatten. Doch in den Kissen lag ein abgemagerter Körper mit blassem Gesicht und mit nur halb geöffneten Augen, keuchend und kurzatmig, der sich, vom Leben besiegt, dem Tod überließ. Mir fiel ihre schneidende Stimme ein, ihr erdrückend dominantes Auftreten, ihr wild entschlossener Blick, dessen Lidschlag mich einst erzittern ließ. Mir fiel die Zeit ein, als ich ihr geradezu den Tod wünschte, doch wenn sie wirklich gestorben wäre, hätte ich mich dafür verantwortlich gefühlt. Und dennoch empfand ich in diesem Augenblick, da sie sterbend vor mir lag, nur Mitleid mit dieser Frau, die wie ein Mann auftreten mußte, um nicht zur Seite gedrängt zu werden, und die in ihren letzten Lebensjahren vom schonungslosen Gang der Welt überrollt worden war. Ich hatte Mitleid mit ihr, die nun ihre Seele dem Herrn vermachte in der tiefen Überzeugung, daß sie immer, solange sie am Leben war, ihre Pflicht einwandfrei erfüllt hatte. Denn all der Schaden, den sie bei mir angerichtet hatte, alle Tränen, die sie mich vergießen ließ, das friedensstiftende Exil, in das sie mich mit ihrer grausamen Verfolgung getrieben hatte, waren letztlich nichts anderes als die vergeblichen Säbelhiebe eines Menschen, der für den Erhalt einer Welt kämpfte, die unterdessen aufhörte zu existieren. Ich begriff, daß alles irgendwie für mich genauso verlaufen wäre, wenn es sie nie gegeben hätte. Es war mein Schicksal, wie ein Waldhirsch zwischen goldenen Gitterstäben eingesperrt zu sein, denn gegen sein Schicksal kann man nicht ankämpfen. Nicht einmal ihr Tod befreit mich, ganz im Gegenteil, ihr Ableben wird mich zu noch stärkerer Präsenz an der Seite des Kaisers zwingen und zu einer noch engeren Zusammenarbeit mit dem Hof, der wie der Kaiser nun verwaist ist. Es gibt viele, die glauben, daß ich die neue Situation für meine Zwecke nutzen werde, um mit noch größerem Engagement die Entscheidungen meines Mannes zu beeinflussen. Nichts liegt mir ferner! Meine einzigen politischen Ziele – die Anerkennung Ungarns innerhalb des Reiches sowie die Beteiligung von Andrássy an den Regierungsgeschäften – sind bereits erfüllt. Die Zeiten sind lange vorbei, in denen ich kampflustig war, und mittlerweile würde ich nichts lieber tun als meinen Kaisertitel verschenken . . .

Während der Totenandacht heute betete ich zu Gott um ihre Seele und um mein Leben.

Wien, Schönbrunn, den 4. Juni 1872

Während ich heute nachmittag mit Marie Festetics in unseren Gärten spazierenging, trafen wir einen hohen Beamten des Hofes, Baron R. Ich hätte beinahe meine Hofdame umgerannt, als ich in die andere Richtung davonlaufen wollte und mir den großen Fächer vor das Gesicht hielt, der in diesen vergangenen Wochen, da die Trauerzeit mich zwingt, in Wien zu verweilen, zu meinem ständigen Begleiter geworden ist. Als wir uns unter den Lindenzweigen in Sicherheit wähnten, sah ich meine Freundin von der Seite an: Ihr Gesicht, das vom Laufen gerötet war, drückte das Staunen aus, das derartige Szenen bei ihr stets verursachen. Als ich wieder zur Ruhe gekommen war, fing ich zu lachen an und erklärte ihr die Gründe für mein seltsames Verhalten, das sie jeden Tag erdulden muß.

»Ich möchte einfach nicht, daß sie mich ansehen, Marie. Wenn sie mich ansehen, dann spüre ich ihren Haß und ihre Mißachtung so tief, daß ich den Eindruck habe, daß ich davon krank werden könnte ... Nur wenn mir gar keine andere Wahl bleibt, wenn ich gezwungenermaßen in der Öffentlichkeit auftreten muß, gelingt es mir, ihre Blicke zu ertragen. Und in diesen Fällen, das wissen Sie ganz genau, bin ich genauso herausgeputzt wie meine Pferde. Mir ist bewußt, daß meine einzige Macht über ihre Bösartigkeit in meiner Schönheit liegt. Das ist das einzige, was sie an mir schätzen, und niemals werde ich daher zulassen, daß sie mich von einer anderen Seite kennenlernen. Überdies denke ich, daß ich, wenn ich älter werde, mein Gesicht für immer verbergen werde. So werden sie sich an mein heutiges Aussehen erinnern müssen.«

Marie sah mich mit ihren wunderschönen frommen Augen an.

Es hatte zu regnen begonnen. Der Park erweiterte sich auf einmal, er war behaglich und duftete frisch. Eine behaglich stille Welt.

Wien, Hofburg, den 24. Dezember 1872

Wie langweilig unsere Familienfeste doch sind! Nicht einmal das Weihnachtsfest vermag das Eis zu brechen, in dem jeder von uns steckt, wenn wir alle aufeinandertreffen. Wir versammeln uns unter dem Christbaum, von schweigsamen und umsichtigen Dienern und Kammermädchen, Hofdamen und Beamten umgeben, und wünschen uns gegenseitig mit ernster Miene ein frohes Fest, als wären wir Fremde, die ein förmliches Zeremoniell ausführen. Selbst Valerie, die sonst gerne in meiner Nähe ist und mir sonst gerne schmeichelt und mich becirct, verhält sich in dieser Situation wie ein höflich zurückhaltendes Mädchen. Rudi verwandelt sich in eine Art Zinnsoldat, in einen gehorsamen Erzherzog; seine Offiziersuniform wirkt ebenso streng wie seine Gebärden. Zum Glück für alle Beteiligten habe ich dafür gesorgt, daß diese Zusammenkünfte so selten wie möglich stattfinden und sich unser Leben in der größtmöglichen Privatsphäre und fern der Hofburg abspielt. Seit einiger Zeit nehme ich auch nicht mehr an den schrecklichen Familienessen teil, bei denen sich sämtliche Mitglieder des Hauses Habsburg um den Kaiser scharen und so streng das Protokoll einhalten, daß nur derjenige sprechen darf, an den der Kaiser das Wort richtet. Und da dies äußerst selten geschieht, essen alle in feierlicher Stille schweigsam vor sich hin, während im Saal nur das Kratzen des Bestecks auf dem Geschirr und das leise Klirren der Gläser zu hören ist. Ich weiß, daß viele der Gäste gelangweilt und hungrig aufstehen – der Kaiser speist nämlich gewöhnlich in solcher Hast und so wenig, daß sie nicht einmal in die Verlegenheit kommen, von den reichhaltigen Speisen zu kosten –, um sich anschließend auf der Suche nach sättigenden Speisen und Amusement ins Hotel Sacher oder in andere Lokalitäten dieser Stadt zu begeben. Ich speise währenddessen mit Ida und Marie Festetics in meinen Gemächern, ein wenig Fleischbrühe, ein paar Äpfel und ein Brötchen, gerade ausreichend, um nicht an Entkräftung zu sterben, doch auf diese Weise habe ich mir mit meinen fünfunddreißig Jahren – heute ist übrigens mein Geburtstag – das Aussehen eines jungen Mädchens bewahrt.

Wien, Hofburg, den 20. April 1873

Gisela und Leopold haben heute geheiratet. Gisela sah sehr hübsch aus mit ihren vor Aufregung leuchtenden blauen Augen und ihrem weißen, silbern eingesäumten Kleid. Sie ist eine richtig hübsche Prinzessin von sechzehn Jahren, wenn sie auch ein wenig mürrische Züge an sich hat. Als sie heute nach München aufbrachen, wo sie von nun an leben werden, haben wir alle sehr viel geweint, vor allem Rudi, der so an seiner Schwester hängt, aber auch sie selbst, obwohl ich mir sicher bin, daß sie eine glückliche Ehe führen wird.

Jetzt muß ich zu schreiben aufhören. Ich bin erschöpft und glaube, daß meine Hände nicht mehr die Kraft haben, um die Feder zu halten.

Wien, Schönbrunn, den 10. August 1873

Ich mußte für einige Stunden nach Wien zurückkehren, trotz meiner festen Absichten, dem Schah von Persien aus dem Weg zu gehen, der sich in unserem Palast in Laxenburg niedergelassen hat. Der Monarch traf in der Stadt ein, als ich bereits in Payerbach weilte, da ich auf der Flucht war vor den Schindereien der letzten Monate. Wahrscheinlich ist dies das anstrengendste Jahr meines Lebens. Wie ich befürchtet hatte, hat mich der Tod der Erzherzogin in eine heikle Situation gebracht, denn ich mußte an sämtlichen öffentlichen Zeremonien teilnehmen, den großen Saisonbällen, dem Fronleichnamsfest, dem Osterfest mit seinen endlosen und lächerlichen Akten gespielter Frömmigkeit. Und zu allem Übel kam noch die Weltausstellung hinzu, die ein nicht enden wollendes Defilee von gekrönten oder halbgekrönten Häuptern zur Folge hatte. Nach einigen Wochen war ich geistig und körperlich so erschöpft, daß ich beschloß, mich mit Valerie in die Berge zurückzuziehen, wo ich das Schicksal meines armen Gemahls beklagte, der sich bemühte, bis zur Perfektion die Rolle des liebenswerten und aufmerksamen Gastgebers zu spielen, was ihm dennoch niemand jemals danken wird. Der Schah indes beschloß, nicht abzureisen, ohne mich vorher persönlich begrüßt zu haben, und sein Aufenthalt zog sich nun bereits so sehr in die Länge, daß alle allmählich glaubten, er meine es ernst. So bat mich der Kaiser inständig zu kommen, und ich fühlte mich dann doch verpflichtet, seiner Aufforderung zu folgen.

Um die Wahrheit zu sagen, ich bereue es nicht: Ich habe mich so prächtig über diese Persönlichkeit amüsiert, die aus einer orientalischen Sage entsprungen zu sein scheint. Sein Reichtum ist ebenso beträchtlich wie sein sprichwörtlicher Mangel an Benehmen. Während der Tage, die er sich in Wien aufgehalten hatte, haben sich eine ganze Reihe von Anekdoten zugetragen, die Ida für mich gesammelt hat, da sie wußte, sie würden mich amüsieren. Jeden Tag ließ er den Kaiser stundenlang warten, bis sein Wahrsager ihm den günstigsten Augenblick für eine Begegnung prophezeite. Crenneville, den Generaladjutanten von Franz Joseph, behandelte er wie einen bescheidenen Diener. Als sie eines Tages in der Kutsche durch den Prater fuhren, forderte er ihn auf, auf dem Kutschbock neben dem Kutscher Platz zu nehmen und ihm einen Schirm zu reichen, der ihn vor dem Sonnenlicht schützen sollte – nur zu gern hätte ich in diesem Augenblick das Gesicht des sonst so eingebildeten Crenneville gesehen! Tags darauf, es war wieder im Prater, pflanzte sich während eines gemeinsamen

Spaziergangs mit dem Kaiser ein ordinäres Frauenzimmer vor ihm auf, die Hände in die Hüften gestemmt, und war, wie ganz Wien, zweifellos daran interessiert, die unwiderstehliche Anziehungskraft auf die Probe zu stellen, die jede Art von Frauen auf den Schah ausübten. Der gute Mann vergaß offenbar, daß mein Gemahl und die ganze Öffentlichkeit um ihn herum waren, und näherte sich der Frau, berührte leicht ihre prallen Brüste und ließ sie später in sein Gefolge aufnehmen. Jeden Tag benahm er sich auf die gleiche Weise, er überschritt stets alle höfischen Regeln und brachte Gott und die Welt in äußerst kompromittierende Situationen, was in mir stets, das muß ich zugeben, helle Begeisterung auslöste. Während einer Teegesellschaft weigerte er sich beharrlich, sich den alten Damen vorstellen zu lassen, und wandte sich statt dessen schnurstracks den jungen Gräfinnen zu, die ihn am anderen Ende des Salons erwarteten. Heute morgen überreichte er dem Kaiser und Andrássy sein Porträtgemälde, das in einem mit Diamanten besetzten Rahmen eingefaßt war. Doch er weigerte sich, auch meinen Schwagern Geschenke darzubringen, wie das sonst so Sitte ist, mit der Bemerkung, er fände sie ganz und gar nicht sympathisch.

Mir gegenüber hat sich dieser grausame Kerl wie ein schüchternes Kind verhalten. Als wir uns schließlich heute abend vor dem Festbankett begegnet sind, anderthalb Stunden später als vorgesehen, hielt er sofort inne und umkreiste mich schweigend, während ich ein Lachen kaum zurückhalten konnte. Dann rief er plötzlich auf französisch: »Ah! Qu'elle est belle! Wie schön sie doch ist!« Franz Joseph mußte ihn geradezu aus seiner bewundernden Haltung losreißen und ihn in den Speisesaal führen, wo uns alle Gäste bereits erwarteten. Für dieses eine Mal verlief das Abendessen in ausgelassener und fröhlicher Stimmung. Sogar der Kaiser schien über die baldige Abreise dieses merkwürdigen Gastes sehr erfreut zu sein, der es doch glatt fertigbrachte, die Fischsoße mit dem Schöpflöffel aus der Soßenschale zu kosten, um diesen anschließend an seinen angestammten Platz zurückzulegen. Mir für meinen Teil hätte es nichts ausgemacht, noch einige Zeit mit solch einer skurrilen Person zu verbringen.

Gödöllö, den 25. November 1873

Ich stehe im Morgengrauen auf, wenn die Wolken noch über der Erde schlafen und die Welt dunkel und kalt ist. Dennoch bin ich voller Tatendrang, und ich weiß, sobald die Gegenstände wieder Konturen annehmen – die grünen Kuppeln von Gödöllö, die nackten Zweige der Äste, der mit Laub und Humus reich bedeckte Boden, die weißgrauen Ställe, in denen die Tiere bereits ganz aufgeregt zu wiehern beginnen, während die Stallmeister alles für den Tag vorbereiten –, wird es soweit sein. Wir versammeln uns in der Vorhalle, reiben uns die Hände und stampfen mit den Füßen ein wenig auf, damit uns warm wird, und anschließend beginnt das Rennen, der Kampf. Der Körper verausgabt sich bis zur Erschöpfung, und der Geist wird in einer erbarmungslosen Anstrengung seiner Sinne beraubt. Ich liebe es, ohne Zügel zu galoppieren, wenn sich um mich herum die Welt in einen Wirbelsturm aus Luft und Blättern verwandelt und ich hören kann, wie unter mir die Erde tost, mein Pferd schnaubt, ein Vogel plötzlich auf einem Kastanienbaum singt und im gleichen Moment schon wieder in der Ferne verhallt. Ich fühle mich ganz losgelöst, ätherisch, der Luft gleich, wie der Wind, der allen Gefahren trotzt und sie besiegt. Es gibt nichts auf der Welt, das mir soviel Vergnügen und ähnlich viel Kraft und Freiheit verleiht.

Es ist das erste Mal, daß ich meine eigenen Jagden organisiere. In den vergangenen Jahren habe ich oftmals an den Jagden der von Liechtensteins und der Esterházys und anderer Freunde teilgenommen, doch niemals war ich selbst die Gastgeberin. Ich habe meine Nicht Marie von Wallersee, die Tochter meines Bruders Ludwig und seiner Frau Henriette, eingeladen, mit uns diese Tage zu verbringen. Sie ist eine Schönheit von dreizehn

Jahren, rebellisch und intelligent, und ihre Bewunderung für meine Person ist grenzenlos. Für die Zimperlichen war es natürlich schon wieder Grund für einen Skandal, daß die Tochter einer ehemaligen Schauspielerin unter unserem Dach wohnen und mit Valerie zusammen spielen wird. Sie können nicht umhin, ein unfreundliches Gesicht zu machen, doch halten sie den Mund. Und dann, in der Nacht, wenn die Zigeuner um das Lagerfeuer im Park ihre wilde und schöne Musik erklingen lassen, wird ihnen so übel, daß sich ihnen das vorzügliche Abendessen im Magen herumdreht. Mir dagegen geht es prächtig . . .

Gödöllö, den 5. Dezember 1873

Die konservativen Zeitungen Wiens haben wieder angefangen, mich zu attackieren. Sie sind darüber beleidigt, daß ich so ungern in dieser Stadt bin, daß ich mich weigere, mich wie ein Schmuckstück ausstellen zu lassen. Sie sind auch beleidigt, daß ich es wagte, die Triumphpromenade anläßlich des fünfundzwanzigjährigen Thronjubiläums des Kaisers in einer geschlossenen Kutsche mit zugezogenen Vorhängen zurückzulegen, und nicht zuletzt darüber, daß ich dem Lärm aufgescheuchter Hühner die Stille der Berge und das Geräusch wachsenden Grases vorziehe. Und so gackern sie in einem fort . . .

Ich werde es nicht begreifen, und niemals werde ich es hinnehmen können, daß jede einzelne meiner Gesten, meiner Worte, meiner Gedanken und sogar die intimsten Empfindungen meines Herzens belauscht, überprüft und von allen kritisiert werden. Nie werde ich es ertragen, daß man mir nicht erlaubt, frei und still zu sein!

Wien, Hofburg, den 15. Dezember 1873

Mein Schwager Karl heiratet nun zum dritten Mal. Dieses Mal ist seine Auserwählte eine wunderschöne portugiesische Prinzessin mit dem Namen Maria Theresia von Braganza. Ich wünsche ihr von ganzem Herzen, daß ihr ein größeres Glück beschieden sei als ihren armen Vorgängerinnen. Diese Hochzeit ist eine gute Nachricht für die armen Kinder von Karl Ludwig, die eine gute und liebevolle Mutter bekommen werden, und natürlich auch für mich: Endlich gibt es jemanden in der Familie, der mich in meiner Position als erste Dame im Staate vertreten kann. Maria Theresia wird die Rolle der Ersatzkaiserin perfekt spielen, und ich werde Gott aus einem fernen Winkel für seine großzügige Gabe danken.

VI

Die Flügel der Möwe

München, den 15. Januar 1874

Marie Festetics versucht, mich davon zu überzeugen, daß die Geisteskrankheit von König Ludwig und seinem Bruder Otto nicht auf eine Erbkrankheit in der Wittelsbacher Familie schließen läßt: »Wie könnt Ihr Euch nur mit jenen beiden armen Unglücksraben vergleichen?« fragt sie mich immer wieder. Ja, das stimmt, sie sind wirklich arme Unglücksraben, denen die Welt unter ihren Füßen weggezogen wurde und denen der Himmel auf den Kopf fällt . . .! Gestern, als ich meinen Besuch bei ihrer Mutter, Königin Marie, beendet hatte, bestand Otto darauf, mich bis zum Fuße der Treppe zu begleiten. Der Junge, der nun hinter mir hertrabte, hatte einen irren Blick und eine Mähne, die ganz zerzaust war, da er sich mit den Fingern ständig durchs Haar fuhr. Sein Körper war völlig abgemagert, denn den ganzen Tag kauerte er in einem Winkel eines Zimmers, aus dem ihn kein noch so kräftiger Mensch hätte herausholen können. Mich schauderte bei dem Gedanken, daß er mich jeden Moment die Treppe hinunterstoßen könnte . . . Zum Glück geschah nichts dergleichen. Doch ich war traurig und ängstlich zugleich, und als ich zu Gisela und Leopold zurückkehrte, konnte ich nichts anderes tun, als mich in mein Schlafgemach einzuschließen, ohne meine Tochter, die gerade Mutter geworden war, und der kleinen Elisabeth einen Besuch abzustatten, diesem aufgeweckten, häßlichen Fratz, der mich zur Großmutter gemacht hat. Otto ist dem Wahnsinn anheimgefallen, es steht bereits so schlimm um ihn, daß man in Erwägung gezogen hat, ihn in einem Palast einzusperren. Und was Ludwig angeht ... Wie ist es nur möglich, daß die Seelenqualen aus diesem Geschöpf, das einst der schönste Mann unter seinesgleichen gewesen ist, einen unförmigen Fleischkoloß gemacht haben, dessen Verstand ebenfalls an Konturen verloren hat, der jeden Tag ein Stück verwirrter und verlorener wird, dessen Leid zunimmt und der immer mehr den sinnlichen Genüssen erliegt? Noch immer ist er berauscht von seinen irren Bauplänen, von der Errichtung seiner Luftschlösser, in die er die Seelen aus der Vergangenheit zum Diner einlädt – Ludwig den XIV. und Marie Antoinette, die mit ihm an seinen Festbanketten teilnehmen –, später reitet er die ganze Nacht hindurch, oder aber er läßt sich im Lichte der Fackeln von Schloß zu Schloß fahren, wo er sich mit den Dienern betrinkt, und später, dann weint er und weint er, ohne sich beruhigen zu können ... Welch subtilen Mechanismus mögen die Götter oder die Dämonen wohl in Bewegung gesetzt haben, um meine beiden Cousins derart in den Wahnsinn zu treiben? Oftmals frage ich mich, wann ich an der Reihe sein werde.

Straßburg, den 30. Juli 1874

Welch köstliche Erfahrung es doch ist, das Spektakel um die eigene Person aus der Ferne betrachten zu können! Hinter einem Vorhang versteckt und nur in Begleitung von Marie Festetics sah ich zu, wie meine Friseurin Fanny sich stolz und zuvorkommend wie eine richtige Kaiserin auf den Weg zur Kathedrale machte, wo Gemeinderat und Domkapitel sie – also mich – erwarteten, um sie die Kirche besichtigen und vor dem Grabmal ihrer habsburgerischen Vorfahren ein Gebet sprechen zu lassen. Und während man der falschen Monarchin die Aufwartung machte, hatten meine Freundin und ich im Morgengrauen das Hotel wie zwei völlig unbekannte Fremde verlassen und in Begleitung einer liebenswerten älteren Dame jeden Winkel der Kirche inspiziert, die zu einer Zeit errichtet worden war, als Gott sogar in den Steinen wohnte. Wir lachten herzlich über die Äußerungen der alten Dame über die Dekadenz der großen kaiserlichen Familie, die aus ihrer Sicht in den übermäßig wulstigen Lippen der meisten ihrer Mitglieder zum Ausdruck kommt. Voller Genugtuung über unser gelungenes Täuschungsmanöver kauften wir uns dann Brote und vergnügten uns damit, sie an die Tauben auf dem Domplatz zu verfüttern. Später betraten wir eine Konditorei, in der wir Süßigkeiten kauften, die wir unter den Lausbuben verteilten, die um uns herumliefen. Wir strichen in den Straßen der Stadt umher und bemühten uns jedesmal, das Lachen zu unterdrücken, wenn uns ein Passant zu spaßhaften Bemerkungen provozierte, wie etwa: Der hat ja die Nase von Erzherzog Albert! Und der hat die gleichen Glotzaugen wie Ludwig Viktor! Später mischten wir uns unter das Volk, das auf die Kaiserin von Österreich wartete, die an uns vorüberfuhr, ohne uns einen Blick zu widmen. Fanny trug die gleiche Frisur wie ich, sie trug mein kostbarstes Morgenkleid und ahmte sogar meinen Gang nach. »Wie schön sie ist!« »Ja, das stimmt, aber man sagt, sie sei sehr seltsam. Sie mag es wohl nicht, daß die Menschen sich für sie interessieren.« »Oh, dann muß sie ganz schön dumm sein! Wenn ich Kaiserin wäre, würde ich die ganze Zeit auf einem Thron sitzen, über alle Menschen erhaben, damit sie mich bewundern könnten ...« Wir mußten so lachen, daß wir für einen Augenblick Angst bekamen, jemand könnte die Polizei rufen wegen der beiden Frauen, die sich offenbar lauthals über die Kaiserin lustig machten. Doch es geschah nichts dergleichen, und schließlich kehrten wir ganz erschöpft ins Hotel zurück und erwarteten die Rückkehr meiner Doppelgängerin, die ihre Rolle mit solcher Ernsthaftigkeit gespielt hatte, daß sie beim Betreten des Zimmers überrascht zu sein schien, daß wir uns nicht vor ihr verneigten.

Ich glaube, durch diesen Tag steht die ganze Reise unter einem günstigen Stern. Valerie und ich werden auf die Insel Wight fahren, wo wir uns erholen und im Meer baden können. So habe ich einen Vorwand, um an einigen Jagdveranstaltungen in England teilnehmen zu können. Meine Schwester Marie, die mittlerweile einen guten Teil des Jahres dort verbringt und über ein hübsches Jagdschlößchen verfügt, das ihr die Rothschilds zur Verfügung gestellt haben, hat so darauf gedrängt, daß ich zu ihr komme und mich dort mit den besten Reitern und Reiterinnen messe, daß die Reise für mich zu einer Ehrensache wurde. Mit meinem sprichwörtlichen Starrsinn habe ich die Erlaubnis des Kaisers erhalten, der, wenn auch zähneknirschend, zustimmte und mich wie eine alte Mutter an die Gefahren erinnerte, denen ich mich aussetzte, wenn ich mein Reiterfieber, wie er es nennt, bekomme.

In diesem Augenblick kommt es mir andererseits gelegen, daß ich weit fort bin von Österreich. Zuletzt wurde mir ein weiterer Stein in die Waagschale gelegt, die sich zu meinen Ungunsten neigte, als nämlich die tschechische Seite und deren Sympathisanten mir die Schuld dafür gaben, daß Franz Joseph sich weigerte, sich, dem Beispiel von Budapest folgend, in Prag krönen zu lassen. Und ausgerechnet mich klagen sie nun an, die ich wahrscheinlich die einzige Person am Hofe bin, die versteht, daß die Böhmen sich gegen eine österreichische Vorherrschaft wehren, und die Verständnis für tiefes und von alters her überliefertes Nationalgefühl hat. Und ich bin der Auffassung, daß sie es eines Tages schaffen werden, sich durchzusetzen . . .!

Doch jetzt will ich nicht über solche Dinge sprechen. Heute abend zählt für mich nichts anderes als der Himmel und das Meer, die mich beide schon erwarten, der Galopp meiner Pferde und die Höhe der Latten, die ich auf dem Parcours überspringen werde, und die Freude, die mein *kédvésem* dabei haben wird.

Wight, Steephill, den 11. August 1874

Königin Victoria hat mir heute ihren Besuch abgestattet und dadurch den ruhigen und mußereichen Verlauf meines Lebens hier unterbrochen. Badeausflüge, Pferde, Strandspaziergänge, lange Gedichte von Byron . . . Sie besteht darauf, daß ich mit ihr in ihrer Residenz in Osborne zu Abend speise. Zweimal habe ich die Einladung bereits zurückgewiesen. Schließlich bin ich nicht bis hierher gereist, um dasselbe Leben zu führen wie in Wien. Ich habe meine Pflicht bereits am ersten Tag meiner Ankunft erfüllt, indem ich ihr in Begleitung von Valerie einen Besuch abstattete, Valerie war ein wenig erschrocken angesichts der ungeheuren Körpergröße der Monarchin. »Noch nie in meinem Leben habe ich so eine große Frau gesehen, Mama . . . Bist du dir sicher, daß sie keine Riesin ist?« Ich denke, daß ich mit diesem Akt der Höflichkeit meiner Pflicht Genüge getan habe. Außerdem erscheint mir Victoria äußerst unsympathisch, auch wenn sie mir gegenüber sehr liebenswürdig war und keinerlei unverschämte Bemerkung fallenließ. Ich werde es daher nicht zulassen, daß sie mir meine Ferien verdirbt, und wenn sich ganz Europa über mein unhöfliches Verhalten aufregt. Dieser Ort ist so schön, das Meer so stürmisch, die Blumen duften so herrlich und der Himmel strahlt in einem so unendlich tiefen Blau, daß ich nicht will, daß irgend etwas meinen Frieden stört!

London, den 23. August 1874

Marie Festetics und ich haben heute die Irrenanstalt von Bedlam besucht. Mein Gott, wieviel Grauen doch auf so engem Raum Platz findet! Ich sah das rothaarige Mädchen, das immer wieder dieselbe Note auf dem Klavier spielte, die einem Weinkrampf glich für ihren Liebsten, der von ihr ging . . . Ich sah den Mann, der sich pausenlos um die eigene Achse drehte, mit zum Himmel gereckten

Armen, und der dazu die Worte wiederholte: »Ich bin nicht da, ich bin nicht da, ich bin nicht da . . .« Ich sah das junge Mädchen, das Blumenkränze flocht, die sie sich einen nach dem anderen um ihren Leib band, während sie die Reverenzen ihrer imaginären Untertanen empfing. Ich vernahm ihre Schreie, ihre Gebete, ihr Gelächter, ihre Klagen, ihre Gesänge . . . Und ich hörte, wie mein Herz aufhörte zu schlagen, zu sehr war es vertraut mit diesem grenzenlosen Schmerz, den etwas in mir ganz nahe spürt, als mögliche Erfahrung, so als ob eine bestimmte Minute an einem Tag, der so anfing wie jeder andere auch, meinen Verstand mit einem Schlag in diesen grenzenlosen Abgrund ohne Raum und Zeit stoßen könnte, in jenes schwarze Loch des Wahnsinns, das eiskalt ist und öd, wohin das Licht nie vordringt . . .

Nottingham, Belmore Castle, den 27. August 1874

Heute habe ich meine erste Jagd in England erlebt, auf dem Rücken von *Traviata* galoppierend, die die Latten und Gräben übersprang, als hätte sie Flügel. Die Stammgäste waren verwundert. Nur ein einziges Mal bin ich gestürzt, und selbst das ohne Folgen. Am Abend war ich in blendender Verfassung, während sich Fürst Rutland mit einer Schulterprellung vorzeitig zurückziehen mußte und Graf Tisza, der dreimal mit dem Gesicht im Dreck gelandet war, bereits vor dem Abendessen auf einem Sessel im Salon einschlief. Morgen werde ich nach Wight zurückfahren, doch ich hoffe, daß ich nächstes Jahr für längere Zeit nach England reisen kann. Unterdessen habe ich den Fürsten darum gebeten, mir einen guten Reitlehrer zu suchen, der mir in Gödöllö Unterricht geben könnte. Meine Schwester Marie – wie süß sie heute morgen aussah in ihrem schwarzen Reitkostüm mit dem kleinen Käppchen! – drängt mich, ein englisches Pferd zu kaufen, und sie lacht mich aus, wenn ich ihr sage, daß ich das nicht machen kann, da sie zu teuer sind. »Ist es möglich, daß die

Kaiserin von Österreich-Ungarn nicht genügend Geld hat, um sich ein Pferd zu kaufen? Ich wußte gar nicht, daß du einen armen Schlucker geheiratet hast!« Sie lachte glücklich und unbekümmert, ich beneide sie darum. Sie ist eine Königin ohne Thron, eine Ehefrau ohne Mann, reich ohne Vermögen . . . Die Rothschilds kommen für ihren Unterhalt auf, Ferdinand läßt sie in Frieden, und sie lebt ganz nach ihren Vorlieben und Interessen, frei von jeder Fessel. Ich hingegen werde schon bald nach Wien zurückkehren müssen . . .!

Wien, Hofburg, den 15. Februar 1875

Die alte Dame aus Straßburg hatte recht, etwas an den Habsburgern mit ihren wulstigen Lippen ist äußerst ungesund und abstoßend, etwas, das zweifellos von ihrem tausendundeinmal vermischten Blut herrührt. Ungesund und schmutzig müssen auch die Eingeweide meines Schwagers Ludwig Viktor sein, mit seinem beleidigenden Hochmut, seiner niederträchtigen Neigung zu Skandalen und übler Nachrede und seiner ungezügelten Leidenschaft für andere Männer, die ihn in den tiefsten Abgrund getrieben hat. Seit geraumer Zeit weiß man am Hofe mehr oder weniger offiziell über seine Neigungen Bescheid. Der Kaiser fürchtete, daß eines Tages etwas Schlimmes passieren würde, denn die Berichte seiner Polizei waren von Mal zu Mal beunruhigender. In der letzten Zeit war Ludwig nicht nur sehr unvorsichtig, sondern führte seine zahlreichen Liebhaber auf geradezu schamlose Weise der Öffentlichkeit vor. Man hat ihn an Plätzen gesehen, die einen anrüchigen Ruf genießen, umgeben von ordinären und feminisierten jungen Männern, die er sogar wagte, in den frühen Morgenstunden und unter Gelächter und Gegröle in die Hofburg einzuschleusen. Er selbst präsentierte sich schon oft in Frauenkleidern, wie eine Dirne geschminkt und mit einer theatralischen Lockenperücke auf dem Kopf. Vor zwei Tagen machte er in einer öffentlichen Badeanstalt der Stadt einen allzu gewagten Annäherungsversuch an einen jungen Mann, dem dies unangenehm war und der daraufhin mit einer Ohrfeige reagierte. Anstatt den Skandal totzuschweigen, zog mein Schwager es in seinem unkontrollierbaren Hochmut vor, sein Opfer zu bedrohen, wobei er einige schreckliche Schimpfworte gebrauchte, die alle Anwesenden herbeiströmen ließen. »Weißt du, was du da angerichtet hast, du Unglückseliger . . .? Ich bin Erzherzog Ludwig! Dafür wirst du im Gefängnis landen . . .!« Die Nachricht von diesem Zwischenfall machte flugs in Wien die Runde. Dem Kaiser blieb nichts anderes übrig, als eine folgenschwere Entscheidung zu treffen: Er ließ seinen Bruder in den Palast von Klesheim in Salzburg verbannen, wo er wahrscheinlich bis an sein Lebensende wird leben müssen.[1] Ich suchte heute nachmittag Franz Joseph in seinem Arbeitszimmer auf, als er Ludwig gerade die Neuigkeit eröffnet hatte, der, wie man mir erzählte, wie ein Kind losheulte, ohne sich auch nur zu rechtfertigen. Mein Mann war sehr blaß, und sein Kinn zitterte leicht. Ich bat ihn, sich zu mir auf das Sofa zu setzen, und teilte ihm aufrichtig meine Meinung mit. »Du hast richtig gehandelt. Nun sind wir von einer Schlange befreit, die dazu fähig ist, alles zu vergiften, was ihr über den Weg läuft. Von nun an werden wir viel ruhiger leben.« Doch der Kaiser besaß nicht einmal die Kraft zu lächeln. Es gelang mir dennoch, ihn dazu zu bringen, einmal seine geschäftlichen Angelegenheiten ruhen zu lassen. Wir machten uns auf den Weg zu einem Spaziergang in den Gärten von Schönbrunn. In der melancholischen Abendstimmung, verschneit und eisig war der Park um uns, spürte ich, wie die Einsamkeit und die tief im Innersten nistende Hilflosigkeit dieses mächtigen Mannes meine Seele bedrückten. Vielleicht hätte ich ihn von ganzem Herzen lieben können, wenn es nicht diese eisige Mauer zwischen ihm und der Welt um ihn herum gäbe, die ihn auch für mich unzugänglich macht.

1 Erzherzog Ludwig Viktor lebte bis zu seinem Tode im Jahre 1919 in der Verbannung in Klesheim. 1914 wurde er offiziell für verrückt erklärt.

Gödöllö, den 25. März 1875

Schwarze Männchen krabbeln unruhig in meinen Eingeweiden hin und her. Ich spüre, wie sie brummen und sich bewegen, während sie in meinen Kopf vordringen, in den Magen und schließlich mein Herz befallen ... Und dann, während sie sich in mir festsaugen und mich von innen auffressen, weiß ich nicht, was ich eigentlich will. Alles, was mir nach heftigem Streben gelingt, verliert für mich anschließend an Wert und langweilt mich nur noch. Alles, was ich tue, kommt mir fad vor. Was ich besitze, ist wenig, und bin ich am Ziel meiner Wünsche angelangt, so verliere ich sofort das Interesse ... Und so steige ich die Stufen einer Treppe hinab, und bin ich unten angelangt, so möchte ich wieder hinauf. Ich begebe mich an einen Ort, und wenn ich dort angekommen bin, möchte ich zum Ausgangspunkt zurück. Ich rufe jemanden zu mir, und sobald dieser bei mir ist, sehne ich mich nach Einsamkeit, um dann von neuem Gesellschaft zu suchen. Ein Verlangen in mir weicht stets einem anderen, und habe ich endlich den Zustand des Glücks erreicht, so ist dieser Zustand auch schon wieder vorbei. Und dabei spüre ich die schwarzen Männchen in mir hin und her flitzen und dabei mein Blut saugen ...

Gödöllö, den 18. April 1875

Ich bin wieder Großmutter geworden. Gisela und ihr zweites Kind, Augusta, sind wohlauf. Ich werde nach München fahren. Es freut mich, diesen Umstand als glaubwürdige Begründung anführen zu können, um meine Mutter zu besuchen. Ich werde meinen Kopf in ihren Schoß legen, ihr übers inzwischen schlohweiße Haar streicheln, und gegenseitig werden wir uns Trost zusprechen.

Gödöllö, den 4. Juni 1875

Als wir noch Kinder waren, hat mein Vater uns einige Male Auftritte in seiner Zirkusarena geboten. Stolz führte er uns seine Pferde vor, stieg dann ab, trat zu uns, die wir ihn aufgeregt betrachteten, tätschelte uns die Nacken und sprach voller Zufriedenheit: »Wenn wir keine Adelsfamilie wären, so wären wir Zirkusreiter geworden . . .!«

Während ich nun in meiner eigenen Reithalle auf Gödöllö auf den Rücken von *Avolo* steige, während ich mit ihm Kapriolen und Sprünge vollführe und wir zusammen vor Valerie in die Knie gehen, die voller Begeisterung in ihre kleinen Händchen klatscht und sich mir in die Arme werfen möchte, wird mir zum ersten Mal klar, wie sehr ich meinem Vater ähnlich bin, diesem Mann, den ich so sehr gehaßt und zugleich geliebt habe und den ich in meinem Leben so oft vermißte.

Am Hofe ist man, wie nicht anders zu erwarten, über mein Vorhaben erzürnt, eine Zirkusarena in meinem Hause einrichten zu lassen. Es paßt ihnen auch nicht, daß ich mich mit der schönen Elisa Renz angefreundet habe, der besten Reiterin im ganzen Kaiserreich. Sie ist ein bezauberndes junges Mädchen, das es wagt, in der Öffentlichkeit seine schönen Beine zu zeigen. Viele meiden sie, wenn sie ihr nun auf den Gängen des Schlosses oder in den Gärten von Gödöllö begegnen, als hätte sie eine anstekkende tödliche Krankheit. Doch ich, die ich sie aufgrund ihrer Schönheit, ihrer Stärke und ihres sympathischen Wesens so gern habe, küsse sie vor allen Leuten, reiche ihr die Hand und lasse sie neben mir hergehen. So zwinge ich diejenigen, die sie verachten, dazu, sie zu grüßen und mit ihr zu sprechen, auch wenn sie dabei vor Zorn erröten und es mir nie verzeihen werden, daß ich die tiefe und aufrichtige Freundschaft zu einer Zirkusartistin den niederträchtigen Schmeicheleien vorziehe, die sie mir ohne jedes Gefühl aus ihren welken Mündern zuhauchen.

Ischl, Kaiservilla, den 13. Juli 1875

Mein lieber Freund Max Falk ist heute angekommen, um mich zu besuchen. Seit einiger Zeit gibt er mir keinen Ungarischunterricht mehr – seit einiger Zeit schon brauche ich nämlich keinen Unterricht mehr, um mich in dieser Sprache auszudrücken, die ich bereits als meine Muttersprache betrachte! Doch ab und zu treffen wir uns noch. Vor einem Monat, es war nach dem Tod des ehemaligen Kaisers Ferdinand, ließ ich ihn rufen, um ihn um Rat zu bitten. Bis dahin besaß mein Mann nie sehr viel Geld für unsere persönlichen Ausgaben, doch sein Onkel – Gott habe ihn selig – ernannte ihn zum Erben eines beträchtlichen Vermögens, das ihn über Nacht zu einem reichen Mann machte. Der Kaiser, der für gewöhnlich großzügig war, verdreifachte mein jährliches Budget von 100 000 Gulden, die kaum für meine alltäglichen Ausgaben reichten, und schenkte mir obendrein noch weitere zwei Millionen. Dieses Geld wollte ich nicht sinnlos verschwenden, da wir es vielleicht eines Tages brauchen werden, wenn man uns vom Thron verstößt. So beschloß ich, Falk um Hilfe zu bitten, der dank seiner Tätigkeit in der Bank die Wege, die zum Reichtum führen, bestens kennt. Er ist heute zu mir gekommen, um mich über meine neuen Geldanlagen und Konten zu informieren: Er hat einen Teil meines Geldes in Eisenbahnaktien angelegt – ein Geschäft, das seiner Meinung nach einen unerschütterlichen Aufschwung erlebt –, einen zweiten Teil in Aktien der Donauschiffahrtsgesellschaft, und den Rest hat er, stets unter einem anderen Decknamen, bei verschiedenen Banken angelegt, darunter einen großen Betrag bei der Bank der Rothschilds in der Schweiz, damit ich für den Fall, daß ich ins Exil gehen muß, jederzeit frei darüber verfügen kann.

»Von heute an, Majestät«, sagte er zu mir, »seid Ihr reich.«

»Bin ich reich genug, daß ich mir in England die besten Pferde kaufen kann?«

Max lachte über meine Naivität.

»Diese und vieles andere mehr. Wenn Ihr wolltet, könntet Ihr Paläste errichten wie Euer Cousin, König Ludwig.«

»O nein!« antwortete ich. »Ich will nicht noch mehr Paläste. Ich bevorzuge Hotels, gemietete Häuser, in denen mich niemand an die Kette legt, von wo aus ich fortgehen kann, ohne daß mich etwas zwingt zurückzukehren. Der einzige Ort, an den ich immer zurückkehren möchte, ist Gödöllö. Das ist mein Zuhause, und das reicht mir. Doch es beruhigt mich zu wissen, daß, was immer auch geschehen mag, weder meine Kinder noch ich selbst auf Kosten jemand anderes leben müssen, so wie es meiner Schwester Marie widerfahren ist.«

»Dessen könnt Ihr sicher sein, Majestät.«

Bevor wir uns voneinander verabschiedeten, bat ich Max Falk darum, mit niemandem über meine Geldanlagen zu sprechen. Ich will nicht, daß der Kaiser von meiner Sorge um unsere Zukunft erfährt, und er soll auch nicht glauben, daß er das Recht hat, über jede einzelne meiner Ausgaben zu entscheiden. Es gibt bereits zu viele Dinge in meinem Leben, für die ich seine Genehmigung benötige und derentwegen wir immer wieder aneinandergeraten. Je weniger er darüber weiß, wie ich mein Geld anlege, um so besser für unsere Beziehung.

Normandie, Sassetôt-les-Mauconduits, den 30. August 1875

Meine neuen Pferde aus England sind hervorragend. Sie sind so gut geschult, daß ich große Fortschritte mache, nicht zuletzt auch wegen der langjährigen Erfahrung von Allen, meinem Reitlehrer, der ebenso englisch und ungesprächig ist wie die Tiere. Ich glaube, daß ich bereits so gut trainiert bin, daß ich im nächsten Winter an den Jagdturnieren teilnehmen kann. Dies war auch das Ziel meines Aufenthaltes hier in dieser Gegend Frankreichs, doch trotz allem ist es nicht das, was mich mit höchster Befriedigung erfüllt, sondern die Möglichkeit, endlich einem langgehegten Wunsch nachzugehen und wie ein Mann ausreiten zu können: Im Morgengrauen, während der Großteil meines Gefolges noch schläft, ziehe ich mir wildlederne Strümpfe über, steige auf den ungesattelten Rücken von *Domino* und, gefolgt von meinem treuen *Shadow*, galoppieren wir auf das Meer zu, dessen Wellen man von weitem schon hören kann, wie sie gewaltig gegen die Felsen donnern. Wenn ich sehe, wie diese wilden Wellen unaufhörlich die Erde peitschen, um sich dann gemächlich in glitzernde Schaumflocken aufzulösen, die sich zurückziehen und dann eilig wieder ans Ufer zurücklaufen, so als wollten sie die Felsen küssen und sich für ihre Wildheit entschuldigen, wenn ich spüre, wie sich die Wärme von *Domino* auf meinen eigenen Körper überträgt, wenn ich spüre, wie die laue Sonne allmählich zum Vorschein kommt, die einen neuen, strahlend schönen Tag ankündigt, an dem ich baden und mit meinem *kédvésem* spielen kann, dann läuft mir ein wohliger Schauer über den Rücken, und von Zeit zu Zeit treten mir Tränen der Dankbarkeit in die Augen, die alles, was sie sehen, in sich aufnehmen wollen, das Licht, die Farben, den Raum, die unzähligen Werke der Schöpfung, von denen ich umgeben bin. Sie wollen all dies im Herz bewahren, mit dem Geruch von Meer und feuchter, farnbedeckter Erde, um die eisigkalten und todtraurigen Nächte in der Hofburg wiedergutzumachen.

Später reite ich über die Felder, ganz langsam, ich möchte den Moment hinauszögern, da ich mich von *Domino* wieder trennen und meine Rolle als Frau weiterspielen muß. Ich höre ab und zu den Stimmen der Bauern zu, die mir ihre Köpfe zuwenden und leise Worte zueinander sprechen, die ich nicht verstehe. Bestimmt schimpfen sie über eine Kaiserin, die in Herrenkleidern ausreitet und die schuld ist am Elend ihrer Mitmenschen im fernen Österreich und in Ungarn. Ich hingegen empfinde eine außergewöhnliche Seelenverwandtschaft mit diesen Frauen, die sich vom vielen Bücken ihre schmerzenden Rücken reiben, und mit diesen Männern mit ihren verrunzelten Gesichtern und den finsteren Mienen.

Für mich sind sie die Söhne des Regens und der Erde, des Getreides und des Windes, und die Mißachtung, die ich in ihren Augen lese, erschreckt mich nicht. Sie gleichen einer unverrückbaren hundertjährigen Eiche, die voller Verachtung auf ein winziges Insekt herabsieht, das sich mit seinen bunten Farben über die Schöpfung erhaben fühlt und dennoch am nächsten Morgen sterben wird, plattgedrückt von der erbarmungslosen Pfote eines Hundes, der das Tierchen nicht einmal mehr eines Blickes würdigen wird. »Ich habe keine Angst«, sagte ich zum Kaiser, der meinen Aufenthalt in der Republik Frankreich nicht genehmigen wollte, da die Beziehungen zwischen beiden Ländern äußerst schlecht sind. »Wer wird eine Frau schon belästigen wollen, die niemandem etwas getan hat?« Und nun, da ich hier bin, weiß ich, daß der Geist dieses aus dem Meer hervorgegangenen Landes und das Meer selbst mich beschützen. Hier kann mir nichts Böses widerfahren. Außerdem werde ich sterben, wenn es mein Schicksal so will. Ich weiß das, daher folge ich ihm, denn nichts wird verhindern können, daß es mich am vorgesehenen Tag treffen wird.

Towcester, Easton Neston, den 12. März 1876

Ich habe heute Königin Victoria in ihrem Palast besucht. Ich muß gestehen, daß ich mich nicht verhalten habe, wie es sich geziemt, denn ich traf zu früh zu der Verabredung ein, so daß die Herrscherin und ihre Familie ihre Sonntagsmesse unterbrechen mußten, der sie gerade andächtig beiwohnten, um zu meinem Empfang herbeizueilen. Ihre Gesichter waren vom Segen Gottes noch ganz verklärt. Ich wollte auch nicht wie vorgesehen zum Essen bleiben, da ich so schnell wie möglich nach Easton Neston zurückkehren wollte, um für die morgige Jagd ausgeruht zu sein. Doch der Gott des Protokolls rächte sich und entlud einen leisen, doch grausamen Schneesturm über unserem Zug, der über drei Stunden mitten auf der Strecke stillstand. Einige Leute aus meinem Gefolge wurden ganz deutlich nervös, sie befürchteten eine lange Nacht, in der sie frierend und ohne etwas zu essen zweifellos nicht überleben würden. Schließlich kamen wir doch noch zu Hause an, und die Ängstlichen unter ihnen vergaßen beinahe, mir ihre Reverenz zu erweisen, so eilig hatten sie es, auf ihre Zimmer zu flüchten.

Einerlei! Morgen früh, wenn der Sturm vorüber ist, was allem Anschein nach so sein wird, werden wir wieder ausschwärmen, vor uns die blutrünstigen Hunde des Fürsten Grafton, über hundert Reiter, von denen nur etwa acht oder zehn ans Ziel gelangen werden. Und unter diesen werde auch ich sein, die

»Königin der Meute«, wie man mich hier nennt. Und neben mir mein geschätzter Jagdführer Middleton, der rothaarigste, sommersprossigste, korpulenteste, fröhlichste und schwerhörigste aller Engländer, der während dieser Tage mein Wettkampfbegleiter sein wird. Er hatte keine Lust, die »langweilige Aufgabe zu übernehmen, eine ungeschickte Königin zu begleiten und aufzupassen, daß sie keine Dummheiten macht«. Er ist es auch, der mich anfangs ansah, wie ein Verlobter seine häßliche Braut ansieht, die man für ihn ausgesucht hat, wenn er mit ihr vor den Altar treten muß. Inzwischen hat er sich in einen unzertrennlichen Freund verwandelt, meinen Gefährten bei allen Späßen, Stürzen und Siegen. An seiner Seite bin ich bei jeder Gelegenheit glücklich, ob wir nebeneinanderher galoppieren, spazierengehen oder schweigend am Kaminfeuer sitzen. Ich betrachte seine riesigen Hände, die kräftig auf seinen Schenkeln ruhen, und ich spüre, daß er die Gemütsruhe eines Pferdes besitzt. Wenn ich von ihm Abschied nehmen muß, werde ich weinen, ich werde weinen und mir dabei sehnlichst wünschen, daß diese Hände mir übers Haar streichen, daß sie mich festhalten und mich daran hindern fortzugehen . . . Doch alle Tränen werden umsonst sein. Träume sind nun einmal nichts anderes als Träume.

Ischl, Kaiservilla, den 10. Juli 1876

Heute morgen wollte Franz Joseph, daß ich mit ihm spazierengehe. Er bat mich, ihn bis zum Gipfel des Jainzen zu begleiten, um dort oben »die saubere Luft einzuatmen«, wie er sagte, »an einem Ort, an den der Klang der Kanonen nicht hingelangen kann . . .« Der Kaiser ist in höchster Sorge wegen der Vorfälle auf dem Balkan. Bereits vor einiger Zeit haben sich die Christen aus Bosnien-Herzegowina gegen den türkischen Sultan erhoben, und nun führen sie eine jener stillen, heroischen und unnachgiebigen Revolten durch, die allein der tiefe Glaube hervorzurufen versteht. Nun haben die Fürsten von Serbien und Montenegro, deren Ziel es ist, auf Kosten des Sultans solide Monarchien zu gründen, Konstantinopel den Krieg erklärt. Mein Gemahl und Andrássy sind der Ansicht, daß das Osmanische Reich in einem Sturmangriff vernichtet werden wird. Sie wissen, daß Rußland versuchen wird, seinen Nutzen aus dessen Schwäche zu ziehen. Doch auch für uns – so hat es mir der Kaiser dargelegt – sind diese Länder von Interesse, jetzt, da wir unseren Einfluß auf Deutschland und Italien verloren haben. Jedenfalls wird Österreich auf keinen Fall die Gründung eines großen slawischen Staates unmittelbar an seinen Grenzen zulassen.

Ich hörte seinen Ausführungen, Zweifeln und Befürchtungen geduldig zu, während ich beobachtete, wie die Sonne und der Wind in den Birkenblättern spielten, die sich behaglich kitzeln ließen. Ich dachte bei mir, wie wenig mich in diesem Augenblick die politischen Angelegenheiten interessierten, selbst wenn sie Andrássy betrafen. Im Geiste sah ich nur die Gesichter der hungrigen Kinder vor mir, der zu Tode erschrockenen Frauen, der schwerverwundeten Männer, die wieder einmal zu Tausenden fallen werden, in einem neuen Krieg, der zu nichts anderem gut sein wird, als dafür, daß irgend jemand seine Krone mit einem Diamanten mehr besetzen lassen kann.

Auf dem Mittelmeer, an Bord der Miramar, den 4. August 1876

Die Götter haben ihre Gläser voller Honigwein erhoben, und Poseidon hat seine Gefolgschaft von Delphinen losgeschickt, damit sie, die Abenteuerlustigen, mein Schiff begleiten wie das einer ehrwürdigen Königin . . . Mein Schiff! Als ich sie zum ersten Mal im Hafen von Triest sah, die Miramar, die nun mir gehört, weiß auf dem durchsichtig schimmernden blauen Meer mit hoch in den Himmel ragenden Masten, um allen Stürmen zu trotzen, spürte ich, daß ich nach Hause zurückgekehrt war. Es war geradeso, als ob vom Rand der Epochen aus meine Seele ihr Heim aus einem früheren Leben wiedererkannt hätte, in dem ich, wer weiß, vielleicht die Sklavin bärtiger Kapitäne oder eine Prinzessin war, die wilde Piraten entführt hatten oder auch nur ein Schiffshund . . .

Und nun fahre ich über dieses Meer, das mein Verstand in- und auswendig kennt, und steuere mein gelobtes Land an, dieses strahlende und standfeste Griechenland, dessen Berge nun an diesem freudigen Morgen bereits in der Ferne zum Vorschein kommen. Alle Freude dieser Welt sammelt sich nun in meinem Herzen, das jeden Augenblick erlebt, als wäre es der einzige oder gar der letzte. Es liest die prächtigen Farben auf, das Knarzen des Holzes, die Schläge des Wassers gegen das Schiff und die Schreie der Möwen, als wären dies alles kostbare Schätze. Zugleich weiten sich meine Lungenflügel, mein Atem folgt dem Rhythmus der Wellen, und ich selbst verwandle mich in eine von ihnen. Wunschlos und zeitlos löse ich mich auf in einem Moment, den es vielleicht gar nicht gibt und der mich völlig absorbiert . . .

Athen, Hotel Grande Bretagne, den 7. August 1876

Ich kann mich nicht satt sehen an dem Blick, den ich vom Balkon meines Hotelzimmers aus über die verwinkelte, weiße Stadt zu meinen Füßen habe. Mir gegenüber liegt »die« Stadt, die Akropolis, der Stein gewordene Nabel der Welt, der beseelte Stein, lebendiger und weiser Marmor. Ich umarmte die formvollendeten Säulen des Parthenon, streichelte die stolzen Beine der Karyatiden und sehnte mich dabei danach, mir die Schuhe abzustreifen und den vom Staub vieler Jahrhunderte bedeckten Boden unter meinen Füßen zu spüren, ich sehnte mich danach, meine schweren und lästigen Kleider auszuziehen und mich statt dessen in Leinen zu hüllen, um das Licht vom Anfang der Welt an mich heranzulassen und auf diese Weise die heiligen Tempel zu begehen, die

Pfade der Agora, die auch die Philosophen beschritten. So wie sie möchte ich sein, ein ruhendes Licht oder ein energischer Blitz. Ich bin mit meinen Händen zwischen die Blätter der Olivenbäume eingetaucht, die in meiner Vorstellung tausend Jahre alt sind. Ich habe gespürt, wie rauh die Rinden der Myrtenbäume sind, und jede Pore ihrer Rinden, ihres Wuchses hat meiner Seele Glauben und Weisheit verliehen. Mir ist bewußt, daß mich Athene und Zeus, Apoll und Hermes durch die Säulen des Theseustempels hindurch, zwischen den ewigen Mauern der Propyläen, vom Dach des nach oben hin offenen Parthenon aus beobachten. Ihre göttlichen Herzen sind von Kummer erfüllt, da die Menschen sich in diesen unfrommen Zeiten von ihnen abgewendet haben, doch da man sich weiter an sie erinnert, halten sie ihre Köpfe aufrecht. Der Geist der Götter und der Weisen hat mit jedem Schritt, mit jedem wißbegierigen Blick und bei jedem Atemzug, mit dem ich geradezu begierig diese wohlriechende und heiße Luft einatmete, meinen eigenen Geist durchdrungen. Durch jene Luft schwingen noch immer die Stimmen all derer, die die Erde und den Himmel durchforschten, die Stimmen all derer, die aus der genußvollen Ruhe, die der Freund, der Baum, spendet, die aus der Freude am Denken und der Extase der Gefühle ihren Lebenssinn beziehen . . .

An Bord der Miramar, Korfu, den 12. August 1876

Wir menschlichen Wesen sind doch plump und geistlos. Wir haben die unglückliche Angewohnheit, daß wir uns ins Elend stürzen, ohne von unserem Glück zu wissen. Fünfzehn Jahre lang habe ich mit dem Rücken zum Paradies gelebt, als hätte ich vergessen, daß es diesen Ort überhaupt gibt. Und nun, da ich wieder hier bin, geben dasselbe Geräusch des Meeres, dieselben Zypressen, die auf den Hügeln gedeihen, dieselbe Sonne, die einst meine Krankheit heilte, meinem Körper und meiner Seele wieder Kraft und hüllen sie in wohligen Duft.

Vielleicht bleibe ich für immer hier. Vielleicht verwandele ich mich in einen Felsen, in Algen oder in Schafsdreck. Irgend etwas werde ich tun, nur um nicht länger Kaiserin zu sein.

An Bord der Miramar, Korfu, den 30. August 1876

Zu Füßen meines Schiffes singen die Sirenen, auf diesem Meer, das der Mond in silbernes Licht getaucht hat. Von hier aus kann ich sie sehen, auf die Felsen gestützt, recken sie ihr Gesicht in den Himmel, und ihre todtraurigen Stimmen beweinen die Einsamkeit ihrer Herzen:

Die Schönheit, Mutter, hast du uns gegeben.
Gülden ist unser Haar,
dunkel die Augen, sanft das Lippenpaar.
Doch unser Herz vergeht vor Liebe.
Vergebens rufen wir: Wo bist du, an welchem Ort?
Die Klage trägt der Wind mit fort,
im Tosen des Meeres sie gar stirbt,
und niemand ist da, der Antwort gibt.
Eine von uns hatte einst einen geliebt,
der war stark wie ein Fels,
stolz wie eine Insel,
schön wie die Sonne, die sich dem Morgen hingibt.

Sie liebten einander, und das Bett aus Algen,
es war ihr Grab.
Sodann fiel über uns der Fluch herab,
und so reisten wir durch die Zeiten,
voll Hoffnung und voller Eitelkeiten,
voll törichter Träume den lieben langen Tag,
doch blieben wir allein, oh, mutterseelenallein!

Bay Middleton wird nach Gödöllö reisen, doch meine Kammerzofen werden mich jede Nacht entkleiden, jeden Morgen werden sie die Vorhänge öffnen, und ich werde wissen, daß er am anderen Ende des Palastes versuchen wird, seine Phantasie nicht in Bewegung zu setzen, und unsere Blicke werden sich kaum öfter begegnen, als es notwendig ist, damit der Glanz in ihren Augen nicht enthüllt, was unsere Herzen begehren.

Wien, Schönbrunn, den 25. April 1877

Seit gestern führt Rußland Krieg gegen die Türkei. Das Reich der Hohen Pforte ist krank, und die Geier haben sich ohne jedes Mitleid bereits auf den zukünftigen Kadaver gestürzt. Franz Joseph hat mit dem Zaren einen Geheimvertrag unterzeichnet, in welchem er die Neutralität Österreichs garantiert. Zum Ausgleich dafür werden wir das Gebiet Bosnien-Herzegowina erhalten, sobald der Krieg vorbei sein wird. Moskau verspricht darüber hinaus, sich nicht an der Entstehung eines großen slawischen Reiches an unseren Grenzen zu beteiligen. Der Kaiser wartet voller Aufregung auf die Nachrichten, die er per Telegramm erhält. Rudolf sitzt an seiner Seite, er ist völlig begeistert von diesem Krieg und wiederholt unablässig dieselben Worte: »Wir müssen ein mächtiges Reich an der Donau gründen. Das ist unsere Zukunft, der Beweis für die Welt, daß unsere Kraft noch vorhanden ist, die Ohrfeige ins Gesicht Preußens . . .«

Ich träume von Korfu. Und von Bay.

Ischl, Kaiservilla, den 21. August 1877

Rudolf ist heute neunzehn Jahre alt geworden. Mein kleiner Rudi mit seinen klagenden Augen, nun ist er volljährig, doch sein Blick ist weiterhin so flehentlich wie damals als Kind, als er all das von mir erwartete, was ich ihm nicht geben konnte: meine pausenlose Anwesenheit, die Zärtlichkeit, die ich so schwer in meinem Herzen aufbringen kann für dieses Kind, vor dem ich mich fürchte ... Es ist tatsächlich so, daß ich Angst verspüre, wenn wir zusammen sind, es ist eine ungewisse Angst, die mich geradezu erstickt, als wären wir vom Bösen umgeben. Er ist ein charmanter junger Mann von herausragender Intelligenz, der sich durch bewundernswerte Großzügigkeit auszeichnet, und dennoch hat er etwas Düsteres an sich, etwas Furchterregendes, das ich selbst nicht wahrhaben möchte und das stets vorhanden ist wie ein Schatten, der hastig den Raum durchquert und ihn dabei in schwarzes Licht taucht, wie ein beängstigender Vorbote eines fremdartigen Gewitters, das sich in einem Winkel seiner Seele verbirgt und nur den geeigneten Moment abpaßt, um loszubrechen und alles zu zerstören.

Es ist schon viele Jahre her, da glaubte Rudi, ich sei eine Fee. Heute kann ich in seinen Augen so etwas wie Verachtung für seine Mutter erkennen, die er zweifellos für allzu leichtfertig, über die Maßen frivol und albern hält. Für ihn bin ich eine Frau, die die ganze Zeit nur Pferde und Jagdturniere im Kopf hat, die ihren eigenen Neigungen und Vorlieben nachgeht, während er von Bündnissen und Strategien träumt, von Regierungen und Verträgen, von gerechten Verbesserungen für das Leben seiner Untertagen und der Eroberung der Freiheit. Wie kann seine Seele nur so weit von meiner eigenen entfernt sein, da ich ihn doch neun Monate in meinem Leib mit mir herumgetragen habe und er in mir herangewachsen ist, mein Körper hat ihm zum Leben verholfen ...

Jedesmal wenn ich ihn bei mir gehabt habe, kann ich in den Nächten darauf nicht einschlafen. Er weckt eine seltsame Unruhe in mir, manchmal kann ich sehen, wie sich ohne jeden Anlaß ein Zug von Grausamkeit in ihm regt. Sein ungläubiger Geist gibt sich viel zu sehr der Wissenschaft hin und vernachlässigt Gott darüber vollkommen, zügellos ist seine Gier nach den Frauen, ich kann es in seinen Augen lesen, wenn die jungen Gräfinnen vor ihm einherstolzieren. Seine liberale Gesinnung, zu der ich durch meine eigenen Ideen und durch die Wahl seiner Lehrer beigetragen habe, macht ihn heute, wie ich befürchte, zum Feind seines eigenen Vaters.

All diese Dinge gehen mir dann im Kopf herum und vermischen sich mit den Erinnerungen an den Tag, als die Erzherzogin ihn mir weggenommen hat, an die fürchterlichen Strafen, die er durch Gondrecourt erhalten hat, an seine Soldatenuniform, die er schon als kleiner Junge an Festtagen tragen mußte, an seine Augen, die mich um Zuwendung bittend anflehten, immer diese um Liebe bettelnden Augen. Nach solchen durchwachten Nächten rufe ich für gewöhnlich Latour zu mir, der mich beruhigt und mir von seinen Fortschritten berichtet, seiner unstillbaren Neugier, seiner hohen Intelligenz und seiner ihm angeborenen Herzensgüte.

Doch da Rudolf nun volljährig ist, wird Latour seinen Posten als Erzieher aufgeben. Er wird nun ein eigenes Haus beziehen, dessen Obersthofmeister Karl Bombelles werden wird, ein alter Spielkamerad des Kaisers, der sich, wie ganz Wien weiß, mit Vergnügen den Freuden des Lebens widmet. Ich wollte in diese Entscheidung, die Franz Joseph allein getroffen hat, nicht eingreifen, doch fragte ich ihn, was an den Gerüchten stimmte. »Ja«, antwortete er, »es ist gut möglich, daß Bombelles das ist, was die Franzosen einen *Bonvivant* nennen. Doch ich glaube nicht, daß diese Charaktereigenschaft des zukünftigen Begleiters von Rudi negative Auswirkungen für unseren Sohn haben könnte. Ich will ihn nicht seiner Jugend berauben, wie das bei mir der Fall war.« Mit Sicherheit dachte er dabei an seine überfürsorgliche Mutter, die noch die bescheidensten Bedürfnisse seines Lebens selbst in die Hand nahm, sogar was sein Sexualleben als leidenschaftlicher junger Mann anging.

Der kleine Rudi entwickelt sich zu einem Mann, und er muß nun verschiedenes über die Geschichte und die Wissenschaften lernen. Ich versuche mich zu beruhigen und finde mich mit dem Gedanken ab, daß es vielleicht gar nicht schlecht ist, wenn Rudolf in fremden Betten und bei gutem Wein Zerstreuung sucht. Vielleicht vermag ja auch das körperlich erschöpfende Vergnügen diesen geheimnisvollen schwarzen Vogel aus seinem Herzen zu vertreiben, der sich dort eingenistet hat. Doch ich spüre, tief in meinem Inneren, wie sich sein düsterer Schatten über das ganze Haus Habsburg legen wird.

Gödöllo, den 14. Oktober 1877

Meine Nichte Maria Wallersee hat hier heute den Grafen Georg Larisch geheiratet. Ich selbst habe in meinem eigenen Haus die Hochzeitsvorbereitungen getroffen, wobei ich mich von meinem gesamten Gefolge unterstützen ließ, ohne die Vorwände, unter denen sich einige davor drücken wollten, gelten zu lassen. Sogar Marie Festetics, die eine große Abneigung gegen meine junge Nichte empfindet, versuchte, weiß Gott was für absurde Motive anzuführen, um an der Zeremonie nicht teilnehmen zu müssen, doch ich habe es ihr nicht gestattet. Ich wollte, daß mein Bruder und seine Tochter spürten, welche starke Zuneigung ich für sie empfinde, und wie sehr ich Ludwig dafür bewundere, daß er sich selbst und seine Familie aus reiner Liebe an den Rand unserer Gesellschaft gebracht hat. So mußten alle in ihren prächtigsten Festtagskleidern an der Hochzeit meiner entzückenden Nichte und ihres Bräutigams teilnehmen, den sie selbst gewählt hat. In ihrem mit Silber eingesäumten Brautkleid, das ich für sie in Paris anfertigen ließ, sah sie ganz reizend aus.

Zu dieser Stunde, Mitternacht ist schon lange vorüber, sind im Foyer des Palastes noch die Geigen der letzten noch verbliebenen Zigeuner zu hören. Die Hofdamen beten indes in ihren Gemächern voller Inbrunst und bitten Gott um Verzeihung, weil sie sich dazu herabgelassen haben, an einem solchen Spektakel von Bürgern, dahergelaufenen Emporkömmlingen und gar Zigeunern teilzunehmen ... Was für Heuchler sie doch sind![2]

Wien, Hofburg, den 24. Dezember 1877

Das Leben läßt uns die unterschiedlichsten Phasen durchschreiten, mein Kind. Am Anfang träumt man von glanzvollen Zeiten, dies ist die Zeit des Vertrauens. Wir haben dann zu allem und jedem Vertrauen, zu den Lebewesen wie auch zu den Gegenständen. Wir wähnen uns im Himmel. Doch schon bald schlägt die Stunde der Enttäuschungen und der Kämpfe. Wir sehen dann, wie unsere kostbarsten Hoffnungen und glänzendsten Träume sich in Wohlgefallen auflösen. Wir begreifen dann, wie leer unser Leben ist und wie leer alles ist, was sich uns im Leben anbietet. Verbitterung und Langeweile lassen uns demgegenüber gleichgültig werden, was uns noch bleibt. Doch auch das hat ein Ende, und es kommt eine dritte Phase, in der wir das Leben so hinnehmen, wie es ist. Wir begehen nun nicht mehr die Dummheit, Vollkommenheit zu suchen. Wir sind nun fähig, nach dem wenigen Guten zu greifen, das in allen Dingen steckt. Womit beschäftigen wir uns denn sonst noch, die wir das siebzigste Lebensjahr überschritten haben, wenn nicht mit dem Jenseits?«

Franz Deák schrieb mir diese Zeilen vor einigen Monaten, es war einer seiner letzten Briefe vor seinem Tod. Heute, da ich vierzig Jahre alt werde, denke ich an diese Worte und spreche sie meinem

2 Marie Festetics hatte recht: Nachdem Marie Larisch nach den Vorfällen in Mayerling vom Hof verstoßen worden war – sie hatte bei dem Verhältnis zwischen Rudolf und Mary Vetsera eine Vermittlerrolle gespielt, erpreßte sie den Kaiser und verlangte von ihm ein beträchtliches Vermögen zum Ausgleich dafür, daß sie Stillsschweigen bewahrte. Im Jahre 1913 veröffentlichte sie ihre »Erinnerungen«, die von äußerst fragwürdiger Glaubwürdigkeit sind.

kédvésem mehrmals vor, denn sie soll sich diese Worte einprägen und niemals vergessen. »Es stimmt, Valerie«, sagte ich zu ihr, »wir Menschen würden uns großes Leid ersparen, wenn wir nur begreifen würden, daß das Leben so ist; daß man weiterleben kann, auch wenn es manchmal nicht danach aussieht, daß es einen enormen Kraftaufwand kostet, den Platz auf dieser Welt zu finden, der uns gerecht wird, doch man kann ihn finden. Solltest du eines Tages glauben, du kannst dieses Leben nicht mehr ertragen, dann denke an diese Worte . . .«

In diesem Augenblick denke ich zurück an das Leid in meinen ersten Ehejahren, an diesen furchtbaren Schmerz, der mir das Herz zerriß. Dieser Schmerz durchströmte mein Blut mit schrecklichen Klageschreien, befiel meine Eingeweide, er erschütterte mich, schleuderte mich hin und her, warf mich in die Luft wie eine Strohpuppe. Anschließend fiel ich in ein dunkles Loch ohne Boden und ohne Licht, wo mich der Tod erwartete, den ich so sehr fürchtete und nach dem ich mich zugleich so sehr sehnte. Was für eine Qual, o mein Gott! Welche Angst, welch fürchterlicher Kampf um ein bißchen Freiheit! Doch ich überlebte. Ich lernte, mich an einem Strohhalm festzuhalten, sobald ich auf eigenen Füßen stand, und erkannte, wie die Dinge wirklich waren. Ich lernte, allein einen Berg zu erklimmen, zum Himmel emporzublicken und dabei die Hölle zu vergessen, die unter mir brauste und mich zu sich rief. Ich lernte, erhobenen Hauptes einherzuschreiten und auf meinem Weg Schlangen zu zertreten und Absperrungen niederzureißen, ich lernte, nicht sterben zu wollen. Und hier bin ich nun, eine Frau von vierzig Jahren, die das Schicksal bezwingen wollte, eine Frau, die im Kampf schwer verwundet wurde und die sich unter Qualen dann üben mußte, die Erstickungsanfälle des Herzens zu ertragen, den Seelentaumel. Und dennoch kann ich leben, ich kann auf dem Boden stehen und mich mit der Erde eins fühlen, ich kann mich von den Lüften mit forttragen lassen und mir dabei vorstellen, selbst manchmal aus Luft zu sein, mit leichtem Körper und leichtem Geist . . .

Northamptonshire, Cottesbrook, den 8. Februar 1878

Noch immer bereitet es mir Mühe zu glauben, was da vorgefallen ist, zu glauben, daß meine eigene Schwester fähig ist, mich mit solcher Gewalt zu hassen. Ich liebte sie schon immer, während sie stets auf mich neidisch war und mir schaden wollte. Mein Herz ahnte etwas, doch ich wollte ihm nicht trauen. Ich hatte ihre Boshaftigkeit wahrgenommen, als sie mich an meine Aufgaben erinnerte, an meine Verpflichtungen, während sie vor mir schamlos mit ihrer Freiheit prahlte, auf die sie so stolz war. Doch ich faßte den Entschluß zu glauben, ich sei die Bedauernswerte von uns beiden, und stimmte mit ein, als sie über mich lachte. Als ich ihre Blicke wahrnahm, nachdem ich wohlbehalten am Ende der Jagd nach Hause zurückgekehrt war, verspürte ich einen bohrenden Schmerz. Alle Reiter riefen mir zu und erhoben bei Tisch ihre Gläser auf mein Wohl mit den Worten »Auf die Königin der Meute!« Ich warf mir meine eigene Überempfindlichkeit vor und schluckte den Schmerz hinunter. Mir war aufgefallen, wie wütend ich wurde, als ich erfuhr, daß sie Bay Middleton mit Nachdruck in ihren eigenen Pavillon nach Althorp einlud. Doch ich wollte ihre Sympathie für ihn verstehen, und so schluckte ich meine Eifersucht hinunter. Wie naiv von mir! Sie lernte unterdessen, mich zu hassen und suchte in ihrem Innern das schädlichste Gift.

Marie ist vergangene Woche nach London abgereist – »ich habe Lust, die Stadt zu besuchen und ins Theater zu gehen«, so sagte sie zu mir – und traf sich dort mit Rudolf, der in Begleitung von Bombelles Großbritannien bereist. Gott kennt die Lügen, die sie vor ihm auftischte, die Verleumdungen, die sie erfand, um mich vor meinem eigenen Sohn bloßzustellen und einen fürchterlichen Skandal heraufzubeschwören, durch den ich für immer seine Zuneigung verlieren sollte. Rudi kam gestern wie vereinbart zu mir, um ein paar Tage mit mir zu verbringen. Doch anstatt der Freude über das Wiedersehen konnte ich in seinem Gesichtsausdruck sofort seinen Zorn erkennen, und mein Herz verkrampfte sich augenblicklich. Nachdem er alle Anwesenden herablassend begrüßt hatte, bat er mich, sobald die Gelegenheit bestand, allein mit mir sprechen zu dürfen. Gemeinsam gingen wir in die Bibliothek. Ich bemühte mich, zu lächeln und meine Besorgnis vor ihm zu verbergen, und fragte ihn nach seinen Besuchen in London. Doch wir hatten uns kaum gesetzt und die Diener hatten gerade die Tür geschlossen, als er mich brüsk unterbrach

»Ich bin nicht hierhergekommen, um darüber mit dir zu sprechen, Mutter.« Ich verstummte augenblicklich. Mein Herz schlug ganz heftig, es war wie einst, wenn sich die Erzherzogin vor mir aufbaute, um mir meine Fehler ins Gesicht zu schleudern. »Ich möchte, daß du erfährst, daß ich dabei bin, eine Schmähschrift gegen den Adel zu verfassen. Ich denke, daß ich sie in wenigen Monaten in Wien veröffentlichen kann, und auch wenn ich sie nicht selbst unterzeichnen werde, wird schon bald jeder wissen, wer ihr Autor ist.«

Ich verspürte tiefe Bewunderung für diesen anständigen und tapferen jungen Mann, zugleich aber auch Mitleid, großes Mitleid und Angst, denn mir fiel ein, daß ich einst selbst aufbegehrte und daß ich viel Leid erfahren mußte, um meine Freiheit zu bekommen. Um nichts in der Welt sollte mein Sohn ebenso leiden wie ich. Ich versuchte ihm nahezulegen, besonnen vorzugehen.

»Sei vorsichtig, Rudolf. Wenn du die Angehörigen des Adels angreifst, werden sie sich wie wilde Tiere zur Wehr setzen. Sie werden dich zerfleischen.«

Rudolf sah mich wie aus einer anderen Welt an, er runzelte die Stirn und zog die Lippen kraus. Er war weit weg, sehr weit weg, als ob uns nichts verbinden würde, heute nicht und früher nicht.

»Ich danke dir für deine Ratschläge, doch ich brauche sie nicht. Ich kenne meine Kräfte zur Genüge, ich weiß, wer zu mir hält und auf wen ich zählen kann, innerhalb und außerhalb des Hofes. Ich bin kein Kind mehr, Mutter, und wenn ich dieses Spiel beginne, dann, um etwas zu erreichen! Und zwar mit Erfolg!«

Ich verstummte, so überrascht war ich von seiner Selbstsicherheit. Wie war es nur möglich, daß mein Sohn so groß geworden war und sich dabei, ohne daß ich es gemerkt hätte, in einen reifen jungen Mann verwandelt hatte, der fähig ist, sich den stärksten Eckpfeilern des Reiches in den Weg zu stellen und hinter dem Rücken aller ein feines Netz aus Kumpanen und Gefolgsleuten zu spinnen? Meine Angst stieg, das war nicht mein eigenes Spiegelbild, das da vor mir stand, sondern ein richtiger Politiker mit festen Überzeugungen und sicheren Strategien, der sich den gefährlichsten Risiken aussetzte, wohl wissend, was es zu gewinnen oder zu verlieren gab. Rudolf setzte seine Rede fort.

»Ich wollte dich davon unterrichten, da du in diesem Schreiben nicht sehr gut wegkommen wirst.«

Es kam mir vor, als hätte er einen Gewehrschuß auf mich abgefeuert. Ich weiß nicht, ob die Worte, die ich sagen wollte, tatsächlich über meine Lippen traten.

»Was willst du damit sagen?«

»Ich werde dich nicht eigens erwähnen. Aber ich werde von all diesen Leuten berichten, die ihr Leben damit verbringen, an Jagden und ähnlichen Vergnügungen teilzunehmen, die ihre Energie verschwenden und Geld, das man dazu verwenden könnte, um Reichtum zu schaffen, während die Stabilität unseres Kaiserreichs auf dem Spiel steht und Hunger, Elend und geistige Verrohung die Völker in einen elenden Abschaum der Menschheit verwandeln ...«

Seine Stimme wurde höher, und ich bekam fast einen Erstikkungsanfall. Er stand auf und begann zu schreien.

»Hast du mich verstanden, Mutter? Das ist es, was ich über dich und über alle anderen sagen werde, die ihr wie Parasiten über den Leichnam Österreich herfallt . . .! Mach dich auf die Schande gefaßt! Und freu dich, daß ich das andere nicht erwähnen werde, daß die Kaiserin ihren Gemahl betrügt, ebenso wie ihre Kinder und ihre Untergebenen, durch eine schmutzige Liebschaft mit einem dahergelaufenen Engländer! Ich werde das nicht erwähnen aus Respekt vor mir selbst! Doch niemals werde ich es vergessen können, damit du es weißt . . .!«

Es war, als hätte ich Watte in den Ohren, so dumpf klang das Schlagen der Tür, als Rudolf die Bibliothek verließ. Es erinnerte mich an mich selbst in jenem eiskalten Saal der Hofburg, als mir meine Schwiegermutter ankündigte, daß sie mir nicht erlauben würde, meine Kinder selbst aufzuziehen, und ich dabei sah, wie mir die Tränen über das Kleid flossen und es für immer ruinierten. Wie damals spürte ich auch heute eine unendliche Kälte, eine Kälte, die mir den Körper und den Verstand gefrieren ließ und von der ich mich nie würde erholen können. Ich drückte mein Gesicht gegen den Sessel. Ich wollte die Bilder nicht sehen, die sich vor mir vermischten: die rührseligen Augen meiner Mutter, die versucht, ihren Schmerz zu verbergen, die liebevollen Augen von Franz Joseph, wie er mir an seinem Geburtstag beim Kotillon einen Blumenstrauß überreicht, der beleidigte Blick von Helene, der finstere Blick meiner Schwiegermutter, die winzigen und noch ganz ängstlich flehenden Äuglein von Rudi, als er noch ganz klein war, wenn ich versuchte, ihn an meine Brust zu legen, um ihn all die Zärtlichkeit kosten zu lassen, die aus mir herausquoll, aus meinen Adern schoß und meine Brust zu sprengen drohte. Ich sah auch die Augen von Bay Middleton, in denen sich Erde und Regen spiegelten und die mich kaum anzusehen wagten, um nicht lichterloh zu brennen vor Begierde, Tausend von Augenpaaren, die mich im Laufe meines Lebens bewachten, verfolgten und anklagten . . . Mein Leben war die Hölle, eine Hölle von entflammten, klagenden, vorwurfsvollen Blicken, Tausenden von Blicken, die sich auf mich hefteten, die mir ins Herz drangen, in meinen Eingeweiden herumstocherten und mich daran hinderten, in Frieden zu leben . . .

Es war Marie Festetics, die mich suchen kam. Die Schreie, die sie in der Bibliothek zu hören glaubte, hatten sie erschreckt, ebenso wie Rudolfs Blick, als er an ihr vorüberging, ohne sie auch nur zu grüßen. Sie brachte mich zu Bett und hörte sich mein Gestammel an. Dann machte sie sich auf die Suche nach meinem Sohn, der heulend im Park unter einem Baum saß und ihr all die schmutzigen Geschichten beichtete, die meine Schwester über mich erzählt hatte. Meine gute Freundin hat ihn schließlich beruhigen können, rückte die Tatsachen wieder zurecht und überredete ihn dazu, zu mir zu kommen, mit seinen geröteten Augen und einem sehr blassen Gesicht. Er berichtete mir schnell und ohne Einzelheiten, was vorgefallen war. Ich hörte ihm zu, als würde er mir eine Geschichte erzählen, etwas, was uns nie passieren könnte und was dennoch Wahrheit war.

»Ich bitte dich um Verzeihung, Mutter. Ich war außer mir. Ich fühlte mich gedemütigt, ich glaubte, du würdest gleichzeitig meinen Vater und mich betrügen.«

»Es macht nichts, Rudi, es ist ja schon gut . . .«

Er küßte mir die Hand – die zitterte, als er sie ergriff – und ging leise fort. »Es ist ja schon gut . . .« Noch besaß ich die Kraft, ihn zu beruhigen, nicht loszuheulen und mich zu Boden zu werfen, nicht zu brüllen, daß alles Lüge ist, daß meine Schwester mich liebt und mich nicht betrügen kann, da sie mich eben liebt. Und du bist gar nicht in der Lage, die Verleumdungen über mich zu glauben, niemals wirst du zulassen, daß sie solche Sachen über deine Mutter sagen, was immer auch geschehen mag, du kannst mich nicht hassen, wie du mich noch vor wenigen Stunden gehaßt hast, als du die Schreckensgeschichten glauben wolltest, die dir meine Schwester erzählt hat, die Verleumdungen, die dir meine Schwester gar nicht erzählt haben kann, da sie mich doch liebt ...

Wien, Hofburg, den 8. März 1878

Mein Schwiegervater ist verstorben, genauso wie er gelebt hat, ohne Anteil zu nehmen, ohne zu leiden oder zu genießen, sein Kleinkindverstand ist einfach eingeschlafen, der Herr war gewillt, ihm das Privileg zu gewähren, niemals erwachsen zu werden, um niemals den unfaßbaren Schmerz des Lebens begreifen zu müssen. Der Erzherzog Franz Karl möge in Frieden ruhen, niemals fügte er jemandem etwas Böses zu, und niemals konnte auch ihm jemand in seiner glücklichen Einfalt Schaden zufügen.

Wien, Schönbrunn, den 20. August 1878

Auch Andrássy kann sich irren. Auch ihm unterlaufen Fehler, er glaubt, daß seine Wunschvorstellungen mit der Wirklichkeit einhergehen müssen und stürzt uns in einen neuen grausamen und furchtbaren Krieg. Was passiert nur in diesem Jahrhundert, in dem die Politiker damit beschäftigt sind, Landesgrenzen zu stekken und wieder zu versetzen, Grenzzäune zu ziehen, Monarchien zu errichten, Regierungen zu bilden und wieder aufzulösen, ohne jemals die Meinung der Menschen in Betracht zu ziehen? Rußland feierte einen Triumph über das Osmanische Reich, doch schon bald begannen von neuem die Machtkämpfe um ein Stück Land und eine Handvoll Untertanen, die hungrig und aufgebracht waren. Zar Alexander versuchte, ein großes slawisches Reich zu schaffen, das Bulgarien heißen und sich bis zum Ägäischen Meer erstrecken sollte. Er selbst wollte seine Hand über dieses Reich halten, dabei vergaß er, daß er mit Franz Joseph die Angliederung von Bosnien-Herzegowina an das Kaiserreich vereinbart hatte.

Doch die europäischen Mächte waren nicht dazu bereit, seinem Expansionsdrang nachzugeben, und so kam es, daß vor zwei Monaten in Berlin die Grenzen der Balkanstaaten erneut festgelegt wurden: Bulgarien wird zwar existieren, doch wird es keinen direkten Zugang zum Meer haben. Wir werden Bosnien-Herzegowina einnehmen und verwalten, das jedoch zumindest auf dem Papier weiterhin unter der Oberhoheit des Sultans stehen wird. Dies war Andrássys Idee: »Wir dürfen es nicht annektieren. Es ist gut, daß die Türken auf unserer Seite sind, sollte es in dieser Gegend zu erneuten Konflikten kommen. Vor allem ist es nicht angemessen, die slawische Bevölkerung, die stets unzufrieden und impulsiv ist, innerhalb des Reiches zu sehr wachsen zu lassen.« Mag sein, daß seine Theorie stimmte, doch bei der Wahl der Maßnahmen hat er einen Fehler begangen. Er wollte einfach glauben, daß die Besetzung ein Spaziergang sein würde – »eine Kompanie von Husaren und ein Militärorchester genügen dafür vollauf« –, doch die Menschen in den besetzten Gebieten waren nicht dazu bereit, uns mit offenen Armen als ihre Retter willkommen zu heißen; die Moslems nicht, da wir ohnehin ihre Feinde sind, die Christen, also die Kroaten und Serben, nicht, da wir sie bei ihrem Aufstand gegen den Sultan im Stich gelassen hatten. Und so kam es, daß der militärische »Spaziergang« zu einem blutigen Krieg ausuferte, der die Hospitäler Wiens und sogar den Palast von Laxenburg wieder einmal mit Sterbenden und Verkrüppelten füllte. Das Heer wettert nun gegen Andrássy, und sogar der Kaiser ist über den Irrtum in seinen Berechnungen enttäuscht und zugleich erzürnt über das Vorgehen der Liberalen, die ihm vorwerfen, die Beschlüsse von Berlin nicht den Nationalversammlungen vorgelegt zu haben. So versuchen sie, ihn an den Stellen zu treffen, die er unter seiner alleinigen Verantwortung glaubt: die Außenpolitik und die Verteidigung.

Die Zeiten sind nun für alle gleichermaßen schlimm. In Wien ist es unerträglich heiß, und ich gehe wieder zwischen den Verletzten hin und her und wiederhole dabei Gesten und Worte, die keinerlei Bedeutung haben, als würde ich sie mechanisch ausführen ...

Tegernsee, den 9. September 1878

Während der Messe heute morgen habe ich Valerie die Inschrift gezeigt, die in den Altar eingraviert ist, vor dem mein Vater und meine Mutter sich die Liebe schworen, die nie zwischen ihnen beiden bestand. »Vater, vergib ihnen, denn sie wissen nicht, was sie tun ...« Natürlich wußten sie es nicht, und gerade das war auch ihr Pech. Dennoch sind wir heute alle hier, vier Generationen, um unsere Freude über das Glück einer fünfzigjährigen Ehe vorzutäuschen, die nur unglücklich war. Im Hause hallt Gelächter wider, doch auch Sehnsucht ist zu spüren, eine Sehnsucht, die sich wie ein Nebel durch die Gänge zieht, in die Schlafgemächer eindringt und die Herzen befällt ... Wieso sollte ich dieses Gefühl auch nicht haben, wenn ich meine Mutter vor mir sehe, gealtert und unbeholfen, um ihre Augen herum die Falten, die von den vielen Tränen herrühren, die sie in ihrem Leben vergoß. Oder wenn ich meinen Vater vor mir sehe, dessen Haare und Bart nun weiß sind, dessen Bauch rund ist und dessen Muskeln schlaff sind, die doch einst so kräftig waren? Manchmal möchte ich ihn umarmen, wenn ich so sehe, wie er leidet und nach irgendeiner lächerlichen Ausrede sucht, um nur nicht länger in unserer Gesellschaft sein zu müssen. Die Zeiten sind lange vorbei, da ich ihm Vernachlässigung vorwarf. Heute habe ich für ihn nicht nur Verständnis, sondern ich empfinde eine außergewöhnlich starke Sympathie und Mitleid für diesen Mann, der schwer am Kreuz seines schlechten Gewissens trägt, dessen bin ich mir sicher, um so mehr als seine Starrköpfigkeit ihn daran hindert, es offen zu zeigen. Doch auch ich bin nicht in der Lage, auf ihn zuzugehen und meine Gefühle ihm gegenüber zum Ausdruck zu bringen. Wir haben uns damit abgefunden, wir leben weit voneinander entfernt, stumm, als hätten wir uns nichts mitzuteilen, und es ist zweifellos zu spät, um an unserem Umgang miteinander etwas zu ändern.

Tegernsee, den 10. September 1878

Marie traf gestern abend hier ein. Als ich sah, wie schön sie war und wie sehr sie mir ähnelte, so als wäre sie ein zweites Ich, das an meiner Seite aufgewachsen ist und von dem ich mich niemals lossagen kann, umarmte ich sie spontan, ohne den unwiderstehlichen Impuls zurückhalten zu können, der mich zu ihr trieb. »Ich liebe dich noch immer«, sagte ich zu ihr. Ich war dazu bereit, alles zu vergessen, ihr erbärmliches Verhalten und meinen Schmerz. Doch sie gab mir keine Antwort. Sie war nicht einmal imstande, mich um Verzeihung zu bitten. Sie suchte den Blick von Sophie und warf sich in ihre Arme, wobei sie mir den Rücken zukehrte ... Ich spürte einen schmerzhaften Stich in der Brust und sehnte mich zugleich nach meiner Kindheit zurück, nach der herrlichen Unschuld, ohne düstere Schatten zu lieben und sich geliebt fühlen zu dürfen ...

Heute morgen, als noch alle schliefen, bin ich in das Zimmer meiner Mutter gegangen, die vor dem Fenster saß und verloren über den See hinweg auf die grünen Tannen und Wiesen starrte, als hätte sie in der Luft die Antwort auf ihr ungewisses Leben gefunden. Leise, ganz sachte, um sie durch nichts aus der Ruhe zu bringen, küßte ich sie in den Nacken, dann legte ich meinen Kopf in ihren Schoß und hockte mich zu ihren Füßen nieder. Sie strich mir sanft übers Haar, ohne ein Wort zu sprechen, und unsere Herzen erzählten sich gegenseitig all die Sorgen und Ängste und sprachen sich gegenseitig Trost zu, den unglaublichen Trost, zu wissen, daß sie sich lieben, daß sie im Gleichtakt schlagen seit dem Tag, an dem mein winziger Körper sich in ihrem Bauch festsetzte.

Summerhill, Meath Castle, den 3. März 1879

Die spähenden Blicke werden mich bis ans Ende der Welt verfolgen. Selbst wenn ich mich im Wald verirre, selbst wenn es mir gelingen sollte, zum Mond zu gelangen, irgend jemand würde immer da sein und mich beobachten und über mich sprechen. Nicht einmal hier in Irland, fernab von allen Königlichen Hoheiten, die mit allem Prunk und Pomp sämtliche Länder Europas bevölkern, können sie mich in Ruhe lassen. Zum Jagen habe ich dieses Land gewählt, das darum kämpft, sich von der englischen Oberhoheit zu befreien, wie sie sagen, aus reiner Lust an der Provokation. Bei meiner Durchreise in London wollte ich der Königin keinen Besuch abstatten, aber dafür besuche ich regelmäßig das katholische Seminar von Maynooth, dessen Mönche für ihre antibritischen Aktivitäten bekannt sind. Der Gipfel ist, daß ich, die ich stets Menschenmassen meide, voller Begeisterung an dem Schauspiel der irischen Bauern teilnehme, die auf die Knie fallen, sobald eine katholische Monarchin durch ihre bescheidenen Dörfer kommt. Vor ihren ärmlichen Kirchen errichten sie mit den bescheidenen Blumen von ihren Höfen regelrechte Triumphbögen, um eine Kaiserin zu empfangen, die sie in der Festigkeit ihres Glaubens und ihrem Drang nach Unabhängigkeit unterstützt . . .

So schreiben es die englischen Zeitungen und die irischen, die französischen und sogar die österreichischen und ungarischen.

Zu meinen Gunsten oder Ungunsten müssen sich alle mit meinem Verhalten auseinandersetzen und als politischen Akt interpretieren, was nur der Ausdruck des Wunsches war, nicht nach England zurückkehren zu müssen, um nur ja nicht mit meiner Schwester zusammenzutreffen und um an den hiesigen Jagden teilnehmen zu können, die noch schwieriger sind als die auf dem englischen Flachland. Es stimmt, daß ich das Seminar von Maynooth besuche, doch ich tue es aus Dankbarkeit für die Mönche, auf die ich ganz unvorhergesehenerweise eines Tages stieß, als ich auf dem Rücken von *Domino* aus Versehen die Mauer zu ihrem Garten übersprang. Fast hätte ich dabei ihren Pfarrer höchstpersönlich zu Tode getrampelt. Es ist richtig, daß die Anwohner sehnsüchtig darauf warten, daß ich bei ihnen vorbeikomme, denn ich stelle für sie den unerschütterlichen Glauben dar, den sie von ihren Vorfahren geerbt haben. Aber ist es meine Schuld, daß ein Volk ein anderes unterdrücken, seine Kultur verdrängen und es seiner Schätze berauben möchte? Wäre ich wirklich an all dem schuld, was man mir vorwirft, dann hätte sich unter meinen Füßen bereits die Erde aufgetan unter der Last meines schlechten Gewissens.

Meine Jagdgefährten, Lord Langford, die Brüder Baltazzi und Rudi Liechtenstein, machen sich darüber lustig, wenn eine dieser kritischen Tageszeitungen in das Schloß gelangt – »Mit Eurer Genehmigung, Majestät, müssen wir Euch heute zum Tode verurteilen. Doch zuvor werden wir uns an den Sturz von Nicky Esterházy erinnern.« Doch es gibt auch Lobreden: »Wir haben beschlossen, Herrin, eine Sammlung zu veranstalten, um ein Denkmal zu Euren Ehren auf dem Platz von Summerhill zu errichten: ›Für Ihre Kaiserliche Majestät Elisabeth von Österreich-Ungarn, die Katholische Königin der Meute‹.« Nur Bay versteht mein gezwungenes Lächeln, und er blickt mich mit seinen liebevollen Augen an, die mir Trost spenden. Einmal, als uns niemand zuhört, drückt er meine Hand ein bißchen fester, als das Protokoll es erlaubt, und spricht mit leiser Stimme zu mir: »Beachtet sie nicht, Euer Herz ist rein. Gott und die, die Euch lieben, wissen das«, und dann spüre ich die Wärme seiner Hand in meiner.

Wien, Hofburg, den 24. April 1879

Manchmal scheint sich meine treue Freundin, die Natur, mit mir zu verbünden: die für heute geplante Parade mußte wegen Regens verschoben werden. Die zehntausend städtischen Vertreter der Gremien und Körperschaften, die uns zu unserer Silbernen Hochzeit beglückwünschen sollten, werden darauf hoffen müssen, daß die Launen des Himmels bald vergehen. Dann werde ich nicht davonkommen und stundenlang auf den Beinen stehen müssen und den Blicken aller Leute ausgesetzt sein, doch zumindest werde ich mich von diesen beiden anstrengenden Tagen ausruhen, bevor das passiert. Ich hatte dem Kaiser vorgeschlagen, daß wir uns auf eine Feier im engsten Kreise beschränken, doch, wie zu erwarten, wurde meine Meinung wieder einmal nicht berücksichtigt. Er antwortete mir leicht ungeduldig: »Wieder einmal, Sissi? Muß ich dich wieder daran erinnern, daß wir keine Privatmenschen sind, daß die wichtigen Ereignisse in unserem Leben der Öffentlichkeit zugänglich zu sein haben? Wir werden das Fest begehen, wie es sich geziemt, nämlich in der Öffentlichkeit.« Und so geschah es auch. Gestern mußte ich das Zusammentreffen der gesamten Familie über mich ergehen lassen – es waren fast dreihundert Leute, von denen ich von vielen sogar nicht einmal die Namen weiß –, am Abend waren es dann dreitausendfünfhundert geladene Gäste, die am Ball im Redoutensaal teilnahmen. Dafür mußte ich mich neu frisieren lassen und dann eine unendlich lange Zeit stehenbleiben, solange die Schneiderinnen damit beschäftigt waren, mir das Kleid maßgerecht abzustecken. Das war so anstrengend, daß ich, als ich endlich im Saal eintraf, so erschöpft war, daß ich nach einer Viertelstunde beschloß, mich zurückzuziehen. Doch ein einziger Tag genügte nicht, und heute gingen die Feierlichkeiten weiter: Empfänge, Messe in der Votivkirche, Frühstück, wieder Empfänge ... Ich glaube, daß es meine Beine nicht durchgestanden hätten, mich auch noch während der Parade aufrechtzuhalten!

Valerie, die mit mir in meinem Zimmer zu Abend speiste, beklagte sich über meine mangelnde Anteilnahme. Ich versuchte mich zu entschuldigen, doch ich weiß, daß sie recht hat. Bereits heute morgen, beim Verlassen der Kirche nach der nicht enden wollenden Zeremonie, kam meine Nichte Marie Larisch für eine Weile zu mir, und während sie mich in ihre Arme nahm, flüsterte sie mir zu: »Liebe Tante, mach nicht so ein Gesicht. Du siehst aus wie eine Hinduwitwe, kurz bevor man sie auf den Scheiterhaufen führt, und nicht wie eine Kaiserin, die fünfundzwanzig Jahre glücklicher Ehe Revue passieren läßt ...« Über diesen geistreichen und treffenden Satz mußte ich lachen, und so wandte ich meinen Blick dem Kaiser zu, der mich daraufhin ebenfalls ansah, mit einem Ausdruck von Nostalgie, Liebe und Stolz ... Ich spürte, daß mir sämtliche Erinnerungen, bei denen ich mich nicht aufhalten wollte, keine Ruhe lassen würden, all die verlorenen Träume, die törichten Sünden, die absurde Frage, auf die ich keine Antwort bekomme und die mich dennoch stets verfolgt: Weshalb nur nahm er mich zur Frau anstelle von Helene? Ich wollte vermeiden, sentimental und rührselig oder sogar weinerlich zu werden. Um mich aufzuheitern, blickte ich daher auf die Menschenmenge, die auf der Straße zusammenströmte. In der ersten Reihe, direkt vor uns, konnte ich Anna Nahowsky erkennen, mit rundlichem Gesicht und goldenen Locken. Vor Rührung heulte sie wie ein Kind. Da begriff ich, daß die Feier auch für den Kaiser ein großes Opfer darstellte: Immerhin mußte er auf sein gewohntes Rendez-vous zum Frühstück im bürgerlichen Haus seiner bürgerlichen und bezaubernden Geliebten verzichten. Ich empfand eine große Sympathie für ihn, und ich hatte gute Lust, der jungen Frau ein Zeichen des Grußes zu übermitteln. In einem

Anflug von guter Laune suchte ich Blickkontakt zu Anna und winkte ihr zu. Das einzige, was ich allerdings damit erreichte, war, daß ihr Weinen nur noch stärker wurde. Ich beneidete sie: Schließlich mußte sie nicht die Haltung bewahren.[3]

Ischl, Kaiservilla, den 12. August 1879

Ich habe das Gefühl, daß in der Villa kleine Funken durch die Luft fliegen, winzige Strahlen, die sich aus Wut oder gestillter Rachsucht bilden und die von uns allen herrühren, die wir hier sind und jeden Augenblick aneinandergeraten und das Haus, die Luft und sogar den ganzen Sommer in Brand stecken könnten. Der Kaiser hat eine neue Regierung ernannt, und dies ist sicherlich eine Angelegenheit, die alle betrifft. Seit die Liberalen ihn, wie er meint, verraten haben, indem sie forderten, daß die Berliner Abmachungen über den Balkan im Parlament überwacht werden sollen, stieg sein Zorn, der von verschiedenen Stimmen am Hof und im Heer geschürt worden war, beträchtlich an, und nun hat er beschlossen, sich ihrer zu entledigen und sich wieder mit einem konservativen Kabinett zu umgeben, das von Graf Taaffe angeführt werden soll. Ausgerechnet von Graf Taaffe, mein Gott! Dieser machtbesessene Lügner, der nichts anderes im Schilde führt, als den Kaiser schamlos für seine eigenen Zwecke auszunützen! Ich befürchte, daß die Folgen dieser Entscheidung nicht wiedergutzumachen sein werden: Franz Joseph, der bislang unantastbar war und der sich über alles erhob dank der Würde, die seine Persönlichkeit ausmacht, er wird sich zweifellos in das Werkzeug dieses unbedacht handelnden Seiltänzers verwandeln,

3 Über zehn Jahre lang (seit 1875) hatte Franz Joseph ein heimliches Verhältnis mit der jungen Wienerin, die mit einem Eisenbahnbediensteten verheiratet war und die er jeden Morgen besuchte. Bei ihr fand er die menschliche Wärme der einfachen Lust, die es an der Hofburg nicht gab.

der um jeden Preis an der Spitze stehen möchte und der ihn als seine Gleichgewichtsstange mißbrauchen wird. Wäre ich ein Mann und wüßte ich nicht, daß man mich steinigen würde, sobald ich den Mund aufmache, dann hätte ich dem Kaiser die ganze Wahrheit gesagt. Doch ich muß still sein, denn so ist es vereinbart worden, und dies ist auch die einzige Garantie dafür, daß man mich ein wenig in Frieden läßt. Ich habe es nur gewagt, ihn zu bitten, er möge die Entlassung von Andrássy noch einmal überdenken.

»Ich habe lange darüber nachgedacht, Sissi«, gab er mir zur Antwort. »Ich bleibe bei meinem Entschluß. Du kannst aber in jedem Fall sicher sein, daß dies nicht bedeuten wird, daß ich ihm nun die Freundschaft kündige. Im Laufe dieser Jahre hat er mir gezeigt, daß ich mich entgegen meiner anfänglichen Zweifel auf ihn verlassen kann. Er ist jemand, der sich voll und ganz in den Dienst des Kaiserreiches und meiner eigenen Person stellt. Ich wäre dir daher dankbar, wenn du ihm noch einmal meine Anerkennung und meine Gefühle für ihn übermitteln würdest.«

Ich wollte nicht nachhaken, denn ich wußte, daß es diesmal umsonst sein würde. Ich fand mich mit der Tatsache ab, daß Andrássy im Herzen des Kaisers seinen Platz finden würde, so wie er auch immer in meinem Herzen seinen Platz haben wird.

An diesem gestrigen Abend, als die Namen der neuen Minister bekannt wurden, kam Rudolf zu mir. Völlig aufgelöst betrat er mein kleines Arbeitszimmer, mit sorgenvoller Miene fuchtelte er mit den Händen in der Luft und sprach:

»Du mußt etwas tun, Mutter.«

»Was meinst du damit, Rudi?«

»Die neue Regierung. Es ist nicht möglich, daß wir wieder in alte Zeiten zurückfallen!«

»Ich kann nichts tun. Dein Vater hat diese Entscheidung getroffen, und er ist felsenfest von ihrer Richtigkeit überzeugt.«

Er stand auf.

»Eine konservative Regierung wird das Kaiserreich zugrunde

richten, Mutter. Sie werden sich mit Preußen verbünden und uns damit an einen Menschenfresser ausliefern, der uns verschlingen wird. Du kannst dem nicht einfach wortlos zusehen! Auf mich hört er ja nicht, aber auf dich! Du mußt eingreifen, zum Wohle aller! Noch kann er seine Ernennungen rückgängig machen und zumindest Andrássy im Außenamt behalten!«

Ich war der Ansicht, daß der Augenblick gekommen sei, da ich Rudolf ein für allemal die Illusionen nehmen mußte, was meine Person betraf. So beschloß ich, grausam zu sein.

»Rudi, setz dich und hör mir zu. Es gab eine Zeit, da wünschte ich, meine Meinungen würden zur Kenntnis genommen. Und sie wurden es tatsächlich auch. Ich habe noch immer nicht vergessen, wieviel Leid sie mir deshalb angetan haben. Doch zu jener Zeit war ich bereit, dieses Risiko einzugehen. Damals war ich noch der Auffassung, daß im Leben der Völker und Staaten gute wie auch schlechte Dinge geschehen konnten. Heute glaube ich nur noch, daß einfach das passiert, was zwangsläufig passieren muß. Um ehrlich zu sein, ich weiß nicht, ob es mir sehr mißfallen würde, wenn das Kaiserreich in tausend Stücke zerfiele, wenn dies nicht auch dich beträfe. Ich weiß nicht einmal, ob es mir etwas ausmachen würde, wenn ein ehrlicher Bürger und seine glückliche Ehefrau deinen Vater und mich in den Gemächern der Hofburg ersetzen würden. Wahrscheinlich ist die Zeit der Republiken gekommen, und wenn es so ist, Rudi, dann können wir nichts dagegen tun. Wie du siehst, habe ich nicht sehr viel Respekt für die Politik und ebensowenig für die Minister. Die Minister sind da, um gestürzt und durch andere wieder ersetzt zu werden. Das einzige, was sie tun, ist, sich selbst zu betrügen im festen Glauben, sie leiteten die Ereignisse, während es eigentlich die Ereignisse sind, die sie überraschen.«

Ich war sehr aufrichtig, doch habe ich ihm dennoch nur einen Teil der Wahrheit gesagt. Ich wollte ihm nicht erklären, daß das, was mich im Augenblick am meisten beunruhigte, das Ansehen des Kaisers war, das nun dem Ehrgeiz von Taaffe zum Opfer fiel.

Ich wollte ihm nicht noch neuen Zündstoff geben, und somit eine direkte Konfrontation zwischen ihm und seinem Vater heraufbeschwören. Er hatte mir mit weit aufgerissenen Augen zugehört, als wollte er seinen Ohren nicht trauen. Nach einer langen Pause stand er auf, um zu gehen.

»Ich kann dich nicht verstehen, Mutter.«

Ich blickte aus dem Fenster und sah den Jainzen, der vor meinen Augen glitzerte, die Bäume wiegten sich im Abendwind, von der verführerisch trägen Sonne gekitzelt. Ich rief Valerie zu mir, zog meine Wanderkleidung an, und gemeinsam stiegen wir auf den Berg und erfanden wunderbare Phantasienamen für die Blumen und Vögel.

Wien, Hofburg, den 20. Dezember 1879

Heute erwartet mich eine meiner schlaflosen Nächte, das weiß ich jetzt schon. Wahrscheinlich werde ich nicht einmal zu Bett gehen können. Es würde mir Spaß machen, hinauszugehen in den Schnee und unbescholten in der Stadt spazierenzugehen, während alle noch schlafen oder das Elend und die Kälte hinter geschlossenen Fensterläden verstecken, eingehüllt in Decken, und die Frau nicht kennen, die wie ein Gespenst durch die weißen Straßen geht. In dieser Ruhe, in dieser Abgeschiedenheit von allen Menschen, in der vollkommenen Anonymität des Leeren kann ich mich von der inneren Unruhe befreien, die mich nicht einschlafen läßt. Was wird Rudolf wohl sagen, wenn er die Entscheidung des Kaisers erfährt? Er war so fröhlich, als er vor zwei Tagen aus Prag eintraf, um gemeinsam mit uns meinen Geburtstag und Weihnachten zu feiern. Er umarmte mich sogar ganz überschwenglich, wie er es in der letzten Zeit nur selten getan hat, und gab mir ohne seine sonst übliche Zurückhaltung zu verstehen, wie sehr er sich über das Wiedersehen freute. Ich war überrascht von dieser Geste der Zuneigung, von dem strahlenden Lächeln auf seinem Gesicht, von der magischen Veränderung, die sein Körper in den vergangenen Monaten vollzogen hat. Sie hat aus dem Jungen, in dem der Erwachsene heranreifte, einen Mann gemacht, der noch immer die Frische seiner Jugend bewahrte. Es besteht kein Zweifel, der Militärdienst tut ihm gut, und er scheint seinen Posten als Oberst auch intensiv auszukosten. Überdies haben die Polizeiberichte aus Prag den Kaiser mit Zufriedenheit erfüllt: Die Böhmen, die der Monarchie in den vergangenen Monaten äußerst reserviert gegenüberstanden, zeigen sich vom Thronfolger begeistert, dem es gelungen ist, durch sein sympathisches Wesen und seinen Charme, die Herzen der Bevölkerung zu erobern.

Doch Franz Joseph ist dennoch beunruhigt über das überaus lebhafte Interesse, das Rudi bei den Frauen weckt, und natürlich auch sie in ihm. Obwohl er selbst wollte, daß unser Sohn lernen sollte, sich freizügig unter ihnen zu bewegen, ist er nun in Sorge angesichts einiger Nachstellungen, für die Rudi zur Zielscheibe wurde. Baronin Helene Vetsera, beispielsweise, eine rundliche Italienerin, Mutter von vier Kindern, hat ihn auf herausfordernde Art umgarnt, und sogar Marie Festetics und meine geliebte Ida wollte sie als Freundinnen gewinnen, nur um bei Hofe vorgestellt zu werden. Franz Joseph empfand es als skandalös, daß eine erwachsene Frau, die noch dazu mit einem seiner Diplomaten verheiratet ist, dermaßen ihr Verhältnis zum Thronfolger zur Schau stellt. Er befürchtet, daß jemand auf diese Weise einen negativen Einfluß auf Rudi ausüben und ihm üble Vorhaben in den Kopf setzen könnte.

Um diese Gefahren zu umgehen, hat der Kaiser beschlossen, daß es an der Zeit sei, daß unser Sohn heiratet. Dieses Thema war heute der Anlaß dafür, daß es zwischen uns einen heftigen Streit gab. Mit zweiundzwanzig Jahren ist Rudi meiner Ansicht nach noch zu jung, um sich für sein restliches Leben an eine affektierte Prinzessin zu binden, die er aller Wahrscheinlichkeit nach nicht lieben wird. Mag sein, daß er sich mit allzu heftiger Leidenschaft seinen Gefühlsschwankungen hingegeben hat, doch mit der Zeit wird das nachlassen, und in ihm selbst wird der Wunsch reifen, ein solides Heim zu gründen. Dagegen kann es gefährlich für die Zukunft sein, wenn man ihn jetzt aus dieser Welt herausreißt, die ihm so guttut. Dies waren meine Argumente, doch Franz Joseph beharrte auf den seinen.

»Ich will nicht, daß mein Sohn in die Fänge von ordinären Abenteuerinnen gerät. Eine gute Ehefrau muß all seine Begierden erfüllen können. Außerdem werden wir ja nicht von ihm verlangen, daß er gegen seinen Willen heiratet. Es gibt da eine lange und ausführliche Liste von katholisch erzogenen Prinzessinnen, die zur Auswahl stehen, eine davon wird ihm schon gefallen, da bin ich mir ganz sicher. Und zum anderen, Sissi, benötigt die Dynastie eine gewisse Kontinuität. Die Hochzeit und die Geburt von Nachkommen werden Rudolfs Ansehen unter den Menschen noch steigern. Für sie wird dies die Garantie dafür sein, daß alles so bleibt wie bisher.«

Der Kaiser, der voller Illusionen war wie ein Kind, dem man ein neues Spielzeug versprochen hat, begann daraufhin, die Namen der in Frage kommenden jungen Damen auswendig aufzusagen. Ich stand auf, um das Arbeitszimmer zu verlassen.

»Bei dieser Auswahl werde ich dir nicht helfen. Ich bin gegen diese Idee und werde es bleiben. Ich möchte dabei keinerlei Verantwortung tragen.«

Franz Joseph schienen meine Worte nicht weiter zu überraschen, er hatte sie vielmehr erwartet. Er war nicht einmal wütend. Plötzlich trat ein Lächeln in sein Gesicht, und er ging auf mich zu, um mir die Wange zu küssen.

»Ich erinnere mich noch gut an den Tag, als meine Mutter sich hier neben mich setzte. Sie rückte ihren Sessel heran, dicht neben meinen, ohne mir zu gestatten, von meinem Schreibtisch aufzustehen, da sie zugleich mit dem Kaiser und mit dem Sohn sprechen wollte. Sie nahm meine Hand, sah mich liebevoll an und sprach dann ganz langsam, als bereiteten ihr die Worte Schmerzen, als würde sie für mich ein großes Opfer auf sich nehmen, das weh tat und zugleich ihren Reichtum vergrößerte: ›Ich habe mir gedacht, daß du heiraten mußt, Franz Joseph.‹ Ich spürte, daß mein Herz wie wild klopfte, daß mir das Blut in die Wangen stieg, während ich mir eine Frau vorstellte, die schön, keusch und würdevoll war, eine, die ich bewundern und für immer lieben könnte ... Das Schicksal war sehr großzügig zu mir, Sissi. Du warst und bist das Beste in meinem Leben. Ich bete pausenlos zu Gott, daß Rudolf das gleiche Glück haben möge wie ich.«

Ich lachte schallend wie ein junges Mädchen, das zum ersten Mal von einem Mann ein Kompliment erhält. Ich spürte, wie mich die Nostalgie wie ein Lichtstrahl traf. Ich hatte Lust, ihn zu umarmen wie in den ersten Zeiten unserer Ehe und mich von einer Liebe tragen zu lassen, die mich zu beherrschen versuchte. Ich ging auf ihn zu, nahm sein Gesicht in meine Hände und küßte ihn ganz lange auf die Lippen.

»Du bist ein wundervoller Schmeichler, doch glaube nicht, daß ich deshalb meine Meinung ändern werde.«

Er lachte, küßte mir die Hand und lachte ein zweites Mal.

Im Zug, auf dem Weg nach Wien, den 12. März 1880

Ich kann nicht umhin, Abneigung gegen meine zukünftige Schwiegertochter und deren Familie zu verspüren. Vielleicht liegt es daran, daß diese Coburg-Gotha aus Belgien mich mit ihren Eitelkeiten und ihrer lasterhaften Frivolität an meine Schwägerin Charlotte erinnern – die ihren Verstand komplett verloren hat und im Schloß Bouchot in der Nähe von Brüssel eingesperrt ist. Fest steht jedoch, daß ich Stephanie als mürrisch, prätentiös und ungemein dumm empfunden habe.[4] Gebe Gott, daß ich mich täusche und daß all meine Widerstände nur daher rühren, daß ich als Mutter Eifersucht verspüre und meinen Sohn nicht an die liebenden Arme einer anderen Frau verlieren will. Bereits bei der Nachricht von der Verlobung schauderte es mich, als hätte man mir von einer schrecklichen Krankheit berichtet. Wir hielten uns im Hotel Claridge in London auf. Wir kehrten gerade vom Besuch bei Königin Victoria zurück. Ich spürte in mir die ohnmächtige Wut aufsteigen, die mich immer befällt, wenn meine wunderbaren Wochen der Freiheit während der Jagden zu Ende gehen und ich mich von Bay verabschieden und mein offizielles Leben wieder aufnehmen muß. Gerade da traf das Telegramm des Kaisers ein:

4 Stephanie von Belgien (1864–1945) war die Tochter des Königs Leopold II. von Belgien und der österreichischen Erzherzogin Marie Henriette.

Rudolf mit Stephanie von Belgien verlobt. Gratulationsbesuch in Brüssel erbeten.

Ich bemerkte, wie sich mir alle Haare an meinem Körper sträubten – Rudolf ist nun also verlobt, wieder einmal gehört nun eine belgische Prinzessin zu unserer Familie. Offenbar wurde ich bei diesem Gedanken bleich im Gesicht, denn Marie Festetics beugte sich über mich.

»Was ist mit Ihnen, Majestät?« Ich reichte ihr das Telegramm. Erleichtert atmete sie auf. »Gelobt sei der Herr! Ich dachte schon, es wäre ein Unglück passiert . . .«

»Gebe Gott, daß es keines sein wird.«

Ich konnte dennoch nicht vermeiden, es so zu sehen. Ich bemühte mich, mir dieses junge Mädchen, das ich noch nicht einmal kannte, mit Wohlwollen vorzustellen, doch vor meine Augen trat nur das Gesicht von Charlotte, ihre harten Augen, ihre unangenehme Stimme und ihr Ausdruck von Ehrgeiz waren das einzige, woran ich denken konnte.

Meine Befürchtungen haben sich dann während des kurzen Besuches, den wir der belgischen Familie heute morgen abstatteten, bestätigt. Trotz der Idealvorstellung, die Rudi mir über das Mädchen zu vermitteln versuchte – »sie ist so gut und so süß, Mama, ich bin mir sicher, daß sie eine gute Ehefrau sein wird« –, bewirkte die Anwesenheit dieses jungen und unreifen Mädchens von fünfzehn Jahren, das häßlich war und eine schlechte Körperhaltung hatte und in deren ausdruckslosen Augen sich nur die Einfalt und Leere ihres Geistes widerspiegelten, die sich oftmals in gefährliche Waffen gegen Intelligenz und Gefühl verwandeln, daß ich noch mehr Angst vor ihr bekam. Ich verkürzte meinen Aufenthalt in Brüssel, soweit es ging, und beschränkte mich lediglich darauf, in dem prunkvollen Palast an einem Frühstück teilzunehmen, das in ungemütlicher Schweigsamkeit eingenommen wurde, die nur Rudolf hin und wieder durch ein paar Bemerkungen unterbrach. Er versuchte vergebens, die Gesellschaft ein bißchen aufzumuntern. Als wir den Zug in Richtung Wien bestiegen, war ich so erleichtert, als würde ich ein Hospital voller Pestkranker verlassen, die mich mit ihrer Krankheit anzustecken drohten, die auch meinen armen Sohn befallen würde. Ich wollte Marie Festetics um ihre Meinung befragen, da ihre Menschenkenntnis gewöhnlich so scharfsinnig ist wie meine eigene. Meine Freundin stammelte und rang um Worte, denn sie war hin und her gerissen, ob sie mich beruhigen oder mir die Wahrheit sagen sollte.

»Mir scheint, seine Kaiserliche Hoheit ist mit der Verlobung sehr zufrieden. Jedenfalls ist ein guter Anfang getan.«

»Doch wenn die Illusionen nicht in Erfüllung gehen, verwandeln sie sich rasch in Enttäuschung. Glauben Sie, daß Stephanie der Situation gewachsen ist? Sie wird es sicherlich nicht leicht haben als Rudolfs Ehefrau. Sie kennen ihn doch gut. Er ist so sensibel, und sein Charakter und seine Vorstellungen sind so schwer nachzuvollziehen ... Er braucht jemanden an seiner Seite, der sehr intelligent ist, jemanden, der seinem Geist Flügel verleiht und zugleich sein Temperament zügelt. Glauben Sie, daß dieses Mädchen in der Lage sein wird, diese Aufgabe zu übernehmen?«

»Ich weiß es nicht, Majestät. Mir ist es so vorgekommen als sei sie ein armes Kind, das vielleicht noch zu unvorbereitet und auch ein wenig dumm ist und durch Eure Erscheinung geblendet war ...«

»Behüt uns Gott vor den armen Kindern, Marie! Dummheit und Unwissenheit können großen Schaden anrichten.«

Wir schwiegen beide. Durch das kleine Fenster sahen wir die eintönig flachen grünen Wiesen Belgiens, den bleiern grauen Himmel, den der dicke Rauch der Lokomotive noch mehr schwärzte. Es begann zu regnen. Dieser Regen, wie er für die nördlichen Länder typisch ist, ist so fein und lang anhaltend, daß man anfangs nicht einmal feucht wird und schließlich bis auf die Knochen durchnäßt ist ...

Ischl, Kaiservilla, den 18. August 1880

Allmählich werden wir alt. Ich blickte dem Kaiser ins Gesicht, während wir an diesem Abend unsere Gläser erhoben, um auf seinen fünfzigsten Geburtstag anzustoßen. Mir ist dabei das Netz von Falten aufgefallen, das sich rings um seine Augen herum gebildet hat, die zwar noch immer leuchten, doch wird seine Stirn unter dem sich lichtenden Haar immer höher, seine Wangen sind eingefallen und schlaff. Ja, wir werden alt. Unsere Körper sind durch den ständigen Kampf, uns in einer Welt auf den Beinen zu halten, die uns mit aller Gewalt verstoßen und in den Abgrund stürzen will, müde geworden. Erschöpft und resigniert lassen sie sich besiegen von dem, was nicht zu ändern ist.

Wenn die Zeit mich mit ihren unauslöschlichen Spuren gezeichnet hat, dann werde ich mein Gesicht unter Schleiern verbergen, für immer werde ich es hinter Fächern verstecken, damit der Tod allein und in aller Ruhe in mir einziehen kann.

Gödöllö, den 12. November 1880

Kein einziger Baum im Park hat die erbarmungslose Kälte überstanden, die uns erschüttert. Ihre armseligen Gerippe zittern in der Luft und flehen um Ruhe, die ihnen nicht gewährt wird. Der Boden ist bedeckt mit lauter bedauernswerten Leichen von Blättern, die einst prächtig und scheinbar unsterblich an den Zweigen hingen. Nun treten die Hühner auf ihnen herum, ohne sie weiter zu beachten.

Das Leben ist manchmal sehr traurig.

VII

Der Vogel des Bösen

Chesire, Combermere Abbey, den 14. März 1881

Zar Alexander II. wurde gestern in Sankt Petersburg ermordet, zerrissen durch eine Bombe der Aufständischen. Die ganze Welt ist zutiefst erschüttert und zugleich erschrocken angesichts der Unbarmherzigkeit dieser schrecklichen Zeiten. Mich hingegen wundert es, daß wir noch nicht allesamt ausgelöscht wurden. Warum sollte uns ein notleidendes und armes Volk nicht den Tod wünschen, die wir von Reichtum und Glanz umgeben sind, während sie selbst so hart arbeiten müssen, es ihnen dennoch kaum für das tägliche Brot reicht und sie im schlimmsten Elend hausen? Mir fallen die Worte von Heinrich Heine wieder ein:

Mit Recht sprach auch der deutsche Poet
Zum Rothbart im Kyffhäuser:
»Betracht' ich die Sache ganz genau,
so brauchen wir gar keinen Kaiser.«

Nun muß ich meine Jagdsaison unterbrechen und nach Wien zurückkehren, so wie es Franz Joseph von mir wünschte, um die Trauer einzuhalten. In früheren Jahren hätte ich mich, wenn man das von mir verlangte, maßlos aufgeregt. Diesmal jedoch freue ich mich, daß ich einen Grund habe, abreisen zu können. Meine Laune ist in der letzten Zeit so sehr gesunken, daß es mir nicht einmal in den vergangenen Wochen gelungen ist, die leichte, unbestimmte Melancholie loszuwerden. Diese letzten Tage bestanden nur aus Unannehmlichkeiten und Mißgeschicken. Nach meinem Aufenthalt in Irland – eine Rückkehr dorthin hat mir der Kaiser in diesem Jahr untersagt, um neue politische Konflikte zu vermeiden – erscheinen mir die Schwierigkeiten in England geradezu belanglos. Ich mußte meine ohnehin frugalen Mahlzeiten einschränken und ernährte mich nur noch von Fleischbrühe und Obst, denn ich war kurz davor, mein Gewicht von fünfzig Kilo zu überschreiten, das für mich die absolute Schallmauer ist. Mein Rücken fing an, mir dauerhafte Schmerzen zu bereiten, was mich für mehrere Tage daran hinderte, nachmittags auszureiten. Doch das Schlimmste von allem ist, daß Bay mir Kummer bereitet, mein geliebter Bay Middleton, der stets meinen Blicken ausweicht, den sanften Berührungen unserer Fingerspitzen, den Begegnungen unserer beider Schatten, all dem, was wir zuvor absichtlich, wenn auch mit Vorsicht, wagten und was genügte, um unsere Nächte mit Freude zu erfüllen. Was aber macht mir nun die Rückkehr noch aus? Nichts interessiert mich mehr, nichts bewegt mich mehr, was außerhalb meines Dunstkreises liegt, so daß es einerlei für mich ist, ob ich hier bin, auf den unendlich grünen Wiesen Englands, oder im Käfig der Hofburg.

Wien, Hofburg, den 10. Mai 1881

Alles war sehr pompös und zugleich traurig, als hätte sich Rudis Beklommenheit durch die Lüfte geschwungen, um in aller Menschen Herzen einzudringen. Sogar die Glocken der Augustiner vergriffen sich im Ton und läuteten eine Weile wie Totenglocken, die Geigen des Hoforchesters weinten anstatt zu singen . . .

Die Illusion, in der mein Sohn während der ersten Tage seiner Verlobung zu leben versuchte, ist verflogen und innerhalb weniger Monate einem traurigen Schweigen gewichen, aus dem ihn nichts und niemand herauszureißen vermag. Nicht eine Klage oder auch nur die leiseste Andeutung eines Aufbegehrens ist je über seine Lippen gekommen, doch auch kein Laut der Freude. Und als er heute die Kirche betrat, so tat er es wie ein Mann, der unter der schweren Last eines Berges wandelt, den Kopf zwischen den Schultern hängend und mit wackeligen Beinen. Seine Stimme war kaum zu hören, als er die schicksalsträchtigen Worte aussprechen mußte: »Ja, ich will.« Stephanie, die neben ihm stand, wirkte häßlich und fad, sie strahlte die Anmut eines Brummbären aus ... Und über uns allen machte sich die Furcht breit und dämpfte die Zurufe der Menschen, die sich in Festtagsstimmung in den Straßen drängten und verwirrt und mit einem unerklärbaren Gefühl des Unbehagens in ihre Häuser zurückkehrten ...

Rudolf und Stephanie brachen am Ende dieses Abends nach Laxenburg auf, wo sie die ersten Tage ihrer ewigen gemeinsamen Verdammnis verbringen werden. Rudolf war leichenblaß, Stephanie dagegen hatte gerötete Wangen. Selbst der Kaiser, der soviel Aufwand um diese Hochzeit betrieben hatte, begab sich nach ihrer Abreise gesenkten Hauptes schweigsam und allein in seine Gemächer.

Garatshausen, den 16. Juli 1881

Heute habe ich eine sechsstündige Wanderung unternommen, bin Bergrücken hinauf- und hinabgestiegen, habe Täler überquert und bin durch Bäche gewatet und ließ schweigend mein Herz im Rhythmus der Erde schlagen, allein mit Gott und der Welt ...

Meine Hofdamen machen sich allmählich Sorgen über meine Wanderbegeisterung, die in der letzten Zeit, da ich kaum noch reite, zu meiner Lieblingsbeschäftigung wurde. Einige von ihnen bemühen sich geradezu heldenhaft, mir zu folgen, und geben schließlich zerschunden und erschöpft auf. Mit Sicherheit sind sie böse auf mich und halten mich für eine Wahnsinnige, die auf diesen staubigen Wegen unbeirrt vor sich hinrennt. Nur Marie

Festetics mit ihrer Ausdauer und ihrem unumstößlichen Sinn für Freundschaft und Pflichtgefühl gelingt es, mir nahezu ohne Mühen auf dem Fuße zu folgen. Ich ließ für sie dieselbe Ausrüstung wie für mich anfertigen: feste Schuhe mit kräftigen Sohlen, einen schwarzen, aber leichten Rock sowie eine Jacke, die tailliert ist, doch bequem sitzt, um sich darin frei bewegen zu können. Ich gab ihr den Rat, sich genauso wie ich der schweren Unterröcke zu entledigen, die nur hinderlich sind.

»Ich werde Euren Rat beherzigen, Majestät«, gab sie mir zur Antwort, »obwohl es mir komisch vorkommen wird, wenn ich spüre, wie die Luft ungehindert an meine Beine dringen kann.«

Wir lachten und stellten uns eine Weile vor, wie angenehm es doch wäre, wenn man sich wie die Männer kleiden könnte. Marie lobte meine Ausdauer beim Wandern.

»Es stimmt, ich werde nie müde«, stimmte ich ihr zu. »Dies verdanke ich meinem Vater. ›Man muß auch lernen, wie man richtig geht‹, so sagte er immer zu uns. Und stellte hierfür einen berühmten Lehrmeister ein. Er war es, der uns lehrte: ›Bei jedem Schritt, den man macht, muß man sich vom vorangegangenen erholen, man soll dabei den Boden so wenig wie möglich berühren.‹ Als Vorbild sollten wir uns dabei nur die Schmetterlinge nehmen. Heute sind meine Schwestern Sophie und Marie in Paris für ihre Gangart berühmt. Dennoch entspricht unsere Fortbewegungsart nicht der, der für Königinnen üblich ist. Man denke nur an die Bourbonen: Da sie fast nie zu Fuß gehen, haben sie eine ganz spezielle Art zu gehen entwickelt. Sie sehen aus wie eitle Gänse. Sie gehen wirklich wie echte Könige!«

Wien, Hofburg, den 24. Dezember 1881

Der Kaiser hat beschlossen, daß wir dieses Weihnachtsfest nicht feiern dürfen. Zum ersten Mal in unserem Leben werden wir heute nur alle zusammen speisen, um im kleinsten Kreis meinen vierundvierzigsten Geburtstag zu feiern, ohne Weihnachtsbaum und ohne Festakte. Wir waren alle mit ihm einer Meinung, vor allem Valerie, die von dem Vorfall am 8. Dezember noch immer sehr mitgenommen ist. Wie ich sie doch liebe, meine kleine Tochter von dreizehn Jahren, die sich wie eine großzügige und tapfere Frau verhalten hat. Als in Gödöllö die ersten Telegramme eintrafen, um uns davon in Kenntnis zu setzen, daß das mit Besuchern vollbesetzte Ringtheater in Brand geraten war und daß sich eine Katastrophe großen Ausmaßes anbahnte, war sie die erste, die sofort nach Wien aufbrechen wollte. »Wir müssen hinfahren, Mama! Wir müssen helfen!« sagte sie, während wir alle versuchten, sie zu überreden, daß es besser sei, den Morgen abzuwarten und bei Tage zu reisen. Diese traurigen Wochen waren für sie eine wahre Feuerprobe, in der sie alle Fähigkeiten ihres Verstandes zeigen konnte. Mein *kédvésem,* das stets wohlbehütet aufgewachsen ist, hat voller Anteilnahme und mit engelsgleicher Gelassenheit die Verletzten in den Hospitälern besucht, die Waisen, die gar nicht begreifen konnten, daß sie plötzlich allein auf der Welt waren, die Mütter, die durch den grausamen Verlust ihrer Kinder am Boden zerstört waren. Später kam sie dann in mein Zimmer, drückte sich heftig an mich und weinte wortlos, sie weinte über den Schmerz, den sie bei den anderen erfahren hatte, bis die Müdigkeit und der Schlaf sie übermannten.

Mein Gott, vierhundert Tote, nur deshalb, weil niemand daran gedacht hatte, daß die Pforten eines Theaters sich nicht nach innen öffnen dürfen! Weder die Architekten noch die Mitglieder der Kommission, die den Bauplan begutachteten, noch diejenigen, die mit dem Werk betraut worden waren. Niemand kam auf die Idee. Wie wenig uns Menschen manchmal unsere Intelligenz nützt.

Paris, Hotel du Rhin, den 13. März 1882

Den Jagdsport habe ich nun endgültig aufgegeben ... Pausenlos ein armes gehetztes Tier zu verfolgen, bereitet mir kein Vergnügen mehr. Ich frage mich aber, wie ich mich habe so sehr verändern können. Noch bis vor kurzem war es meine Leidenschaft, und ich träumte davon während der langen Monate, die ich hier eingesperrt war, von der Kälte am Morgen, von dem aufgeregten Gebell der Meute, von der Herausforderung und von meiner Kraft. Doch nun mißfällt mir alles daran, der unerträgliche Lärm, das Kriegsgeheul, das das Blut in Wallung bringt, die lächerliche Prahlerei der Sieger. Bereits die letzten Wochen in Combermere Abbey, ohne Bay, waren für mich unerträglich. Als ich heute von dieser Gruppe nichtsnutziger französischer Adeliger umschmeichelt und umworben wurde – aberwitziger Überbleibsel einer Vergangenheit, die die Geschichte bereits ausgelöscht hat –, war ich zutiefst angewidert, denn sie kleideten sich im Stile ihrer Vorfahren und unterstrichen dies in törichtem Eifer und bleckten ihre Zähne wie hungrige Wölfe, die hinter ihrer ahnungslosen Beute her waren. Mich ekelte vor mir selbst und vor allem, was mit dieser blutigen Zeremonie der eitlen Masken zu tun hatte. Ein paar Minuten lang machte ich aus Ehrerbietung mit, schließlich hatte ich dummerweise die Einladung des Fürsten d'Aumale angenommen, doch dann hielt ich mein Pferd an und täuschte einen Sturz vor, nur um mich nicht mehr zu der Gruppe gesellen zu müssen. Als ich in den

Palast zurückkehrte, entschuldigte ich mich bei der Gastgeberin und kehrte mit meinem Gefolge nach Paris zurück. Während der gesamten Fahrt tat ich so, als würde ich schlafen, denn ich wollte mit niemandem reden, während ich zugleich versuchte, meine Übelkeit zu verbergen und zu begreifen, was in mir vorging, diesen grausamen Widerwillen gegen alles, was einmal eine unerschöpfliche Quelle meines Vergnügens war. Als wir im Hotel ankamen, ließ ich meinen Sekretär rufen und gab ihm die Anweisung, meinen englischen Reitstall zu verkaufen. Er und Marie Festetics sahen mich fassungslos an. Meine Hofdame wagte es, mich zu fragen:

»Seid Ihr Euch sicher, was Ihr da sagt, Majestät?«

»Ja, Marie. Selten in meinem Leben war ich mir einer Sache so sicher wie dieser.«

Ich bat sie daraufhin, mich auf einem Spaziergang zu begleiten. Und so streiften wir ziellos in den Straßen dieser Stadt umher, in der ich ein Niemand bin. An der Ecke der Tuilerien stieß mich ein dicker Mann, der es wohl recht eilig hatte, beinahe zu Boden und setzte dann seinen Weg ungerührt fort, nachdem er ein hastiges »Excusez-moi, Madame« gestammelt hatte. Marie und ich sahen uns an, und in diesem Augenblick unter der trägen Vorfühlingssonne, unter dem friedlichen Himmelszelt und unter den uns fremden, zufriedenen Stadtbewohnern dieser Republik, die ihren Stolz in den Gärten spazierenführten, spürte ich ein unbezähmbares Bedürfnis zu lachen. Und aus lauter Freude darüber, daß ich wußte, ich würde schon bald wieder bei meinem *kédvésem* sein, drang mein schallendes Gelächter in die Luft.

Wien, Hofburg, den 19. April 1882

Ich stand im Morgengrauen auf, um mich anzukleiden. Fanny bürstete sanft mein Haar, während ich nebenbei Gedichte von Heine las. Die Kammermädchen waren mir beim Anziehen meines hübschen weißen und goldfarbenen Amazonenkostüms behilflich, das eigens für den festlichen Anlaß bestimmt war. Anschließend fuhren wir, Rudolf und Stephanie in einer Kutsche, der Kaiser und ich in einer zweiten, nach Schmelz, um zu Pferde die Truppen abzuschreiten. Die Menschen riefen uns zu, als wir an ihnen vorüberfuhren. Ich neigte mein Haupt auf kaiserliche Art, und ebenso kaiserlich winkte ich mit der behandschuhten Hand. Als die Eliteoffiziere des Kaiserreichs, lauter gutaussehende, stolze und kampfeslustige Männer, ihrer Kaiserin von Angesicht zu Angesicht gegenüberstanden, reagierten sie mit einem strahlenden Lächeln. Es war das erste Mal, daß ich die Einladung zur Teilnahme an dieser Frühlingsveranstaltung angenommen hatte. Endlich, so glaubten sie, hätten sich die dauernden Gerüchte über meine angebliche Abneigung gegen das Militär gelegt, das sich so sehr beklagt, weil ich mich nie um es kümmere. Heute stand ich also da, schön und süß wie eine Blume, und stellte meine Sympathie für unser einzigartiges Heer und dessen Kriege zur Schau.

Alles trug sich so zu, wie es vorhergesehen war: Das Orchester spielte energische Weisen, die Fahnen schwenkten in der leichten Brise, und die scharfgeschnittenen Gesichter der Soldaten brachten die Stimmung jenes Augenblicks zum Ausdruck. Die Pferde schritten harmonisch einher. Plötzlich, auf halber Strecke, bäumte sich mein Tier auf. Ich schrie ganz laut: »Ruhig, *Nihilist*!« Ich sah aufmerksam die Männer an, die mir gegenüberstanden. Sie waren erbleicht, als hätte jemand den Teufel beim Namen genannt. Ich lächelte ihnen zu, doch sie wendeten nur ihren Blick ab. Die Orden, mit denen sie dekoriert waren, glitzerten im Licht der Sonne. Ich hoffe, daß sie sich dessen bewußt sind, daß ich selbst meinem Pferd die Sporen gegeben hatte.

Gödöllö, den 21. September 1882

Graf Taaffe hat die Frechheit besessen, heute hier voller Stolz seine Aufwartung zu machen. Er bildete sich etwas darauf ein, daß es der Polizei dank seiner strikten Anweisungen gelungen ist, jedwedes Attentat zu verhindern. Ich muß ihn wie eine Furie angeblickt haben, geradeso wie ich mich auch fühlte, und noch bevor ich mich zum Gehen wandte, sagte ich zu ihm:

»Niemand anderem als Gott verdanken wir unsere Rettung, Graf. Selbstverständlich nicht Ihnen.«

Wie kann er es wagen, als unser Beschützer aufzutreten, nachdem er zuvor soviel Mühe aufgebracht hat, uns in ebendiese Gefahr zu bringen? Er war es doch, der den Kaiser dazu drängte, nach Triest zu fahren zum Jahrestag der Angliederung an Österreich, obwohl er genau wußte, daß der Haß gegen uns in den vergangenen Jahren keineswegs rückläufig war. Der Kampf, den dieses Volk führt, um sich vom Kaiserreich zu lösen und sich dem italienischen Königreich anzugliedern, macht vor nichts halt; als mein Schwager Karl Ludwig das letzte Mal dort war, tötete eine Bombe einen seiner Generäle. Wir wußten alle, daß diese Reise äußerst gefährlich war und daß das Leben eines jeden von uns Österreichern für sie keinen Pfifferling wert ist. Doch Franz Joseph ließ sich von seinem Minister überzeugen, und ich bestand darauf, ihn zu begleiten. Ich konnte doch nicht zulassen, daß er sich solchen Gefahren allein aussetzt?

Gott sei Dank, und nur Gott sei es gedankt, ist nichts passiert. Während unseres Aufenthalts wurden mehrere Terroristen, die Bomben bei sich hatten, festgenommen, doch keine Bombe konnte gezündet werden, so daß wir wohlbehalten, wenn auch von der Anspannung und der Angst sehr mitgenommen, zurückkehrten. Und nun kommt dieser unverschämte Taaffe, der uns übrigens auf die Reise nicht begleitet hatte, da er, wie er meinte, »zahlreiche noch offene Angelegenheiten im Kabinett zu erledigen hatte«, und prahlt vor uns mit seinen Leistungen, und der Kaiser empfängt ihn sogar noch mit einem anerkennenden Lächeln. Oftmals frage ich mich, wie jemand, der so mächtig ist wie er, manchmal so naiv sein kann ...

Wien, Hofburg, den 12. November 1882

Franz Joseph bat mich heute nach seinem Mittagessen, mit ihm einen gemeinsamen Spaziergang durch den Prater zu machen. Wenn er mit mir über eine persönliche Angelegenheit sprechen möchte, hat er in der letzten Zeit die Angewohnheit angenommen, mit mir währenddessen in der Kutsche zu fahren, vielleicht weil er glaubt, daß ich, wenn ich mich von den Leuten beobachtet fühle, keine heftigen Worte oder Gesten gebrauche. Daher mußte ich über seinen Vorschlag lachen.

»Du hast dir wohl gedacht, daß du, wenn ich dir im Streit einen Stoß versetze, im weichen Schnee landen wirst?«

Und so gingen wir hinaus wie zwei Spaßvögel, die sich von guter Laune hatten anstecken lassen, die uns auch während des ganzen Gesprächs begleitete.

»Wirst du denn niemals aufhören, Sissi?« fragte er mich, kurz nachdem wir über die Ringstraße den Kanal erreicht hatten.

»Aufhören, womit?«

»Dich zu bewegen, Gymnastik zu betreiben, zu reiten, spazierenzugehen. Und zu allem kommt nun auch noch das Fechten dazu ... Hast du denn vor, jemanden zum Duell herauszufordern?«

»Du weißt ja gar nicht, wie gern ich das täte! Mehr als die Hälfte des Hofes würde durch mein Florett sterben ...« Wir mußten beide lachen. »Deine Frage macht für mich nicht viel Sinn. Aufhören ... Selbst wenn ich es wollte, wäre ich, glaube ich, nicht dazu imstande. Nein, ich kann es nicht: Mein Körper und mein Geist müssen pausenlos mit etwas beschäftigt werden. Wenn ich mich nicht genügend anstrenge, mich ihrer zu bedienen, dann habe ich das Gefühl, daß alles in mir zu kochen beginnt, als würde das Blut in meinen Adern durchgeschüttelt werden, und wenn ich zulasse, daß dieser Zustand sich verschlimmert und mich beherrscht, dann könnte ich regelrecht verrückt werden. Ja, ich glaube, dann wäre ich sogar in der Lage, jemanden umzubringen.« Wieder begann ich zu lachen und stellte mich mir heimlich als Täterin von gewissen Verbrechen vor, die mir die Nachwelt sicherlich verzeihen würde. »Auf jeden Fall ist deine Unterstellung übertrieben, denn es gibt mindestens zwei gute Gründe, für die ich stundenlang stillhalten kann.«

»Und welche sind das?«

»Es handelt sich um zwei Männer.«

Der Kaiser verkrampfte sich in seinem Stuhl und hielt den Atem an. Ich lächelte.

»Heine und Homer.«

»O ja, deine geliebten Dichter! Ich begreife nicht, was du an dieser Lektüre findest und was dir an ihr so gefällt, doch auf jeden Fall würde ich diesen Herren liebend gerne persönlich meinen Dank dafür aussprechen, daß sie dir soviel Gunst erweisen.«

Durch das kleine Fenster blickte ich auf die Praterstraße. Ich wollte keine Zeit damit vergeuden, ihm zu erklären, wie mein Geist durch die Geisteswindungen dieser verwandten Seelen dahingleitet, wie er sich in den Worten verliert, die von Herzen erschaffen wurden, die mit dem meinen im Gleichtakt schlugen, wenn auch vor langer Zeit, und die mich aus den Buchseiten heraus geradezu anspringen. Statt dessen ließ ich den Kaiser weitersprechen.

»Manchmal mache ich mir Sorgen deinetwegen. Ich weiß nicht, ob so viel körperliche Anstrengung deiner Gesundheit guttut.«

»Meine Gesundheit ist hervorragend, Franz Joseph, beinahe so wie deine.«

Ich wollte nicht von den Rückenschmerzen sprechen, die mich immer öfter peinigen. Ich habe niemals mit jemandem darüber gesprochen, denn mir ist klar, daß ein solches Geständnis stundenlange Bitten nach sich ziehen würde, ich solle doch mein Leben ändern. Der Kaiser tat so, als hätte er mich nicht gehört.

»Und außerdem gibt es Beschwerden. Meine Polizeikräfte sind verwirrt. Sie sagen, daß sie dir bei deinen Spaziergängen kaum folgen können, daß du sie regelrecht abhängst, indem du über Mauern springst oder dich im Dickicht versteckst. Einige Male haben sie dich im Morgengrauen zurückkommen sehen, mit staubigen Kleidern und Schuhen, nachdem du dich nachts wie eine Diebin davongeschlichen hast, während sie glaubten, du würdest friedlich in deinem gut bewachten Schlafgemach schlummern.«

»Ich will keine Polizei, die mir auf den Fersen ist. Ich gehe gern allein spazieren. Ich akzeptiere die unerläßliche Begleitung einer Hofdame, eines Führers oder sonst irgendeiner Person aus meinem Gefolge ... Doch es müssen Menschen sein, die ich gut kenne und die verschwiegen sind. Die Anwesenheit von Fremden macht mich nervös, ich kann mich dann nicht auf meine Umgebung und auf mich selbst konzentrieren.«

»Aber Sissi, wir sprechen doch hier nicht von Kindereien! Wir leben in gefährlichen Zeiten. Die Anarchie richtet Blutbäder an, und unser Leben ist ständiger Gefahr ausgesetzt.«

»Was für absurde Ängste! Wer wird mir schon etwas antun wollen? Jedenfalls ist mein Schicksal ohnehin besiegelt, Franz Joseph. Das hast du mir doch vor Jahren so dargelegt. Kein Wachposten dieser Welt wird verhindern können, daß ich umgebracht werde, wenn es so vorgesehen ist ... Ich will keine Polizei. Du kannst es ihnen von mir ausrichten: Ich werde weiterhin alles daransetzen, um meine Beschützer auf eine falsche Fährte zu locken.«

Für eine Weile blieb der Kaiser stumm. Ich dachte schon, er würde sich geschlagen geben, doch dann kam er wieder auf das Thema zurück, mit einem neuen, doch diesmal recht unhaltbaren Argument.

»Selbst deine Hofdamen beschweren sich. Sie beklagen sich, du würdest sie über die Maßen strapazieren. Selbst Marie Festetics hat schon aufgegeben.«

Ich dachte daran, wie meine Freundin in den letzten Wochen ausgesehen hat. Mit völlig zerzaustem Haar und Augenringen kehrte sie von unseren Wanderungen zurück, die jedesmal ein wenig länger waren, und bemühte sich, in meiner Anwesenheit nicht in den erstbesten Stuhl zu sinken, der sich uns anbot.

»Ja, das stimmt. Arme Marie! Ich fühle mich jeden Tag kräftiger, doch sie ist an der Grenze ihrer Widerstandskraft angelangt. Auf alle Fälle hat sich diese Angelegenheit fürs erste erledigt. Nächste Woche wird Sarolta Mailáth aus Ungarn eintreffen. Du erinnerst dich doch, daß wir sie deshalb zur Hofdame gemacht haben, weil sie die einzige Frau im gesamten Kaiserreich ist, die so ausdauernd wandert wie ich.«

Dem Kaiser blieb keine andere Wahl, er mußte einfach lachen. Nun hatte er endgültig verloren. Es hatte wieder leicht zu schneien begonnen, sanft fiel der Schnee auf die Gärten des Praters, der nun völlig menschenleer war. Langsam kehrten wir zur Hofburg zurück. Auf den Straßen liefen noch vereinzelt ein paar Menschen auf und ab, sie grüßten, als wir an ihnen vorübergingen, scheinbar hatten sie keine Angst, naß zu werden.

Ischl, Kaiservilla, den 6. Juli 1883

Wir stiegen und kletterten den Berggipfel empor, dabei strahlte uns ein goldener und vorwitziger Mond an, der sämtliche Gegenstände in niedliche Kinderzeichnungen verwandelte. Wir stiegen hinauf wie Pilger im Morgengrauen auf der Suche nach dem Licht und reckten unsere Köpfe über die Welt hinaus. Oben blies ein heftiger Wind, die Sterne blinkten nur noch ganz schwach im bereits nahen Morgengrauen, das die Welt der Dunkelheit bedrohte. Zu unseren Füßen lagen die Täler in einem Nebelmeer, und die Umrisse der Berge hoben sich von einem Himmel ab, der orange, violett und rosafarben war. Und dann brach sie durch, die unbezwingbare Macht der Feuerkugel, der frühe Morgen auf dem Gipfel. Die Tannen neigten sich voller Ehrfurcht, die Wolken, die plötzlich ganz zaghaft geworden waren, verschwanden blitzschnell, ein Wasserstrudel, ein Adler, der die kraftstrotzende Welt umkreiste, das Leben wie ausgespien! Und ich weinte. Ja, Herr, ich weinte vor Glück, dein Geschöpf sein zu dürfen, Luft aus deiner Luft zu sein, Erde aus deiner Erde, Schweigen deines Donners, eine Faser deiner Macht. O mein Gott, mein Schöpfer, wie unbedeutend bin ich doch unter all deinen Werken! Und dennoch bist du mir so nah, wenn ich auf dem Gipfel stehe!

Wien, Schönbrunn, den 2. September 1883

Stephanie hat ein Mädchen zur Welt gebracht, eine kleine Elisabeth, sie ist so weiß und winzig, daß sie mich daran erinnerte, wie Rudi wenige Stunden nach seiner Geburt ausgesehen hatte.[1] Valerie und ich sind nach Laxenburg gefahren, um die junge Familie zu besuchen. Wir fanden meine Schwiegertochter in einem bedauernswerten Zustand vor, was weniger von der anstrengenden Geburt herrührte als vielmehr von der Enttäuschung darüber, daß sie keinen kleinen Prinzen zur Welt gebracht hatte. Sie und Rudolf waren überzeugt gewesen, daß es ein Junge werden würde, ein hübscher Thronfolger, dem es eines Tages gelingen würde, Kaiser eines großen Reiches zu sein. Sie hatten ihm, wenn sie von ihm sprachen, bereits den Namen Wenzeslaus gegeben, zu Ehren des Schutzheiligen von Böhmen. Seitdem ihr die Hebamme mitgeteilt hatte, daß es ein Mädchen ist, konnte Stephanie, die sich zweifellos zur Stammesmutter des Kaiserreiches auserkoren fühlt, nichts anderes mehr als heulen. Mein Sohn dagegen war außer sich vor Freude und wiederholte ein ums andere Mal, daß es keine Rolle spielte, daß es ihm vielmehr so lieber war, daß die männlichen Nachkommen sich schon einstellen würden – er sagte: »Meine Mutter hatte schließlich auch erst zwei Töchter, bevor ich kam« – und daß eine kleine Prinzessin auf jeden Fall liebenswerter und freundlicher sei als ein grober Junge. Als er uns hereinkommen sah, stürzte er innerlich bewegt auf mich zu und flüsterte mir mit zitternder Stimme ins Ohr: »Wir

1 Elisabeth Marie (1883–1963), Erzsi genannt, trug in der Öffentlichkeit den Beinamen »die rote Erzherzogin«. Im Jahre 1902 heiratete sie Prinz Otto Windischgrätz, von dem sie vier Kinder hatte, ließ sich 1919 von ihm scheiden, um mit dem Professor und Politiker Leopold Petznek eine neue Beziehung einzugehen. Sie heirateten 1948 nach seiner Entlassung aus dem Konzentrationslager Dachau. Ebenso wie ihr Mann war die Erzherzogin Mitglied der Sozialdemokratischen Partei. Ihr umfangreiches Vermögen vermachte sie der Stadt Wien.

haben ihr deinen Namen gegeben, Mutter. Sie wird eine Elisabeth, die genauso schön sein wird wie du.« Während der ganzen Zeit, die wir dort blieben, wich Rudolf keinen Augenblick vom Bett seiner Gemahlin, er streichelte ihr zärtlich die Hand und tröstete sie mit unendlicher Geduld.

Ich muß gestehen, daß sich ihre Ehe wesentlich besser entwikkelt als ich vermutet hatte. Rudi und Stephanie ergänzen sich ausgezeichnet. Er hat an Heiterkeit gewonnen, sie dagegen an Selbstbeherrschung. Dennoch liegt etwas Unbestimmtes und Unerklärliches in der Luft, eine seltsame Atmosphäre, die in ihrer Anwesenheit entsteht und die mich abstößt. Wenn sie zusammen sind, dann betrachten sie sich als den Nabel der Welt, und sie scheinen dann all diejenigen zu verachten, die nicht in solch erhabener Position und so aktiv sind wie sie selbst. Trotz ihres offensichtlichen Eheglücks verfolgt Rudolf weiterhin seine politischen Ideen, die immer abstruser werden. In der letzten Zeit hat er zum Gründer und Verleger des Neuen Wiener Tageblattes Moritz Szeps eine enge Freundschaft geknüpft. Wenn auch heimlich und anonym, veröffentlicht er in dieser liberalen und demokratischen Zeitung oftmals kritische Artikel, die sich gegen das Regime des Grafen Taaffe richten. Ich kann ihn nicht für seine Aufrichtigkeit tadeln – denn ich schreibe das meiner Erziehung und meinem Vorbild zu, das ich bei seiner Entwicklung darstellte –, doch bin ich dennoch der Auffassung, daß der zukünftige Kaiser sich nicht auf solche Weise in der Öffentlichkeit über die Politik seines Vaters äußern sollte, der so tut, als wüßte er nicht, wer hinter diesen Anschuldigungen steht.

Oftmals frage ich mich, wie es möglich ist, daß der antiklerikal gesinnte und rebellische Rudi sich mit seiner frommen und konservativen Ehefrau so gut versteht. Irgend etwas stimmt dabei nicht, ebenso wie diese trügerische Ruhe, die meist den Stürmen vorausgeht, etwas, was mir wieder einmal, wie alles, was das Leben meines Sohnes betrifft, Angst bereitet und den Schlaf raubt . . .

Wien, Hofburg, den 14. November 1883

Heute abend sind der Kaiser und ich gemeinsam ins Burgtheater gegangen. Der ganze Hof spricht in diesen vergangenen Wochen von der Rückkehr der erstklassigen Schauspielerin Katharina Schratt an unser Theater. Sie hatte einige Jahre in Berlin und Sankt Petersburg verbracht, wo sie große Bühnenerfolge feiern konnte. Franz Joseph, der stets hellhörig war, wenn irgend etwas mit dem Theater zu tun hatte, erinnerte sich daran, daß wir sie vor langer Zeit bei einem Auftritt erleben konnten, als sie noch ein junges Mädchen war und, wie er sagte, »ihr einzigartiger Zauber und ihre Anmut in ihrer Jugend begründet waren«. Mein Gemahl schien nicht sonderlich beeindruckt von dem Gedanken, dieser Schauspielerin wieder zu begegnen, von der er nurmehr eine flüchtige Vorstellung hatte. Doch als die Schratt dann die Bühne betrat, mit dem Glanz einer jener opulenten, aber nicht zu üppigen Schönheiten, mit ihrem blonden Haar, das elegant frisiert war, und ihren strahlend grünen Augen in einem schön geschnittenen Gesicht, da zuckte der Kaiser in seinem Stuhl zusammen und wandte sich von da an nicht für einen einzigen Augenblick mehr von dem Geschehen auf der Bühne ab. Um es deutlicher auszudrücken: Ihm entging nichts von all dem, was um die Schratt herum geschah. Während der Pause befragte ich den Theaterdirektor vorsichtig nach ihrem Privatleben. »Sie ist eine einfache Frau, Majestät«, gab er mir zur Auskunft, »mit einer Lebensgeschichte, die denen ihrer Berufsgenossinnen sehr ähnelt. Sie ist eine Bäckerstochter und stammt aus Baden, dank ihrer Bühnenerfolge und ihrer Schönheit konnte sie in eine höhere Gesellschaftsklasse aufsteigen. Vor einigen Jahren heiratete sie einen ungarischen Gutsbesitzer, von dem sie einen Sohn hat. Doch die Ehe ging schief, wie das so oft passiert in diesen Kreisen, und nach ihrer Trennung beschloß sie, wieder Applaus und Bewunderung zu ernten. Verstehen Sie mich nicht falsch, gnädige Frau«, fügte er hinzu, vielleicht weil er etwas Schelmisches in meinem Blick zu entdecken glaubte. »Sie ist sehr anständig. Eine anständige, gute und liebenswürdige Frau.«

Als das Stück zu Ende war, applaudierte der Kaiser in heller Begeisterung, ohne seine Bewunderung für die wiederentdeckte Schauspielerin zu verhehlen. Sie wiederum bedankte sich für seine Schmeichelei mit bescheidenem und anmutigem Lächeln und einer dieser langen, harmonischen Ehrerbietungen, die nur Menschen zu vollführen vermögen, die ihren Körper perfekt beherrschen, und die einer schönen Frau großen Zauber verleihen. Franz Joseph lächelte, als wir den Wagen in Richtung Hofburg bestiegen. Ich wollte ihn zufriedenstellen und sagte:

»Wie schön die Schratt ist!«

Mein Gemahl schien zu stottern, doch dann brachte er voller Anerkennung hervor:

»Ja, das ist sie wohl. Schön und eine gute Schauspielerin obendrein.«

»Außerdem hat sie ein gutes Herz.«

»Woher willst du das wissen?«

»Ich habe mir erlaubt, Nachforschungen über sie anzustellen. Du weißt doch, wie sehr ich mich für schöne Frauen interessiere!«

Während der restlichen Fahrt schwieg der Kaiser, doch sein Gesicht drückte eine Freude aus, die geradezu ansteckend war.

Amsterdam, den 5. Mai 1884

Geliebtes Kind!

Deine Abreise hat bei mir eine große Lücke hinterlassen. Man sagt im allgemeinen, daß Mütter sich manchmal danach sehnen, daß die Kinder, die ihnen allzu nahe stehen, sich von ihnen lösen, doch in meinem Fall, Valerie, geschieht genau das Gegenteil. Je mehr Jahre vergangen sind, seit Du auf Erden bist, je mehr Zeit wir gemeinsam verbringen, um so inniger fühle ich mich Dir verbunden und um so trauriger bin ich, wenn Du nicht da bist. Es ist, als würde ein Teil von mir mit Dir gehen, ohne den ich kaum imstande bin zu überleben. Wenn ich die Möwen bei ihrem Flug über die herrliche Nordsee beobachte, mit ihren mächtigen Flügeln, und wenn ich ihr aufgeregtes Geschrei höre, dann wäre ich gerne eine von ihnen und würde über die Länder Europas fliegen und dem Lauf der Flüsse und der geschwungenen Linie der Berge folgen, bis ich in Heidelberg angekommen wäre, wo ich mich an Deinem Fensterbrett niederließe und vor Freude loszwitscherte ...

Gott sei Dank sind wir ja schon bald wieder vereint. Bis dahin muß ich mich der Behandlung durch Doktor Metzger unterziehen, der behauptet, daß ich bald keine Menstruation mehr haben werde und daß ich von nun an noch mehr auf meine Gesundheit achten muß. Ich soll also kräftig essen und meinen Bewegungsdrang ein wenig einschränken. »Wenn Ihr weiterhin dieses Leben führt, Majestät, dann werdet Ihr binnen zwei Jahren eine alte Frau sein. Es ist dann sehr wahrscheinlich, daß Ihr eines nicht allzu fernen Tages nicht einmal mehr wandern könnt.« Manchmal sind meine Rückenschmerzen tatsächlich so stark, daß ich befürchte, er hat recht! Und dennoch möchte ich mich nicht dieser Knechtschaft aussetzen, die der Körper in der Regel der Seele auferlegt und die ein menschliches Wesen in ein Opfer seiner selbst verwandelt. Ich habe soviel Zeit meines Lebens damit verbracht zu lernen, wie ich diese Masse von Fleisch und Knochen beherrsche, die mir der Herr als Hülle meiner Seele gegeben hat, daß ich nun nicht bereit bin, mich einfach gehenzulassen. Daher bin ich heute trotz der Schmerzen vier Stunden lang gewandert. Mein Knie war danach geschwollen und tat weh, doch ich wollte mich nicht beugen und bin statt dessen reiten gegangen. Ich habe es mit vier Pferden versucht, obwohl ich nur mit einem zurechtkam. Nun, mein Liebes, wenn ich diesen Brief beendet habe, den ich mit sehnsuchtsvollen Tränen in den Augen schreibe, werde ich ein wenig Fechten üben in Begleitung des kleinen Oberleutnant, der Dich mit seinem französisch klingenden Akzent so zum Lachen bringt.

Meine Fenster sind sperrangelweit mit Blick über die herrliche Küstenlandschaft geöffnet. Achilles frohlockt übers Meer hinweg. Wie ich das Meer liebe! Jeden Tag gilt ihm mein letzter Blick aus dem Fenster. Wenn ich an seinem Ufer entlangspaziere, ist es so schön, daß ich am liebsten schreien möchte. Doch sei nicht eifersüchtig, Valerie. Nichts auf der Welt liebe ich so wie Dich: weder die dunklen, tiefen Meere, noch Heine oder Achilles. Nicht einmal mich selbst. Schlafe nun sanft, mein Kind, und träume von Deiner Mutter, die Dich vergöttert

ELISABETH

Gödöllö, den 12. November 1884

Elisabeth von Rumänien ist nun endlich gekommen, um mir einen Besuch abzustatten.[2] Bereits seit geraumer Zeit verspüre ich Lust, diese faszinierende Frau kennenzulernen, deren Ruf als Schriftstellerin in den vergangenen Jahren bis zu mir gelangte. Obwohl sie ihre Bücher mit dem Pseudonym Carmen Sylva unterzeichnet, hat sie nie einen Hehl daraus gemacht, daß sie selbst die Verfasserin dieser Gedichte, Dramen und Erzählungen ist, die so viel von sich reden machen. Der Wiener Hof findet selbstverständlich für diese starke Frau keine Worte, die grausam genug wären. »Mannweib«, »Schandfleck aller Königshäuser« und ähnliche Bezeichnungen geben sie ihr, und nur deshalb, weil sie ein geistreicher Mensch und obendrein bereit ist, dies zu zeigen. Aus diesem Grund habe ich sie nach Gödöllö eingeladen, ich wollte ihr einfach meine Bewunderung und meine Sympathie zum Ausdruck bringen. Sie ist eine erstaunliche Frau: quirlig und von kleinem Wuchs, mit liebenswertem rötlichem Gesicht, lebhaft und liebenswert. Nichts an ihr erinnert an jene kalte Künstlichkeit, die bei uns Adelsfamilien oftmals der Fall ist. Bei ihrer Ankunft war sie so auffällig gekleidet, daß sie damit Valeries ganze Aufmerksamkeit beanspruchte: Sie trug eine weite Tunika aus rotem Samt, die lose herabfiel wie ein Hemd und die in bunten Farben eingesäumt war. Sogleich hatte sie unsere Zuneigung gewonnen. Wir unterhielten uns bis spät in die Nacht hinein. Elisabeth sprach über ihre Bewunderung für die unabhängigen Frauen, die sie vor kurzem auf einer Reise nach London und Paris kennenlernen konnte.

»Sie sind dort gebildet, sehr gebildet, und mit ihrer Intelligenz

2 Elisabeth zu Wied (1843–1916) war mit Carol von Hohenzollern verheiratet, der zum König gewählt wurde, nachdem Rumänien endlich im Jahre 1881 die Unabhängigkeit vom Osmanischen Reich erlangt hatte. Er regierte sein Land als Carol I.

übertreffen sie die Männer, die für sie nichts anderes als Freunde oder Ehemänner sind oder gar nur zu ihrem Zeitvertreib dienen. Einige von ihnen leben in dem Glauben, daß die Frauen eines Tages genauso aktiv und mächtig sein werden wie die Männer und daß es für alle völlig normal sein wird, sich genauso wie Männer mit Politik, Ingenieurwesen oder dem Handel zu beschäftigen. Dies wird die Zeit sein, in der wir hätten leben sollen! Ich glaube, daß wir unserer Zeit zu weit voraus sind.«

»Ja, das ist sehr wahrscheinlich«, antwortete ich ihr. »Viel Kummer hätten wir uns ersparen können. Auch ich bin der Auffassung, daß die Frauen unabhängig sein müssen, und oftmals sind sie mehr wert, es zu sein, als die Männer. Dennoch bin ich dagegen, daß sie viele Dinge lernen sollen. Grammatik und Logik dienen uns nur dazu, einen wichtigen Bestandteil unseres Wesens aufzugeben. Je weniger wir lernen, um so mehr würden wir durch uns selbst erfahren, wir wären tiefsinniger, und wir würden mehr den Bäumen gleichen: Unsere Wurzeln wären stark, und doch wären wir frei von jeder Kette unter dem offenen Himmelszelt.«

»Aber Elisabeth, die Kultur macht uns erst zu besseren Wesen ...«

»Ja, die Kultur, und nicht das, was einige hier darunter verstehen, dabei handelt es sich nur um Zivilisation. Diese ist aber etwas, was uns von den natürlichen Zielen des Lebens abbringt und zugleich die Kultur im Keim erstickt. Die Zivilisation, das sind die Straßenbahnen, die Kultur dagegen, das sind die schönen ursprünglichen Wälder. Zivilisation ist Gelehrsamkeit, Kultur dagegen der freie Gedanke. Ziel der Zivilisation ist es, Einzelwesen anzulocken und sie in einen Käfig einzusperren. Kultur dagegen ist etwas, was jeder Mensch in sich trägt wie das Erbgut aller Lebewesen, die vor ihm da waren. Oftmals prallen Kultur und Zivilisation aufeinander, so wie schwere Wolken, die am Himmel zusammentreffen und Verwüstung anrichten. Die Opfer sind diese bedauernswerten Völker, die ein armseliges Dasein fristen und die man ihrer Kultur beraubt hat, um ihnen im Gegenzug aus der Ferne eine Zivilisation zu präsentieren, die sie niemals erreichen werden.«

Elisabeth atmete tief. Draußen fiel Regen. Alles roch nach feuchter Erde.

Holland, Zandvoort, den 11. März 1885

Antwort an den Baumeister[3]

Ein Schloß soll ich mir bauen,
Hier an der Nordsee Strand
Mit hohen, güld'nen Kuppeln
Und manchem Flittertand.
Wohl lieb' ich dich, du großes,
Du rauhes, barsches Meer
Mit deinen wilden Wogen,
Mit deinen Stürmen schwer –
Doch Liebe, die muß frei sein,
Darf kommen und darf gehen.
Ein Schloß wär' wie ein Eh'ring,
Die Lieb' hätt kein Bestehn . . .
Frei will ich dich umkreisen
Wie deine Möwen hier,
Ein bleibend Nest zu bauen,
Für mich gibt's kein Revier.

3 Originalgedicht der Kaiserin, das diese als Antwort auf den Vorschlag eines Architekten verfaßte, der ihr einen Palast in Holland bauen wollte. Von diesem Datum an bis zum Jahre 1888 verfaßte Elisabeth, beeinflußt von dem Dichter Heinrich Heine, regelmäßig Gedichte. Ihre Werke aus jenen Jahren umfassen zwei Bände, die »Nordseelieder« und die »Winterlieder«.

Holland, Zandvoort, den 2. April 1885

Ich habe meine Behandlung bei Doktor Metzger beendet, durch die ich wie durch ein Wunder meine Schmerzen und meine schlechte Laune losgeworden bin. Der heutige Frühlingsabend, an dem die Wellen gegen den Strand, der zu meinen Füßen liegt, peitschen und an dem der Mond über dem Meer aufgeht, erscheint mir schöner als je zuvor, denn in nur zwei Tagen werde ich Valerie wieder in die Arme schließen können. Wie zum Abschied habe ich heute den größten Teil der Gedichte, die ich in den vergangenen Wochen geschrieben habe, vom Schiff aus über Bord geworfen. Nur einige wollte ich aufheben, und zwar die besten, um sie meiner Tochter zu lesen zu geben. Sie hat so sehr darauf bestanden, daß ich wieder zu schreiben anfange. Es tut mir leid für euch, kleine Seezungen und Dorsche, doch wahrscheinlich wird euch meine bescheidene Gabe nicht gut bekommen!

Im Zug nach Heidelberg, den 4. April 1885

Auf der Fahrt überquere ich die Felder, die einst Wälder waren, sanfte Wiesen voller bunter Farben, großzügige Äcker oder Weinberge, die Hüter des Vergnügens. Die schwarzen, eisernen Schornsteine verschmutzen die Luft mit schwarzem und stinkendem Rauch, schwarz fließen die Flüsse dahin, die Kinder und Frauen in schwarzen Kleidern sehen den vorbeifahrenden Zügen zu, schwarz fließt der Fluß, der Himmel über ihren Köpfen ist ebenfalls schwarz. Sie fragen sich, wo sie wohl sind, was mit den Wäldern und Wiesen geschah, dem Weizen und dem Wein . . .

Gott hat uns erneut aus dem Paradies vertrieben, das wir selbst aus Leibeskräften zerstörten. Und die Kobolde der Felder werden sich an uns rächen, denn wir haben ihre Bäume gefällt, um Häuser und Fabriken an ihrer Stelle zu errichten. Eines Tages werden die Menschen von neuem Feldaltare in der Sonne und im Regen errichten müssen und sie anbeten, ihnen gnädig zu sein und ihre Fehler zu verzeihen.

Feldafing, den 20. Juni 1885

Valerie und ich sind heute morgen zur Roseninsel gefahren, um Ludwig dort auf seinem Schloß zu besuchen. Wir überquerten den See, voller Unruhe, was uns dort erwarten würde. Doch zum Glück war der König gar nicht da. So kehrten wir erleichtert nach Feldafing zurück. Ich wollte meinen Cousin sehen und ihm meine Zuneigung zeigen, da doch jetzt niemand mehr Zugang zu ihm hat. Zugleich jedoch fürchtete ich eine Begegnung mit ihm. Nach dem, was man mir über ihn sagt, nimmt Ludwigs sonderbarer Charakter von Tag zu Tag schlimmere Formen an. Seit Wagner vor zwei Jahren gestorben ist, hat er seine einzige Verbindung zur Wirklichkeit verloren, das, was ihn immer noch an das Leben gebunden hatte. Verwirrt und von allen entfremdet, verbringt er nun viele Tage eingesperrt in seinen Gemächern, er weigert sich, Gäste zu empfangen, brüllt seine Befehle statt dessen durch verriegelte Türen hindurch und spricht mit den Geistern von Ludwig dem XIV. und Marie Antoinette, bis er seine Einsamkeit leid ist. Dann ruft er mitten in der Nacht seine Diener und Stallknechte zu sich, und als persischer Statthalter verkleidet, eingehüllt in den Nebel seiner Nargilepfeife, läßt er sie nackt vor seinen Augen tanzen und sich mit ordinären Witzen unterhalten. Später fällt er dann wieder in seinen Zustand der Apathie zurück, die ihn von seiner Umwelt isoliert. O mein Gott, armer Ludwig! In München spricht man bereits davon, ihn für verrückt zu erklären und ihn abzusetzen . . . Gestern sprach ich mit meiner Mutter und anderen Leuten aus unserer Familie über seinen Fall. Dabei versuchte ich mit allen Mitteln, die mir zur Verfügung standen, Partei für ihn zu ergreifen. Womöglich haben sie aber recht und dem König ist dasselbe Schicksal beschieden wie seinem

Bruder Otto, der wie ein Tier gehalten wird. Ja, es ist möglich, daß sie ein vernünftiger, normaler und besonnener Mensch für verrückt oder zurückgeblieben hält und meint, man müsse sie von der Außenwelt abschirmen und einsperren. Für solche Menschen sind sie widerliche Wesen, die Angst einflößen, da sie der Spiegel sind, in dem wir das Gefährlichste und Entsetzlichste an uns selbst reflektiert sehen. Doch wie kann ich sie verurteilen, ich, die ich doch selbst am eigenen Leib erfahren habe, wie sich mein Geist an den Rand des Wahnsinns begeben hat, um sich auf der Suche nach dem Absoluten im Nichts zu verlieren . . .?

Auf seinem Schreibtisch hinterließ ich ein paar Zeilen für ihn, die er nach seiner Rückkehr lesen sollte:

Du Adler dort hoch auf den Bergen,
Dir schickt die Möwe der See
Einen Gruß von schäumenden Wogen
Hinauf zum ewigen Schnee.

Kremsier, den 26. August 1885

Die politischen Geschäfte laufen gut, dafür können wir uns selbst gratulieren. Wie mir der Kaiser erklärte, ist dieses Treffen mit dem Zar von außerordentlicher Bedeutung. »Ich bitte dich daher, Sissi«, sagte er zu mir, »daß du dir keine deiner üblichen launischen oder ironischen Bemerkungen erlaubst. Die Russen müssen, wenn sie von hier wieder abreisen, von unseren besten Absichten überzeugt sein. Es handelt sich um eine Angelegenheit, die von fundamentaler Bedeutung für das gesamte Kaiserreich ist. Da nun Serbien und Rumänien mit uns verbündet sind, ist die Situation auf dem Balkan für uns günstig. Doch der kleinste Ausrutscher kann einen Krieg mit Rußland entfachen, und das wäre sehr gefährlich, ich denke nicht, daß wir einem derartigen Konflikt gewachsen wären. Es ist daher notwendig, daß wir um jeden Preis den Frieden aufrechterhalten.« Ich fügte mich seinen Wünschen und verhalte mich so höflich, wie es sich für eine Herrscherin ziemt, und lasse – dies ist nun mal das Opfer, das man dem Thron schuldig ist – die dümmlichen Bemerkungen dieser Hofschar kleiner kaiserlicher Narren über mich ergehen. Ich stelle mich allen Herausforderungen, ohne auch nur für einen Moment die Kontrolle über mein kaiserliches Lächeln zu verlieren.

Dennoch ist der Kaiser heute äußerst schlechter Stimmung. Seine Herzensangelegenheiten bereiten ihm Kummer. Gestern abend spielte das Ensemble des Burgtheaters für uns und unsere Gäste das Stück *Der Verschwender.* Die Hauptdarstellerin war wieder einmal Katharina Schratt. Der Zar und Franz Joseph applaudierten am Ende der Vorstellung voller Begeisterung. Alexander, der die Schratt bereits in Sankt Petersburg bewundert hatte, bat meinen Gemahl sogar, die Hauptdarstellerin zum gemeinsamen Abendessen mit uns einzuladen. Franz Joseph stimmte voller Entzücken zu, denn zweifellos sah er in dieser Einladung eine Rechtfertigung dafür, mit Katharina ein wenig mehr Zeit verbringen zu können als nur während ihres Auftritts auf der Bühne oder während der kurzen und förmlichen Audienz, die er ihr bei ihrer Rückkehr nach Wien gab, als sie ihm, wie es unter den Burgschauspielern üblich ist, für seine Großzügigkeit ihr gegenüber dankte. Sein Interesse für sie war mir nicht entgangen, nicht nur wegen der flüchtigen, doch intensiven Blicke, die er ihr den ganzen Abend lang zuwarf – wohingegen sie in geübter Verstellung vorgab, diese nicht wahrzunehmen –, sondern weil er entgegen seiner Gewohnheit das Diner auf fast zwei Stunden ausdehnte, wobei er von jedem Teller so langsam aß, als würde er die Speisen richtig genießen, und dabei gab er sich redselig und charmant. Als wir uns aber heute morgen vor dem Mittagessen kurz begegneten, runzelte er seine Stirn und war so geistesabwesend, daß er kaum auf meine Fragen reagierte. Ich fürchtete, ihm sei etwas Schlimmes zugestoßen, und fragte ihn daher geduldig, bis er mir schließlich den Grund für seine üble Laune mitteilte. Zweifellos wollte er jemandem sein Herz ausschütten, und sei es seiner eigenen Ehefrau.

»Es geht darum, wie sich der Zar dieser Schauspielerin gegenüber verhalten hat.«

»Sprichst du von der Schratt?«

»Ja genau, die meine ich. Ich hatte ihren Namen vergessen.«

Franz Joseph errötete angesichts seiner törichten Lüge. Ich stellte mir vor, der Russe habe irgendeine beleidigende Bemerkung gemacht.

»Was hat Zar Alexander denn getan?«

»Er hat ihr heute morgen einen Strauß mit hundert Rosen sowie eine diamantene Brosche überbringen lassen und obendrein die Dreistigkeit begangen, mit ihr einen Spaziergang zu machen.«

Ich brach in Gelächter aus. Jetzt begriff ich, daß der Kaiser ernsthaft verliebt war, und es rührte mich, ihn in diesem Zustand der Unbeholfenheit zu sehen, da sich nun ein anderer Mann dazwischen zu drängen versuchte.

»Hast du Angst, er könnte sie dazu überreden, nach Sankt Petersburg zurückzukehren und dadurch deine geniale Truppe zerschlagen?«

Mein Gemahl wußte nicht, was er darauf antworten sollte. Ich glaube, daß er sich erst jetzt bewußt geworden war, daß er vor mir Gefühle preisgab, die er sich selbst bis zu diesem Augenblick nicht eingestanden hatte und die mich verletzen konnten. Wieder versuchte er mir eine schlechte Lüge aufzutischen.

»Ja, das ist es. Außerdem trifft es mich, daß er hier, vor dir und seiner eigenen Frau, seine Verführungskünste spielen läßt.«

Wieder mußte ich lachen und versuchte, ihn zu beruhigen, doch diesmal verzichtete ich auf Ironie.

»Ich glaube nicht, daß es Alexanders Absicht war, jemanden zu verletzen. Jedenfalls handelt es sich ganz bestimmt nicht um Koketterie, wie du geglaubt hast. Mir ist zu Ohren gekommen, der Zar sei ein begeisterter Theaterbesucher. Sicherlich wollte er nur seine Bewunderung für ihre Leistung zum Ausdruck bringen.«

Franz Joseph stimmte mir zu und verließ meinen Ankleideraum, damit ich mich fertigmachen konnte. In den darauffolgenden Stunden hatte ich kaum die Gelegenheit, über dieses Gespräch noch einmal nachzudenken. Doch später, am Abend, als ich mich in meinem Zimmer ausruhte, überkam mich von neuem das Bild des von Eifersucht befallenen Kaisers. Ich dachte an die üppige und jugendliche Schönheit der Schratt sowie an die Worte, die der Direktor des Burgtheaters über sie geäußert hatte. Ich weiß, daß Franz Joseph sein Verhältnis mit Anna Nahowsky bereits vor Monaten beendet hat, und kann mir vorstellen, wie sehr er sich nach der bürgerlichen Wärme sehnt, die sie ihm zu geben vermochte. Würde die Schratt sie nicht ersetzen können, ihn mit Zärtlichkeit und Liebe verwöhnen, ihm durch ihre Anwesenheit Wärme spenden und die liebliche Süße eines Zuhauses, das er nie gekannt hat und in der Hofburg auch nie mehr erleben wird? Warum sollte sie das nicht können, wenn sie eine anständige, gute und liebenswürdige Frau ist?

Troja, den 16. Oktober 1885

Hier, zu Füßen dieses Hügels, ruhten seine sterblichen Überreste. Sie gehörten dem, der leichter war als die Luft, die Götter liebten ihn, Achilles, der grausam und unbesiegbar war in der Schlacht, zitternd und rücksichtsvoll in der Liebe ... Wie sehr hätte ich ihn unter der glühenden Sonne geliebt, auf der roten Erde Trojas! Der Wind hätte mein lustvolles Stöhnen weit übers Meer getragen, über die Felsen und Strände Griechenlands, selbst die Götter auf ihrem Olymp wären vor Neid erschaudert. Heute lebst du in meinem Herzen, Geliebter, das dich aus dem düsteren Brunnen der Jahrhunderte wieder an die Oberfläche holte, wo einst deine Tränen flossen, dein Schwert funkelte und dein Körper brannte. Bis hierher bin ich gekommen, Geliebter, bis in das ausgedörrte und staubige Land Trojas. Ich habe das Meer überquert, auf dem du einst segeltest. Deiner Spur bin ich gefolgt, um vor deinem Grab niederzuknieen, an diesem für immer geheiligten Ort, über dem die Sterne jede Nacht ihren Verlauf unterbrechen, um dir die Ehre zu erweisen.

Wien, Hofburg, den 28. Januar 1886

Wie ihre Augen glänzten, während sie sich im Tanze drehten, sie hielten sich fest an den Händen und waren perfekt in ihrer Drehung vereint, so daß ihre beiden Körper zu einem einzigen wurden, als wären sie dazu vorherbestimmt, sich zu begegnen und miteinander zu verschmelzen! Als ich sie so betrachtete, verspürte ich einen stechenden Schmerz, ich entdeckte mit einem Mal, wie einsam ich sein würde. Doch als sie zu mir zurückkam, mit geröteten Wangen, mit einem offenen Lächeln auf den Lippen und sich offenbar wünschte, ich würde in ihrem Herzen das vollkommene Glück erkennen können, das sie in diesem Augenblick empfand, umarmte ich sie vor allen Leuten. Ich konnte nicht verhindern, daß sich meine Augen mit Tränen füllten, mit den bittersüßen Tränen, in denen sich oftmals Schmerz und Freude vereinen ...

Sie ist nun kein Kind mehr. Mein *kédvésem,* der größte Schatz in meinem Leben, ist nun achtzehn Jahre alt, und die Sehnsucht nach der Liebe hat sich bereits ihrer bemächtigt. Ich muß das einfach hinnehmen. Ich habe es immer gewußt, ich wußte, daß sie mich eines Tages allein lassen würde, um ein eigenes Heim zu gründen. Ich wußte, daß diese Trennung das enge Band, das uns vereint, niemals würde zerreißen können, so wie auch bei mir die große Entfernung niemals die tiefe Liebe, die ich für meine eigene Mutter empfinde, abkühlen konnte. Dennoch drängt sich mir die

Frage auf, was aus mir wird, wenn sie nicht mehr da ist. Was wird passieren, wenn sie frühmorgens beim Aufstehen nicht mehr wie früher Tag für Tag bei mir erscheinen wird, strahlend und voller Lebenslust, um mich daran zu erinnern, wie herrlich es sein kann, sie an meiner Seite zu haben? Stunde um Stunde werde ich ohne ihr hilfreiches Lächeln auskommen und mich an ihre Abwesenheit gewöhnen müssen, als gäbe es kein Licht mehr ...

Nach dem Ball begleitete ich sie auf ihr Zimmer, wobei ich eine Freude vortäuschte, die ich nicht empfinden konnte, die sie jedoch aus ihrem tiefsten Inneren heraus auf mich übertragen wollte.

»Gefällt er dir sehr?« fragte ich sie.

»O ja, Mama. Er gefällt mir sehr! Es ist mehr noch, ich glaube, ich habe mich in ihn verliebt.«

»Ja, Franz ist ein charmanter junger Mann.[4] Er hat einen guten Charakter und ist liebenswert. Es besteht kein Zweifel, daß auch du ihm gefällst.«

Valerie lächelte und schwieg. Ich mußte mich sehr anstrengen, daß die düsteren Wolken in meinem Gemüt nicht auf mein Gesicht und meine Worte übergriffen. Meine Tochter gestand mir flüsternd noch einen letzten Zweifel, der sie bedrückte.

»Glaubst du, daß Papa damit einverstanden wäre, wenn ich ihn heiraten würde?«

»Ich gebe dir mein Wort, daß er es sein wird, wenn dies dein ausdrücklicher Wunsch ist. Ich werde dafür sorgen. Ich werde nicht zulassen, daß man dich dazu zwingt, jemanden zu heiraten, den du nicht liebst. Selbst wenn deine Wahl auf einen Schornsteinfeger fiele, könntest du sicher sein, daß ich es für dich ermöglichen würde.«

Wir brachen beide in Gelächter aus. Die Worte meiner Tochter hatten mir bestätigt, wie ernsthaft ihre Gefühle waren, sie war so

4 Erzherzog Franz Salvator (1866–1939) gehörte dem toskanischen Zweig der Habsburger an.

fern von jeder Leichtfertigkeit. Dennoch wollte ich ihr einen sehr wichtigen Ratschlag geben.

»Jedenfalls glaube ich, mein Liebling, daß du es nicht überstürzen solltest. Es ist besser, wenn du andere junge Männer kennenlernst, bevor du die Entscheidung fällst, mit wem du dein ganzes Leben verbringen möchtest. Um nichts in der Welt möchte ich, daß du einen Irrtum begehst!«

Valerie nickte und sah mich mit einem höchst verständnisvollen Blick an, der zwischen zwei Personen besteht, die keiner Worte bedürfen, um einander zu verstehen. Ihr war klar, daß ich auf meine eigene enttäuschende Erfahrung anspielte. Dieses Vorbild genügte ihr zweifellos, um überlegt zu handeln. Dann sprachen wir über tausenderlei Nebensächlichkeiten, umarmten einander und liebten uns, wie sich auf der Welt nur wenige Wesen lieben. Ich hielt meine Tränen zurück, bis ich schließlich in mein Zimmer zurückkehrte.

Wien, Schönbrunn, den 2. Mai 1886

Der Kaiser ist so gerührt, daß er nicht weiß, wie er mir gegenüber seine Dankbarkeit zum Ausdruck bringen soll. Armer Franz Joseph! Er ist so schüchtern und unfähig, über seinen Schatten zu springen. Die Wochen vergingen, eine wie die andere, und er rannte jeden Abend ins Theater wie ein verliebter Student, der Angst davor hat, einen entscheidenden Schritt zu tun. Statt dessen träumte er von seiner Katharina, deren Lächeln von Tag zu Tag vollkommener wird. Zu seinem Glück wache ich über seine Interessen. Sobald ich zu der Überzeugung gelangt war, daß er von sich aus niemals würde einen ersten Schritt tun können, beschloß ich, eine Begegnung mit der Schauspielerin zu arrangieren und zugleich beiden mein Einverständnis zu versichern, sollte der Tag kommen, an dem ihre Beziehungen intimer werden würden. Ich schrieb also der Schratt einen Brief, in dem ich sie bat, dem Meister Angeli Modell zu stehen, da ich dem Kaiser gerne ein schönes Gemälde von seiner Lieblingsschauspielerin schenken wollte. Ich brachte Franz Joseph ins Maleratelier, um ihr beim Modellstehen einen Besuch abzustatten. Ich sagte ihm nicht, wohin wir gingen, bis wir in der Kutsche saßen, die uns in die Mariahilferstraße bringen sollte. Als der Kaiser meine Worte vernahm, errötete er. Mir schien es, als würde sein gealtertes Gesicht für eine Weile die Glätte aus seinen Jugendzeiten zurückerlangen. Doch er wagte nicht, mich anzusehen, vielleicht dachte er, ich würde im Unwissen handeln und seine wahren Gefühle gar nicht erkennen. Ich wollte ihn daher beruhigen.

»Jedermann kennt deine große Leidenschaft für das Theater. Du mußt dich dessen nicht schämen, denn niemand wird es wundern, daß dir deine Frau das Porträt deiner Lieblingsschauspielerin schenkt.« Ich versuchte meiner Stimme einen noch liebevolleren Klang zu verleihen. »Was mich betrifft, so kann ich dir versichern, daß mir alles, was dich glücklich macht, was immer es auch sein möge, recht ist. Wenn zwei Menschen es geschafft haben, sich so lange Zeit und trotz aller Widrigkeiten zu lieben, dann verwandelt die Liebe sich in Großzügigkeit.«

Der Kaiser antwortete nicht. Er drückte nur meine Hand und führte sie an seine Lippen. Später nahm er nervös stammelnd an der Sitzung teil. Mit seinem Blick suchte er meinen Beistand bei der Begegnung mit der Schratt, die ihrerseits die Situation vollends beherrschte. Heute hat er ihr – er kam eigens zu mir, um es mir ganz aufgeregt mitzuteilen – einen Smaragdring überbringen lassen als Anerkennung für ihre Geduld während der langen Sitzungen für das Gemälde, und nun hofft er, nervös und unsicher, auf eine Antwort von ihr. Ich lobte ihn für seine höfliche Geste. Als er gegangen war, setzte ich mich an meinen Schreibtisch und schrieb für ihn folgende Zeilen:

Da weckt sie lautes Rasseln
Im Thal aus ihrer Ru';

Der König Wiswamitra
Kehrt heim von seiner Kuh.
O König Wiswamitra,
O welch' ein Ochs bist du![5]

Feldafing, den 21. Juni 1886

Mit meinen eigenen Händen schnitt ich die schönsten Triebe der zarten Lilien, die wohlriechendsten Jasminblüten und die goldenen Zweige der Götterbäume, die bis zum Fenster seines Schlafzimmers hochrankten. Ich wickelte sie in das schwarze Band, an dem meine Kammermädchen die ganze Nacht lang gestickt hatten. Darauf stand geschrieben: *Dem Adler der Berge – von der Möwe, die ihn stets verstand.* Ich drückte den Strauß an mich wie einen reglosen Schatz, dem ich etwas von dieser Wärme abgeben wollte, die allmählich meinen Körper durchströmte an diesem ersten Tag des Sommers, den er nun nicht mehr wird genießen können. Ich bemühte mich, in meinem Blick die tausenderlei Farben der Felder einzufangen, die er so liebte, die Bewegung der Tannen, wenn sie sich in der Luft der Berge wiegten, ohne die er nicht leben wollte. Mit meinen Erinnerungen wollte ich die Totengruft in ein helleres Licht tauchen. Ich trat an sein Grab, und auf Knien spendete ich ihm das Mitleid, das alle anderen ihm verwehrten.

Armer König Ludwig, möge die Erde dir leicht sein, der du schwerelos über ihr schweben wolltest, der du dich danach sehntest, das Himmelszelt mit eigenen Händen berühren zu können, der du von Ruhm träumtest und in den tiefsten Schmerz getrieben wurdest von den Heuchlern, die solche Menschen nicht ertragen, die die Gesetze ihrer Welt brechen!

5 Originalgedicht der Kaiserin. Wiswamitra war ein indischer Sagenkönig, den Heine zitiert und der sich in eine Kuh verliebt hatte.

Sie, die »Vernünftigen«, wollten ihn wie einen Verbrecher einsperren, ihm all das rauben, woran er hing, die selig machende Nacht, den leisen Schnee, den verzauberten Wald, die Freiheit, und so rächte er sich: Jawohl! Sein Tod wird wie ein schwerer Stein auf ihrem Gewissen liegen, und vor Gott werden sie Rechenschaft ablegen müssen für ihre grenzenlose Grausamkeit.[6]

Wien, Hofburg, den 11. Dezember 1886

Wieder habe ich eine Nacht hinter mir, in der Ludwig mich in meinen Träumen heimsuchte. Wieder hörte ich das vertraute Gurgeln des Wassers, das sich in meinem Zimmer staute. Ich spürte, wie meine Lungen sich blähten und wie ich zu ertrinken drohte und um mein Leben kämpfte. Unter enormer Kraftanstrengung gelang es mir, mich im Bett aufzurichten und im Licht des Vollmondes, das mein Zimmer hell erleuchtete, die Augen zu öffnen. Dort neben dem Fenster stand er, weiß wie Marmor, mit seinen klatschnassen Haaren, die ihm in sein gespenstisches Gesicht hingen, und starrte mich mit seinen funkelnden Augen an. Er schrie: »Ich bin wahnsinnig! Ich bin Ludwig der Wahnsinnige! Auch du, meine Wittelsbacher Cousine, wirst dich nicht von diesem Schicksal befreien können, das wir alle im Blut haben!«

6 Am 13. Juni 1886 wurde Ludwig II. von Bayern, der »geisteskranke König«, zusammen mit seinem Arzt Doktor Gudden ertrunken im Starnberger See aufgefunden. Zwei Tage zuvor hatten ihn die Regierung von Bayern und sein Onkel Prinz Luitpold, der spätere Prinzregent, gewaltsam nach Schloß Berg bringen lassen, in regelrechte Gefangenschaft. Die Ursache für seinen Tod konnte nie ganz geklärt werden. Möglicherweise handelte es sich um einen Selbstmord, den er beging, nachdem er seinen Arzt umgebracht hatte, der ihm auf Schritt und Tritt folgen mußte. Vielleicht wollte er aber einfach nur vor Doktor Gudden fliehen. Während sie im See miteinander kämpften, sind beide ertrunken. Eine weitere Version legt die Vermutung nahe, der Arzt sollte ihn aufgrund geheimer Anweisungen töten, wogegen sich Ludwig mit aller Gewalt wehrte.

Ich wollte ihm antworten, wollte ihm widersprechen, doch aus meiner Kehle kam kein Laut hervor, und er verschwand vor meinen Augen mit einem gespenstischen und starren Lächeln auf den Lippen ... Ich war zu Tode erschrocken, zitternd stand ich auf, um mich an meinem Hausaltar niederzuknien und ein Fürbittengebet für sein und mein Seelenheil zu sprechen: »Jehova, Du bist groß! Du bist der Gott der Strafe, der Gnade und der Weisheit. Gib uns Frieden, Herr des Universums, Du, der du alles kannst!«

Sobald es hell wurde, bat ich Marie Festetics, mich bei einem Besuch der Irrenanstalt Bründfeld zu begleiten. Ich spürte, wie sich alles in mir zu dieser schmerzhaften Maßnahme drängte, als wollte ich mich selbst unter den Verrückten suchen, als versuchte ich vielmehr, mich zu vergewissern, daß ich nicht dort bin und niemals dort sein müßte ... Ich schritt durch die eisigen Gänge, in der Angst, mein eigener Körper könnte hinter einer der für immer verschlossenen Türen auftauchen, die der Direktor öffnete, wobei er den Schlüssel, der an seinem Gürtel an einem Schlüsselbund baumelte, im Schloß klirren ließ. Mein Herz schlug dabei ganz heftig. Im großen Saal saßen die armen geisteskranken Frauen. Sie stickten und murmelten vor sich hin und erzählten sich gegenseitig die schrecklich schwarzen Phantasien ihres Geistes und die vagen Erinnerungen an ein Leben, das eines Tages glücklich gewesen sein mag. Der Direktor kündigte meinen Besuch an, und für eine Weile verstummte das Stimmengewirr, doch dann setzte es wieder mit vollem Eifer ein, als vermöchte das entsetzliche Geschrei unsere Körper aus dem Raum zu verscheuchen. Immer lauter wurde das Stimmengewirr, immer verstörter die Blicke und immer hysterischer die Gesten. Plötzlich stürzte sich ein junges, großgewachsenes und spindeldürres Mädchen mit einem unerwarteten Aufschrei auf mich und versuchte, mir den Hut herunterzureißen. Während die Aufseher sie festhielten, strampelte und schrie sie voller Zorn: »Die Kaiserin bin ich! Sie ist eine Lügnerin! Ich bin die Kaiserin Elisabeth!« Ich schauderte vor Entsetzen. Die Welt um mich herum stand still, und für einen

Augenblick sah ich nur diesen Blick, der aus der Tiefe heraufkam, um meinem eigenen zu begegnen, es waren die Augen der Wittelsbacher, meine eigenen Augen einer Irren ... Marie trat an mich heran, um mich am Arm zu nehmen, und als mich ihre warmen und kräftigen Hände streiften, kehrte ich in die Realität zurück. Unterdessen war es dem Direktor gelungen, das Mädchen zu beruhigen, das nun zu meinen Füßen kniete, mich um Verzeihung bat und mich anflehte, sie nicht zum Tode zu verurteilen. Ich setzte mich neben sie und nahm sie in die Arme. Ich umarmte mich selbst, voller Mitleid und voller Angst, und beide weinten wir eine ganze Weile.

Gödöllö, den 24. Dezember 1886

Wie traurig es doch ist, daß die Menschen so sehr danach trachten, sich gegenseitig unglücklich zu machen und sich die Freiheit zu rauben, die Gott uns zweifellos schenken wollte, und dies im Namen der Pflicht und der Vernunft. Mein ganzes Leben war ein Kampf mit dem einen Ziel, ein kleines Stück vom Paradies zu erheischen, und aus dieser grausamen Schlacht, in der ich es mit der ganzen Welt aufnehmen mußte, habe ich unauslöschliche Narben davongetragen. Heute befinden sich meine Feinde sogar innerhalb meiner eigenen Familie. Es sind ausgerechnet diejenigen, von denen ich glaubte, sie würden mich lieben und wären mir wohlgesonnen. Niemand will hinnehmen, daß eine Erzherzogin von Österreich-Ungarn ihren Gemahl aus Liebe wählt und dabei nur das Gebot der Natur und des Himmels befolgt. Sogar im engsten Umfeld erheben sich Stimmen, die gegen eine Hochzeit von Valerie und Franz sind. Selbstverständlich ist darunter auch die Stimme des Kaisers selbst, der vorgibt, dies sei eine Staatsangelegenheit, und dabei nur an seine eigenen Gefühle denkt, keineswegs aber an die seiner Tochter. Er möchte sie statt dessen mit dem Nachkommen seines engsten Freundes, Prinz Albert von

Sachsen, verheiraten. Und nun erhebt sich auch die Stimme Rudolfs, ihres liebevollen Bruders, den der Hochmut noch in ein Monster verwandeln wird, das alles niederreißt, was sich ihm in den Weg stellt. Vor dem heutigen Diner anläßlich meines Geburtstages stellte er alles mögliche an, um mich beiseite nehmen und für ein paar Minuten unter vier Augen sprechen zu können. Sein Gesicht war abgezehrt, die Augenringe noch tiefer als noch vor einigen Wochen, als ich ihn zum letzten Mal gesehen hatte. Sein Blick war verloren, wie von einer Wolke verschleiert und zugleich ungewöhnlich durchdringend. Mir schien, als zitterte seine Hand, als er das dritte Glas Wein an diesem Abend an seine Lippen führte.

»Geht es dir gut?« fragte ich ihn.

»O ja, Mutter! Ausgezeichnet.«

»Die Ärzte haben mir versichert, du hättest dich von deiner Blasenentzündung wieder erholt, doch oftmals täuschen sich die Ärzte ...«

»Nein, es ist nichts, Mutter, ich versichere es dir. Ich will nicht über meine Gesundheit mit dir sprechen, sondern über das Gerücht, das mir zu Ohren gekommen ist.«

»Wahrscheinlich wird es nicht stimmen, was du gehört hast.« Ich lachte und versuchte, die Anspannung ein wenig zu lockern, doch er blieb ernst und starrte mich an, als blickte er durch mich hindurch.

»Man sagt, Valerie werde Franz Salvator heiraten. Stimmt das?«

Ich begab mich in Defensivstellung wie eine Hündin, deren Jungen jemand etwas antun möchte.

»Das ist ihr Wunsch. Und ich unterstütze sie dabei.«

»Glaubst du, daß er eine gute Partie für meine Schwester ist?«

Diese letzten beiden Worte hatte er so stark betont und seine Stimme klang dabei so voller Mißachtung, daß ich gute Lust hatte, ihm die Wahrheit über seine eigene Ehe geradewegs ins Gesicht zu schleudern: die sich immer stärker abzeichnende Entfremdung zwischen ihnen beiden, die lächerlichen Streitigkeiten zwischen ihm und seiner Frau vor uns allen, seine schäbige Liebschaft mit dieser heruntergekommenen Schauspielerin Mizzi Caspar ... Doch ich wollte nicht grausam sein und sagte statt dessen nur, was ich schon immer gedacht habe:

»Die beste Partie ist die, die von der Liebe diktiert wird.«

Rudolf schien bereit zu sein, einen handfesten Streit anzuzetteln, doch ich wollte nicht mehr darüber reden. Ich empfand Wut und Angst, Angst, wenn ich an die Zukunft meiner Tochter und des Mannes dachte, der, wie ich hoffe, eines Tages ihr Gatte sein wird, wenn sie am Hofe des zukünftigen Kaisers Rudolf leben müssen. Doch ich hielt es für angebracht, nicht einen weiteren Krieg zu eröffnen, bevor Franz Joseph nicht seine Entscheidung getroffen hat. Ich erklärte die Unterredung für beendet und trat zu Valerie, die in ihrem Kleid aus blauer Gaze und mit den weißen Blüten in ihrem Haar wunderschön aussah, und küßte sie.

Wien, Hermesvilla, den 5. Februar 1887

Zum ersten Mal schreibe ich in meinem neuen Zuhause, »dem Heim, das unsere Herberge im Alter sein wird«, wie Franz Joseph es nannte, als er mir bereits vor einigen Monaten mitteilte, daß er diese Residenz inmitten des Parks von Lainz erbauen ließ. Ich bat ihn, ihr den Namen des Gottes Hermes geben zu dürfen.

»Wie kommst du nur auf die Idee, einem Haus den Namen des Gottes der Reisenden zu geben, Sissi? Das ergibt doch keinen Sinn!«

»Gerade deshalb. So werde ich jeden Tag, an dem ich mich in diesen Wänden aufhalte, daran denken, daß ich mich niemals an einen einzigen Ort binden will oder muß.«

Und so sitze ich in meinem neuen Schlafzimmer und schreibe. Von der Wand her lächelt mir Titania schelmisch zu. Ein junger Maler namens Gustav Klimt, der ein Schüler des Meisters Makart ist, hat den Auftrag übernommen, als ich ihn darum bat, die Szenen aus dem Sommernachtstraum abzubilden. Und so verbringen nun Theseus, Hermia, Oberon und Puck ihre schlaflosen Nächte in meiner Umgebung. Auf der anderen Seite der Tür erwartet mich ein pompejanischer Gymnastiksaal, um den Tag zu beginnen. Jenseits dieses Raums befindet sich mein neues Badezimmer, das den Inbegriff von Modernität darstellt, es ist mit Toilette und fließendem Wasser ausgestattet. Ich erinnere mich noch gut, wie der Architekt lachte an dem Tag, als ich die Villa zum ersten Mal besichtigte und mich damit vergnügte, pausenlos die Wasserhähne zu öffnen und zu schließen und dabei zuzusehen, wie das Wasser floß, über das ich nun nach Lust und Laune verfügen konnte. Ich bat den Kaiser, sich persönlich darum zu kümmern, daß die Angestellten nicht entlassen wurden, die bislang damit beschäftigt waren, die großen Wannen zu füllen und umherzutragen und die Nachttöpfe zu leeren, die wir bis heute benützten. Es wäre mir nicht recht, wenn aufgrund unserer Bequemlichkeit jemand ins Elend gestürzt würde.

Doch von allem hier befindet sich meine größte Freude im Freien: Vom sperrangelweit geöffneten Fenster aus, durch das die abendliche Februarkälte hereindringt, habe ich Blick auf den Park, der schon bald wieder ergrünen wird mit seinen Tausenden von Bäumen hunderterlei verschiedener Arten. Um diese Uhrzeit schlafen die Hirsche und Wildschweine zurückgezogen in ihren Verstecken, doch tagsüber, während ich spazierengehe, stoße ich oft auf sie, wenn sie spielen oder auf Wanderschaft sind in ihrer gesegneten Gemütsruhe, die ihnen ihr enger Kontakt zur Erde und zum Himmel verleiht. Heute morgen blieben drei oder vier Damhirsche stehen, als sie mich sahen, und beobachteten mich seelenruhig, als ich an ihnen vorüberging. Ich wollte ihnen ebenfalls Aufmerksamkeit schenken und sprach kurz zu ihnen. »Ihr müßt euch nicht sorgen, meine Freunde, hier wird euch niemand belästigen. Der Kaiser hat den ganzen Park schließen lassen, und die lästigen Besucher werden euch nicht erschrecken oder eurer Brut nachstellen können. Ihr seid ebenso frei wie ich und könnt nach Herzenslust herumspazieren, und ich hoffe, daß wir, wie es sich für gute Nachbarn gehört, oft die Gelegenheit haben werden, uns zu treffen.« Ich grüßte sie mit einer Verbeugung. Auch sie bewegten leicht ihre Köpfe, lächelten mir mit ihren großen Augen zu und verschwanden dann im Dickicht der Lilien.

Gödöllö, den 27. Februar 1887

Jeden Tag frage ich mich mehr, warum man uns nicht absetzt. Wäre ich ein rechtschaffener und ehrwürdiger Bürger, wäre ich ein armer Teufel, der zu einem Leben voller Elend und Sorgen verdammt ist, so würde ich mein Leben dem Ziel widmen, dieses Gesindel zu beseitigen, dem ich angehöre, diese Brut von Schamlosen und Degenerierten, die auf Kosten der Völker im Luxus leben und eines Tages, wer weiß, ihre Könige sein könnten ...

Hört mir gut zu, Untertanen des Kaiserreichs! Während ihr euch zu Tode schuftet, damit er sein Auskommen hat, tut der Neffe des Kaisers, der große Erzherzog Otto, nichts anderes als sich zu betrinken und Streit mit anderen zu suchen, und glaubt dabei voller Hochmut, er sei der Herr dieser Welt. Dabei weiß er schon gar nicht mehr, was er noch ersinnen könnte, um seinen ekelerregenden und unmoralischen Charakter zu unterhalten. Inmitten eines widerlichen Trinkgelages warf er gestern die Gemälde der Personen aus dem Fenster, denen er, mehr als sonst irgendwer, Gehorsam und Respekt schuldet, nämlich das des Kaisers und meines, während er sich mit seinen von Schande besudelten Händen an den Körpern billiger Straßenmädchen zu schaffen machte. Doch nicht genug solch schändlichen Zeitvertreibs, o nein! Er mußte gar seine Unverschämtheit in die Säle des Palastes hineintragen und sich über seine arme Gemahlin lustig machen, indem er mitten in der Nacht in ihr Schlafgemach eindrang, um seinen liederlichen Freunden eine »echte Nonne im Schlaf« zu präsentieren.

Wie es mich ekelt, mit solch widerwärtigen Kreaturen gemeinsam an einem Tisch sitzen zu müssen, mit Tieren, die diese Bezeichnung nicht einmal verdienen, denn ein Tier würde sich niemals so besudeln! Manchmal möchte ich um Verzeihung bitten dafür, daß ich einer solchen Familie angehöre.[7]

7 Erzherzog Otto und sein Bruder Franz Ferdinand, beide Söhne des kaiser-

Wien, Hermesvilla, den 3. März 1887

Ich habe dem Kaiser den Vorschlag unterbreitet, sich in Idas Gemächern mit der Schratt zu treffen. Meine liebe Freundin hat einige Zimmer in der Hofburg, in die man vom Ballhausplatz aus durch eine Tür gelangen kann, die nicht von Wachposten kontrolliert wird. Auf diese Weise wird Katharina ungehindert in den Palast gelangen können, ohne Anlaß zu Gerede zu geben. Franz Joseph muß sich dann nur von seinem Arbeitszimmer zu ihr begeben, um dann mit ihr gemeinsam heißen Tee trinken und sich über die nebensächlichen und banalen Angelegenheiten mit ihr unterhalten zu können, die sie beide so sehr interessieren. Wie nicht anders zu erwarten, hat Wiswamitra meinen Vorschlag mit Begeisterung aufgenommen. Bis heute beschränkt sich der Kontakt des Kaisers zu seiner Angebeteten auf ein paar Briefe und die Spaziergänge, die sie jeden Morgen auf dem Burgplatz unter seinem Fenster unternimmt, läßt man die wenigen Male außer acht, da ich die Schauspielerin persönlich eingeladen habe, mit uns zu speisen. Der Kaiser beobachtet sie lächelnd und voller Sehnsucht, während sie in gebührender Weise ihren Reifrock zur Schau stellt. Jedesmal, wenn sie sich in der Öffentlichkeit begegnen, wie vor einigen Wochen beim Ball der Concordia, wagt es der gute Franz Joseph nicht einmal, das Wort an sie zu richten, da er befürchtet, alle könnten seinem Blick und seinen Gesten ablesen, wie verrückt er nach ihr ist. Somit können sich die Freunde nun von heute an in aller Zweisamkeit treffen, und alle werden wir zufrieden sein: sie, da sie den Kaiser nun endlich für sich hat, er, da diese schöne Frau ihn voller Verständnis umsorgen wird, und ich, weil mein Gewissen beruhigt sein wird, zu wissen,

lichen Bruders Karl Ludwig, waren in ihrer Jugend Drahtzieher mehrerer anstößiger Vorkommnisse und Skandale. Die Kaiserin widmete den beiden einige Gedichte, in denen sie äußerst hart mit ihnen ins Gericht ging. Ottos ältester Sohn Karl wurde der letzte österreichische Kaiser.

daß eine andere Frau ihm Liebe und Zärtlichkeit schenken wird, wenn ich lange Zeit verreist bin. Was macht es schon, was die anderen sagen?

Korfu, Villa Braila, den 17. November 1887

Diesen Ort habe ich als mein Zuhause auserkoren. Auf dem Hügel von Gasturi, über dem Ägäischen Meer, von Zypressen umgeben, die bis zum durchsichtig schimmernden Meer hinunterreichen, unter diesem unbeschreiblich blauen Himmel Korfus, werde ich meinen eigenen Palast errichten, das Haus des Achilles, der alle Monarchen und Traditionen ablehnte, der nur in seinen Träumen lebte und der seinen Schmerz höher einstufte als sein ganzes Leben ...

Fünfzig Jahre lang bin ich in der Welt umhergezogen und sehnte mich danach, mich an keinen Ort binden zu müssen. Jetzt habe ich mein Paradies gefunden, hier werde ich bleiben, in diesem Land der Götter, wo man auf alles, was nicht unbedingt notwendig ist, verzichtet ... Ich werde die alte Einsiedelei auf der Insel des Odysseus besuchen, und er wird mir schweigend das Wasser aus seiner Quelle reichen, den Käse seiner Ziegen und die Äpfel aus seinem Garten. Ich werde die reine Luft einatmen, meinen Körper im Meer baden, und ich werde wissen, daß ich letztendlich keine Worte brauche, denn alles wird in mir selbst enthalten und ausgebreitet sein, alles was vom Anbeginn der Zeiten an besteht und bis über den letzten Augenblick hinaus bestehen bleiben muß, und ich werde jedes unnötige Bedürfnis, jeden Wunsch und jede Unruhe aus meinem Herzen vertreiben ...

Wien, Hermesvilla, den 30. November 1887

Ich hätte nicht zurückkehren sollen. Ich hätte vielmehr für immer an Bord der Miramar bleiben müssen oder auf meiner geliebten Insel Korfu, wo ich die Sterne und die Wolken hätte betrachten können, den Flug der Möwen und die Delphine bei ihrem Spiel, fern jeglichen Zeitgefühls und fern auch von diesem erbärmlich häßlichen Dasein. Ich hätte nicht zurückkehren sollen, so würde ich weiterhin an die Begeisterung der anderen für meine Idee glauben. Ich dachte, es sei angebracht, dem Dichter Heine ein Denkmal zu errichten, und das deutsche Volk, das seinem Genie doch so viel verdankt, würde sich dieser Ehrung für einen Mann anschließen, der für seine Freiheit viel Leid auf sich nehmen mußte und aus Liebe zu ihr aus seinem Land vertrieben wurde. Ich bat den Schauspieler Lewinsky, der mir regelmäßig Stücke von Shakespeare und den alten Griechen vorliest und in dessen Interesse und Intelligenz ich volles Vertrauen habe, in meinem Namen die nötigen Verhandlungen zu führen, um eine öffentliche Sammlung zu veranstalten und eine Statue zum Gedenken an den großen Meister in seiner Heimatstadt Düsseldorf errichten zu lassen. In den vergangenen Monaten, während ich auf Reisen war, habe ich natürlich angenommen, das Projekt würde vorankommen und zwar mit Begeisterung. Doch jetzt bei meiner Rückkehr mußte ich mich mit der grausamen Realität auseinandersetzen: Die Presse und die Politiker haben aus meiner Idee einen absurden Skandal heraufbeschworen. Antisemiten, erzürnte Nationalisten und eiserne Monarchisten, all jene, die sich durch die Intelligenz und Aufrichtigkeit dieses jüdischen Genies, das sich niemals das Wort verbieten ließ, in ihrer Ehre gekränkt fühlen, sie haben das Wort ergriffen gegen *diese Untergrabung unverfälscht germanischen Wesens, deutscher Eigenart und deutscher Sitte*. Der Führer der Alldeutschen, Georg Ritter von Schönerer, sprach in einer antisemitischen Versammlung unmißverständlich von mir als einem der *maßgebenden Faktoren, welche dem Andenken des jüdischen*

Dichters gedruckter Schändlichkeiten und Schamlosigkeiten ein Denkmal widmen wollen. In den Zeitungen und an den Stammtischen wird der Name Heines beleidigt, während die freiheitlich gesinnte Presse die Idee unterstützt und meine Einsicht und meine hohe Sensibilität lobt. Was für eine Dummheit, großer Meister! Nicht einmal diejenigen, die glauben, sich in deinem und meinem Sinn zu äußern, begreifen, daß das, was ich an dir schätze, gerade deine unermeßliche Mißachtung aller menschlichen Angelegenheiten ist und die tiefe Traurigkeit, die alle weltlichen Dinge bei dir hervorriefen.

Sei's drum. Lassen wir sie losprügeln und sich um die Macht und das Elend schlagen ... Ich jedenfalls werde dein Denkmal gleich neben meinem Fenster aufstellen, im Achilleion, damit du von dort aus mit deinen müden Augen das unermüdliche Meer betrachten kannst. Der Wind wird dir Salz über dein Haar streuen, und der Aprilregen wird über deine Wangen peitschen. Und ich werde zu deinen Füßen, großer Meister, die schönsten Wiesenblumen niederlegen und spüren, wie dein Atem meinen Nacken kühlt, während wir gemeinsam die Stille genießen.

Wien, Hermesvilla, den 14. Mai 1888

Seit ich wieder in Wien bin, werde ich das Gefühl nicht los, daß etwas Schreckliches passieren wird. Es herrscht drückend schwüle Luft, die Wolken bilden feuerspeiende Drachen am Himmel, doppelköpfige Adler, die sich gegenseitig zu Tode hacken und zerstückeln und eine Spur hinter sich zurücklassen, die aussieht wie Blut. Nachts höre ich seltsame knarzende Laute und flüsternde Stimmen aus dem Jenseits, die mir großes Leid voranküdigen wollen, das ich nicht vermeiden kann ...

Während wir gestern das neue Denkmal für die Kaiserin Maria Theresia einweihten, beobachtete ich aufmerksam, was um mich herum geschah. Durch Intuition wollte ich herausfinden, was das

Schicksal mir durch seine geheimnisvollen Zeichen mitteilen würde. Mitten unter der Menschenmenge flogen auf dem Platz Tauben umher. Plötzlich schien eine von ihnen verrückt zu werden, sie hielt in ihrem Flug inne und stürzte gegen die Wände des Naturhistorischen Museums, immer wieder prallte sie dagegen und bespritzte die Steine mit Blut, bis ihr Körper mausetot auf das Pflaster fiel. Niemand schien von dem Vorfall Kenntnis zu nehmen, doch ich war entsetzt. Ich mußte mich sehr zusammennehmen, um nicht loszuschreien oder davonzulaufen. Von dem erhabenen Podest aus richtete sich mein Blick, ohne daß ich etwas dagegen tun konnte, gebannt auf den leblosen Körper der Taube. Der Gedanke an meine arme Tochter, die in Zukunft, wenn ich ihr nicht mehr würde helfen können, der Feindseligkeit ihres Bruders ausgesetzt sein würde, ließ mich vor Angst erzittern. Ich beschloß, ein ernstes Wort mit Rudolf zu sprechen und ihm gegebenenfalls zu drohen. Sobald wir wieder zu Hause waren, bat ich ihn für eine Weile zu mir. Er machte ein unwilliges Gesicht, gehorchte aber.

»Deine Schwester wird sich bald mit Franz verloben. Euer Vater hat nun doch sein Einverständnis gegeben. Wußtest du das?«

»Ich habe es mir gedacht.«

Er wagte es nicht, diese Entscheidung in Frage zu stellen, doch an seinem Tonfall und seinem Gesichtsausdruck konnte ich erkennen, daß er in keinster Weise einverstanden war.

»Sei nicht hart gegenüber Valerie. Es würde dir nur Unglück bringen.«

Ich wußte, daß meine Worte eine unstabile Persönlichkeit wie ihn beeindrucken würden. Ich verhielt mich grausam, doch das Glück meiner Tochter bedeutet mir mehr als irgend etwas anderes auf dieser Welt.

»Hör mir gut zu, Rudolf: Ich wurde an einem Sonntag geboren, daher bin ich in der Lage, Kontakt zum Jenseits aufzunehmen. Und wenn meine Seele meinen Körper einst verlassen haben wird, so kannst du sicher sein, daß ich unter den Meinigen weilen und über sie wachen werde. Ich kann Glück ebenso wie Unglück streuen, das weißt du sehr wohl. Denk also immer an diesen 13. Mai zurück.«

Rudolfs Blick streifte mich verängstigt und mit ungewöhnlich weit geöffneten und wäßrigen Pupillen. Ich erschrak mit einem Mal über sein ungesundes Aussehen, sein auffallend schmales Gesicht, das in der letzten Zeit immer blasser wurde, seine dunklen Augenringe, den verbitterten und müden Zug um seinen Mund und sein schütteres Haar, das ihn alt aussehen ließ. Ich empfand großes Mitleid mit ihm.

»Geht es dir gut?« fragte ich ihn liebevoll.

»Ja, Mutter. Ich bin nur ein wenig müde und nervös. Mein neuer Posten als Generalinspekteur der Infanterie hat mich in der letzten Zeit sehr in Anspruch genommen.«

Wir schwiegen beide. Ich wollte abwarten, ihm Zeit geben, sich mir gegenüber zu öffnen und mir die Probleme anzuvertrauen, die ihm Sorgen bereiten, vielleicht handelte es sich um seine gescheiterte Ehe, die politische Entwicklung im Kaiserreich, die er nicht schätzte ... Doch er blieb eine ganze Weile stumm, starrte wie abwesend auf den Boden, bis ich aufstand und auf ihn zuging, um ihn zu umarmen. Während er sich zum Gehen wandte, spürte ich in mir den Drang, ihn zurückzuhalten, ihn in die Arme zu schließen und ihn wie ein kleines Kind zu wiegen, um ihm somit die schwere Last zu nehmen, die sein Herz bedrückt ... Doch mir war klar, daß dies nicht mehr möglich war. Und so sah ich zu, wie er mit gesenktem Kopf davonging, und ich dachte, wie gern ich jetzt die Zeit zurückdrehen würde bis zu jenem Tag, an dem die Erzherzogin Sophie mich glauben machte, daß ich nicht in der Lage wäre, ihn zu erziehen, bis zu jenem Moment, in dem sie ihn mir entriß, und mich weigern, mit allen Mitteln verhindern, daß man mich von meinem Sohn trennt, dem ich vielleicht in seinem traurigen Dasein, das er fristen muß, ein bißchen Glück hätte geben können.

An Bord der Miramar, Ithaka, den 4. Oktober 1888

Ich wanderte über die steinigen und ausgedörrten Hügel des Reiches von Odysseus. Ein einsamer Olivenbaum stand in der ausgedörrten Landschaft. Ich ruhte mich in seinem Schatten aus, unter dem Himmel, die blaue und stille Bucht zu meinen Füßen, vor mir ein Paradies von Rauheit und Ruhe, das Licht und das Wasser, die unzugänglichen kleinen Inseln, die kargen und zugleich vollkommenen Gefilde Ithakas ... Und ich wünschte, hier begraben zu werden, unter diesem Olivenbaum, zu dessen Füßen ich, zu Staub geworden, den segensreichen Regen erwarten würde, der auf meinem Grab die duftenden Zistrosen und die zarten Zyklamen zum Erblühen bringen würde, ich würde spüren, wie in der Umgebung die Unwetter toben, wie das aufgewühlte Meer die Küste peitscht und wie die Winde, die von der anderen Seite der Wolken herkommen, meinen Baum bis in seine Wurzeln erschüttern, doch er würde stolz und stark aufrecht bleiben und den Schmerz ertragen. Später würde sich die Sonne zeigen, und die trockene Erde würde sich nach dem schützenden Schatten der gekrümmten Äste sehnen und von dem frischen, blauen Meer träumen, das unbeweglich daliegt wie ein unermeßlicher Lebensbrunnen, und um mich herum machte sich die Stille breit und das Zirpen der Grillen, die sanfte Melodie der Brise in den Blättern, das spielerische Plätschern der Wellen, das rasche Flügelschlagen der Vögel, das langsame Fließen des Sandes, der Frieden ... O ja! Der heißersehnte Frieden, für alle Ewigkeit.

Korfu, Villa Braila, den 15. Oktober 1888

Mein Achilleion erhebt sich bereits über dem Hügel von Gasturi gegenüber dem Meer, mit rosafarbenen Säulen und weit geöffneten Terrassen, die an den Seitenflügeln mit Zypressen geschmückt sind. Mein Haus ist wie ein alter Palast von Homers Königen, die Feuer sind entzündet, um die Milch zu wärmen, die die Ziegen geben, am Abend, wenn sie sich auf den Wiesen satt gefressen haben, und um Göttern die Gaben der Erde zum Opfer zu bringen ...

In meiner Abwesenheit hat sich Alexander von Warsberg um alles hier gekümmert. Der Konsul von Österreich-Ungarn auf Korfu ist ein weiser und feiner Mensch, jemand, dem ich wie mir selbst vertrauen kann, denn unsere Vorstellungen ähneln einander sehr. Er hat das langsame Errichten der Mauern überwacht, hat Sorge getragen für den Anstrich, durch den weder die Bäume noch das Meer in den Hintergrund gedrängt werden sollen, für die Entwürfe der Möbel, die die griechischen Kunsthandwerker liebevoll schnitzen werden, und die Formen der Natur nachahmend. Und wenn alles fertig ist, eines Morgens, werden wir unsere Gläser zu Ehren der Götter erheben, die sich über dem Meer versammeln werden, um das Haus ihrer treuesten Freundin zu segnen.

Korfu, Villa Braila, den 30. Oktober 1888

Gemeinsam mit Professor Romanos habe ich begonnen, Griechisch zu lernen. Ich möchte diese schöne Sprache kennenlernen, die wie Musik in meinen Ohren klingt. Ich habe ihn daher gebeten, mich ungeachtet meiner gesellschaftlichen Stellung wie jede beliebige Schülerin zu behandeln, die man tadeln und korrigieren muß. Der Professor ist so schüchtern wie ein frisch geschlüpftes Küken, er wagte es nicht, mich anzusehen, und mit vor lauter Scham hochrotem Kopf nuschelte er ein paar unverständliche Worte in seinem unbeholfenen Deutsch. »Glauben Sie nur nicht, daß ich scherze«, wiederholte ich, »ich möchte, daß Sie streng mit mir sind. Wenn man etwas tut, sollte man es auch richtig machen. Wenn nicht, dann war es den Aufwand nicht wert, angefangen zu haben. Und vergessen Sie nicht, daß ich nicht nur die Sprache der Alten lernen will, sondern auch das Griechisch der Bauern und Handwerker von heute. Ich möchte genauso sprechen wie der Großteil der Bevölkerung, und ohne daß irgendwelche Gedanken verzerrt formuliert sind.«

Wie zu erwarten war, hat man diesen Entschluß in Wien aufgenommen, als handelte es sich dabei um ein weiteres Beispiel für die Exzentrik ihrer Kaiserin. Von Franz Joseph erhielt ich in diesem Zusammenhang einen langen Brief folgenden Inhalts:

Ich frage mich, welches Vergnügen Du in Deinem Alter darin findest, eine Sprache zu lernen, die so komplex ist wie diese und die Dir nur dazu dienen kann, herzzerreißende Tragödien zu lesen und Deine verehrten Eremiten um Wasser zu bitten. Deine Vorlieben, liebe Sissi, erscheinen mir immer unbegreiflicher. Ich kann nicht verstehen, was Du einsam und allein auf diesen Inseln tust, wie Du im Dauerregen auf einer Jolle umhersegelst oder die ausgedörrten Bergrücken hinaufkraxelst wie eine dieser flinken Bergziegen, die Dir ja so gut gefallen. Wie Du Dir vorstellen kannst, bin ich nicht der einzige, der Dich nicht versteht. Vor einigen Tagen war der Erbprinz von Meiningen hier zu Besuch, der ganz Griechenland bereist hat und ebenso wie Du von der Antike begeistert ist. Dennoch sagte er mir, Ithaka sei völlig unbewohnt und habe so gar nichts Reizvolles. Was also fesselt Dich an dieser armseligen Insel, daß Du auf die Idee kommst, dort begraben sein zu wollen?

Ich ließ ihm meine Antwort zukommen:

Bereits seit geraumer Zeit lege ich keinen Wert mehr darauf, verstanden zu werden, nicht einmal von Dir. Es genügt mir, daß mein Herz im Einklang mit meinem Geist schlägt, um zu wissen, daß ich an dem Ort bin, an dem ich sein will und muß. Glücklich ist nur der, der sich selbst auf seinem Wege findet und eines Tages sagen kann: Ich folge nur meiner eigenen Stimme!

Korfu, Villa Braila, den 8. November 1888

König Georg von Griechenland ließ mir heute zum zweiten Male ein Telegramm überbringen, in dem er mir seinen nahe bevorstehenden Besuch ankündigte. Und zum zweiten Mal habe ich ihm geantwortet, daß ich für mehrere Wochen verreist sein werde. Es ist mir gleichgültig, was man über mich denkt, und auch die Entrüstung des Kaisers rührt mich nicht. Ich will auf keinen Fall, daß sich mein Paradies in eine Besucherstätte verwandelt, zu der, meinem Vorbild folgend, die Reichen und Adeligen herbeiströmen. Wir Menschen besitzen die unglückliche Veranlagung, alles zu zerstören und all die Dinge anzugreifen, die nur dort ihre ewige Schönheit bewahren, wo man sie in Ruhe läßt. Allzugern fällen wir Bäume, trampeln auf Gras herum, stoßen unnötige Schreie in die Luft aus, schreiben unsere Namen überall hin, geradeso, als wollten wir auf den Steinen einen Abdruck unserer eigenen Nichtigkeit hinterlassen und sie in unserer blinden Zerstörungswut mit uns reißen. Die Städte verwandeln sich in verfallene Ruinen, doch die Berggipfel bleiben, wie sie geschaffen wurden. Je weniger Menschen sie betreten, um so würdevoller und schöner werden sie bleiben.

Korfu, Villa Braila, den 15. November 1888

Ein kleiner und hilfloser Vogel hat auf dem Sims vor meinem Fenster Zuflucht genommen. Er piepst pausenlos vor lauter Angst, dieser finstere und kalte Regen würde niemals aufhören.

Es ist nun schon viele Jahre her, da kehrte mein Vater von einer langen Reise aus der Türkei zurück, als genau dasselbe passierte. Er trat ganz langsam an das Fenster, ahmte mit seiner Stimme das klägliche Piepsen des Spatzes nach und legte neben ihm einen Keks auf den Boden, den er zuvor in Milch eingeweicht hatte. »Damit er nicht vor Hunger stirbt, bevor er in sein Nest zurückkehren kann«, erklärte er uns, während wir, die wir damals noch kleine Kinder waren, gebannt die Szene und den Hünen verfolgten, dessen Zauberkraft auch bei den Vögeln zu wirken schien, da sie seine Anwesenheit nicht erschreckte. Als wir dann später am Kamin saßen, erzählte er uns mit gedämpfter Stimme, wie er sie immer bei Erzählungen gebrauchte, eine Geschichte. »An einem weit entfernten Ort im Reich der Hohen Pforte gibt es einen riesigen Berg, auf dem niemals die Sonne scheint. Während des gesamten Jahres ist er von Eis überzogen, und Tag und Nacht weht ein eiskalter Wind, der zwischen den Felsen tobt, die hier und da spitz und kahl zum Vorschein kommen. Dieser schreckliche Ort ist der Berg Ararat. Hier war es, wo die Arche Noah anlegte, als Gott der Meinung war, nun sei es genug der Bestrafung. So stiegen alle Tiere, denen Noah einst Schutz geboten hatte, in die fruchtbaren Täler hinab, gemeinsam mit Noahs Frauen und Kindern, um die Erde von neuem zu bevölkern. Die Bewohner des Tals haben während der ganzen Zeit geglaubt, das Schiff, das die Zeit und das Wetter und sogar der Schnee unbeschadet gelassen hätten, befände sich noch immer nahe des Berggipfels. Dennoch hat kein Mensch jemals wieder diese geheiligten Stätten betreten. Ich wollte es tun, ich wollte mich mit eigenen Augen von der Wahrhaftigkeit dieser Legende überzeugen, die mich in die fernsten Epochen der Menschheitsgeschichte brachte. Zusammen mit meinem Gefolge ritt ich auf dem Rücken von Maultieren bis zum Fuße des Berges. Doch als vor unseren Augen die eisige und grauschimmernde Masse zwischen Nebelschleiern verschwommen zum Vorschein kam, verloren meine Begleiter ihren Mut, und keiner wagte es mehr, mich bis dorthin zu begleiten. Trotz allem wollte ich von meinem Vorhaben nicht ablassen. Und so kletterte ich allein übers Eis und erduldete die brausenden Stürme, die mich aus ihrem Reich vertreiben wollten. Erschöpft und zitternd gelangte ich bis zur Arche, die mit einem Mal zwischen Nebelschwaden dicht vor mir auftauchte. Es war ein riesiges Schiff aus stark riechendem Holz. Mein Herz schlug ganz wild, mir zitterten die

Beine, dennoch hatte ich das unbändige Verlangen, mich dem Schiff zu nähern und es zu betreten. Doch als ich mich gerade aufmachen wollte, ließ mich eine schier unerträgliche Kälte erstarren. Keiner meiner Muskeln reagierte auf meine Anstrengungen, und ich dachte schon, nun hätte meine letzte Stunde geschlagen, als ich plötzlich sah, wie sich aus der Arche eine seltsame Figur erhob: Ein alter Mann stand vor mir, der mindestens tausend Jahre alt sein mußte, mit einem langen Bart, der am Boden hängenblieb. Sein Gesicht war so von Falten zerfurcht, daß ich Mühe hatte, seine Augen und seinen Mund zu erkennen. Doch er war mit einer leichten und schimmernden Tunika bekleidet, als würde er die Kälte gar nicht spüren. Sein Körper war aufrecht, der Zweig, auf den er sich stützte, hatte Blüten an seinen Enden, er war voller herrlicher weißer Knospen. Die ganze Erscheinung strahlte etwas Friedvolles und Angenehmes aus. Ich wollte mich ihm nähern, um bei ihm Schutz zu suchen, und der Alte streckte seine Hände nach mir aus und drückte die meinen ganz fest. Da spürte ich tiefes Glück, eine Behaglichkeit durchströmte meinen ganzen Körper, so als säße ich neben einem riesigen Feuer. Kälte und Müdigkeit waren sofort verschwunden. Ich hatte keinen anderen Wunsch, als für immer hierzubleiben. Der Alte schloß für eine Weile seine Augen, dann öffnete er sie ganz langsam und sprach zu mir: ›Von nun an wirst du der Bruder der Vögel und der Reptilien sein wie auch aller anderen Tiere der Schöpfung, auch der Steine und des Meeres und der vielen anderen Dinge, die Gott auf der Erde geschaffen hat. Denn er hat dich auserwählt, du wirst niemals sterben.‹«

Du hast mich also getäuscht, mein Vater! Mein ganzes Leben lang glaubte ich, du wärst unsterblich und der Tod könnte es niemals mit dir, dem Gesalbten Noahs, aufnehmen. Bis heute morgen, Vater, als ich das Telegramm des Kaisers erhalten habe, hatte ich stets geglaubt, deine Erzählung wäre wahr ... Nun werde ich nie mehr die Gelegenheit haben, dich zu fragen, ob du mich geliebt hast, ob du irgend einmal für mich Liebe und Mitleid empfunden hast und ob ich für dich mehr war als nur ein unvermeidlicher Sproß aus deinem großzügigen Blut . . . Du hast mich immer enttäuscht, Vater! Nie warst du da, wenn ich dich brauchte, und du warst immer sofort wieder verschwunden, sobald du das Gefühl hattest, dein Herz könnte sich allzusehr an meines binden. Auch jetzt hast du mich im Stich gelassen, zum letzten Mal, und bist fortgegangen, ohne daß ich mit dir sprechen konnte, deine eingefallenen Wangen liebkosen und dir sagen konnte, wie sehr ich dich liebe und wie sehr ich Angst vor dir habe, da ich dir so ähnlich bin . . .

Verzeih mir, Vater, wie ich auch dir verziehen habe. Und ruhe in Frieden.

Wien, Hermesvilla, den 25. Dezember 1888

Ich stand auf dem Berg, umgeben von wunderschönen Bäumen, die sich gemächlich in der Sonne entfalteten. Alles rings um mich schien im Glanze seiner Schönheit zu gedeihen, und dennoch lastete ein schwerer Druck auf meinem Herzen, der mich am Atmen hinderte. Die Stille war so unergründlich und unwirklich, ich ahnte, daß sich eine große Katastrophe anbahnte. Plötzlich sah ich vor mir, obwohl nicht der leiseste Laut an meine Ohren drang, wie der Palast der Hofburg zu einer Staubwolke zusammenfiel, die mich einhüllte und alles auslöschte. Ich wollte hinlaufen, doch ich hatte keine Strümpfe an, und die Steine stießen sich in meine Füße und rissen sie blutig. Dann verschwand der Berg, und ich stand plötzlich in einer wildfremden und unheimlichen Umgebung, wo es weder Licht noch Dunkelheit gab, sondern nur einen grauschimmernden, erstickenden Schleier. Die Schreie meiner Angehörigen schallten in der Luft, doch ich konnte den Heimweg nicht finden. Ich wollte meine Mutter um Hilfe rufen, doch aus meiner Kehle kam kein Ton hervor. Plötzlich fielen vom farblosen Himmel blutverschmierte Steine herab . . .

Schweißgebadet wachte ich auf, ich hörte das entsetzlich laute Schlagen meines Herzens, und obwohl es noch mitten in der Nacht war, läutete ich nach Marie Festetics. Sie kam auch sogleich, eingehüllt in eine Decke, mit der sie sich vor der Kälte in den Korridoren schützen wollte, dennoch fröstelte sie. Noch bevor sie sich setzen konnte, fragte ich sie:

»Was ist meinem Sohn passiert, Marie? Sie kennen ihn doch so gut. Warum weinte er gestern abend, als er mir sein Geburtstagsgeschenk überreichte und ich ihn umarmte?«

Meine Hofdame antwortete nicht. Ich konnte die Angst nicht mehr länger verdrängen, die sich während so vieler Monate in meinem Herzen angestaut hatte:

»Etwas Schreckliches wird geschehen, ich weiß es ganz genau!«

Marie trat zu mir heran und sagte:

»Der Kaiser und der Thronfolger selbst wollten, daß man Euch von den Ereignissen verschont, doch ich glaube, es ist besser, wenn Ihr es erfahrt.« Ich zitterte vor Angst. »Erinnert Ihr Euch an die Krankheit, an der Seine Kaiserliche Hoheit vor zwei Jahren litt . . .?«

Mein Gott, wie hätte ich es vergessen können? Ich war nach einer Auseinandersetzung mit dem Kaiser über die bevorstehende Hochzeit von Valerie nach Miramar geflohen. Ich hatte mich dort niedergelassen, in Maxens altem und wunderschönen Palast, von Nebelschwaden umhüllt, hörte ich, wie das Meer gegen die Felsen schlug, und ließ die Tage verstreichen, bis der Kaiser für meine Argumente gegen eine Hochzeit unserer Tochter mit dem Sachsenprinzen ein offenes Ohr haben würde. Da traf sein Telegramm ein. Ich öffnete es im Vertrauen darauf, daß Franz Joseph wieder einmal kapitulierte und mich darum bitten würde, zu ihm zurückzukehren. Doch die Worte, die da standen, erfüllten mich mit Panik: *Rudolf an Blasenentzündung erkrankt. Nichts Ernsthaftes. Deine Rückkehr erwünscht.* Ich kehrte nach Wien zurück in der Angst, man hätte sich getäuscht und mein Sohn wäre in der Zwischenzeit gestorben, während ich wieder einmal Luftschlösser baute. Zum Glück stimmte die Nachricht des Telegraphen: Rudolf litt tatsächlich an einer schmerzhaften Blaseninfektion, die jedoch keine Gefahr für sein Leben darstellte und von der er sich, wie es den Anschein hatte, in einigen Wochen erholen würde. Jedenfalls hatte man mir das so gesagt. Doch in den vergangenen Monaten sah mein Sohn immer erbärmlicher aus, als würde ihn eine fürchterliche Krankheit auszehren. Schließlich erzählte Marie mir die Wahrheit. Ich spürte die Schläge meines Herzens bis in den Kopf.

»Man hat Euch getäuscht, Majestät. Ängstigt Euch nicht, ich bitte Euch! Sein Leben ist nicht in Gefahr, dessen könnt Ihr Euch sicher sein, doch der Thronfolger leidet an einer schrecklichen Krankheit, an einer Geschlechtskrankheit, einer Gonorrhöe. Sie ist nicht tödlich, wenn auch sehr schmerzhaft. Er leidet an heftigen Gliederschmerzen, an Migräne und er hat Sehstörungen. Die Ärzte mußten ihm verschiedene Drogen verabreichen, um seine Schmerzen zu lindern. Das ist es, was mit Eurem Sohn los ist, Majestät. Dies und ...« Marie unterbrach sich selbst, als wagte sie es nicht weiterzusprechen. Sie atmete tief ein und setzte dann fort: »Er wird keine Kinder mehr bekommen können. Er hat seine Gemahlin ebenfalls mit der Krankheit angesteckt, und sie ist nun steril.«

Der Gedanke, eine Katastrophe könnte unser Leben erschüttern, hatte sich so sehr in meinem Kopf festgesetzt, daß diese Krankheit trotz ihrer Auswirkungen für mich eine Erleichterung bedeutete. Als Marie bemerkte, daß ich mich wieder entspannte, erzählte sie mir, wie besorgt mein Sohn über die Zukunft des Kaiserreiches sei, dem er nun niemals einen Thronfolger würde schenken können. Doch auch um seine eigene Zukunft war er wohl besorgt. Sie erzählte mir von seiner Angst, er könnte ein Invalide werden. Ich erfuhr auch, daß ihn Schuldgefühle plagten, sich durch seine zahlreichen Kontakte zu Straßenmädchen mit dieser Krankheit angesteckt zu haben, der nun auch seine Frau zum Opfer gefallen ist, die ihn dafür mit völliger Mißachtung strafte . . . Wir sprachen so lange, bis mein Verstand wieder in Ordnung war. Ich dankte meiner Freundin für ihre Aufrichtigkeit, zu der niemand sonst fähig gewesen war.

»Sie sind eine der wenigen Personen auf dieser Welt, zu der ich Vertrauen haben kann, Marie. Ich danke Jehova dafür, Sie an den Hof geholt zu haben.«

»Ich danke Gott unablässig dafür, daß er mich in Ihrer Nähe sein läßt, Majestät.«

Marie kehrte in ihre Zimmer zurück, im Glauben, ich sei beruhigt. Doch sobald ich wieder allein war, schlug die Angst in mir wieder um sich, als genügte jene Erklärung für meine schrecklichen Vorahnungen nicht . . . Ich öffnete die Fenster meines Zimmers und versuchte, die kalte Morgenluft einzuatmen. Die Nacht war finster. Eine Nacht, so finster und eisig wie der Tod.

VIII

Stürmische Zeiten

Wien, Hofburg, den 9. Februar 1889

Habe ich denn so viel von dir verlangt, Jehova, daß Du mir nicht einmal diesen Trost gewähren willst? Ich bat Dich doch nur darum, mit seiner Seele Kontakt aufnehmen zu dürfen, und wie Du siehst, habe ich noch Vertrauen zu Dir! Jetzt weiß ich, daß Du mich für immer im Stich gelassen hast. Ich bin ein gottverlassenes Wesen, doch es kümmert mich nicht, nein ... Ich verabscheue Dich, Jehova! Ich verabscheue Dich, weil Du gar nichts mehr für mich tun willst! Ich bat Dich doch nur darum, mit ihm sprechen zu dürfen, ich stieg allein in die Krypta hinunter, das Herz voller Hoffnung, ich kniete nieder vor seinem Grab und rief ihn an, rief mit all meiner Kraft nach Rudolf. Ich flehte Dich unterwürfig und inständig an, ihn für meine Fehler um Verzeihung bitten zu dürfen, dafür, daß ich ihn im Stich gelassen und abgewiesen habe, und für das geisteskranke und selbstmörderische Blut, das ich ihm übertrug ... Doch er trat nicht in Erscheinung. Er kam deshalb nicht, weil Du es nicht wolltest, Du, der Du uns zerstören willst, der Du uns haßt, wie Du Kain haßtest. Du willst, daß wir bestraft werden, Du, der Du auf Deinem erhabenen Thron zurückgezogen in den Wolken bist und Dein ewiges Dasein vergeudest, indem Du uns haßt und uns das Böse wünschst; unser Leben machst Du uns zu einer ewigen Hölle. Deine Grausamkeit ist grenzenlos, und Deine Absichten begreife ich nicht! Warum ...? Wer kann mir den Grund für einen Schmerz nennen, der einen Menschen in den

Freitod treibt? Was hast Du ihm in den Kopf gesetzt, daß er gleich zweimal abdrückte, zweimal, zuerst schoß er auf sie, das arme verliebte Mädchen, das an Dein unendliches Erbarmen glaubte und das nun in der Ewigkeit mit ihm vereint ist, und dann beging er die gottloseste aller Taten und erschoß sich selbst. Er schoß sich eine Kugel in den Kopf, der ihn schmerzte und peinigte, weil Du beschlossen hast, daß es so sein soll, weil Du zu Deinen Füßen einen Unglückseligen haben wolltest, einen armen, einsamen und traurigen Thronfolger eines Kaiserreiches, das in sich zusammenfällt. Du wolltest einen Mann, dem keine Liebe widerfährt, einen Kranken, der dazu verurteilt ist, sich wie ein Verurteilter zu fühlen. Warum hast Du mir dieses Kind geschenkt, auf das ich mein schwachsinniges Wittelsbacher Blut übertragen habe, warum ließest Du mich feige und egoistisch werden, und warum wußte ich ihn nicht zu lieben ...? Ich habe zwei Kinder getötet, zwei, verdammte Mutter, verdammtes Herz, das nicht imstande war, in dem Herzen zu lesen, das dem eigenen entsprungen ist. Verdammte Mutter, die ihre Kinder im Stich ließ, ohne es zu verstehen, sie in liebende Hände zu geben ... Sophie wird mit mir nach Buda kommen und am Fieber sterben ... Ich werde ihn nicht lieben können, ich werde ihn nicht verstehen, denn ich liebe ihn nicht mit dem Bauch, der ihn hervorbrachte, und nicht mit dem Herzen, das mit seinem im selben Takt schlug. Ich werde seine Traurigkeit nicht verstehen können, seine Hilflosigkeit, seine Hoffnungslosigkeit; statt dessen werde ich ihn für stolz und hochmütig halten, für zügellos und grausam. Dabei war er doch nur ein armer Unglücksrabe, ein elender Thronfolger, der nichts anderes suchte als Liebe ... Und das hast Du gewollt, Jehova, daß mein Sohn in der Hölle der Selbstmörder schmort? Und ich, was hast Du für mich vorgesehen? Wie lange soll ich noch mit dieser Schande leben – mein Sohn wird zum Mörder und zugleich Selbstmörder, weil ich ihn nicht lieben konnte –, wie lange soll ich noch diesen Schmerz ertragen, als würden mir Stück für Stück die Eingeweide herausgerissen, und diese schreckliche Schuld, die ich als Rabenmutter auf mich nehme, die Dich verabscheut, weil Du mich haßt ...? Ich werde wahnsinnig, Jehova! Auch ich werde wahnsinnig und werde im Tod Linderung suchen, ich werde Linderung in der ewigen Verdammnis suchen, die nicht so grausam sein wird wie diese Verdammnis! Ich werde wahnsinnig, und ich werde Dich hassen, Jehova! Ich werde Deinen Namen in den Schmutz ziehen und gegen Deine Ungerechtigkeit Klage erheben, das schwöre ich Dir![1]

Wiesbaden, den 30. April 1889

Welch schreckliches Unglück es ist, noch am Leben zu sein ...

1 Am 30. Januar 1889 wurde Erzherzog Rudolf gemeinsam mit seiner siebzehnjährigen Geliebten Mary Vetsera, der Tochter seiner langjährigen Freundin und womöglich ebenfalls Geliebten, Baronin Helene Vetsera, in seinem Jagdschlößchen von Mayerling tot aufgefunden. Die geheimnisvollen Umstände der beiden Todesfälle, widersprüchliche Versionen, die selbst von der Hofburg aus über die Tragödie in Umlauf gebracht wurden, ließen eine Reihe von Gerüchten aufkommen: Selbstmord aus Liebe, politisches Attentat ... Die am nachweislich stärksten belegte Version (vgl. Jean-Paul Bled, Rodolphe et Mayerling, Fayard, Paris 1989) geht jedoch von der Annahme aus, der Erzherzog habe aufgrund von Krankheit und Depression die Gesellschaft dieses verliebten und ausgelassenen jungen Mädchens gesucht, um nicht allein zu sterben. Einige Monate zuvor hatte er eine seiner Geliebten, Mizzi Caspar, in zwei Fällen darum gebeten, sich gemeinsam mit ihm umzubringen. Das junge Mädchen informierte die Polizei über das Vorhaben des Thronfolgers, doch wagte diese es nicht, den Kaiser davon in Kenntnis zu setzen.

Ischl, Kaiservilla, den 31. Juli 1889

Der Kaiser erträgt meinen Schmerz nicht mehr. Er war sein Vater, er hat ihn gezeugt, er hat ihn mit Liebe erzogen, damit er einst in der Lage sein würde, auf seinen zerbrechlichen Schultern die bleischwere Last dieses Kaiserreiches zu tragen. Er hat einen Sohn verloren und einen Nachfolger, doch er kann sich trösten. Er vertieft sich in seine diplomatischen Geschäfte, in seine Papiere, er ist beschäftigt damit, Gesetze zu entwerfen, die niemals in Kraft treten werden, heuchlerische Freundschaftsverträge zu unterzeichnen, die nur seine Kriegslust verbergen, und er läßt sich dabei von den erfahrenen Händen Katharinas streicheln, ja, er versteht es, sich zu trösten ... »Versuch dich abzulenken, Sissi. Du kannst nicht dein restliches Leben so verbringen, mit verschleiertem Gesicht, schwarzgekleidet, untröstlich und verzweifelt ...! Wir alle erinnern uns an die Tragödie, Sissi, wir alle leiden darunter, doch wir bemühen uns, weiterzuleben. Geh aus, verreise, such Zerstreuung! Wenn du dich weiterhin so verhältst, werden dich sogar noch diejenigen meiden, die dich am meisten lieben ...«

Was weiß er schon, was es bedeutet, diese Schuld mit sich herumzutragen? Er, der Unfehlbare, der Vollkommene, der niemals in seinem Leben einen Irrtum begangen hat und der sein abendliches Gebet mit einer Seele spricht, die so klar und rein ist wie ein Kristall. Er mußte sich nie die Frage stellen, weshalb er geboren wurde, welch grausame Macht sein Dasein auf dieser erbärmlichen Welt beschlossen hat, um ihn dann zu quälen ...

Wir sollten alle Selbstmord begehen, jawohl, wir sollten unsere Kinder töten, kaum daß sie geboren sind, und somit diesem Alptraum ein Ende bereiten ... Wie ich Rudolf um seinen Mut beneide!

Wien, Hermesvilla, den 30. Januar 1890

Meine geliebte Mutter!

Mutter, ich bin traurig, unendlich traurig. Wie ein Stück Abfall schleppe ich mich durch dieses Leben, in dem ich nichts wert bin. Ich bin nichts als ein Stück schmerzendes Fleisch und ein Gehirn, das sich in einen Knoten verwandelt hat, immer neue Knoten bilden sich, die sich immer stärker um mich winden, bis sie mich erdrosseln ... Ich kann nicht mehr leben, Mutter! Ich weiß nicht, wie es gehen soll! Ich habe vergessen, was Hoffnung ist, ich habe vergessen, was es bedeutet, aufzustehen und die Füße auf der Erde zu spüren ... Ich fliege nur noch, ich fliege in einer schwarzen, stickigen Luft, und ich ersticke in ihr ...

Mutter, ich bin krank. Nur das Kokain und der Alkohol halten mich noch am Leben, so lange, bis die Dämonen wieder in mein Gehirn einziehen, und dann will ich nur noch weinen, mich auf den Boden werfen und weinen bis in alle Ewigkeit ... Bei Dir suche ich nun Schutz, in Deinen Händen, die so sanft sind wie Seide, in Deinen Feenhänden, die mir Frieden geben ... Doch ich weiß, daß es dafür zu spät ist, denn ich habe Dir zuviel Böses angetan ... Willst Du mir verzeihen, Mutter?

Jetzt muß ich sterben. Es gibt keine Rettung mehr für mich. Ich habe auf Mary Vetsera geschossen und muß mein Leben beenden. Da liegt sie neben mir, ausgestreckt auf dem Bett, so jung und schön, das Lächeln läßt ihr Gesicht erstrahlen. O

Mutter! Dieses Lächeln . . .! Ich werde immer daran denken . . . Ich war zwölf Jahre alt, es war sehr kalt, und ich spazierte mit Latour durch den Park von Schönbrunn. Plötzlich stand dieser Mann vor mir und hob seine Pistole. Niemals habe ich seinen Namen erfahren, doch nie werde ich sein Gesicht vergessen können, das immer blasser wurde, von seiner Stirn lief langsam das Blut und bildete ein kleines rotes Rinnsal auf den Kieselsteinen, seine hellen Augen blickten zum Himmel und er lächelte jenes Lächeln, das die ganze Welt mit Trost erfüllt. Das ist es, was ich mir wünsche. Ich wünsche mir den Tod, Mutter, und Trost . . . Viele Male habe ich zu Gott gebetet, wie Du es gewöhnlich tust, und ihn angefleht, mit diesem Leben, das mich so quält, Schluß zu machen. Doch Er hat kein Mitleid. Wer sonst, wenn nicht ich selbst, soll sich denn dann meiner erbarmen?

Ich habe Mary eine weiße Rose in die Hände gelegt. Sie ist der Engel der Reinheit, der mich freiwillig auf dieser Reise ins Jenseits begleitet. So weit geht ihre Liebe zu mir! Sag ihrer Mutter, daß sie das schönste Geschöpf zur Welt gebracht hat, das jemals existierte. Und ich bitte Dich, mach, daß man uns gemeinsam in der Abtei von Heiligenkreuz beerdigt. Sie verdient es, für immer bei mir zu sein. Ich will nicht in der düsteren Krypta der Habsburger liegen, neben all denjenigen, zu denen ich nicht gehören konnte.

Bitte meinen Vater in meinem Namen, für die kleine Erzsi zu sorgen, er möge nicht zulassen, daß sie von meinem Kummer erfährt. Und laß ihn wissen, daß ich nicht würdig genug bin, sein Sohn zu sein. Ich, der ich furchtsam und völlig unsicher bin, der ich Angst vor der Zukunft habe, die mich erwartet, niemals könnte ich ihn an der Spitze dieses Kaiserreiches ersetzen, an dessen Zukunft ich nicht mehr glaube, denn das Reich gibt es nur, solange es ihn gibt . . . Niemals hätte ich der Traumkaiser dieses Kaiserreichs Österreich-Ungarn werden können, das mit seinem Tode in tausend Stücke zerfallen wird. Sag Valerie, sie solle, sobald sie seine Augen für immer geschlossen haben wird, von hier fortgehen, ohne noch einmal zurückzublicken.

Dich, Mutter, die Du das Wesen bist, das ich in diesem Leben am meisten geliebt habe, kann ich nur darum bitten, mich zu verstehen und mir zu verzeihen. Ich bitte Dich bei Gott darum! Ohne Deine Verzeihung wird meine Seele in jener anderen Welt keine Ruhe finden.

Meinen letzten Gedanken widme ich Dir. Auf Wiedersehen, Mutter, lebe wohl . . .

Diese Worte, mein Gott . . . Noch immer weiß ich nicht, ob ich ihm verzeihen kann, ich weiß es nicht. Ein Jahr ist bereits vergangen seit jener Nacht – ein ganzes Jahr! –, und jede Minute in diesen dreihundertfünfundsechzig Tagen habe ich meine Gedanken ihm gewidmet. Manchmal glaube ich, er war das wertvollste aller Wesen, und dann bewundere ich ihn. Doch zugleich verachte ich ihn für das, was er getan hat, für dieses schwarze Loch, das er bei mir hinterlassen hat, denn er hat mir Gott genommen.

Seit einem Jahr kann ich nicht mehr beten. In wenigen Stunden, nach Tagesanbruch, werden sein Vater und ich nach Mayerling fahren, und dort, an derselben Stelle, an der sein Körper und der dieses Mädchens lagen und an dem jetzt ein Altar errichtet ist, werde ich ihn erneut anrufen. Gib mir ein Zeichen, Rudi! Sag mir, daß du mir verzeihst, und dann werde auch ich dir verzeihen, ich schwöre es! Laß mich nicht im Ungewissen, in dieser Stille, mit dieser Schuld. Gib mir meinen Frieden zurück, damit ich in Ruhe sterben kann!

Regensburg, den 27. Mai 1890

Als mein Onkel Ludwig starb, weinte meine Mutter nicht. Ich wußte, daß sie ihn bewunderte, und ich konnte dieses Schweigen nicht begreifen, jenen normalen Lebensalltag, den allein die vage Traurigkeit verdüsterte, die von Trauerhäusern und in Trauer gekleideten Menschen ausgeht, und der manchmal geistesabwesende, doch stets reglose Blick meiner Mutter. Tagelang habe ich hinter ihr her spioniert, um sie heimlich weinen zu sehen. Ich stand nachts auf und trat leise an ihr Zimmer. Ich legte mein Ohr an die Tür, in der Hoffnung, sie beim Schluchzen zu überraschen. Doch es war nichts anderes zu vernehmen als der langsame Rhythmus ihres Atems. Ich war so bestürzt angesichts des scheinbar nicht vorhandenen Schmerzes, daß ich sie eines Abends, als wir gemeinsam über einer Stickerei saßen, fragte:

»Hat dir der Tod des Onkels nicht weh getan?«

Meine Mutter sah mich überrascht und ein wenig verärgert an.

»Wie kannst du mich so etwas fragen, Sissi? Selbstverständlich hat er mir weh getan! Schließlich war er nicht nur mein Bruder, sondern zugleich auch mein bester Freund und Berater!«

»Warum weinst du dann nicht?«

Meine Mutter ließ ihre Stickerei auf den Nähtisch sinken, und mit ihrer sanften Stimme antwortete sie:

»Das erste Mal, da du einen geliebten Menschen verlierst, glaubst du, daß du dich von diesem Schlag nie wieder erholen wirst. Mit der Zeit, mein Liebling, wenn sich die Todesfälle um dich herum häufen, lernst du viele Dinge. Schließlich akzeptierst du, daß dies Gottes Vorsehung für seine Geschöpfe ist, etwas wogegen du dich nicht auflehnen kannst. Und du wirst dir dessen bewußt, daß die Toten niemals wirklich von dir gehen. Mein Vater und meine Mutter, die schon seit vielen Jahren beerdigt sind, sind weiterhin bei mir. Und so ist es auch mit Onkel Ludwig. Ich spreche oft mit ihnen. Ich spüre sie immer in meiner Nähe, sie beschützen mich, sie sind manchmal böse mit mir wie zu der Zeit, als ich noch ein Kind war. Sie sind tot, aber sie sind nicht fort. Solange es jemanden auf der Welt gibt, der uns liebt und sich an uns erinnert, sind wir unsterblich, Sissi. Deshalb weine ich nicht. Aus diesem Grund und weil die Tränen versiegen. Du bist noch sehr jung und weißt das nicht.«

Ich weine jetzt auch nicht, Mama. Mein Vater wäre stolz auf mich. Vielleicht bin ich stark geworden und schicksalergeben. Ja, vielleicht habe ich mich letztendlich vor dem großen Jehova verneigt, gegen dessen Willen wir nichts tun können. Ich weinte auch vor drei Monaten nicht, vor dem Leichnam Andrássys. Und das, obwohl er doch so schön war! Selbst im Tod war er für mich noch immer der vollkommenste Mann, den ich je kennengelernt habe. Ich betrachtete sein nunmehr gelassenes Gesicht und erinnerte mich daran, wie sich die Säle mit Licht erfüllten, wenn er sie betrat; ich erinnerte mich auch an das flaue Gefühl, das ich im Magen hatte, wenn ich ihn auf mich zukommen sah. Ich erinnerte mich an unseren gemeinsamen Kampf für Ungarn und meinen Stolz, seine unerschütterliche Hilfe, seine Ratschläge und seine Zärtlichkeit. Ich spürte die tiefe Einsamkeit, in der er mich zurückgelassen hat, doch ich weinte nicht ... Und auch heute, als ich die schwitzenden Hände Helenes drückte und den Puls ihres immer schwächer schlagenden Herzens spürte, während ich mir wieder einmal überlegte, wie anders unsere beiden Leben verlaufen wären, wenn sie und nicht ich den Kaiser geheiratet hätte, während ich das leise Stöhnen der Sterbenden hörte, auch heute weinte ich nicht.

Nein, Mutter, wozu? Die echten Tränen kann man nicht weinen. Und die, die man vergießt, vergießt man vergebens.

Ischl, Kaiservilla, den 16. Juli 1890

Verehrte Zukunftsseele!

Dir widme ich diese Schriftstücke. Der Meister hat sie mir diktiert, und er war es auch, der die Entscheidung über ihr Schicksal fällte: Sie dürfen erst sechzig Jahre nach dem Jahr 1890 veröffentlicht werden, zugunsten politisch Verurteilter und deren bedürftigen Familienangehörigen. Denn in sechzig Jahren wird es auf unserem kleinen Planeten ebensowenig Glück und Frieden, das heißt, so wenig Freiheit geben wie heute. Vielleicht gibt es das ja auf einem anderen Planeten. Ich kann es Dir im Augenblick

nicht sagen, aber vielleicht, wenn du diese Zeilen liest . . . Mit einem herzlichen Gruß, denn ich spüre es, daß Du mir guttust,
TITANIA

Verfaßt im Sommer des Jahres 1890, in einem Sonderzug, der so schnell fährt, als würde er fliegen.

Dies wird der Prolog für meine Gedichte werden, meine *Nordseelieder* und meine *Winterlieder.* Die Manuskripte bewahre ich in einer Kassette auf. Ida und Marie Festetics wissen, daß sie bei meinem Tod meinem Bruder Karl übergeben werden müssen. Seine Nachkommen werden in sechzig Jahren die Manuskripte dem Präsidenten der Schweizer Republik aushändigen, damit dieser sie veröffentlichen läßt. Ich habe ihm einen Brief hinterlassen, in dem ich ihn darum bitte, die Einnahmen daraus allesamt unter den Kindern der unter der Österreichisch-Ungarischen Monarchie politisch Verurteilten aufzuteilen.

Wenn sich die Welt meiner erinnern soll, dann möchte ich, daß man sich an mich als Dichterin erinnert. Denn nur dort, auf diesen Seiten, ist meine Seele zu finden und nicht auf den Gemälden, die unbeachtet in den Palästen herumstehen und später verstaubt und vergilbt in den Häusern der Reichsuntertanen hängen werden. Und sollten meine Gedichte irgendeinen Nutzen haben, so mögen sie wenigstens dazu dienen, diejenigen zu trösten, denen ich zu Lebzeiten nicht helfen konnte. Gebe Jehova, daß mein Wunsch in Erfüllung geht.[2]

2 Im Jahre 1951 händigten die Erben der Familie Wittelsbach, dem Wunsch der Kaiserin folgend, ihre Gedichte und Briefe der Eidgenössischen Schweizer Republik aus. Sie wurden im Eidgenössischen Archiv in Bern aufbewahrt, bis sie die Historikerin Brigitte Hamann im Jahre 1984 veröffentlichte. Der Titel lautet: Kaiserin Elisabeth. Das Poetische Tagebuch. Verlag der Österreichischen Akademie der Wissenschaften, Wien 1984.

Ischl, Kaiservilla, den 30. Juli 1890

Die Kamelien, die gleich neben meinem Pavillon am Hang des Jainzen wachsen, sind wieder erblüht. Gestern abend, während Valerie und ich spazierengingen, auf unserem letzten gemeinsamen Spaziergang, entdeckten wir plötzlich den Strauch, der nur so strotzte vor Knospen und weißen Blüten, die sich wie durch ein Wunder zur Sommersonne hin öffneten. Valerie pflückte eine und legte sie mir in mein Kleid: »Sie ist für dich«, sagte sie zu mir, »sie ist wie meine Liebe zu dir: Weder die Entfernung noch die Liebe zu meinem Mann noch die Liebe zu den Kindern, die ich haben werde, so Gott will, können sie verwelken lassen. Stets wirst du in meinem Herzen an erster Stelle stehen.«

Ich konnte ihr darauf keine Antwort geben. Seit Tagen schon spreche ich nur wenig, aus Angst, in heftiges Schluchzen auszubrechen. Morgen, wenn sie mich verläßt, wenn die Kutsche aus meinem Blick verschwunden sein wird, die Franz und sie, die sie dann Mann und Frau sein werden, zu ihrem neuen Heim in Lichtenegg bringen wird, dann werde ich fortgehen, ohne Ziel, egal wohin, nur weit fort von hier. Was bleibt mir denn noch hier, wenn sie nicht mehr da ist?

Tanger, den 15. September 1890

Ich höre, wie die Rufe des Muezzins durch die ganze Stadt schallen, über die weißen Dächer und die goldenen Kuppeln der Moscheen hinweg, die wie große Edelsteine in dieser Abendsonne funkeln, wenn die Zeit stehenbleibt und nur noch der Glaube bleibt . . . Wie ich diese Frauen und Männer hier doch beneide, die sich zur Erde niederbeugen, um zu einem starken Gott zu beten, zu einem Gott, der ihr Leben mit eiserner Kraft lenkt und an den sie heute noch genauso fest glauben wie in ihrer Kindheit . . .!

Man sagt, ich sei in Tanger. Man sagt, daß ich an Porto, Lissabon und Gibraltar vorbeigefahren bin und daß ich meinen Kurs ohne Kurs beibehalten werde, an den Küsten Afrikas entlang und später, wer weiß, vielleicht nach Italien oder Griechenland oder Ägypten oder an den Anfang oder das Ende der Welt ... Was macht es schon, solange ich nur weit fort bin und solange mich niemand ansieht oder mit mir spricht?

Wie eine schmerzerfüllte, einsame und zugleich freie Seele überquere ich leise Meere und Länder. Ich wandere ziellos in den Städten umher, in denen ich ein Niemand bin, nur ein Schatten unter vielen Schatten, ohne Vergangenheit oder Namen, nur mit der Traurigkeit, die ohne Mitleid tief in mir verwurzelt ist. Ich will kein Mitleid. Nur allein mit meinem Schmerz kann ich das Leben noch ertragen. Um mich auf den Tod vorzubereiten.

Korfu, Achilleion, den 14. April 1891

In manchen sternklaren Nächten wie dieser erscheinen mir die Sterne zum Greifen nah. Angesichts dieser Größe empfängt meine Seele Trost. Ich bin so unbedeutend, Herr, eine verachtenswert kleine Staubfaser, die sich in Deinem riesigen Universum verliert. Wenn einst die Erinnerung an mich und meine Angehörigen für immer verwischt sein wird, wenn die Häuser, in deren Schutz wir uns heute noch erhalten, nur mehr Haufen von Steinen und Brennesseln sein werden, wenn einst selbst die Spuren des Menschen von der Oberfläche der Erde verschwunden sein werden, dann werden Deine unzähligen Werke dennoch bestehenbleiben. Wie erbärmlich ich doch bin, Jehova! Was zählt schon mein Schmerz angesichts der Vollkommenheit Deiner Welt?

Korfu, Achilleion, den 10. Mai 1891

Jeden Morgen unternehme ich einen Spaziergang allein in meinem Garten. Dies sind vielleicht die besten Momente des Tages, wenn ich merke, wie meine Sinne wieder erwachen, während die ganze Welt, die dann noch nicht von den Stimmen der Menschen durchdrungen ist, mir ganz allein gehört. Ich betrachte die Bäume, die ich gepflanzt habe, ich streichle sie voller Hoffnung und voller Stolz: Jede neue Knospe, jedes kleine Blatt, das sich öffnet, ist für mich ein Sieg über die Zeit. Eines Tages, wenn sie groß und mächtig sein werden und ihre Zweige alle Stürme überstehen werden, ohne sich zu beugen, dann werde ich unsterblich sein.

Bäume wachsen sehen. Ja, vielleicht ist ja das ein guter Grund, noch am Leben zu sein.

Lichtenegg, den 31. Juli 1891

Valeries zartes Gesicht strahlt vor Glück, und rings um sie herrscht eine Aura des Friedens. Ihr Körper wird allmählich rundlich, um dem Kind, das sie erwartet, genügend Platz zu schaffen. Manchmal beobachte ich sie heimlich aus der Ferne, ohne daß sie es bemerkt, und dann erinnere ich mich daran, wie es war, als ich ihren winzigen Körper in mir trug und die ganze Welt mir zu klein schien, um mein Glück zu erfassen. Kann es sein, daß wir Mütter für das Schicksal unserer Kinder vom Moment der Empfängnis an verantwortlich sind? Ich jedenfalls liebte Valerie damals schon, ich liebte sie bereits, bevor ich mich mit dem Kaiser vereinigte, ich wünschte sie so sehr, wie ich mir nichts zuvor gewünscht hatte, und während sie in mir heranwuchs, stellte ich sie mir bereits genauso vor, wie sie heute ist, ein ruhiges und gutmütiges Wesen, das mit Freude durchs Leben geht und für das die Welt voller Harmonie ist, da ich selbst die Harmonie der Dinge spürte, als ich sie in mir trug. Bei Rudi dagegen ... Wie groß war doch die Trauer, die ich bei seiner Empfängnis in meinem Herzen spürte. Ich dachte unablässig daran, wie Sophie in meinen Armen starb, die schlimme Prophezeiung hallte noch in meinen Ohren: »Rudolf war der erste Habsburger und ein Rudolf wird auch der letzte sein.« Er war von seiner Geburt an zum Tode verurteilt, mit einer tiefen Sehnsucht nach dem Tode kam er zur Welt ...

Kairo, den 23. November 1891

Wie ein dunkles Band breitete der Nil sich in der Ferne aus, verlor sich zwischen den Dörfern der *fellahs* und zog sich hin bis zu der goldenen und heißen Wüste. Die Sterne leuchteten wie Millionen kleiner Edelsteine, die in einem riesigen schwarzen Schleier gefaßt sind ... Es roch nach Rosenöl und Moschus. Rasseln waren zu hören und *darbukas*, vom Ufer des Flusses her klang weit entfernt ein *tarabuk*. Die Gesänge der Männer und Frauen schienen aus einem wohlig warmen Mutterleib hervorzukommen. Das Fest neigte sich dem Ende zu. Plötzlich trat ein sehr alter Mann zitternd und mit halb geschlossenen Augen, die nichts mehr sahen, auf mich zu, gestützt von einem schweigsamen Jungen, der seinen Kopf gesenkt hielt.

»Das ist der Wahrsager«, wisperte mir der Konsul zu.

Ich spürte mein Herz schneller schlagen. Der Mann hockte sich auf den Boden, kreuzte die Beine und der Junge gab mir ein Zeichen, ich solle dem Alten gegenüber Platz nehmen. Seine Stimme klang, als käme sie aus dem Jenseits.

»Was willst du wissen?« fragte er mich.

»Ich will wissen, wie ich sterben werde.«

Einen Moment lang blieb er stumm, dann sagte er:

»Den Tod kann man selbst wählen. Die meisten Menschen wissen es nicht, doch jede unserer Handlungen und jeder unserer Gedanken ist nichts anderes als ein Anruf an den letzten Freund, und das von unserer Geburt an. Und er gehorcht uns, treu und voller Mitgefühl ... Wie möchtest du denn sterben?«

»Wie ein Vogel, der schnell und leicht fliegt ... Fern von meinen Angehörigen, denn ich will nicht, daß sie meinetwegen leiden.«

Der Wahrsager schloß die Augen und murmelte unverständliche Worte, von alters her überlieferte Worte, die in den Mauern der alten Gräber aufbewahrt werden. Seine Stimme hallte in der Luft, als würde in unserer Nähe eine Glocke schlagen. Ansonsten war es totenstill. Die Musik hatte aufgehört zu spielen, und auch die Zeit schien stillzustehen Plötzlich sprach er:

»Du wirst allein sein. Deine Seele wird wie Rauch aus einer winzigen Öffnung deines Herzens fliehen.«

Die Nacht schien aufzuklaren. Ein unendliches Gefühl des Friedens hüllte mich ein. Ich kniete zu Füßen des Wahrsagers nieder, und als ich ihm die Hände küßte, liefen mir Tränen über die Wangen.

»Danke«, sagte ich zu ihm.

»Danke nur dir selbst«, war seine Antwort.

Wien, Hermesvilla, den 26. Januar 1892

Niemals wieder werde ich nun deinen Namen rufen können, Mutter . . .! Was für eine Leere, was für eine unermeßliche Leere . . .! Wie unnötig sind alle Worte nun, wenn ich dieses Wort nicht aussprechen kann, das erste Wort, von dem alles ausgeht und in dem alles zusammenströmt . . .!

Wie viele Dinge sind mir durch deinen Tod genommen, Mutter, die Worte und die Kindheit . . . Stets war ich ein Kind an deiner Seite. Wenn ich meinen Kopf in deinen Schoß legte, konnte ich wie in meiner Kindheit spüren, wie die Sonne von Possi mich wärmte, und dann war ich wieder das zehnjährige Mädchen, und das Böse auf Erden gab es nicht mehr. Dann gab es nur dich und mich, wir waren dasselbe Fleisch und Blut. Mein Geist löste sich auf in den Geistern unserer Vorfahren, bis zum Anbeginn der Zeiten, und das Blut des ersten Menschen vermischte sich mit meinem Blut. Jetzt, da du tot bist, bin ich allein, ich bin ein einsames Herz, ohne Vergangenheit, ohne Blut und ohne Worte . . . O Mutter! Wer wird mich in meinem Leben trösten, wenn du nicht mehr da bist?

Wien, Hermesvilla, den 27. Februar 1892

Valerie hat heute eine Tochter geboren, ein winziges Geschöpf, das meinen Namen trägt, wenige Wochen, nachdem meine Mutter gestorben war. Nun hat alles einen Sinn, und der Verlauf der Zeit bleibt stets derselbe. Meine geliebte Tochter! Nur Gutes kommt von dir ...

Korfu, Achilleion, den 7. März 1892

Zusammen mit meinem Griechischlehrer habe ich heute das Kloster Paleokastritsa besichtigt, das wie eine Engelsburg am Meer liegt. Es roch nach Salpeter und Zistrosen, nach Weihrauch und Staub, und die Heiligen schimmerten in ihren alten Silberrahmen. Zu gerne hätte ich dort geschlafen, in dieser winzigen, von Gott erfüllten Kapelle, jahrelang hätte ich unter dem Sonnenstrahl schlafen wollen, der durch die Kuppel hereindrang, und im flackernden Licht der roten Kerzen ...

Der Abt reichte uns Quittenpaste und frisches Wasser.

»Woher bekommt Ihr dieses köstliche Wasser?« fragte ich ihn.

»Aus der Quelle im Wald, verehrte Königin«, antwortete er.

»Ich werde wiederkommen. Ich muß der Quelle danken.«

Korfu, Achilleion, den 23. März 1892

Fanny Feifalik ist wieder einmal böse auf mich. Jedesmal, wenn ich es wage, mich darüber zu beklagen, daß sie mir beim Kämmen zu viele Haare ausreißt, schließt meine Friseurin sich in ihr Zimmer ein, angeblich wegen einer »Unpäßlichkeit«, und setzt mich der Qual ihrer Abwesenheit aus. Ich bin dann nämlich gezwungen zu ertragen, daß meine Kammermädchen an meinen Haaren zerren.

Sie weiß ganz genau, daß ich dann auf sie zugehen, mich geschlagen geben und mich ihr zu Füßen werfen werde, um sie für meine Ungerechtigkeit um Verzeihung zu bitten. Ich werde sie dann anflehen, sich mit ihren königlichen Händen wieder an meine kaiserlichen Haare zu machen. Ich habe keine andere Wahl, wenn ich mich in meinem Leben zur Sklavin machen ließ, dann zweifellos zur Sklavin meiner Haare, und das heute noch.

Im Grunde, so glaube ich, ist Fanny eifersüchtig. Seit einigen Jahren, und vor allem seit wir auf Korfu sind, bin ich zweifellos nicht ganz bei der Sache, während sie an meinen Haaren arbeitet: Denn während sie mich frisiert, ist immer einer meiner Griechischlehrer anwesend – Russopolos, Thermoiannis, Barker, Kefalas oder Christomanos, die in der letzten Zeit zu meinen ständigen Begleitern wurden. Mit Leidenschaft widme ich mich dem erquicklichen Vergnügen, die unnachahmlichen Texte von Homer oder Aischylos anzuhören oder die Worte von Shakespeare, Heine oder Schopenhauer in diese schöne und wortgewaltige Sprache zu übersetzen. Wie alle anderen kann auch Fanny nicht begreifen, wie stark mein Bedürfnis ist, mich für eine anstrengende Sache zu konzentrieren und mich mit etwas sehr Komplexem auseinanderzusetzen, um meine Lebensangst zu vergessen. Sie kann auch nicht nachvollziehen, wieviel Spaß ich bei der Lektüre und dem Studium empfinde, welch unstillbaren Wissensdurst ich habe und wie groß mein Verlangen ist, meinen Geist mit Dingen zu füllen, die aus der Sicht der anderen so unwichtig sind wie eben diese Sprache, da sie doch nur von Toten und Bauern gesprochen wird . . . Wie sollte sie, die sich auf dieser Welt für so wichtig hält, da sie an meiner Seite leben darf, verstehen, daß ich die Gesellschaft der Bauern der Gesellschaft sämtlicher Gräfinnen von ganz Wien vorziehe? Ja, und auch die Fischer und selbst die Dorfdeppen sind mir lieber, jene, die niemals in der Menge stehen, und sich statt dessen mit den unvergänglichen Dingen des Lebens beschäftigen . . .

Korfu, Achilleion, den 10. April 1892

Mir klingt noch immer in den Ohren, wie das Holz im Feuer knisterte – jenes Holz und jenes Feuer –, der samtige Geruch nach Holz und Leder und alten Büchern, der zarte Duft der Rosen, die nun bereits in der Vase verblüht sind . . . Bay und ich saßen in den Sesseln der Bibliothek von Combermere Abbey am Kamin, so wie ich es mir viele Male vorgestellt hatte, während draußen der Regen niederprasselte. Es war das Jahr 1881, die Jagdsaison war bereits zu Ende, ich stand kurz vor meiner Abreise nach Wien, und ich fühlte mich entsetzlich traurig. Nach dem Abschiedsdiner, als wir uns in unsere Zimmer zurückziehen wollten, bat mich mein Reitlehrer um eine kurze Unterredung unter vier Augen. Nicht ein einziges Mal in diesen vielen Jahren, die wir zusammen geritten waren, uns heimlich begehrt hatten, hatten wir eine solche Begegnung gewagt. Daher ahnte ich, daß es sich um etwas Ernstes handelte. Dennoch wollte ich gelassen bleiben und jene Augenblicke, nach denen ich mich so sehr gesehnt hatte, wie einen Schatz in meinem Gedächtnis behalten und ließ mich somit von den Ereignissen überwältigen. Wir blickten einander tief in die Augen. Schließlich sprach der Kapitän mit erstickter Stimme:

»Ich möchte Euch mitteilen, gnädige Frau, daß ich nicht mehr gemeinsam mit Euch auf die Jagd gehen kann. Ich werde bald heiraten, und meine Verlobte wünscht nicht, daß . . .«

Trotz des Schmerzes, der mich durchfuhr, wollte ich nichts mehr hören. Ich hob die Hand, und mit gespielt ungerührter Miene sagte ich:

»Ich verstehe, Kapitän. Sie müssen mir keine weiteren Erklärungen geben.«

Doch er setzte fort:

»Ihr müßt wissen, daß ich bereits seit einigen Jahren verlobt bin. Ich habe den Hochzeitstermin verschoben, doch ich kann nun nicht mehr länger warten, denn meine Verlobte ist verärgert, und es kursieren mittlerweile hartnäckige Gerüchte . . .«

Er sprach den Satz nicht zu Ende, doch ich wußte, daß er damit auf das schmutzige Gerede über uns beide anspielte. Wie durch einen Peitschenhieb durchzuckte es meinen ganzen Körper, doch ich hatte noch die Kraft, ihm zu antworten:

»Ist schon gut, Kapitän, es ist schon gut ... Sie müssen alles in Ihrer Macht Stehende unternehmen, um die Gerüchte zu beschwichtigen, um ein normales Leben führen zu können an der Seite einer normalen Frau ... Versuchen Sie, sie zu lieben und glücklich zu sein.«

Bay stand auf. Seine Stimme klang fest und selbstsicher.

»Das wird nicht möglich sein, Majestät. Ich kann und will nur Euch lieben.«

Er drückte meine Hand in seinen eigenen, die zitterten, und er küßte sie sanft. Dann ging er. Ich sah, wie sein kräftiger Rücken hinter der Tür verschwand, jener Rücken, den ich niemals streicheln durfte, jener Körper, dem sich niemals mein eigener Körper einer vergewaltigten Jungfrau öffnen durfte, mein Körper, den ich niemals jemandem hingeben konnte, vor lauter Scham und Angst und der unbezwingbaren Furcht, beschmutzt zu werden, der Scham, meinen Schwur zu brechen, den ich einst vor Gott gegeben habe, die Angst vor diesem Skandal, vor den widerlichen Bemerkungen, vor den Blicken, die mich Tag und Nacht verfolgen würden, ohne daß mich selbst die Wände vor der Welt verstecken könnten. Nein, ich konnte diese Angst nie bewältigen, nicht einmal in jenem entscheidenden Moment, und ich blieb am Kaminfeuer sitzen, hörte das Holz knistern und den Regen auf die Bäume niederprasseln, und mein Herz war so schwer ...

Gestern vielleicht, im letzten Augenblick seines Lebens, als der Hals seines Pferdes auf seinen eigenen Hals aufschlug und ihn dabei zerquetschte, vielleicht hat er sich da an mich erinnert ... Vielleicht war mein Gesicht im Halbdunkel der Bibliothek das letzte Bild, das er vor Augen hatte, im Aufblitzen dieser Sekunde, die den sicheren Tod ankündigt. Denn während er gegen Mittag mitten auf der Rennbahn auf dem Rücken seines Pferdes starb, stieg plötzlich der Geruch jenes Holzes und jenes Leders, der Geruch der Bücher und der Rosen in meine Nase, und das Holz knisterte in einem Kaminfeuer, das gar nicht brannte, und leise rauschte der Regen, der gar nicht fiel, und wieder spürte ich, wie damals, einen süßen Schmerz, die klägliche, grenzenlose Glückseligkeit zu wissen, daß er mich doch über alles liebte ...

Karlsbad, den 16. Juni 1892

Wie schon vor einigen Tagen bin ich auch heute wieder ohnmächtig geworden. Doktor Widerhofer besteht darauf, daß ich mehr esse, da ich diese Schwäche sonst nie mehr loswerde, ebenso wie die Muskelschmerzen, gegen die dann nicht einmal mehr die Prügelmethode meines schwedischen Masseurs helfen wird.

»Es geht doch nicht an, daß Eure Majestät den Tag damit verbringt, Turnübungen zu absolvieren und zu wandern, und dann ernähren Sie sich bloß von ein wenig Obst und Milch ...«

»Aber es ist doch Milch von einer englischen Ziege, Doktor«, entgegnete ich ihm. »Meine gute Amme tut keinen Schritt mehr ohne mich, und die Engländer haben doch, wie Sie wissen, ein großes Pflichtgefühl. Glauben Sie etwa nicht, daß sie alles tut, um mich bei Kräften zu halten?«

Widerhofer mußte sich beherrschen, um nicht lauthals zu lachen.

»Ich halte mich nicht für imstande, Euch wie ein Kind zu schelten, Majestät, doch Ihr wißt so gut wie ich, daß ich über eine ernste Angelegenheit mit Euch spreche. Eure Besessenheit, ein Gewicht von fünfzig Kilogramm nicht überschreiten zu wollen, wird Euch noch teuer zu stehen kommen.«

Ich trat ans Fenster. Ich konnte die Kurgäste sehen, die in den Gärten spazierengingen. Einige von ihnen deuteten auf meine Balkone und zwickten dabei die Augen zusammen, um mich womöglich dahinter zu erspähen.

»Doktor, die Leute glauben, ich sei verrückt geworden. Die Waghalsigsten unter ihnen sagen sogar, ich würde unablässig eine Puppe in den Armen wiegen, im Glauben, es sei mein Sohn Rudolf. Sie vermuten, daß ich deshalb mein Gesicht hinter Schleiern und Fächern verberge, weil es der Schmerz so entstellt hat ... Im Gegensatz zum Kaiser ist es mir völlig gleichgültig, ob man mich für verrückt hält, denn der Wahnsinn ist wahrhaftiger als das Leben. Doch ich will nicht, daß man mich bemitleidet, sähen sie wenigstens meinen Körper, der so leicht und biegsam ist wie in meiner Jugendzeit, dann wüßten sie, daß ich noch immer wandern und in den Bergen herumkraxeln kann wie eine Gemse. Wenigstens dies ist für mich ein Trost. Nehmen Sie mir nicht auch noch den.«

Widerhofer senkte seinen Kopf.

»Versprecht mir wenigstens, daß Ihr ein paar Wochen lang starke Fleischbrühe zu Euch nehmen werdet, dann lasse ich Euch in Ruhe.«

»Ich verspreche es.«

Genf, Hotel Beau Rivage, den 16. Juli 1892

Meine geliebte Sissi!

Es freut mich, zu hören, daß Du beschlossen hast, Dich dieses Jahr wie eine richtige Frau zu benehmen, und daß Du es, anstatt von Land zu Land und von Kontinent zu Kontinent zu springen, vorziehst, für einige Zeit in der Schweiz zu bleiben. Trotz alledem frage ich mich schon, warum Du ausgerechnet diesen Ort gewählt hast, eine Republik und noch dazu eine der gefährlichsten ... Ich mache mir größte Sorgen, wenn ich daran denke, daß Dich die Banden von Anarchisten überfallen könnten, die dort freizügig aufgenommen werden, während man sie aus anderen Ländern, die mehr auf ihre Sicherheit achten, ausweist. Ich möchte mir nicht einmal vorstellen, was aus mir wird, wenn Dir etwas zustößt! Du tätest mir einen riesigen Gefallen, wenn Du die Leibwache akzeptieren würdest, die die Schweizer Regierung Dir zur Verfügung stellen möchte. Ich weiß natürlich, daß ich Dich nicht dazu zwingen kann. Denk darüber nach, mein Liebes, und wenn es nicht um Deinetwillen ist, so doch zumindest um Deines armen Mannes willen, der ohne Deine Liebe und Güte nicht leben könnte!

Ich möchte Dir auch noch einmal schriftlich mitteilen, wie sehr ich Dich liebe, da ich es Dir nicht zeigen kann und weil Du, mein Wildfang, es nicht zuließest . . .

Möge Gott Dich segnen und behüten und uns ein frohes Wiedersehen bereiten. Es gibt für mich nichts Wichtigeres im Leben.

Dein Kleiner

Es ist sonderbar, daß Franz Joseph und ich uns nicht einmal jetzt richtig verstehen. Es gibt keinen Streit mehr zwischen uns, das stimmt – seit Rudolfs Tod spreche ich mit ihm nur noch über das Theater und die »Freundin«, wie wir unter uns Katharina Schratt zu bezeichnen pflegen –, doch unsere wichtigsten Anliegen bleiben dem anderen jeweils verborgen. Weder könnte ich ihm erklären, noch würde er begreifen, daß das, was mir an diesem Land so gut gefällt, eben genau dies ist, daß es eine Republik ist, daß es hier keine affektierten Prinzessinnen gibt, die ich an jedem anderen Ort würde treffen müssen, daß ich mich hier ungehindert auf der Straße bewegen kann und dabei weiß, daß ich nur eine von vielen Passanten bin. Hier wird mir kein Unglück in die Schuhe geschoben und auch keine Eitelkeit unterstellt. Nicht die Berge sind es, die ich hier suche, nein. Ich verspüre keine Lust, in die Berge zu gehen, vielleicht deshalb, weil die anderen sie verspüren und ich mit ihnen dann die Bergluft teilen müßte. Was mich an der Schweiz so sehr reizt, sind gerade die Städte, Genf, das mein Gemüt erheitert, als kehrte es an einen ehrwürdigen und geliebten Ort zurück, an dem alles sogleich einen Sinn bekommt, und der Genfer See, der mir so tief und unendlich weit vorkommt wie das Meer, ein Meer, an dem ich für immer verweilen wollte . . .

An Bord der Miramar, Gibraltar,
den 23. Januar 1893

Meine Gefolgschaft bröckelt auseinander. Baron Nopcsa ist entkräftet und Marie Festetics holte sich während des letzten Unwetters eine starke Erkältung, die noch immer nicht abgeklungen ist. Während wir über die Straßen und Felder von Sizilien, Mallorca, Valencia, Malaga, Granada, Cádiz oder Gibraltar wanderten, hörte ich sie immer wieder neben mir husten, und ich mußte oft stehenbleiben, um mich ihrem Tempo anzupassen, da sie mir nicht mehr folgen konnte. Nachdem ich gestern eine ganze Zeit lang über den Markt dieser Stadt gelaufen bin, fragte sie mich mit zitternder Stimme: »Weiß Eure Majestät denn schon, was unser nächstes Ziel sein wird?« »Noch weiß ich es nicht, Marie, obwohl wir vielleicht nach Sizilien zurückkehren. Die Seeleute sagen, daß es dort atemberaubende Schneestürme gäbe und daß der Ätna rote Lava über seine schneebedeckten Bergrücken verströmt . . . Das muß ein Spektakel sein, das ich um nichts in der Welt versäumen möchte . . .« Ihre Augen füllten sich mit Tränen, doch meine gute Freundin wußte sich zusammenzunehmen und täuschte Begeisterung vor, die sie keineswegs empfand.

Meine armen Leute! Ihre Treue und Zuneigung zu mir haben sie zu einem Vagabundendasein gezwungen, das nur so eine einsame Seele wie ich ertragen kann, ein Körper, der selbst bei Erschöpfung noch Disziplin bewahrt, trotz aller Schmerzen, die manchmal auch mich befallen . . .

Ich habe den Kaiser gebeten, er möge Adam Berzeviczy fragen, ob er Nopcsa ersetzen möchte. Obwohl er Soldat ist, habe ich diesen Mann immer für seine Ausdauer und seinen Humor bewundert, und nicht zuletzt wegen seiner Stärke, die er vor einigen

Jahren unter Beweis stellte, als er mit seinen Freunden eine Wette abschloß, er würde acht schwierige Hindernisse auf einem müden Pferd rückwärts reitend überspringen, was ihm, zum Erstaunen aller, tatsächlich auch gelang. Ein Mann wie dieser wäre für mich ein ausgezeichneter Reisebegleiter. Sobald wir nach Wien zurückkehren – Valerie steht kurz vor ihrer Niederkunft, und ich habe große Sehnsucht, meinen neuen Enkel in die Arme zu nehmen –, werde ich Nopcsa entlassen und Marie erlauben, einen langen Erholungsurlaub bei Ida zu nehmen. Ihr wird es guttun, und der Kaiser wird zu ihr in ihre Gemächer herunterkommen, um Würste und Pusztabrot zu verspeisen, und er wird nicht mehr so allein sein. Ich werde in der Zwischenzeit von neuem meine Möwenflügel ausbreiten und weiterfliegen . . .

Turin, den 17. Februar 1893

Valerie hat einen Sohn geboren, einen kleinen Franz, dessen Gesichtchen ich mir runzelig und rot vorstelle, genauso wie das Gesicht von Rudi, als ich ihn zum ersten Mal sah, jenes schutzlose, nasse Würmchen, das vor Einsamkeit und Kälte weinte . . .

Anschließend möchte ich nach Lichtenegg fahren und mein *kédvésem* in die Arme schließen. Ich werde Elisabeth, für die ich in diesen Monaten allerlei Spielzeug und Nippes eingekauft habe, mit Küssen bedecken. Ich werde meinen neuen Enkel weinen hören und erfahren, daß Valerie glücklich und Gott ihr wohlgesonnen ist. Wir werden uns gemeinsam in ihrer Kapelle niederknien, und beide werden wir ihm ein Dankgebet für seine Güte sprechen. Nur an ihrer Seite glaube ich noch an die Freude.

Auf dem Atlantischen Ozean, an Bord der Greif, den 24. Dezember 1893

Ich habe meinen sechsundfünfzigsten Geburtstag gefeiert, indem ich wie eine Nymphe übers Meer geritten bin, mit algenverzierten Haaren, hingegeben und frei. Die Wellen schwappten über das Schiff und setzten es unter Wasser, der Wind brauste ohne Unterbrechung, als hätte er von Anbeginn der Welt an auf uns gewartet, und die *Greif* stürzte sich in die Abgründe wie ein erbärmliches Sandkorn, das von einem Sturm umhergewirbelt wird. In der Kajüte beteten meine Hofdamen, sie nahmen sich sehr zusammen, nicht loszuheulen oder sich zu übergeben. Nur ich behielt meine gute Laune, all meine Sinne waren erwacht, und mein Körper vibrierte, während draußen der Sturm losbrach. Mein Herz schlug im Rhythmus der Gezeiten, und meine Seele war voller Kraft. Ich ließ mich an Deck festbinden, auf meinem Sitz, und verwandelte mich in Sturm und Landplage, Meer und Wind, schwarze Wolke und Regen, Tosen und Gischt, Sirene und Schiffbruch, Abgrund und Vulkan ... Ich war der Anfang der Welt, der Zorn Gottes, das Geheimnis der Schöpfung, der Lehm des ersten Tages, Augenblick und Ewigkeit ... Später verwandelte ich mich in die Gezeiten, ich wurde die Ruhe, der Flügelschlag der Möwen, das Knarzen des Holzes, ein geblähtes Segel, feuchte Transparenz, der Bauch eines Delphins, ein Sonnenstrahl, Frieden ... In ihrer Unendlichkeit sind Leben und Tod einander gleich!

Menton, Hotel Cap Martin, den 15. März 1894

Armer Kaiser! Wieder mußte er sich unter sein »Joch« begeben, wie er es selbst bezeichnete, nachdem er hier diese ruhigen Tage verbracht hatte, mitten im duftenden, republikanischen und schon weit fortgeschrittenen Frühling der Côte d'Azur. Zum ersten Mal höre ich von ihm, daß er sich fern von seinem Schreibtisch und seiner Soldatenpritsche darüber beklagt, daß ihm nicht mehr Zeit für die Erholung bleibt. Auch er wird allmählich alt. Ich habe ihm vorgeschlagen, in den Ruhestand zu treten. »Wenn deine Beamten dies tun können, warum also auch nicht du?« fragte ich ihn. »Schließlich wirst du bald vierundsechzig, und seit sechsundvierzig Jahren stellst du deine Dienste dem Volke zur Verfügung. Meinst du nicht, daß du deine Pflicht zur Genüge erfüllt hast? Außerdem ist dein Haar nun weiß, auf die Gräfinnen übst du also auch keinen Reiz mehr aus, und nicht einmal für den Walzer taugst du noch . . .« Ich wollte eigentlich nur ein bißchen Spaß machen, Träume ausspinnen, die sich niemals verwirklichen würden, doch er erschrak tatsächlich. Auch wenn wir niemals über diese Dinge sprechen, weiß ich, daß er wie vom Teufel besessen ist von der Vorstellung, sein Bruder Karl Ludwig, dem es sowohl an Courage als auch an Willenskraft fehlt, könnte die Regierung dieses Kaiserreichs übernehmen, das wie ein riesiger Baum knarzt und zittert, dessen Äste verfault sind und der kurz davor ist einzustürzen . . .

Heute abend reiste er ab, mit Tränen in den Augen. Einzig das Wiedersehen mit seiner Gespielin tröstete ihn, die wir leider nicht hierher einladen konnten, wie wir es uns gewünscht hatten, da hier zu viele Menschen zusammentreffen, die durch das laue Klima und die prachtvollen Spielkasinos angelockt werden. Zuviel Aufsehen hätten wir dadurch erregt. Als Entschädigung habe ich ihr daher eine wunderschöne Orchidee überbringen lassen, ein seltenes Exemplar, das voller prächtiger Farben ist, blau, violett, weiß und blutrot und so überflüssig wie ich selbst.

Wien, Hermesvilla, den 23. Mai 1894

Ich ertrage diese falsche Stille in diesem Hause nicht mehr, dieses ständige Geflüster von Gespenstern und Erinnerungen, das mich auf Schritt und Tritt verfolgt und erschreckt . . . Mehr denn je sehne ich mich nach den Klängen von Lichtenegg zurück, nach der süßen Stimme meines *kédvésem,* nach dem Gestammel des kleinen Franz, dem Weinen des kleinen Hubert, dem Lachen von Elisabeth . . . Wie sehr doch die Kleine ihrer Mutter ähnelt als sie selbst so alt war! Oftmals, wenn ich mit ihr durch den Garten spaziere, glaube ich, daß die Zeit um fünfundzwanzig Jahre zurückgegangen ist und daß das zarte Händchen, das sich in meine Hand schmiegt, Valeries Hand ist. Jedesmal dann fühle ich mich wieder wie Erzsébet, die Ungarin, mein Herz ist dann so leicht wie die Luft der Puszta, und der Tod schläft tief und fest, und ich glaube fast, daß es ihn gar nicht gibt . . .

Welch Kummer doch die Freude bereitet, wenn sie vorbei ist!

An Bord der Miramar, Algerien, den 15. Januar 1895

Ich bin Urgroßmutter geworden. Elisabeth hat Gisela eine erste Enkeltochter geschenkt. Für meine Tochter muß dies ein wunderbarer Augenblick sein. Sie hat sich schon immer gerne mit Dingen beschäftigt, bei denen man nicht allzusehr zum Nachdenken kommt. Und was bereitet mehr Arbeit und Lärm als ein kleines Kind? Auch ihre zweite Tochter Auguste wird innerhalb der nächsten beiden Monate niederkommen, so daß ihr Haus in München bald voller Kleinkinder sein wird, die die Teppiche besabbern und auf den Sofas herumtrampeln werden. Ich freue mich über ihr Glück.

Nun bin ich Urgroßmutter, mein Herz fühlt sich so alt an wie die Erde, doch noch immer bin ich imstande, über Zäune und Hecken zu springen und so vor Polizisten und Neugierigen zu flüchten. Auch ist meine Taille noch immer die schmalste Taille in ganz Europa . . . Das Leben ist doch nichts anderes als eine Anhäufung von Absurditäten.

Korfu, Achilleion, den 1. April 1895

Bis zum Einbruch der Dunkelheit bin ich an der Küste entlanggewandert. Die Seerosen verbreiteten einen unerträglich süßen Geruch, so daß ich mich von ihnen abwenden wollte, doch ein

Gefühl von Mitleid hielt mich davon ab: Diese armen Blumen wollten doch nur ihre Gefühle zum Ausdruck bringen, und ich mißachtete sie, so wie ich selbst mißachtet wurde. Wie traurig! Denn noch wissen sie nicht, daß man die intimsten Empfindungen gut nach außen hin verbergen muß, damit sie niemand zerstören kann, denn sie sind kostbarer als alle Ämter und Würden und als die bunten Fetzen, die wir uns umhängen und mit denen wir glauben, unsere Blößen bedecken zu können.

Venedig, Hotel Danieli, den 27. April 1895

Eine Dame geht mit ihrem Sohn an der Riva degli Schiavoni spazieren. Sie gehen bis zur Strohbrücke, blicken auf die Lagune hinaus und kehren einige Male wieder um, ohne den Blick von dem trüben, schwarzen Wasser abzuwenden, in dem sich der ebenso trübe, schwarze Himmel spiegelt, als warteten sie auf eine außerordentlich wichtige Person. Vielleicht warten sie auf den Ehemann, den Vater, den Geliebten, der fortging und nun zurückkehrt, um seinen Mantel um sie zu legen und die beiden vor dem Regen zu schützen. Für eine Weile sind sie unter meinem Fenster stehengeblieben, und ich habe gehört, wie sie miteinander sprachen.

»Ich glaube, du bist eine Fee«, sprach der Junge zu der Dame, am Glanz seiner Augen, die zu dem verschleierten Gesicht aufblickten, konnte ich sehen, wie bewegt er war.

»Nein, mein Liebling, das stimmt nicht . . . Feen gibt es nur im Märchen.«

O mein Gott! Sind dies etwa Phantasien aus meiner Vergangenheit? Rudi und ich, Venedig im Regen, diese Melancholie, die mich erdrückt und mich ersticken läßt, wie einst, wie immer . . .

Ich konnte dein versteinertes Gesicht nicht ertragen, Rudolf. Du starrtest aufs Meer, und in deinen marmornen Augen konnte ich die Verzweiflung erkennen, ich spürte das Verlangen, dich in die Arme zu nehmen und uns beide in die Wellen zu stürzen, dich in den Tod zu begleiten, damit nicht du die Entscheidung triffst, daß du sterben willst ...

Ich werde das Achilleion verkaufen, Rudi. Ich werde dein Denkmal und das Denkmal Heines nach Lainz überführen, damit keine fremde Hand sie je beschmutzen wird. Die Bäume, das Meer und der Himmel werden in meinem Herzen weiterleben. Alles übrige – die Marmorstatuen, die ich für Geld erworben habe, die unechten Säulen, die unechten Möbel – interessiert mich nicht mehr. Ich wollte einen Tempel für die Götter errichten, doch die Götter sind nicht gekommen.

Eines Tages versuchte mein Griechischlehrer Christomanos, der stets auf der Suche nach ästhetischen Sinneseindrücken war, mich vom dichterischen Zauber eines Sonnenuntergangs zu überzeugen. Mir fielen folgende Verse Heines wieder ein:

Mein Fräulein! sein Sie munter,
Das ist ein altes Stück;
Hier vorne geht sie unter
Und kehrt von hinten zurück.

In Augenblicken wie diesem, so fügte ich hinzu, darf man nur an eines denken: an die Größe der Nichtigkeit.

Wien, Hofburg, den 20. Mai 1896

Mit allen erdenklichen Mitteln habe ich versucht, den Kaiser zu trösten, doch es ist so schwer, die Last eines Fluches zu ertragen ... Karl Ludwig ist gestorben, und nun wird sein Sohn Franz Ferdinand der Thronfolger werden, sofern er sich je von seiner Tuberkulose-Erkrankung erholt. Doch welchen Thron soll er denn erben? Auch ich glaube, wie einst Rudi, daß Österreich-Ungarn sich in nichts auflösen wird. Ohne den Kaiser werden die Deutschen sich nur mit den Deutschen verbrüdern wollen und die Slawen nur mit den Slawen. Ungarn wird toben, und in Böhmen wird die Erde beben. Aus allen vier Himmelsrichtungen werden sich lodernde Flammen nähern, die die alten Paläste der Herrscher dieser Welt zerstören werden, und der neue Kaiser Franz Ferdinand wird zitternd ein Gebet ausstoßen, während die Straßenmädchen sich ihm zu Füßen werfen ... Was wird dann aus meinen Töchtern und aus den Kindern meiner Töchter ...?[3]

3 Erzherzog Franz Ferdinand wurde am 28. Juni 1914 von serbischen Terroristen zusammen mit seiner Gemahlin Sophie Chotek in Sarajewo ermordet. (Dieses Attentat war der Auslöser für die Kriegserklärung Österreich-Ungarns an Serbien, die schließlich zum Ersten Weltkrieg führte.) Sein Bruder Otto war im Jahre 1906 gestorben, und sein Bruder Ferdinand wurde von der Familie verstoßen, nachdem er eine Bürgerliche zur Frau genommen hatte. Franz Ferdinand selbst hatte auf seinen Anspruch auf die Thronfolge verzichtet, nachdem er die unstandesgemäße Ehe mit der Gräfin

Budapest, Königspalast, den 8. Juni 1896

Die Gespenster nahmen mir beinahe die Luft zum Atmen. Immer wieder huschten sie an mir vorbei, hielten mir die Hände fest und knebelten mir den Mund. Rudi flüsterte mir seine politischen Vorhaben ins Ohr, und Andrássy beugte sich zu mir herab und sprach mit freudestrahlenden Augen: »Laßt uns der göttlichen Vorsehung danken, die es uns ermöglichte, diesen ruhmreichen Augenblick der Tausendjahrfeier der ungarischen Nation zu erleben. Laßt uns unserer Vorsehung danken und der vornehmsten Königin, die es je gab, unserer Königin ...«, und aufgrund seiner Stimme und seines Blickes fühlte ich mich wie einst so wie eine Göttin. Plötzlich rief der Parlamentsvorsitzende meinen Namen, es folgte ein lautes *eljem* und ein Tosen von Applaus und begeisterten Zurufen ... Durch meinen schwarzen Schleier hindurch konnte ich vor mir all diese Menschen erkennen, die mich ansahen, Adelige, Professoren, Machthaber und Sozialisten, Kinder der kaiserlichen Minister und Kinder von Gefallenen des Kaisers ... Sie blickten mich an und stießen Schreie in die Luft aus, Schreie alter Steppenkrieger, und einige Augen füllten sich mit Tränen ... Andrássy und Rudi standen aufrecht an meiner Seite, beide waren sie stolz auf mich.

Später, als wir zum Palast zurückkehrten, hob ich den schwarzen Schleier. Im Spiegel sah ich die alte Frau, deren Gesicht und deren Seele von Falten überzogen sind – diese Frau, die so alt ist wie die Erde und die an nichts mehr glaubt außer an den Tod –, doch die Worte, die aus meinem Munde kamen, vertrieben sämtliche Schatten: Das, was niemals geschah, steht über jeder Tat. Das einzig Ewige ist das, was niemals geschieht. Nun weiß ich es.

Chotek geschlossen hatte. Die Nachfolge fiel dann auf den Erzherzog Karl, den Sohn Ottos, der als letzter österreichischer Kaiser von 1916 bis 1918 regierte. Nach Ausbruch des Ersten Weltkriegs wurde er zur Abdankung gezwungen. Sein Enkel, Erzherzog Karl, ist das heutige Oberhaupt des Hauses Habsburg.

Budapest, Königspalast, den 9. Juni 1896

Bei Einbruch der Dunkelheit traf ich in Gödöllö ein, es war, als würde ich in das Reich der Toten eindringen. Man öffnete für mich die Fenster des Hauses, in dem ich einst glücklich war und das nun Risse hat und in einem beklagenswerten Zustand ist. Verlassen und stumm steht es nun da, die Ställe sind leer, verlassen und stumm sind auch die Säle, in denen ich mir vorkam, als würde ich sie entweihen, die Gemächer, in denen wir einst liebten und lachten, in denen wir Gott und uns selbst preisen wollten, ohne zu wissen, daß wir kaum mehr bedeuteten als die Staubflocken, die wie Regenbogen in den Sonnenstrahlen vor den Fenstern schwebten. Rudi betrachtete sie lange und schweigend, während er begriff, daß er so zerbrechlich war wie sie, eine Staubflocke, die durch einen Sonnenstrahl in Farbe getaucht war, eine Staubflocke, die durch den Traum eines Jungen an Schönheit gewann, durch einen Gott, der plötzlich grausam und unerbittlich die Vorhänge zuzog, um das Licht zu verscheuchen, und somit die Staubflocke zu nichts anderem machte als zu dem, was sie eben war, eine erbärmliche Staubflocke, Staub, den man abschüttelt, wegfegt und verschwinden läßt ...

Ich ging hinunter in den Park, als die Vögel gerade herumflatterten, um die letzten Momente des Tages auszukosten. Auf dem Grab meines treuen *Shadow* legte ich eine Blume nieder, und ich trat zu meinem Baum, der hundertjährigen Linde, die die Hüterin all meiner Geheimnisse ist. Sie war noch immer prachtvoll, unerschütterlich, ihre schönen Zweige reckten sich herausfordernd in die Luft und streckten sich ihr lebenshungrig entgegen. Eine ganze Weile betrachtete ich den Baum schweigend, dann setzte ich mich ihm zu Füßen und schließlich, unter der Obhut seiner verwandten Seele, brach ich in Tränen aus ...

Ich sagte ihm Lebewohl, ohne mich noch einmal umzudrehen. Einem Schatten gleich durchschritt ich die Vorhalle des Palastes und kehrte in die Welt der Lebenden zurück ...

Biarritz, Hotel Palais, den 8. Januar 1897

Tag und Nacht peitscht der Wind über den Strand. Die Wellen brechen sich mit solch einer Gewalt am Damm, daß sie ausreichen würde, um ihn niederzureißen. Doch ich mache unermüdlich meine Spaziergänge und trotze dem starken Wind und lasse mich dabei vom Wasser der Wellen und der Wolken durchnässen ... Die anderen halten mich für verrückt, da sie nicht verstehen können, daß dieses herrliche Wetter einzig für mich geschaffen ist wie die Theaterstücke, die der arme König Ludwig sich allein vorspielen ließ. Sie begreifen nicht, daß ich mich dadurch den göttlichen Dingen nahe fühle und mich mit ihnen unterhalten kann.

Wien, Hermesvilla, den 6. Mai 1897

Ihr Haar war so schön wie das Haar einer Fee ... Eines Tages, noch bevor sie den Herzog von Alençon heiratete, als Ludwig bereits die Verlobung gelöst hatte und sie sich unglücklich und häßlich fühlte, da bürstete ich ihr Haar und lobte die Schönheit ihrer kastanienbraunen Locken, die ihr Gesicht, das dem einer spanischen Madonna glich, so wunderbar umrahmten. Sie hingegen, die voller düsterer Gedanken war, sprach mit ganz leiser Stimme zu mir: »Wenn ich sterbe, so möchte ich, daß mein Haar verbrannt wird. Sag ihnen das.« Ich lachte, obwohl mir nicht danach zumute war: »Komm schon, Sophie, denk doch nicht an so traurige Sachen . . . Außerdem werde ich vor dir sterben, ich bin doch älter als du.« »Doch wenn es nicht so ist, dann versprich mir, daß du daran denken wirst.« »Ich verspreche es dir«, sagte ich zu ihr und strich weiter durch ihr herrliches Haar, das ich mir nicht als Asche vorstellen konnte . . .

Nun muß ich mein Versprechen nicht mehr einlösen. Der Tod, der stets so treu ist, hat sich ihrer bemächtigt. Der Wohltätigkeitsbazar in Paris brannte lichterloh, Sophie ließ die Jüngeren vor ihr hinausrennen, sie schob sie hin zu jenem Tor, hinter dem die Hoffnung auf das Überleben wartete, das ihr selbst jedoch nicht vergönnt war.

Zu gern würde ich weinen, aufbegehren, doch ich kann nicht . . . Ich fühle mich so dumpf wie ein Pflasterstein, so traurig und hart. Nein, ich begehre nicht auf. Bereits seit geraumer Zeit habe ich gelernt, daß jemand, wenn er auf seine Art nicht glücklich werden kann, keine andere Wahl hat, als das Unglück in die Arme zu schließen.

Meran, Hotel Meraner Hof, den 4. September 1897

Mein Vorleser, Herr Barker, hat mich heute gedrängt, wir sollten doch Nietzsche übersetzen.

»Er ist der größte Denker unserer Zeit«, sagte er.

»Das ist schon möglich«, antwortete ich, »doch die Denker interessieren mich nicht mehr. Wofür sollen wir soviel grübeln? Wir sind nicht mehr als Fragmente dieser Welt. Glauben Sie etwa, daß die Bäume über die Farbe des Klatschmohns nachdenken oder über das Licht, das die Wolken der Sonne am Abend rauben? Auch die Felsen haben nicht die geringste Ahnung von Geologie. All diese Dinge leben in einer Tiefe, in der es kein Geheimnis mehr gibt, da alle Dinge miteinander und ineinander leben. Nur wir

Menschen wollten uns über die Welt hinausbegeben, dabei haben wir alle Brücken und Verbindungen abgebrochen. Der echte Übermensch müßte derjenige sein, der in der Lage ist zu vergessen, daß er ein Mensch ist. Unser Verstand und unser Verständnis müßten uns diese Auffassung von der Welt zurückgeben, die alle übrigen Lebewesen in ihrem Unterbewußtsein tragen.

San Remo, Hotel Royal, den 9. Januar 1898

Ich kann nicht schlafen. Mein rechter Arm und meine Schulter tun mir weh, als würde sie ein Riese mit einem Stein zerquetschen. Mein Kopf scheint mir schier zu zerspringen. Meine Knöchel sind geschwollen. Doktor Kerzl sagt, ich müsse mehr essen. Wie dämlich diese Ärzte doch sind, die nie begreifen, daß ich mich, wenn ich mehr wiege, noch schlechter fühle . . .!

Mir kam die Idee, in San Remo eine Villa zu kaufen, doch Irma Sztáray, meine besonnene und charakterfeste Hofdame, hat es geschafft, mich davon abzubringen. Welch eine Erleichterung für alle anderen!

Valerie und ihr Gemahl werden bald hier eintreffen. Allein das tröstet mich.

Biarritz, Hotel Palais, den 25. Februar 1898

Mein Liebling!

Du sagst, Du fühlst Dich, als wärest Du hundert Jahre alt. Ausgerechnet Du, die schönste und jüngste Kaiserin der Welt! Ich sehe Dich noch immer vor mir, Sissi, wie am ersten Tag. Erinnerst Du Dich noch? Meine Mutter konnte nicht verstehen, wie es möglich war, daß die Kutsche mit Eurem Gepäck an einer Wegkreuzung verlorengegangen war. »Das scheinen ja Bauernmäd-

chen zu sein und keine Prinzessinnen!« sprach sie zu mir hinter vorgehaltener Hand. Ihre Kammerzofen hatten Helene ein Kleid angezogen, das man von einer Hofdame für sie ausgeborgt hatte, und man hatte ihr das Haar sorgfältig zurechtgemacht, damit sie mir gefiele. Ich kann mir ihre Anweisungen schon vorstellen: »Genauso wie die Frisur der Gräfin R. Der Kaiser lobt stets ihre Frisur.« Doch niemand dachte an Dich ... Und als ich Dich den Saal des Hotels Austria betreten sah, wie Du auf dem Teppich gestolpert bist, in Deinem Kleid, das voller Staub und ganz verknittert war, mit Deinen Zöpfen, die um Deinen Kopf zu einem Kranz geflochten waren wie die der Prinzessinnen aus den Kindererzählungen, mit Deinem süßen Gesicht eines verschreckten Kindes, als ich bemerkte, wie Du errötetest, wenn jemand das Wort an Dich richtete, wie Dir die Tasse in der Hand zitterte und Deine Beine unablässig unter dem Tisch strampelten, während ich Mitleid hatte mit Deinen angestrengten Bemühungen, zu lächeln und nicht einfach davonzulaufen, da wußte ich, daß ich Dich liebte ...

Ich habe es niemals bereut, kleine Sissi meines Lebens. Nicht einen einzigen Tag habe ich es versäumt, dem Herrn dafür zu danken, daß er so großzügig zu mir war. Niemals stand ich neben Dir, ohne stolz auf Dich zu sein. Auch jetzt scheinst Du für mich, mehr denn je, die beste aller Frauen zu sein. Deine Güte ist für mich das größte Geschenk des Himmels. Nein, meine liebe Frau, Du kannst gar nicht alt werden ... Und ich werde für immer Dein Kleiner sein.

Schweiz, Territet, Hôtel des Alpes, den 18. April 1898

Liebe Gisela!

Ich weiß, daß Ferdinand und Du es mir verzeihen werdet, daß ich an Eurer Silberhochzeit nicht teilnehme. Mein Gemüt, das rastlos nach seiner eigenen Willkür umherschweift, ist in diesen

Tagen nicht zu Festen aufgelegt. Zu gerne hätte ich Dich in die Arme genommen und Dich, umgeben von Deinen Kindern und Enkelkindern, gesehen. Doch die Erinnerung an Rudi, der so voller Freude war am Tage Eurer Hochzeit und der so weinte, als ihr voneinander Abschied nehmen mußtet – erinnerst Du Dich noch, Gisela, wie liebevoll er Dich umarmte? –, wäre für mich noch zu frisch, so daß ich Euch sicherlich die Festtagsfreude verdorben hätte. Ich komme Euch im Sommer besuchen, wenn die herrlichen Maulbeerbäume in Deinem Garten voller Blüten sein werden.

Einstweilen verbleibe ich Deine Dich über alles liebende Mutter
ELISABETH

P.S.: Ich weiß, daß es Dir nicht recht ist, wenn ich von solchen Dingen spreche, doch ich habe in meinem Testament verfügt, daß Valerie die Villa in Ischl bekommen soll, die sie doch so gern mag, dafür sollst Du das Achilleion erhalten. Dein Vater erlaubte mir nicht, es zu verkaufen, wie es eigentlich mein Wunsch war, so also überlasse ich es Dir. Mach aus ihm, was Dir gefällt, doch sorge dafür, daß niemand außer Dir und den Deinen Hand an meine Dinge legt. Verbrenne sie, wenn Du magst, doch laß nicht zu, daß andere sie anfassen. Dies ist mein Wille.

Im Zug in Richtung München, den 16. Juli 1898

Tief in mir spüre ich eine unendliche Kälte, als hätte mir jemand Eis in meine Eingeweide und in mein Herz geblasen, Eis, das so hart und kalt ist wie der Tod und das niemals schmilzt ...

Vom Fenster aus sagte ich ihnen Lebewohl, dem Kaiser, Valerie und Franz, Ida und Marie Festetics ... Sie hoben ihre Taschentücher, winkten und öffneten ihre Münder, doch ich hörte nichts. Dann kam die Kälte, und ein unendlich trauriger Nebel stieg langsam vom Boden auf und hüllte alle ein. Vor mir erhob sich verschwommen und ätherisch der Jainzen. Mir schien, als wäre diese unendliche Traurigkeit der natürliche Zustand der Welt, in dem sie immer schon existiert hat und weiter existieren wird. Ich drehte mich zu den Meinen um, die ich mehr als alle anderen in der Welt liebte, und ich spürte, wie mir der Abschied meine Seele wie mit einem Messer durchschnitt. In der Ferne trat der Schatten von Rudi aus dem Nebel hervor, die Tränen gefroren mir in den Augen.

Genf, Hôtel Beau Rivage, den 9. September 1898

Meine geliebte Tochter!

Jede Nacht seit wir uns voneinander getrennt haben, träume ich von Dir, Valerie. Ich träume von Dir als Kind, von Deinem schönen blonden Haar, das Dir über die Schultern fällt und das von einem breiten Band gehalten wird. Du trägst ein feines Kleid aus weißem Garn, das Mieder ist mit Stickereien versehen, darunter ragen die Spitzen der Unterröcke hervor . . . Gemeinsam gehen wir über das Meer spazieren, das Wasser ist mild und erfrischend für unsere Füße. In der Tiefe tanzen die Schnecken und Delphine und die bunten Fische miteinander, und in der Ferne, zwischen den grünen Bergen voller Tannen und Eichen, glitzert Possenhofen wie ein herrlich schimmerndes Juwel. Voller Stolz drücke ich Deine Hand, und ich kann spüren, wie Dein Herz schlägt, das in meinem lebt. Dann hebst Du den Blick zu mir und sagst: »Wir werden immer zusammenbleiben.«

Genauso stelle ich mir Dich vor, mein Liebes, daß Du mich liebst, daß Du mich immer nur liebst . . . O Valerie! Wenn das der Tod wäre, so würde es mir nichts ausmachen zu sterben. Doch wenn ich mir vorstelle, daß anschließend nichts mehr da ist, daß ich Dich vielleicht nie mehr sehen kann, dann packt mich blinde Angst . . . Ich bin es, die so spricht, die so nahe an seiner Seite gelebt hat, die ich lernen mußte, ihn in den Schatten der Augen wiederzuerkennen, im leichten Rauschen der Luft, am Stechen meines armen Herzens . . .!

Ich bin eine alte Frau, mein Liebes, mit meinen sechzig Jahren bin ich so alt wie die Erde, und ich habe soviel gelitten, daß ich manchmal annehme, ich hätte mehrere Leben gelebt, eines nach dem anderen, da all der Schmerz, den ich erlitten habe, gar nicht in ein einziges Leben paßt. Trotzdem will ich jetzt nicht sterben, nein. Ich träume statt dessen davon, Dich zu besuchen, in Wallsee, und ganz nahe bei Dir und Franz und Deinen Kindern zu sein und zu spüren, wie sich mein Herz wieder besänftigt, um wieder dieses außergewöhnliche Gefühl zu erleben, von der Zeit, die vergeht, von der Erinnerung, die fortbesteht, und dem Leben, das voranschreitet . . . In jedem Augenblick des Tages fällt mir wieder ein, wie Du am Bahnhof von Ischl von mir Abschied genommen hast, mit Deinem süßen Gesicht, das mich liebevoll anlächelte, so voller Liebe, daß ich mich danach sehne, zu Dir zu eilen und dabei zu vergessen, daß ich alt bin und gelitten habe. Ich wünschte, wieder zu leben, wie wir damals gelebt haben, als wir zusammen waren, erinnerst Du Dich? Deine Hand in meiner Hand, das Licht, ein ganzes Leben nur für uns . . . Ich habe viel gelitten, doch ich war immer glücklich, Dich zu haben, Valerie, denn allein für dieses Gefühl, für diesen Augenblick der Ewigkeit, den Du mir gegeben hast, hat es sich gelohnt, zu leben . . .

Bald werden wir uns wiedersehen, kédvésem, vertrau mir.
Deine Dich anbetende Mutter
ELISABETH

Am Morgen des 10. Septembers 1898 unternehmen die Kaiserin Elisabeth und ihre Hofdame Irma Sztáray einen Spaziergang durch Genf, bei dem sie Spielzeug für ihre Enkelkinder besorgen. Später kehren sie zum Hotel Beau Rivage zurück, um sich für einen Moment auszuruhen, bevor sie das Linienschiff besteigen, das sie nach Montreux bringen soll, wo der Rest ihres Gefolges auf sie wartet. Die Bootsanlegestelle befindet sich ganz in der Nähe. Die beiden Frauen spazieren in aller Ruhe dorthin. Plötzlich tritt ein junger Mann auf sie zu, es hat den Anschein, als würde er der Kaiserin einen Stoß versetzen, die zu Boden fällt, während der junge Mann rennend flüchtet. Nichts weiter ist geschehen, vielleicht wollte er ihr ja nur die Armbanduhr stehlen ... Leichten Fußes legen die beiden Damen die hundert Meter zurück, die sie vom Steg trennen. An Bord des Schiffes werden die Taue gelöst. Auf einmal wird Elisabeth ohnmächtig. Die Gräfin Sztáray ruft um Hilfe und versucht ihr das Korsett zu öffnen, damit die Kaiserin besser atmen kann ... Da erscheint auf dem Batisthemd ein winzig kleiner roter Blutfleck und somit steht fest: Elisabeth Kaiserin von Österreich-Ungarn ist einem Attentat zum Opfer gefallen. Wie eine kleine Rauchwolke hat ihre Seele durch eine winzige Öffnung des Herzens ihren Körper verlassen. Ihre Angehörigen befanden sich weit weg.

Der Attentäter war fünfundzwanzig Jahre alt. Er hieß Luigi Luccheni. Er war ein armer Arbeiter, Anarchist und geistig verwirrt. Sein Traum war es, eine bekannte Persönlichkeit zu töten, damit sein Name und der seiner politischen Gesinnung in der ganzen Welt bekannt würden. Tagelang hatte er seine Mordwaffe vorbereitet, ein kleines, zierliches Stilett, das er zurechtschliff wie eine tödliche Nadel. Mit Hilfe eines Buches über Anatomie studierte er sorgfältig, welche Stelle des Herzens er genau treffen mußte. Sein Opfer wählte er ebenfalls mit Sorgfalt aus: Es handelte sich um Prinz Henri von Orléans, den französischen Thronanwärter, der am 9. September in Genf erwartet wurde. Doch Orléans traf nicht ein. Dafür boten die Zeitungen des darauffolgenden Morgens Luccheni eine gute Nachricht. Unter dem Decknamen Gräfin von Hohenembs mietete sich die Kaiserin von Österreich-Ungarn wieder einmal im Hotel Beau Rivage ein. Warum also nicht sie? Schließlich war sie auch nur eine elende Kaiserin . . .

Im Jahre 1910 erhängte sich Luigi Luccheni mit Hilfe eines Gürtels in seiner Zelle, nachdem er zu einer lebenslänglichen Zuchthausstrafe verurteilt worden war.

Inhalt

Sandra Brown

Die Zeugin

Roman. 530 Seiten

**Auf der Flucht: eine Frau und ihr Baby.
Ihre Verfolger: eine Gruppe
rachsüchtiger Männer und das FBI.
Ein Alptraum,
der wie ein Märchen begann ...**

In diesem grandiosen Psychothriller über eine Frau in tödlicher Gefahr entfaltet Sandra Brown meisterhaft ihr Puzzle aus raffinierten Rückblenden und subtilen Andeutungen – Hochspannung von der ersten Seite bis zum explosiven Schluß.

»Sandra Browns aufregendster Roman!«
(USA Today)

Blanvalet

Tanja Kinkel

Die Schatten von La Rochelle

Roman. 413 Seiten

Ein opulenter historischer Roman, der in eine der faszinierendsten Epochen der französischen Geschichte entführt. Nach »Die Puppenspieler« und »Mondlaub« beweist Tanja Kinkel einmal mehr ihr außergewöhnliches erzählerisches Talent!

Man schreibt das Jahr 1640. Während in ganz Europa Glaubenskriege und Herrscherkämpfe toben, stößt in Frankreich ein Mann in das Zentrum der Macht vor: Richelieu, Kardinal und Erster Minister Ludwigs XIII. Er wird beneidet, bewundert und zutiefst gehaßt – und doch scheint er unangreifbar. Aber die glanzvolle Fassade zeigt die ersten Risse. Seine Beziehung zum König ist aufs äußerste gespannt, und ein geheimnisvoller Fremder zielt auf die einzig verwundbare Stelle in seinem Leben: seine Nichte Marie.

Diana Gabaldon

Die geliehene Zeit

Roman. 979 Seiten

Zwanzig Jahre lang hat Claire Randall ihr Geheimnis bewahrt. Doch nun kehrt sie mit ihrer Tochter Brianna nach Schottland zurück. Und mitten in den Highlands, auf einem geheimnisvollen alten Friedhof, schlägt für sie die Stunde der Wahrheit …

Die geliehene Zeit – der zweite Band aus Diana Gabaldons großer historischer Highland-Saga – wurde von Lesern und Kritikern wiederum enthusiastisch gefeiert. »Prall, üppig, lustvoll, kühn – und absolut süchtigmachend!« *(Berliner Zeitung)*

Barbara Taylor Bradford

Straße der Engel

Roman

Das faszinierende Porträt zweier außergewöhnlicher Frauen, die sich den Herausforderungen des Lebens stellen – von Barbara Taylor Bradford, der »First Lady der amerikanischen Unterhaltungsliteratur«.

(Brigitte)

Alle glauben an Selbstmord. Doch Vivienne Trent, Ex-Frau und Vertraute des Toten, hegt einen Verdacht. Die Journalistin beginnt, Sebastian Lockes Leben zu recherchieren, und als sie in Frankreich auf die todkranke Gräfin de Grenaille stößt, weiß sie, daß hier der Schlüssel zur Wahrheit liegt. Doch es steht zu befürchten, daß die Gräfin entschlossen ist, ihr Geheimnis mit ins Grab zu nehmen …

Blanvalet